21世纪全国高等院校汽车类创新型应用人才培养规划教材

汽车运用工程基础

主　编　赵英勋　宋新德
副主编　王淑平　游彩霞　罗怡红

北京大学出版社
PEKING UNIVERSITY PRESS

内容简介

本书系统介绍了汽车运用基础知识和汽车主要使用性能，内容包括：汽车动力性、汽车燃油经济性、汽车制动性、汽车操纵稳定性、汽车行驶平顺性和通过性、汽车公害及控制、汽车运行材料的合理使用、汽车在特殊条件下的使用、汽车更新与选配。本书附有大量习题并配有教学课件，可方便教师授课和学生课外自学。

本书可作为普通高等院校及高职高专汽车类各专业的教材，也可作为非汽车类专业的选修课教材，还可供汽车运用、交通运输、车辆工程等方面的工程技术人员和管理人员参考使用。

图书在版编目(CIP)数据

汽车运用工程基础/赵英勋，宋新德主编．—北京：北京大学出版社，2014.10
(21世纪全国高等院校汽车类创新型应用人才培养规划教材)
ISBN 978-7-301-25017-4

Ⅰ．①汽…　Ⅱ．①赵…②宋…　Ⅲ．①汽车工程—高等学校—教材　Ⅳ．①U46

中国版本图书馆CIP数据核字(2014)第245517号

书　　名：汽车运用工程基础
著作责任者：赵英勋　宋新德　主编
策 划 编 辑：童君鑫　黄红珍
责 任 编 辑：黄红珍
标 准 书 号：ISBN 978-7-301-25017-4/TH·0410
出 版 发 行：北京大学出版社
地　　址：北京市海淀区成府路205号　100871
网　　址：http://www.pup.cn　新浪官方微博：@北京大学出版社
电 子 信 箱：pup_6@163.com
电　　话：邮购部62752015　发行部62750672　编辑部62750667　出版部62754962
印 刷 者：北京富生印刷厂
经 销 者：新华书店
787毫米×1092毫米　16开本　17.75印张　412千字
2014年10月第1版　2014年10月第1次印刷
定　　价：38.00元

前　言

随着汽车工业的高速发展和汽车保有量的不断增加，汽车运用已涉及社会生产和人民生活的各个方面。普通高等院校汽车类专业和非汽车类专业也因此而普遍开设汽车运用工程基础专业课或选修课。为适应社会的需求和高校教学的需要，特编写本书。

汽车运用工程基础是研究汽车使用性能及其有效利用和汽车技术状况变化及恢复方法的学科。汽车使用性能是指汽车在一定的使用条件下，以最佳效益安全工作的能力。汽车的主要使用性能有：汽车的动力性、经济性、制动性、操纵稳定性、行驶平顺性及通过性。通过汽车运用工程基础课程的学习，可使读者掌握汽车的主要使用性能，具有分析和评价汽车主要使用性能的能力，可充分利用汽车的使用性能，合理使用与管理汽车，提高汽车运输生产率和降低运输成本。

本书以合理运用汽车为宗旨，以最新的汽车使用理论为依据，结合现代汽车新技术，全面系统地阐述了汽车运用工程基础知识，主要内容有：汽车动力性、汽车燃油经济性、汽车制动性、汽车操纵稳定性、汽车行驶平顺性和通过性、汽车公害及控制、汽车运行材料的合理使用、汽车在特殊条件下的使用、汽车更新与选配。本书力求理论联系实际，注重能力培养，既有较强的理论性，又有较强的实践性和操作性；注重内容的科学性、先进性、实用性，努力反映汽车运用领域的新技术、新理论、新成果；编写深入浅出、图文并茂、通俗易懂，能适应现代化汽车类专业和非汽车类专业教学的需求。本书配有专用教学课件，能直接用于课堂教学，可方便教师授课和学生课外自学。

本书由武汉科技大学赵英勋统稿。赵英勋、宋新德担任主编，王淑平、游彩霞、罗怡红担任副主编。第1～5章由赵英勋编写，第6章、第9章由宋新德、王淑平、罗怡红编写，第7～8章由游彩霞编写。

在本书的撰写过程中参阅了大量的书籍资料，获益匪浅，在此向这些作者表示衷心的感谢！

由于作者水平所限，书中难免存在不足之处，敬请各位读者批评指正。

编者

2014年5月

前言

目　录

第1章 汽车动力性

本章教学要点

知识要点	掌握程度	相关知识
汽车动力性评价指标	了解汽车动力性概念； 掌握汽车动力性评价指标	汽车动力性评价体系； 汽车最高车速、最大爬坡度、加速时间、驱动轮输出功率
汽车驱动力、行驶阻力	了解汽车驱动力、行驶阻力概念； 了解汽车行驶阻力产生机理； 掌握汽车驱动力、行驶阻力的计算方法； 熟悉驱动力、行驶阻力特性	汽车驱动力及其特性； 汽车驱动力图； 车轮受力分析； 滚动阻力、空气阻力、坡度阻力和加速阻力
汽车行驶条件	了解汽车行驶方程式； 掌握汽车行驶的驱动与附着条件	汽车行驶的驱动条件； 汽车行驶的附着条件； 汽车行驶的驱动与附着条件
汽车动力性分析	熟悉汽车动力性的主要影响因素； 掌握汽车动力性评价方法； 能正确分析和评价汽车动力性	汽车驱动力平衡； 汽车动力特性； 汽车功率平衡； 汽车动力性影响因素； 底盘测功

导入案例

动力性极致的轿车

人类对速度的渴求，通过巴博斯的不断突破正走向极致，2011 年是巴博斯(图 1.01)再度刷新自身速度纪录的一年。Brabus Rocket 800 首次亮相法兰克福车展，以最高车速 370km/h 延续了独创神话。这款车改装自梅赛德斯 CLS 系列，搭载巴博斯 800V12 双涡轮增压发动机动力系统，可提供 800hp(1hp＝745.7W)的最大动力与 1420N·m 的峰值转矩，从 0→100km/h 加速只需 3.7s，0→200km/h 加速只需 9.8s，0→300km/h 加速只需 23.8s，所有的这些纪录都为巴博斯汽车所独占。当世界上其他豪车以 100km/h 加速时间作为衡量标准时，巴博斯已将 300km/h 加速时间作为自己加速能力的参考。

图 1.01 巴博斯汽车

汽车动力性是指汽车在良好路面上直线行驶时，由汽车受到的纵向外力决定的、所能达到的平均行驶速度，表示汽车以最大可能的平均行驶速度运送货物或乘客的能力。汽车作为一种高效运输工具，其高效在很大程度上取决于汽车的动力性。因此，汽车动力性是汽车各种使用性能中最基本、最重要的一种性能。

1.1 汽车动力性评价指标

提高汽车的平均行驶速度，可提高汽车的运输生产率。从获得尽可能高的汽车平均行驶速度的目的出发，汽车的动力性可由汽车的最高车速、加速时间、最大爬坡度和驱动轮输出功率等指标评价。

1. 汽车最高车速

汽车最高车速 u_{amax} 是指汽车在水平良好的路面(混凝土和沥青)上满载行驶所能达到的最高行驶速度(km/h)。

汽车最高车速越高，则汽车提高平均行驶速度的潜力越大，因而汽车的动力性就越好。随着汽车制造业水平的提高，汽车最高车速有增加的趋势。轿车常行驶于良好的路面，追求高的动力性，因此轿车最高车速较高，范围在 140～300km/h。在我国，由于交通法规的限制，轿车行驶达不到最高车速，但它仍是动力性的象征。货车和客车的主要技术参数是载质量或载客量，因而其最高车速相对较低，为 80～130km/h，它对长途运输车辆的平均行驶速度影响最大。

2. 汽车加速时间

汽车加速能力常用加速时间来表征。汽车加速时间是指汽车在干燥、清洁、平直的良好路面上，由某一低速全力加速到某一高速所需的时间(s)。常用原地起步加速时间和超车加速时间来表示汽车的加速能力。

原地起步加速时间是指汽车由1挡或2挡起步，并以最大的加速强度，选择恰当的换挡时机逐步换至最高挡后到某一预定车速所需的时间。一般常用0→100km/h的秒数来表明汽车的原地起步加速能力。原地起步加速时间越短，则使用低速挡的时间就越短，汽车平均行驶速度就越高，这对市区运输车辆有较大的影响。因此，轿车对原地起步加速时间特别重视，其加速时间短。例如，中级轿车从0→100km/h所需时间为10～17s；高级轿车加速时间更短，如宝马M5轿车、法拉利SA APERTA超级跑车从0→100km/h所需的时间分别为4.4s和3.6s。

超车加速时间是指用最高挡或次高挡由30km/h或40km/h全力加速行驶至某一高速所需的时间。它对长途运输车辆的平均行驶速度及安全行车有较大的影响。若超车加速时间越短，则表示加速性能越好，超车能力越强，超车时两车并行的行程越短，行驶安全性越高，平均行驶速度越大。

3. 汽车最大爬坡度

汽车的上坡能力用汽车最大爬坡度i_{max}来表示。最大爬坡度i_{max}是指汽车在良好的路面上满载等速行驶所能通过的最大坡度，显然它就是汽车最低挡时的最大爬坡度。

汽车的类型不同，则对最大爬坡度的要求也不一样。由于货车在各种路面上行驶，故要求具有较高的爬坡能力，一般货车的i_{max}在30%左右。而越野车由于在差路或无路条件下行驶，故应有更高的爬坡能力，通常越野车的最大爬坡度在60%左右，爬坡能力特别强的越野车其最大爬坡度可达70%～100%，如陆虎的i_{max}就是100%。轿车通常在较好路面行驶，一般不强调其爬坡能力，但由于轿车第1挡的加速能力大，故轿车的爬坡能力也强。汽车最大爬坡度越大，说明汽车行驶的通过性越好，它对山区行驶车辆的平均行驶速度有很大的影响。

4. 驱动轮输出功率

驱动轮输出功率是指汽车发动机动力经传动系统至驱动轮输出的功率。其功率计算如下：

$$P_t=\frac{T_t n_t}{9550}=P_e\times\eta_T \tag{1-1}$$

式中 P_t——驱动轮输出功率(kW)；

P_e——发动机输出功率(kW)；

T_t——驱动轮输出转矩(N·m)；

n_t——驱动轮转速(r/min)；

η_T——传动系统机械效率。

驱动轮输出功率是汽车发动机和传动系工作过程的输出参数，它完全取决于发动机发出的功率和传动系统的机械效率。汽车在使用过程中，发动机、传动系统的技术状况会逐渐下降，其驱动轮输出功率将因此而减小，所以用驱动轮输出功率的数值能评价在用汽车的动力性。

常用发动机在额定转矩和额定功率时的驱动轮输出功率作为在用汽车动力性评价指标。额定转矩时的驱动轮输出功率可反映在用汽车通过最大坡度的能力，额定功率时的驱动轮输出功率能反映在用汽车高速行驶的能力。因此，汽车驱动轮输出功率越大，说明汽车提高平均行驶速度的能力越强，汽车动力性越好。

1.2 汽车动力性分析

1.2.1 汽车行驶原理

欲使静止的汽车开始行驶，必须有与行驶方向相同的驱动力作用于汽车上。驱动力用来克服汽车行驶中的各种阻力，使汽车产生运动。若要汽车正常行驶，则必须满足汽车行驶的驱动与附着条件。

1. 汽车驱动力

1) 驱动力产生原理

汽车驱动力是指汽车行驶时，由地面提供给驱动轮的克服各种行驶阻力推动汽车前进的作用力。汽车行驶时，发动机输出的转矩经由传动系统变换后传到驱动轮上，其驱动力矩 T_t 力图使驱动轮旋转(图 1.1)。当驱动轮转动时，在轮胎与地面接触点，车轮对地面施加一个向后的切向作用力 F_0，与此同时，路面对车轮也施加了一个数值相等、方向与汽车行驶方向相同的切向反作用力 F_t，则 F_t 就是推动汽车行驶的驱动力。

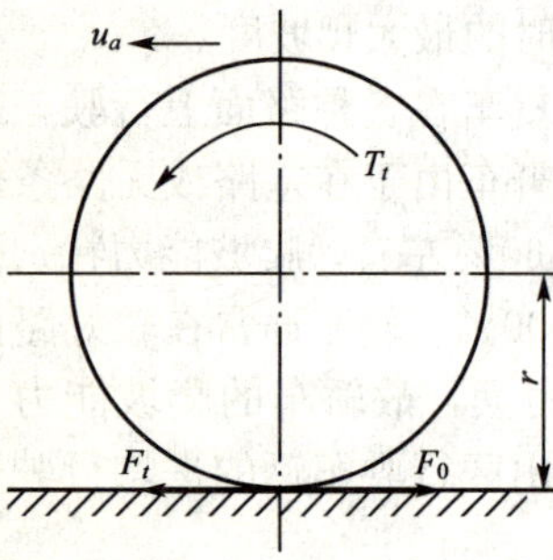

图 1.1 汽车驱动力

2) 驱动力计算

汽车驱动力与发动机转矩、传动系统参数和车轮滚动半径有关，其大小可用式(1-2)计算：

$$F_t=\frac{T_t}{r}=\frac{T_{tq}i_0i_g\eta_T}{r} \tag{1-2}$$

式中 F_t——驱动力(N)；

T_{tq}——发动机输出的有效转矩(N·m)；

i_g——变速器的传动比；

i_0——主减速器的传动比；

η_T——传动系统的效率；

r——车轮半径(m)。

(1) 发动机转矩。发动机的转矩与发动机工况有关，它取决于发动机的速度特性。发动机的速度特性是指发动机功率 P_e、转矩 T_{tq}、燃油消耗率 b 与发动机转速的变化关系，通常以曲线表示。如果节气门全开(或在最大供油量位置)，则此特性曲线称为发动机外特性曲线，图 1.2 为某汽油发动机的外特性曲线。如果节气门部分开启(或部分供油)，则其特性曲线称为发动机部分速度特性曲线，如图 1.3 所示。

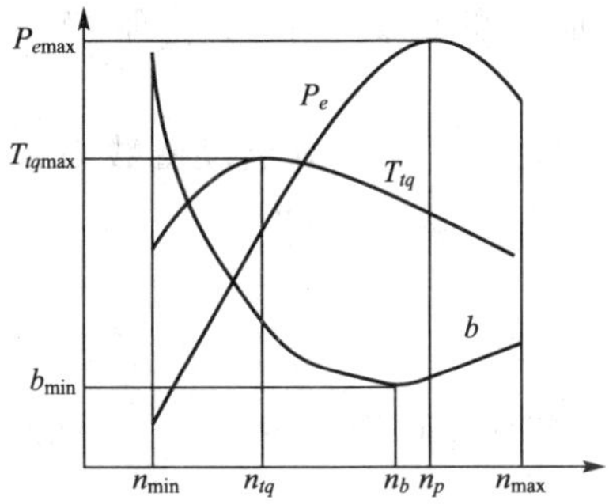

图 1.2 汽油发动机外特性

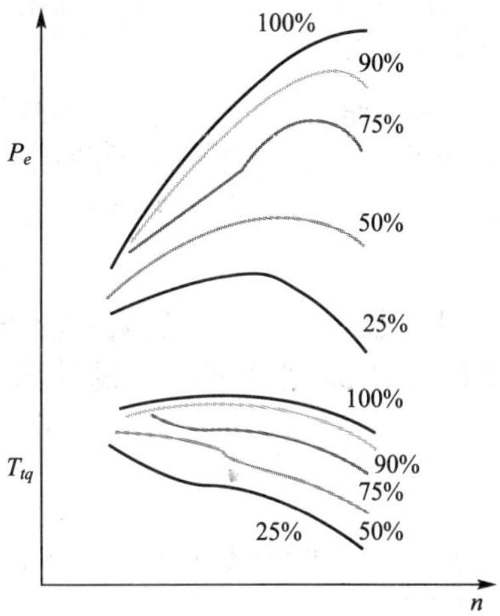

图 1.3 汽油机外特性及部分速度特性

由图 1.2 和图 1.3 可知，发动机转矩随发动机转速、负荷而变。由于动力性要反映汽车的最大动力强度，因此发动机转矩常取自发动机外特性，当节气门部分开启时，其转矩相对减小。

实际上，汽车发动机输出的外特性应是使用外特性，它是指发动机带上全部附件后的发动机外特性。使用外特性的功率、转矩均比外特性的小。一般汽油机输出的最大功率比其外特性最大功率约小 15%，货车柴油机输出的最大功率约小 5%，轿车与轻型汽车柴油机最大功率约小 10%；其发动机转矩根据其转速的不同相应减小。

(2) 传动效率。传动系统在传输动力时会损失部分功率，其损失程度可用传动效率描述。传动效率是指传动系统输出功率与输入功率的比值，即

$$\eta_T=\frac{P_e-P_T}{P_e}$$

式中 P_T——传动系统的损失功率(kW)。

传动系统的功率损失主要由变速器、万向传动装置、主减速器等处的功率损失组成。其中变速器和主减速器的功率损失占主要部分。

传动系统的功率损失可分为机械损失和液力损失两大类。机械损失主要包括：齿轮传动副之间、轴承及油封等摩擦损失，它与齿轮啮合对数和传递转矩有关。液力损失主要包括：润滑油搅动、润滑油与零件表面摩擦引起的损失，它与润滑油的品质、温度、油面高度及旋转件的转速有关。

传动效率与诸多因素有关。通常同一挡位转矩增加时，搅油损失相对比例较小，机械效率提高；转速低时，搅油损失较小，机械效率较高；直接挡传动时，变速器的机械损失较小，传动效率较高；润滑油品质好、温度适中、油面高度合适时，润滑条件好，搅油损失小，传动效率较高；手动变速器比液力变矩器式自动变速器的液力损失小，传动效率较高；单级主减速器比双级主减速器机械损失小，传动效率较高；单轴驱动汽车比多轴驱动

汽车的损失功率小，机械效率高。

传动效率受多种因素影响而不断变化，只能通过试验测得。但对汽车进行一般动力性分析时，传动效率可视为常数，对于有级变速器的轿车 $\eta_T=0.90\sim0.92$，载货汽车和大客车 $\eta_T=0.82\sim0.85$。

(3) 车轮半径。车轮半径的大小直接影响着驱动力。车轮半径有多种。

① 自由半径 r_0。它是不承受载荷时的车轮半径。

② 静力半径 r_s。它是承受径向力时轮心至地面的距离，由于轮胎变形，r_s 小于 r_0。

③ 滚动半径 r_r。它是车轮旋转与平移运动的折算半径。若车轮转动圈数为 n_w，实际车轮滚动距离为 S，则滚动半径的计算式为

$$r_r=\frac{S}{2\pi n_w}$$

车轮滚动半径可近似地通过自由半径求得，子午线轮胎可取 $r_r=0.97r_0$，而斜交轮胎可取 $r_r=0.95r_0$。

对汽车进行动力学分析时应用静力半径；进行运动学分析时应用滚动半径。在实际应用中，一般不计其差别，统称车轮半径 r，即认为 $r=r_r=r_s$。

3) 驱动力特性

汽车驱动力特性是指驱动力与挡位、车速的变化关系。利用驱动力图可方便分析汽车驱动力特性。在驱动力式(1-2)各参数确定后，利用车速与发动机转速的关系式

$$u_a=0.377\frac{rn}{i_g i_0} \tag{1-3}$$

式中 u_a——车速(km/h)；

n——发动机转速(r/min)。

可作汽车驱动力图，即驱动力与车速的变化关系图(图 1.4)。汽车驱动力图能全面直观地显示各挡位在发动机节气门全开时驱动力随车速的变化特性，表述如下。

① 驱动力随挡位而变。受变速器传动比的影响，驱动力随挡位的降低而增大。低挡位驱动力大，克服道路阻力的能力强，最大爬坡能力及最大加速能力，往往在第Ⅰ挡；高挡位驱动力小，对应的车速高，适合在良好路面行车。

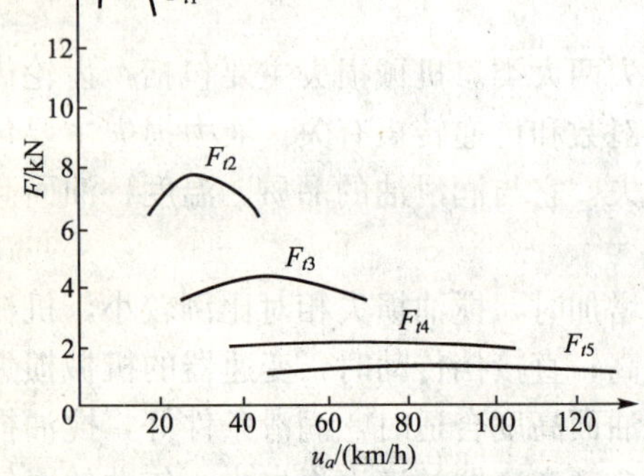

图 1.4 汽车驱动力图

② 驱动力随车速而变。受外特性转矩变化的影响，汽车在各挡位稳定行驶时，驱动力随车速的降低而增大，这说明汽车在道路条件变差时能够自动地减速来提高克服道路阻力的能力。

③ 驱动力随节气门位置而变。受速度特性转矩变化的影响，各挡驱动力随节气门的加大而增加，节气门全开时，各挡驱动力最大(图 1.4)，但汽车实际行驶时，由于发动机节气门经常在部分开度下工作，因此各挡相应的驱动力会

减少。

2. 汽车行驶阻力

汽车行驶过程中，阻止汽车前进的阻力有滚动阻力、空气阻力、坡度阻力和加速阻力4种，这些阻力合称为行驶阻力。

1）滚动阻力

滚动阻力是指车轮在路面滚动时，轮胎与路面之间的相互作用和相应变形所产生的阻力。弹性车轮在硬路面上滚动时，路面的变形很小，轮胎变形是产生滚动阻力的根本原因；车轮在松软路面(如松软土路、沙地、雪地等)滚动时，轮胎的变形较小，而路面的沉陷变形是产生滚动阻力的根本原因。

(1) 硬路面滚动阻力的形成。汽车充气轮胎可视为由无数弹簧-阻尼器单元组成的弹性轮胎。当轮胎在硬路面滚动时，轮胎的每个单元都经历着加载变形和卸载恢复的过程。图1.5(a)是轮胎受径向载荷时的变形曲线，其中 C 曲线为加载过程，面积 $0CAB0$ 为加载过程对轮胎所做的功；而 D 曲线为卸载过程，面积 $ADEBA$ 为卸载过程轮胎恢复变形所释放的功。两面积之差 $0CADE0$ 即为在加载和卸载过程中的能量损失，这种损失称为弹性轮胎的迟滞损失。迟滞损失是由轮胎变形时轮胎各个组成部分相互间的摩擦及橡胶、帘线等物质的分子间摩擦产生，并转化为热能而散失在大气中。

轮胎滚动时产生的迟滞损失，表现为阻碍车轮运动的阻力偶。车轮未滚动时地面对车轮法向反力的分布其前后是对称的，合力指向轮心。车轮滚动时，由于轮胎与地面接触区的前端处于压缩加载，而后端处于松弛卸载，因而接触面前端法向力大于后端法向力，使得接触区法向反作用力的分布前后不对称，法向反作用合力向前偏移了一段距离 a[图1.5(b)]，使车轮上的地面反力 F_Z 与车轮垂直载荷 W 形成力偶 $F_Z a$，它起到阻碍车轮滚动的作用，称为滚动阻力偶。

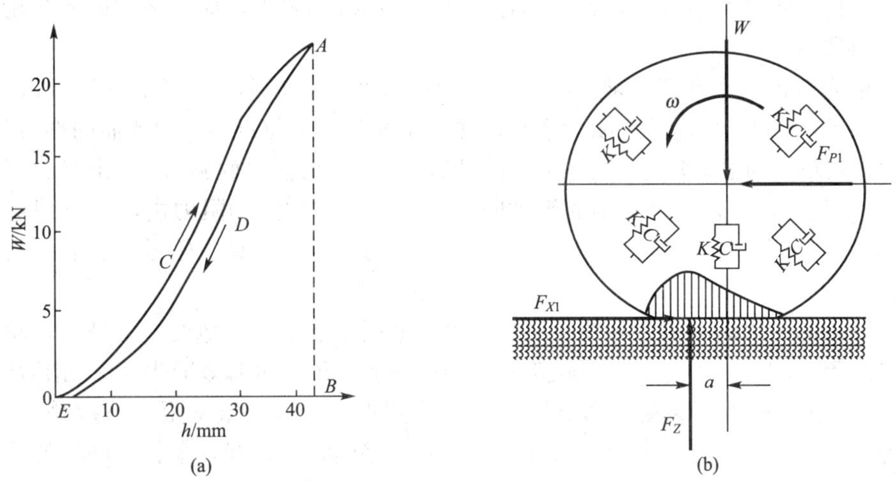

图1.5　滚动阻力偶形成原理

(a) 轮胎径向变形曲线；(b) 滚动阻力偶的形成

滚动阻力偶的出现导致汽车行驶产生滚动阻力，下面以从动轮在硬路面上的等速滚动(图1.6)为例来说明。欲使从动轮等速滚动，必须在车轮中心施加推力 F_{P1}，使其与地面

切向反作用力 F_{X1} 构成力偶矩来克服滚动阻力偶矩 T_f，根据平衡条件有

$$T_f = F_Z a = F_{P1} r$$

$$F_{X1} = F_{P1} = \frac{a}{r} F_Z = \frac{a}{r} W$$

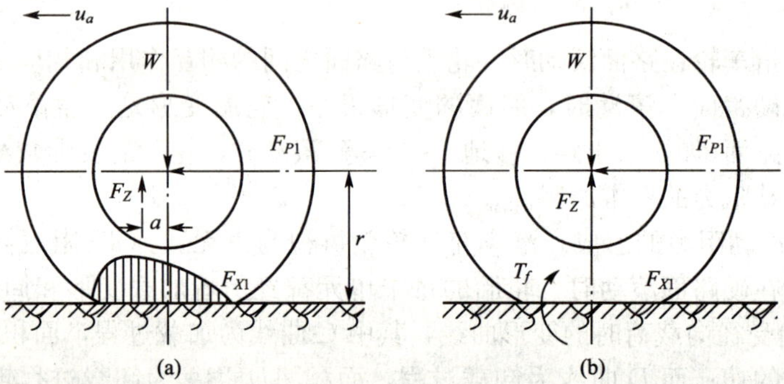

图 1.6　从动轮滚动时的受力

令 $f=\frac{a}{r}$，f 称为滚动阻力系数，则

$$F_{P1} = Wf \tag{1-4}$$

式(1-4)表明，车轮等速滚动时必须克服的阻力是车轮法向垂直载荷 W 与滚动阻力系数 f 的乘积，因此其滚动阻力为

$$F_f = Wf = \frac{T_f}{r} \tag{1-5}$$

这样，只要知道滚动阻力系数和轮荷，就可求出滚动阻力，而不必考虑各车轮所受到的滚动阻力偶矩。

当总重为 G 的汽车在道路坡度角为 α 的路面行车时，整车 $F_f = Gf\cos\alpha$。若在水平路面行车，则 $F_f = Gf$，此时滚动阻力系数的物理意义是：单位汽车重力所需的推力。

(2) 松软路面的滚动阻力。与硬路面相比，受载车轮在松软路面上(土路、草地、沙土、雪地)运动时，必须克服附加的滚动阻力。这种附加的滚动阻力由两部分组成：一部分是使地面材料压缩和移动，形成轮辙所需的力；另一部分是克服轮辙与轮胎之间摩擦所需的力。

松软路面的附加滚动阻力与地面压强有关，地面压强越大，地面变形越甚，轮辙深度越深，滚动阻力越大。因此，在松软路面上降低轮胎气压，可有效减少其滚动阻力。

(3) 滚动阻力系数。滚动阻力系数通过试验测得。实际上滚动阻力系数是一变化值，它与路况、车轮状态、行驶车速等都有关系。一般路面状况越好，车轮滚动时的能量损失越少，则滚动阻力系数就越小；子午线轮胎因帘线层数少、弹性迟滞损失少使得其滚动阻力系数比普通斜交轮胎的小；同类型轮胎，在硬路面行车时，若轮胎气压降低，则轮胎变形增加，弹性迟滞损失加大，滚动阻力系数变大；在松软路面时，气压适当低些，路面变形较小，滚动阻力系数减小；在路面及轮胎状况相同的条件下，车速越高，轮胎周向、侧向扭曲变形就越大，滚动阻力系数越大，当车速过高时，轮胎产生驻波现象，轮胎周缘不

再是圆形而呈明显的波浪状，此时滚动阻力系数会急剧加大。表 1-1 是汽车中低速行驶时的不同路面的滚动阻力系数。

表 1-1 汽车中低速行驶时不同路面的滚动阻力系数

路面类型	滚动阻力系数	路面类型	滚动阻力系数
良好的沥青或混凝土路面	0.010～0.018	压紧的雨后土路	0.050～0.150
一般的沥青或混凝土路面	0.018～0.020	泥泞土路(雨季或解冻期)	0.100～0.250
碎石路面	0.020～0.025	干沙	0.100～0.300
良好的卵石路面	0.025～0.030	湿沙	0.060～0.150
坑洼的卵石路面	0.030～0.050	结冰路面	0.015～0.030
压紧的干燥土路	0.025～0.035	压紧的雪道	0.030～0.050

2) 空气阻力

空气阻力是指汽车直线行驶时，空气作用在汽车行驶方向上的分力。汽车行驶时，由于汽车与空气的相对运动(图 1.7)，汽车要挤开周围的空气，并与空气产生摩擦，因而产生空气阻力。

(1) 空气阻力的组成。空气阻力由压力阻力和摩擦阻力两部分组成。

① 压力阻力。作用在汽车外形表面上法向压力的合力在行驶方向的分力称为压力阻力。压力阻力又分为 4 部分：形状阻力、干扰阻力、内循环阻力和诱导阻力。

形状阻力是指与汽车形状有关的压差阻力。汽车行驶时，空气流经车身，由于汽车主体形状所限和空气具有黏性，空气在车身表面会产生分离现象，被车辆分开的空气无法在后部平顺合拢而恢复原状，造成车身后部有明显的涡流区(图 1.7)，并产生负压，而汽车前面是正压，这样在汽车行驶方向上产生了压差阻力。涡流区域越大，压差阻力也就越大。形状阻力是汽车空气阻力的主体，约占空气阻力的 58%。

图 1.7 汽车行驶时的空气流动

干扰阻力是指车身表面突起物(如后视镜、门把手、天线等)引起的阻力。干扰阻力约占空气阻力的 14%。

内循环阻力是指发动机冷却系统、车身通风等所需的空气流经车体内部时所产生的阻力(图 1.8)。内循环阻力约占空气阻力的 12%。

诱导阻力是指升力在水平方向的分力 F_{xi}(图 1.9)。由于气流经过车身上下部时，由于空气质点流经上下表面的路程不同、流速不同从而产生压差，即升力。诱导阻力约占空气阻力的 7%。

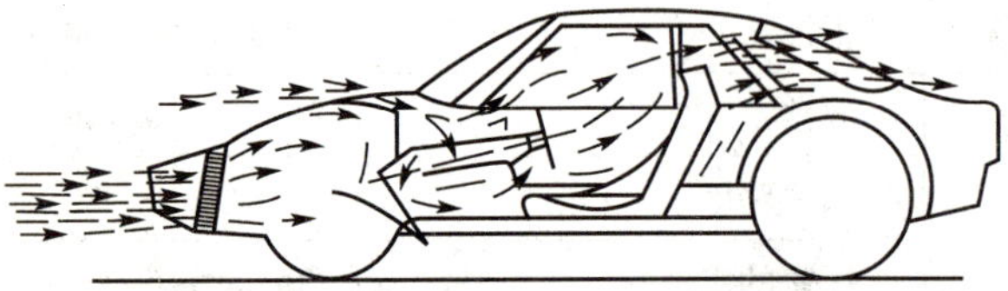

图 1.8　汽车内循环气流

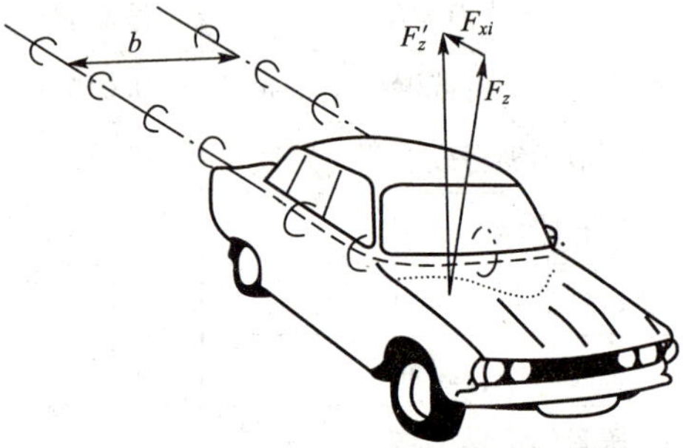

图 1.9　诱导阻力

F_z'—空气升力；F_{xi}—诱导阻力

② 摩擦阻力。它是指车身表面与空气摩擦时产生的切向力合力在汽车行驶方向的分力。汽车运动时，因空气的黏性作用，使得空气与车身表面发生摩擦，从而产生车辆表面的摩擦阻力。摩擦阻力一般很小，约占空气阻力的 9%。

(2) 空气阻力的计算。空气阻力尽管是作用于整个车辆，但可等效地简化为一个合力，认为作用于汽车的风压中心。汽车空气阻力主要与汽车的外部形状、正投影面积、汽车与空气的相对运动速度有关。空气阻力大小可用式(1-6)计算：

$$F_w = \frac{C_D A u_a{}^2}{21.15} \tag{1-6}$$

式中　F_w——空气阻力(N)；

C_D——空气阻力系数，取决于汽车的形状和表面的粗糙程度，由风洞试验测得。目前，轿车的空气阻力系数 C_D 为 0.28～0.41，客车的为 0.50～0.80，货车的为 0.6～1.0；

A——迎风面积(m^2)，即汽车行驶方向的投影面积，估算时，对于货车 $A=BH$，对于轿车 $A=0.78B_1H$，其中 B 为轮距，B_1 为车宽，H 为车高。典型轿车的迎风面积 A 为 1.7～2.1m^2，客车的为 4～7m^2，货车的为 3～7m^2；

u_a——汽车与空气的相对速度，在无风时即汽车的行驶速度(km/h)。

空气阻力与汽车和空气的相对运动速度的平方成正比。因此，汽车高速行驶时，空气阻力显著增加，而当车速小于 30km/h 时，空气阻力较小，可以忽略不计。

3) 坡度阻力

坡度阻力是指汽车上坡行驶时，汽车重力沿坡道方向的分力，如图 1.10 所示。坡度阻力取决于汽车的总质量和道路的坡度角，可由式(1-7)计算：

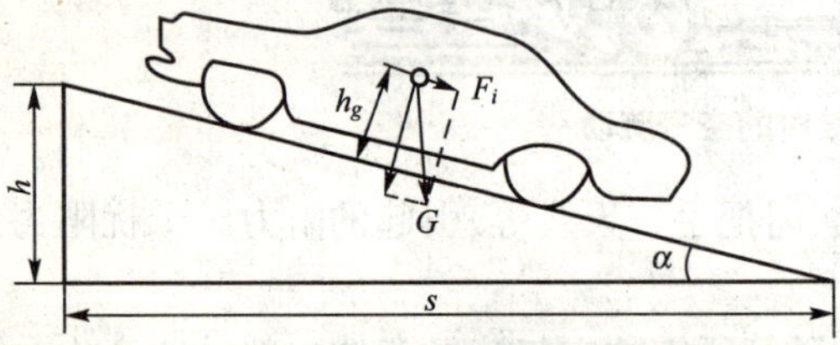

图 1.10　汽车的坡度阻力

$$F_i = G\sin\alpha \tag{1-7}$$

式中　F_i——坡度阻力(N)；

G——汽车重力(N)，$G=mg$，m 为汽车质量，g 为重力加速度；

α——道路坡度角(°)。

道路坡度 i 以坡高 h 与坡底长 s 之比的百分数来表示，即

$$i=\frac{h}{s}\times 100\%-\tan\alpha \tag{1-8}$$

我国各级公路允许的最大纵向坡度较小，如四级公路在特殊的山岭重丘区，其最大坡度为 9%，可见一般路面的坡度会更小。当 $\alpha<10°\sim15°$时，可认为：

$i=\tan\alpha\approx\sin\alpha$，于是有：$F_i\approx Gi$。

汽车滚动阻力和坡度阻力都是与汽车道路条件有关的阻力，因此常把汽车滚动阻力与坡度阻力之和称为道路阻力。汽车在坡度角为 α 的路面行驶时，其道路阻力 F_ψ 为

$$F_\psi=F_f+F_i=G\cos\alpha\cdot f+G\sin\alpha \tag{1-9}$$

$$F_\psi=G(f\cos\alpha+\sin\alpha)$$

令 $\psi=f\cos\alpha+\sin\alpha$，则 ψ 称为道路阻力系数。当 α 不大时，$\cos\alpha\approx1$，$\sin\alpha\approx i$，则

$$F_\psi=G\psi=G(f+i)$$

4) 加速阻力

加速阻力是指汽车加速行驶时，需要克服其质量加速运动时的惯性力。加速阻力主要与汽车总质量、旋转质量和加速度有关。汽车的质量分为平移质量和旋转质量两部分，加速时，不仅平移质量产生惯性力，旋转质量也要产生惯性力偶矩。为了便于计算，常以系数 δ 把旋转质量的惯性力偶矩转化为平移质量的惯性力，因而汽车加速阻力可用式(1-10)计算：

$$F_j=\delta m\frac{\mathrm{d}u}{\mathrm{d}t} \tag{1-10}$$

式中　F_j——加速阻力(N)；

m——汽车质量(kg)；

$\frac{\mathrm{d}u}{\mathrm{d}t}$——汽车行驶的加速度(m/s²)；

δ——汽车旋转质量换算系数。

δ 的物理意义：将旋转质量的惯性力偶矩等效地叠加到平移质量惯性力上时，平移质量惯性力应扩大的倍数。δ 主要与飞轮的转动惯量 I_f、各车轮的转动惯量之和 $\sum I_w$、传动系统传动比有关，根据汽车加速时的受力分析可推导得

$$\delta=1+\frac{\sum I_w}{mr^2}+I_f\frac{i_g^2 i_0^2}{mr^2}\eta_T \tag{1-11}$$

令 $\delta_1=\frac{\sum I_w}{mr^2}$，$\delta_2=I_f\frac{i_0^2}{mr^2}\eta_T$，则

$$\delta=1+\delta_1+\delta_2 i_g^2 \tag{1-12}$$

式中的 δ_1、δ_2 主要与车型有关。轿车 δ_1 在 0.03～0.05 之间，货车 δ_1 在 0.04～0.05 之间；

一般汽车的 δ_2 均在 0.03～0.05 之间。

在进行动力性初步计算时，若不知道准确的 I_f、I_w，则可按式(1-12)估算其 δ。

汽车的总行驶阻力为：$\sum F=F_f+F_w+F_i+F_j$。但汽车的实际行驶阻力与汽车的运动状态、道路状况有关。如等速行驶时，无加速阻力，减速行驶时 F_j 是助力，只有加速行驶时 F_j 才表现为阻力；在水平路面行驶，无坡度阻力，在下坡行驶时 F_i 是助力，只有在上坡行驶时 F_i 才表现为阻力；汽车中低速行驶时，滚动阻力占绝大部分，但高速行驶时，空气阻力占主导地位，如行驶车速超过 100km/h 时，发动机输出功率的绝大部分被用于克服空气阻力。

3. 汽车行驶条件

1) 汽车行驶的驱动条件

汽车必须有一定的驱动力，以克服各种行驶阻力，才能正常行驶。表示汽车驱动力和各种阻力之间关系的等式称为汽车的行驶方程式，即

$$F_t=F_f+F_w+F_i+F_j \tag{1-13}$$

或者

$$\frac{T_{tq}i_0 i_g\eta_T}{r}=Gf\cos\alpha+\frac{C_D A u_a{}^2}{21.15}+G\sin\alpha+\delta m\frac{\mathrm{d}u}{\mathrm{d}t} \tag{1-14}$$

汽车行驶方程式反映了汽车直线行驶时驱动力与各种行驶阻力之间的平衡关系。当路面的接触强度足够时，若汽车驱动力与各行驶阻力的平衡关系不同，则汽车的运动状态不同。

① 若 $F_t>F_f+F_w+F_i$，则汽车将加速行驶。

② 若 $F_t=F_f+F_w+F_i$，则汽车将匀速行驶。

③ 若 $F_t<F_f+F_w+F_i$，则汽车将不能起步，或行驶的汽车将减速直至停车。

所以满足汽车行驶的第一个条件为

$$F_t\geqslant F_f+F_w+F_i \tag{1-15}$$

该式被称为汽车行驶的驱动条件，也称为必要条件。

2) 汽车行驶的附着条件

汽车行驶的驱动条件不是汽车行驶的充分条件。松软路面或建筑工地上有时会见到汽车驱动轮陷入泥坑，驱动轮相对地面产生滑转、汽车不能行驶的现象，驾驶人采用加大油门的方法，力图增大汽车驱动力，其结果只能使驱动轮加速旋转，汽车仍不能行驶。这种现象说明，地面作用在驱动轮上的切向反力，受地面接触强度的限制，并不能随意增大。汽车行驶除满足驱动条件外，还要满足地面接触强度提供的条件即附着条件，汽车才能正常行驶。

(1) 汽车附着力。无侧向力作用时，地面对轮胎切向反作用力的极限值($F_{X\max}$)，称为附着力。在硬路面上，附着力与驱动轮的法向反作用力成正比，即

$$F_{X\max}=F_\varphi=F_Z\varphi \tag{1-16}$$

式中 F_φ——驱动轮的附着力(N)；

F_Z——驱动轮的法向反作用力(N)；

φ——附着系数。

汽车附着力的大小取决于地面作用于驱动轮的法向反作用力和附着系数。驱动轮法向反作用力越大，附着系数越大，则汽车的附着力越大。

驱动轮的法向反作用力与汽车的总体布置、行驶状况及道路条件有关。当这些条件确定后，汽车附着力的大小则由附着系数决定。

附着系数主要取决于路面的种类与状况，也受轮胎的结构和气压、汽车的行驶速度影响，还与车轮的运动状态有关。

① 路面的种类与状况。干燥硬实的混凝土或沥青路面的附着系数较大，因为这种路面，轮胎变形相对较大，路面上坚硬而微小的凸起嵌入轮胎的接触表面，增大了接触强度。路面潮湿时，轮胎与路面间的水膜起着润滑作用，会使附着系数下降。因此，附着性能良好的路面，其宏观结构应具有自动排水功能，微观结构应粗糙且有一定的尖锐棱角，以穿透水膜直接与轮胎接触。

结冰和积雪的路面由于轮胎不能直接与路面的微小凸起嵌合，因而附着系数大幅下降。由于轮胎在结冰路面行驶更易形成水膜，因而结冰路面的附着系数比积雪路面更小。

路面的清洁程度对附着系数也有影响。路面被细砂、尘土、油污、泥土等污物覆盖时，附着系数会降低。特别是在刚下雨时，雨水和路面的尘土、油污相混合，形成黏度高的水液，在轮胎和路面间具有润滑作用，使附着系数会更低，有时会和冰雪路面一样滑，但经过较长时间雨水冲刷后，附着系数会有所回升。

汽车在松软土壤路面上行驶时，土壤变形大且抗剪强度较低，附着系数较小。潮湿泥泞的土路抗剪强度更低，附着系数有明显的下降。表1-2为普通轮胎在各种路面上的平均附着系数。

表1-2　普通轮胎在各种路面上的平均附着系数

路面类型	附着系数	路面类型	附着系数
干燥的沥青或混凝土路面	0.70～0.80	干燥的土路	0.50～0.60
潮湿的沥青路面	0.45～0.60	湿土路面	0.30～0.40
干燥的碎石路面	0.60～0.70	压实的雪道	0.15
干燥的沙质荒地	0.22～0.40	结冰路面	0.10

② 轮胎。轮胎的花纹、结构尺寸、气压和磨损对附着系数都有影响。具有细而浅花纹的轮胎在硬路面上行驶时，能加强胎面与路面微观凸起间的机械啮合作用，有较好的附着性能；具有宽而深花纹的轮胎在松软路面行驶时，可以增大嵌入轮胎花纹内土壤的剪切断面，能提高附着系数。胎面的横向花纹，具有较好的纵向抓地能力；胎面的纵向花纹，具有良好的横向抓地能力；胎面的细微花纹，能增加接地面积，提高附着系数。轮胎的花纹应具有良好的排水功能，以便在潮湿路面行驶时，避免接触面间产生水膜，从而提高附着系数。

增大轮胎与地面的接触面，能加大轮胎与路面的嵌合力度，提高附着能力。因此，低气压、宽断面轮胎和子午线轮胎的附着系数要比一般轮胎高。

轮胎气压对附着系数影响很大。降低轮胎气压，轮胎与地面的接触面积增大。对于硬路面，轮胎与地面接触面积的增大，使胎面与地面的微观嵌合作用增强；软路面上，轮胎与地面接触面积的增大，使嵌入轮胎花纹内土壤的数量增多，其土壤的抗剪切能力加大。因此，适当降低轮胎气压，可以增大附着系数。对于松软路面上行驶的汽车，常采用低压胎和超低压胎来提高汽车的附着能力。

轮胎的磨损也会影响它的附着能力。新轮胎的附着系数很高，随着胎面花纹深度的减小，其附着系数将显著降低。花纹磨平轮胎的附着系数较新轮胎约下降 0.2。

③ 车速。汽车行驶速度对附着系数有一定的影响。随着行驶速度的提高，多数情况下附着系数是降低的。在硬路上提高汽车行驶速度时，由于胎面来不及与路面的微观凸起很好地嵌合，所以附着系数有所下降。在松软路面上，由于高速行驶的车轮动力作用极容易破坏土壤的结构，同时土壤也不能和胎面花纹很好地嵌合，所以提高行驶速度也会使附着系数降低。在潮湿路面上高速行驶的汽车，轮胎与路面间的水不易排出，附着系数明显降低。汽车在积水层路面高速通过时，由于水层动压力的影响，会出现使轮胎上浮的"滑水现象"，使得胎面与地面的附着系数显著减少。在结冰路面上，适当提高行驶速度，可减少冰层接触轮胎的受压时间，使接触面不易形成水膜，附着系数会略有提高。

(2) 汽车附着条件。汽车驱动力的最大值固然取决于发动机的最大转矩和传动系统的传动比，但实际发出的驱动力还受到附着力的限制。当附着力较大时，汽车能充分发挥发动机的动力，能得到较大的驱动力；当附着力较小时，汽车的驱动力就较小，汽车节气门(油门)加得再大，也只会增加驱动轮的滑转速度，而不会增大地面对驱动轮的切向反力，不会增大驱动力。

下面以 4×2 后轮驱动汽车为例来推导其附着条件。图 1.11 所示为驱动轮等速滚动的受力图，F_{X2} 是地面对驱动轮的切向反作用力，F_{P2} 是驱动轴作用于车轮的水平力，F_{Z2} 是地面法向反作用力，T_{f2} 为滚动阻力偶矩。由平衡条件列方程得

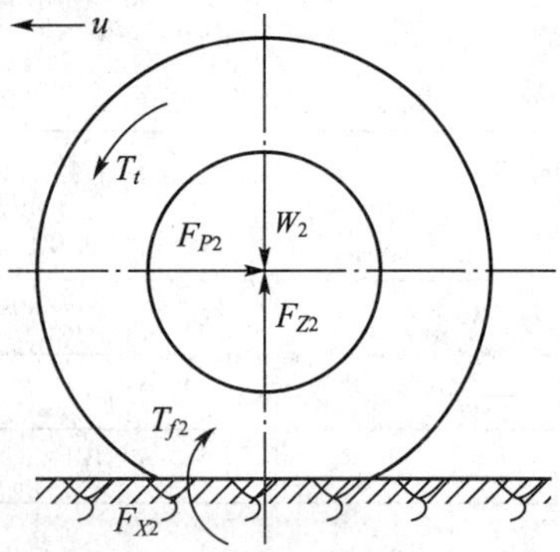

图 1.11　驱动轮滚动时的受力

$$F_{X2}r = T_t - T_{f2}$$

$$F_{X2} = \frac{T_t}{r} - \frac{T_{f2}}{r} = F_t - F_{f2} \qquad (1-17)$$

由式(1-17)可以看出，真正作用在驱动轮上的实际驱动力是 F_{X2}，其数值为定义驱动力 F_t 减去驱动轮上的滚动阻力。因此，对于 4×2 后轮驱动汽车，满足汽车行驶的第二个条件如下：

$$F_{X2} = F_t - F_{Z2}f \leqslant F_{Z2}\varphi \qquad (1-18)$$

或

$$F_t \leqslant F_{Z2}\varphi + F_{Z2}f = F_{Z2}(\varphi + f)$$

由于 f 比 φ 小得多，故可略去 f 的影响，式 (1-18) 可近似写成

$$F_t \leqslant F_{Z2}\varphi$$

对于前轮驱动或四轮驱动汽车，若驱动轮的法向反作用力为 $F_{Z\varphi}$，则可用通式(1-19)

$$F_t \leqslant F_{Z\varphi}\varphi \qquad (1-19)$$

该式被称为汽车行驶的附着条件，也称为充分条件。

3）汽车正常行驶条件

由汽车行驶的驱动条件和附着条件可以看出，保证汽车正常行驶的必要与充分条件是：汽车驱动力应大于或等于汽车滚动阻力、坡度阻力和空气阻力之和，且小于或等于汽车附着力，即

$$F_f+F_i+F_w\leqslant F_t\leqslant F_\varphi \tag{1-20}$$

可见，汽车正常行驶的条件就是汽车行驶的驱动与附着条件。

1.2.2 汽车的驱动力平衡

汽车驱动力平衡是指汽车行驶时驱动力恒等于行驶阻力。汽车驱动力与行驶阻力的平衡关系可通过汽车行驶方程式得出。只要汽车行驶，汽车滚动阻力和空气阻力就必然存在。在良好路面上，汽车驱动力与这两个阻力之差可用于克服汽车的坡度阻力或汽车的加速阻力。

为了形象地说明汽车行驶时驱动力和行驶阻力的关系，通常将汽车驱动力 F_t 及始终存在的两个行驶阻力 F_f 和 F_w 绘制成力和车速的关系曲线图，称为汽车驱动力-行驶阻力平衡图(图 1.12)。常用汽车驱动力-行驶阻力平衡图来分析汽车的动力性，图解汽车动力性评价指标。

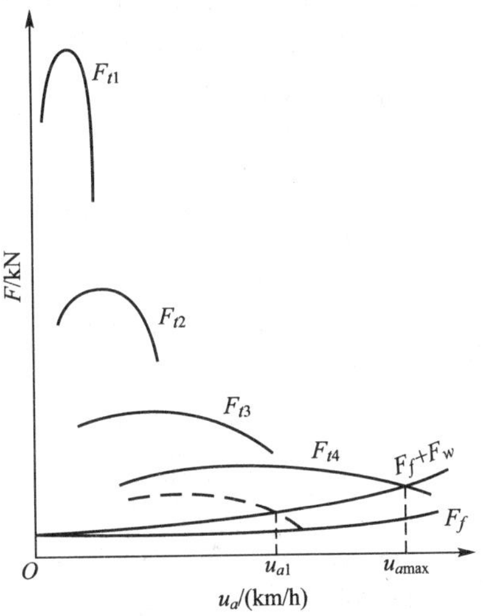

图 1.12 汽车驱动力-行驶阻力平衡图

1. 确定最高车速

最高车速可直接图解得到。汽车处于最高车速时，其坡度阻力和加速阻力均应为零，由汽车行驶方程式分析可知，此时 $F_t=F_f+F_w$，汽车受力处于相对平衡状态。显然，图 1.12 上 F_{t4} 曲线与 F_f+F_w 曲线的交点所对应的车速便是最高车速 u_{amax}。

从图 1.12 中还可以看出，当行驶车速低于最高车速时，驱动力大于行驶阻力。汽车可以利用剩余驱动力 $F_t-(F_f+F_w)$ 加速或爬坡。当需要以较低车速等速行驶时，驾驶人可以减小节气门开度，使发动机在部分负荷特性下工作，相应的驱动力曲线如图 1.12 中虚线所示，则驱动力和行驶阻力得到新的平衡，其虚线与 F_f+F_w 曲线的交点所对应的车速 u_{a1} 即为新的稳定车速。

2. 确定加速能力

当车速小于最高车速时，驱动力就大于行驶阻力。当汽车在水平路面行驶时，其剩余驱动力可全部用来加速。根据汽车行驶方程式可求得汽车在水平良好路面的加速度为

$$\frac{du}{dt}=\frac{1}{\delta m}[F_t-(F_f+F_w)] \tag{1-21}$$

利用图 1.12 可找出各挡下每种车速的剩余驱动力，再根据式(1-21)，便可得到汽车各挡在节气门全开时的加速度曲线(图 1.13)。显然，在附着条件足够时，汽车的驱动力越大，则汽车的加速度就越大，加速能力就越强。通常低挡时，加速度较大；同一挡位时，

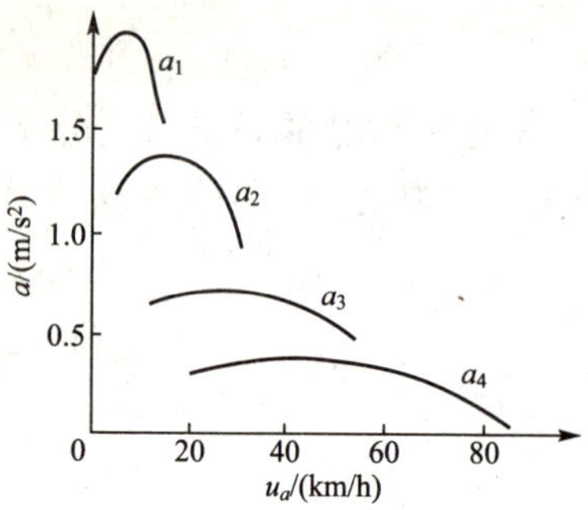

图 1.13　汽车的加速度曲线

速度较低时加速度较大。

实际应用中，常用汽车加速时间来评价汽车的加速能力。加速时间可利用各挡节气门全开时图解得到的加速度曲线，来求得汽车由 u_1 加速到 u_2 所需的时间。

设汽车的加速度为 a，由运动学知

$$\mathrm{d}t=\frac{1}{a}\mathrm{d}u$$

$$t=\int_0^t \mathrm{d}t=\int_{u_1}^{u_2}\frac{1}{a}\mathrm{d}u=A$$

加速时间 t 对应的面积 A 可用计算机进行积分计算或用图解积分法求出。用图解积分法时，可将图 1.13 的加速度曲线转换成加速度倒数曲线，如图 1.14(a)所示。曲线下两个速度区间的面积就是通过此速度区间的加速时间。以直接挡加速度倒数曲线［图 1.14(b)］为例，将加速过程中的速度区间分为若干间隔，通过确定面积 Δ_1，Δ_2，…，Δ_n 来计算总加速时间。

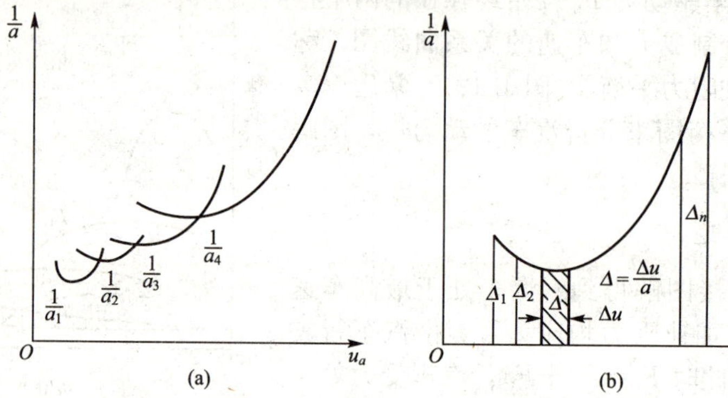

图 1.14　汽车加速度倒数曲线

根据不同情况，可以计算出原地起步加速时间和超车加速时间曲线(图 1.15)。

为了减少原地起步加速时间，从图 1.14(a)可以看出，加速过程中的换挡时机应是相邻挡加速度倒数曲线交点处对应的车速，若加速度倒数曲线不相交，则应在加速行驶至发动机最高转速时换入高一挡位。

3. 确定爬坡能力

当车速小于最高车速时，驱动力就大于行驶阻力。当汽车等速行驶时，其剩余驱动力可全部用来爬坡。根据汽车行驶方程式可推得

$$F_i=F_t-(F_f+F_w)$$

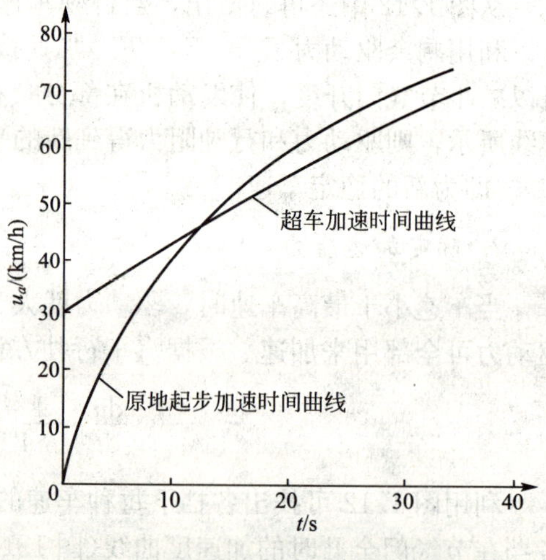

图 1.15　某货车的加速时间曲线

式中 $F_f = G\cos\alpha$，由于评价汽车上坡能力是以良好路面为前提的，所以滚动阻力较小，道路坡度角对其影响可以忽略，常设 $\cos\alpha \approx 1$，于是有

$$\alpha = \arcsin\frac{F_t - (F_f + F_w)}{G} \tag{1-22}$$

这样可利用图 1.12 找出各挡位各车速相应的剩余驱动力，再按式(1－22)即可求出汽车能爬上的坡道角，再根据 $i=\tan\alpha$ 求出坡度值，即可作出汽车各挡的爬坡度图(图 1.16)。

汽车的最大爬坡度 i_{max} 一般为 I 挡的最大爬坡度。但有时 I 挡爬坡时受附着条件的影响，其最大爬坡能力不能充分发挥。在附着条件足够时，汽车第 I 挡的驱动力越大，则汽车的爬坡能力就越强。

最高挡或直接挡的最大爬坡度 i_{0max} 也应给予重视，因为汽车经常使用该挡行驶，i_{0max} 较大时，在一般坡道上不必换入低挡即可通过，这样有利于提高汽车行驶的平均速度和减轻驾驶人的疲劳程度。

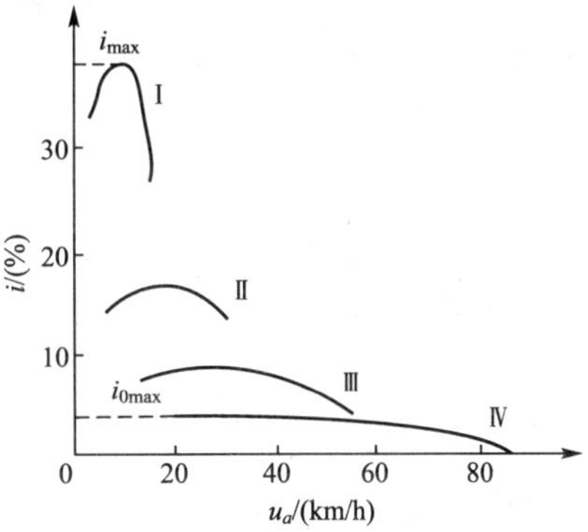

图 1.16　汽车的爬坡度曲线

1.2.3　汽车的动力特性

1. 汽车动力因数

汽车的驱动力-行驶阻力平衡图从驱动力与行驶阻力平衡的角度研究了汽车的动力性能，但它还不能肯定驱动力大的汽车，其动力性就一定好。在评价汽车动力性时，必须考虑汽车的总重力 G 和空气阻力 F_w 对汽车动力性的影响。为了更科学地评价不同汽车的动力性能，必须采用与 G 无关并同时排除了 F_w 的指标，才能对总重不同、外形各异的汽车做出共同的评价尺度。通过对汽车行驶方程的变换，人们已经找到了符合要求的表征动力特性的指标——动力因数。

将汽车行驶方程写成

$$F_t - F_w = Gf\cos\alpha + G\sin\alpha + \delta\frac{G}{g}\frac{du}{dt}$$

等式两边除以汽车的重力，则

$$\frac{F_t - F_w}{G} = f\cos\alpha + \sin\alpha + \frac{\delta}{g}\frac{du}{dt}$$

令 $D=\dfrac{F_t - F_w}{G}$，D 称为汽车的动力因数，则

$$D = f\cos\alpha + \sin\alpha + \frac{\delta}{g}\frac{du}{dt} = \psi + \frac{\delta}{g}\frac{du}{dt} \tag{1-23}$$

动力因数的物理意义是单位汽车总重力所具有的剩余驱动力。从式(1－23)可知，只要两车的 D 值相等，则它们在相同的道路条件下，便可爬同样大小的坡度，或产生同样的

加速度(δ值应相等)。也就是说具有相同动力因数的汽车，尽管它们的总重力和空气阻力的有关参数不同，但它们具有相同的克服道路阻力和加速阻力的能力。因此，动力因数反映了汽车的动力特性，所以常把动力因数作为表征汽车动力特性的指标。

2. 汽车动力特性图

汽车动力特性图是指汽车在各挡位下的动力因数与车速的关系曲线(图1.17)。从动力特性图可以看出动力因数与挡位、车速之间的变化关系。

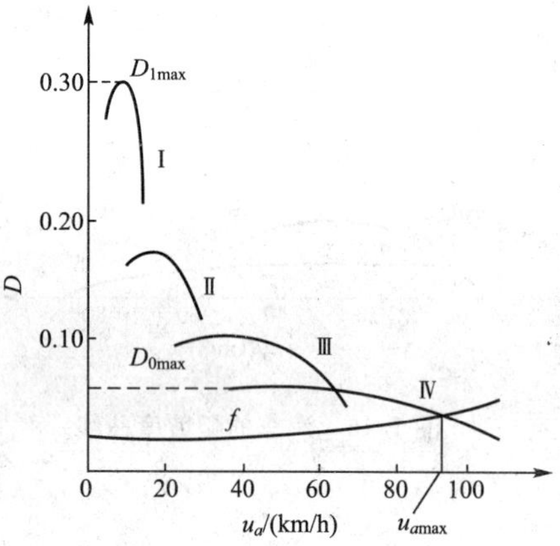

图 1.17　汽车动力特性图

(1) 动力因数随挡位而变。动力因数受变速器传动比的影响较大，挡位越低，动力因数越大。第Ⅰ挡动力因数最大，说明汽车在第Ⅰ挡克服道路阻力或加速阻力的能力最强。汽车最大爬坡度往往在第Ⅰ挡最大动力因数对应的车速处产生。高挡位时驱动力小，而对应的车速高，因而动力因数小，汽车克服道路阻力或加速阻力的能力较小。

(2) 动力因数随车速而变。汽车在各挡位稳定行驶时，动力因数随车速的降低而增大。低速时驱动力大而空气阻力小，因而动力因数大。每挡动力因数在车速较低时有一最大值，此时汽车克服道路阻力或加速阻力的能力最大。汽车在一定挡位行驶时，利用动力因数随车速的变化关系，可以更好地适应道路条件的变化，如道路阻力加大时，汽车会自动减速增加动力因数来应对，当该挡最大动力因数也无济于事时，则驾驶人应降挡行车。

3. 求解动力性评价指标

利用汽车动力特性图可很好地分析汽车的动力性。在动力特性图上，以相同的比例尺作出滚动阻力系数随车速的变化关系曲线，就可方便地求解汽车动力性评价指标。

(1) 确定最高车速。汽车在最高车速行驶时，其$\frac{du}{dt}=0$，$\sin\alpha=0$，$\cos\alpha=1$，将其代入式(1-23)，得$D=f$，因此，D曲线与f曲线的交点所对应的车速就是汽车的最高车速u_{amax}。

(2) 确定加速能力。汽车在良好的水平路面加速行驶时，其$i=0$，由式(1-23)得

$$\frac{du}{dt}=\frac{g}{\delta}(D-f) \tag{1-24}$$

式(1-24)表明，在动力特性图中某车速时，动力因数曲线与滚动阻力系数曲线间距$(D-f)$的g/δ倍，即为该车速所能达到的加速度。利用各挡节气门全开时图解得到的加速度及其倒数曲线，可求得所需的汽车加速时间。显然，在附着条件足够时，汽车的动力因数越大，则汽车的加速能力就越强。

(3) 确定爬坡能力。汽车等速上坡行驶时，其$\frac{du}{dt}=0$，由式(1-23)得

$$D=f\cos\alpha+\sin\alpha \tag{1-25}$$

解此方程得

$$\alpha=\arcsin\frac{D-f\sqrt{1-D^2+f^2}}{1+f^2} \tag{1-26}$$

按各种车速对应的 D、f 值，利用式(1-26)即可求出相应的道路坡度角，然后根据 $i=\tan\alpha$ 求出各种车速对应的各档爬坡度。求最大爬坡度时，可将图1.17中第Ⅰ挡的最大动力因数 $D_{1\max}$ 和对应的滚动阻力系数 f 代入式(1-26)，求出最大坡度角 $\alpha_{1\max}$，然后按 $i_{\max}=\tan\alpha_{1\max}$ 换算成汽车的最大爬坡度。

若道路坡度角不大，或求高挡位的最大坡度，或粗略估算汽车的爬坡能力，则可认为 $\cos\alpha\approx1$ 和 $\sin\alpha\approx\tan\alpha=i$，将其代入式(1-25)后变换得

$$i=D-f \tag{1-27}$$

式(1-27)说明动力特性图上 D 曲线与 f 曲线间的距离粗略地表示了汽车在各挡位相应车速的爬坡度。显然，在附着条件足够时，汽车的最大动力因数越大，则汽车的爬坡能力就越强。

汽车第Ⅰ挡的最大动力因数 $D_{1\max}$ 和最高挡或直接挡的最大动力因数 $D_{0\max}$，对汽车平均行驶速度有很大影响。$D_{1\max}$ 大，说明汽车克服最大道路阻力的能力强，加速能力大，有利于提高汽车的平均行驶速度，轿车的 $D_{1\max}$ 一般为0.30～0.50，货车的 $D_{1\max}$ 一般为0.30～0.40；$D_{0\max}$ 大，说明汽车在高挡位或直接挡行驶的爬坡能力强，在好路面不降挡行驶的能力强，有利于提高汽车的平均行驶速度，轿车的 $D_{0\max}$ 一般为0.08～0.20，货车的 $D_{0\max}$ 一般为0.04～0.10。因此，$D_{1\max}$、$D_{0\max}$ 是评价汽车动力特性的重要参数。

1.2.4 汽车的功率平衡

1. 功率平衡

汽车的功率平衡是指发动机发出的功率恒等于汽车行驶阻力所消耗的功率与机械传动损失功率。若发动机发出的功率为 P_e(kW)，汽车行驶阻力所消耗的功率为滚动阻力功率 P_f、坡度阻力功率 P_i、空气阻力功率 P_w 和加速阻力功率 P_j，则汽车功率平衡方程式如下：

$$P_e=\frac{1}{\eta_T}(P_f+P_i+P_w+P_j)$$

或者

$$\begin{aligned}P_e&=\frac{u_a}{3600\eta_T}\left(Gf\cos\alpha+G\sin\alpha+\frac{C_DAu_a{}^2}{21.15}+\delta m\frac{\mathrm{d}u}{\mathrm{d}t}\right)\\&=\frac{1}{\eta_T}\left(\frac{Gfu_a\cos\alpha}{3600}+\frac{Gu_a\sin\alpha}{3600}+\frac{C_DAu_a^3}{76140}+\frac{\delta mu_a}{3600}\frac{\mathrm{d}u}{\mathrm{d}t}\right)\end{aligned}$$

当道路坡度较小时，则 $\cos\alpha\approx1$，$\sin\alpha\approx i$，则

$$P_e=\frac{1}{\eta_T}\left(\frac{Gfu_a}{3600}+\frac{Gu_ai}{3600}+\frac{C_DAu_a^3}{76140}+\frac{\delta mu_a}{3600}\frac{\mathrm{d}u}{\mathrm{d}t}\right) \tag{1-28}$$

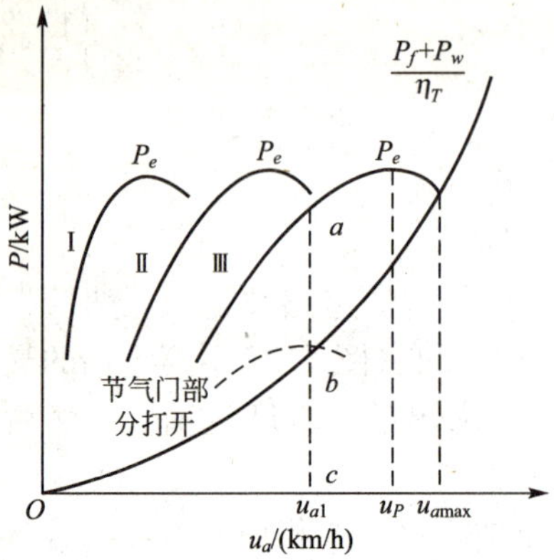

图 1.18　汽车功率平衡图

若以纵坐标表示功率，横坐标表示车速，将汽车在各挡下的发动机功率 P_e、汽车经常遇到的阻力功率$(P_f+P_w)/\eta_T$ 对车速的关系曲线绘在坐标图上，即得汽车功率平衡图(图 1.18)。该图表明，挡位不同时其功率大小的范围不变，但各挡的功率(P_e)曲线所对应的车速范围不同，高挡的车速变化范围比低挡宽，且向高速方向移动。

2. 功率平衡图的应用

利用汽车功率平衡图可以从功率平衡的角度研究汽车的动力性，并且更能说明传动比的选择、发动机外特性形状等对汽车动力性的影响。

(1) 确定最高车速。最高车速时，发动机功率完全与滚动阻力功率 、空气阻力功率和传动损失功率平衡，因而图 1.18 中发动机功率曲线与阻力功率曲线交点处所对应的车速，便是汽车在良好水平路面上的最高车速 u_{amax}。当阻力功率曲线和变速器传动比一定时，主减速器传动比的变化将会导致发动机功率曲线在坐标图中左右位置变化，从而改变汽车的最高车速，影响汽车的动力性。

(2) 确定后备功率。当驾驶人减小节气门开度时，发动机即在部分负荷特性下工作，发动机发出的功率如图 1.17 中的虚线所示，其虚线与阻力功率曲线的交点所对应的车速 u_{a1} 即为汽车在该节气门开度下的等速行驶车速。此时，汽车发动机能发出的功率为$\overline{ac}$，汽车阻力功率为$\overline{bc}$，而功率之差如下：

$$P_e-\frac{1}{\eta_T}(P_f+P_w)=\overline{ac}-\overline{bc}=\overline{ab}$$

它可用来加速或爬坡，通常称 $P_e-\frac{1}{\eta_T}(P_f+P_w)$为汽车的后备功率。从图 1.18 中可以看出，汽车的后备功率随挡位、车速的不同而变化。

在一般情况下维持汽车等速行驶所需的发动机功率并不大，发动机节气门的开度较小。当需要爬坡或加速时，驾驶人加大节气门开度，使汽车的全部或部分后备功率发挥作用。因此，汽车的后备功率越大，汽车的动力性就越好。

(3) 确定负荷率。发动机负荷率是指发动机在某一转速下实际发出的功率与所能发出的功率之比值。在功率平衡图中，可很容易确定汽车在某一车速某一挡位下的发动机负荷率。图 1.18 中$\overline{bc}$与$\overline{ac}$的比值即为汽车在 u_{a1} 车速下的发动机负荷率。负荷率的高低表明了汽车功率的利用程度，负荷率低，表示汽车功率利用较小，汽车的后备功率较大，此时汽车具有良好的加速能力或爬坡能力；负荷率高，表示汽车此时的功率利用较大，适当提高汽车发动机负荷率，可提高汽车的燃油经济性。

实际上，利用功率的概念能很好地概括汽车动力性。如驱动轮输出功率($P_e\eta_T$)大，说明车速与阻力之积较大，表示汽车在良好路面行驶的最高车速高；驱动轮输出功率大，说明汽车在良好路面上单位时间内提高汽车动能的能力强，表示汽车的加速性能好；驱动轮输出功率大，说明汽车在单位时间内提高汽车势能的能力强，表示汽车的爬坡能力大。

1.3 汽车动力性的主要影响因素

为了提高汽车的动力性，必须对影响汽车动力性的主要因素(汽车结构和使用方面)进行分析，以便合理地选择汽车动力性参数和提供良好的汽车使用条件。

1.3.1 汽车结构方面

1. 发动机参数

发动机的最大功率和最大转矩对汽车动力性影响最大。发动机最大功率、最大转矩越大，汽车动力性就越好。但发动机功率过大，也是不合理的，一方面发动机功率过大导致发动机尺寸、质量、制造成本增大，同时还导致发动机负荷率过低使汽车燃油经济性显著下降；另一方面，汽车驱动力的提高受到附着条件的限制，不可无限制地增大，所以过高的发动机功率、转矩也是无益的。

设计中可按期望的最高车速选择发动机功率，所选功率应大体等于汽车以最高车速行驶的阻力功率，即

$$P_e=\frac{1}{\eta_T}\left(\frac{Gf}{3600}u_{a\max}+\frac{C_DA}{76140}u_{a\max}^3\right) \tag{1-29}$$

在给定了 m、C_D、A、η_T、f 结构参数后，按要求的最高车速，即可确定发动机功率。

在实际工作中，常按汽车比功率的统计数据选择发动机功率。汽车比功率是指单位汽车总质量具有的发动机功率，比功率的常用单位是 kW/t。根据车型及其统计的比功率，乘以总质量，即可确定发动机功率。对同类型汽车而言，比功率越大，汽车的动力性越好。

汽车比功率 P_d 可由式(1-29)变换求得

$$P_d=\frac{1000P_e}{m}=\frac{fg}{3.6\eta_T}u_{a\max}+\frac{C_DA}{76.14m\eta_T}u_{a\max}^3 \tag{1-30}$$

汽车比功率与汽车的类型有关。各种货车的 C_D、η_T、f 相差不多，最高车速接近，A 变化有限，由式(1-30)可以看出，货车的比功率随汽车总质量的增大而下降。为保证动力性，比功率的最小值会受到限制。通常，总质量小于 2t 的货车为 15～35kW/t；2～4t 的货车为 11～15kW/t；总质量大于 5t 的货车为 7.35～11kW/t；低速货车比功率不应小于 4.0kW/t。最高级的大型客车(车身长度>9m)，比功率应不小于 15kW/t。

轿车的车速很高，不同轿车的动力性能差别很大。轿车最高车速常在 140～300km/h 之间，但轿车的总质量不大。因此，轿车的比功率大，且变化范围宽广。如普通轿车比功率为 37～66kW/t，高级轿车比功率为 52～110kW/t，跑车更大。

发动机外特性曲线形状对动力性也有较大的影响。图 1.19 为两台发动机的外特性曲线，其最大功率相等。由图可见，外特性曲线 1 的后备功率较大，使汽车具有较大的加速能力和上坡能力，动力性较好。由功率与转矩的关系可知，曲线 1 对应的转矩曲线比 2 的转矩曲线陡，因而采用曲线 1 的汽车其转矩值随车速降低而增高的幅度较

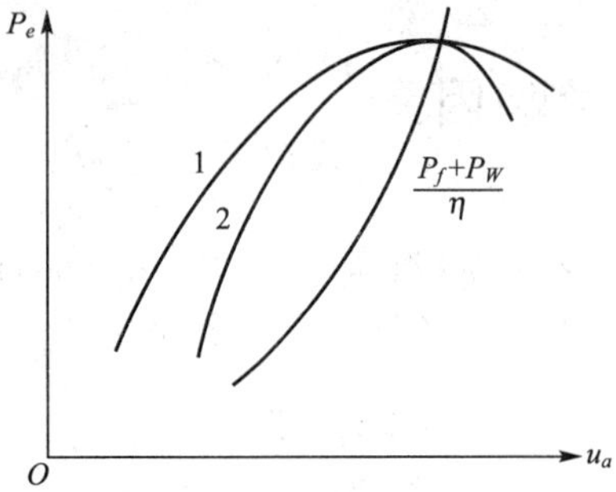

图 1.19 发动机外特性曲线形状对汽车动力性的影响

大，汽车适应行驶阻力变化的能力强，可使换挡次数减少，有利于提高汽车的平均行驶速度。

2. 传动系统参数

(1) 传动效率。传动效率直接影响汽车的动力性，传动效率越高，传动功率损失越小，传至驱动轮的有效功率越大，则汽车的动力性就越好。正确装配、调整传动系统部件，合理选用润滑油性能等级和黏度，在润滑油中加入减摩添加剂，保持传动系统具有良好的润滑，对提高传动效率具有明显的效果。

(2) 最小传动比。普通汽车无分动器或副变速器，其传动比 $i_t=i_g i_0$。如果变速器的最高挡为直接挡，则最小传动比就是主减速器传动比 i_0。主减速器传动比 i_0 的大小对汽车的最高车速及克服行车阻力的能力产生重要影响。

图 1.20 是汽车其他条件相同而主减速器传动比不同的直接挡功率平衡图，其中 $i_{01}>i_{02}>i_{03}$。当选择 $i_0=i_{02}$ 时，汽车最高车速等于发动机最大功率点的车速 u_{P2}，此时汽车最高车速是最大的，如 u_{amax2}。若增大 i_0，使 $i_0=i_{01}$，则汽车的后备功率增大，汽车的加速能力和爬坡能力提高，汽车低速动力性较好，但汽车最高车速降低至 u_{amax1}。若减小 i_0，使 $i_0=i_{03}$，则汽车的后备功率减小，同时汽车的最高车速降低至 u_{amax3}，动力性变差，但发动机功率利用率提高，燃油经济性较好。

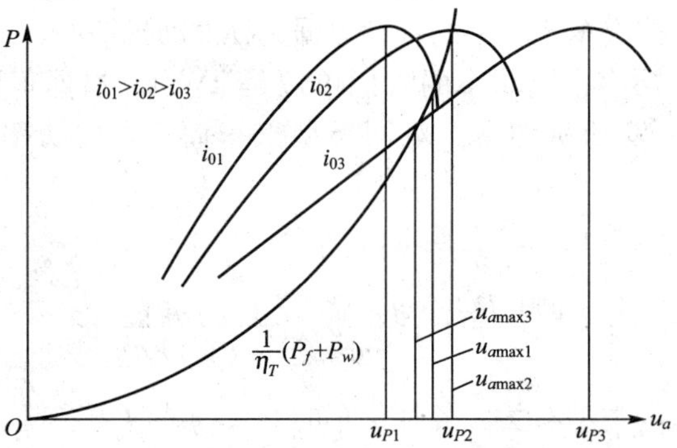

图 1.20 不同 i_0 时的汽车功率平衡图

为了提高汽车动力性，过去多数汽车是以 $u_{amax}=u_P$，或 u_P 稍小于 u_{amax} 来选择最小传动比。但现在为了提高燃油经济性，出现了减小最小传动比的趋势，即令 u_P 稍大于 u_{amax} 来确定 i_0。不过 i_0 选得过小时，反而会增加油耗，这是因为 i_0 太小，最高挡的动力性过低，驾驶人为了获取足够的加速能力或爬坡能力需要经常使用低一挡的挡位，而减少了最小传动比挡位的利用率，发动机负荷率反而降低，使汽车油耗增加。因此，i_0 的选择还应保证足够的 D_{0max}。i_0 的选取应根据车型，综合考虑汽车的 u_{amax}、后备功率、燃油经济性及最高挡位的最大动力因数，选得适中。

当汽车无直接挡时，则最小传动比就是最高挡传动比与 i_0 的乘积。其最高档传动比的影响，可用类似于图 1.20 的平衡图分析。变速器传动比小于 1 的挡位，称为超速挡，许多手动挡变速器轿车还设置两个超速挡。由图 1.20 可以看出，其最小传动比越小时，其最高车速未必越高。因此，汽车设置超速挡的目的主要是增加汽车在良好路面上行驶时的发动机负荷率，以此来提高汽车的燃油经济性。

(3) 最大传动比。普通汽车无分动器或副变速器，其最大传动比是第 1 挡时的传动系统总传动比。当主减速器传动比 i_0 选定后，最大传动比对汽车动力性的影响实际上就是第 1 挡的影响。

汽车以最低挡行驶时，必须保证汽车具有足够的驱动力，以使汽车具有克服最大行驶阻力的能力。如其他条件相同，第 1 挡传动比直接影响汽车起步加速性能和最大爬坡能力，这是因为第 1 挡传动比越大，该挡的最大驱动力和动力因数也就越大。因此，第 1 挡传动比应足够大。当然，第 1 挡传动比加大的程度必须满足附着条件，当第 1 挡发出最大驱动力时，驱动轮不应产生滑转。

通常用汽车最大爬坡能力确定第 1 挡传动比 i_{g1}，此时车速很低，F_w 可忽略；因其等速上坡，加速阻力为零，则最大的驱动力 $F_{t\max}$应为

$$F_{t\max}=\frac{T_{tq\max}i_{g1}i_0\eta_T}{r}=Gf\cos\alpha_{\max}+G\sin\alpha_{\max}$$

$$i_{g1}\geqslant\frac{G(f\cos\alpha_{\max}+\sin\alpha_{\max})}{T_{tq\max}i_0\eta_T} \tag{1-31}$$

式中 $\alpha_{\max}$——最大爬坡度对应的坡度角，一般载货汽车要求的最大爬坡度约为 $i_{\max}=30\%$，其 $\alpha_{\max}\approx16.7°$；越野车的最大爬坡度约为 $i_{\max}=60\%$，其 $\alpha_{\max}\approx31°$。

对越野车其 i_{g1} 还要满足最低车速 $u_{a\min}$要求，设发动机最低稳定转速为 $n_{\min}$，则

$$i_{g1}=0.377\frac{n_{\min}r}{i_0u_{a\min}} \tag{1-32}$$

对于轿车，其爬坡度常大于 30%，一般根据加速能力或参考同等级车型选取最大传动比。

最大传动比确定后，还要计算附着条件是否满足上坡或加速的要求。必要时，可从汽车总体布置和结构入手，改善汽车的附着能力。

一般货车的最大传动比 $i_{t\max}=35\sim50$，轿车的 $i_{t\max}=12\sim18$。

(4) 变速器挡数。当变速器的最小和最大传动比确定后，变速器挡数增多，发动机在最大功率附近高功率工作的机会增加，发动机的平均功率利用率高，后备功率大。例如，在两挡变速器的Ⅰ挡与直接挡之间增加两个挡位时(图 1.21)，汽车的最高车速和最大爬坡度均不变，但在一定的速度范围内，可利用的后备功率增大(图 1.21 中阴影线表示的区域)，有利于汽车的加速和爬坡，汽车的动力性好。

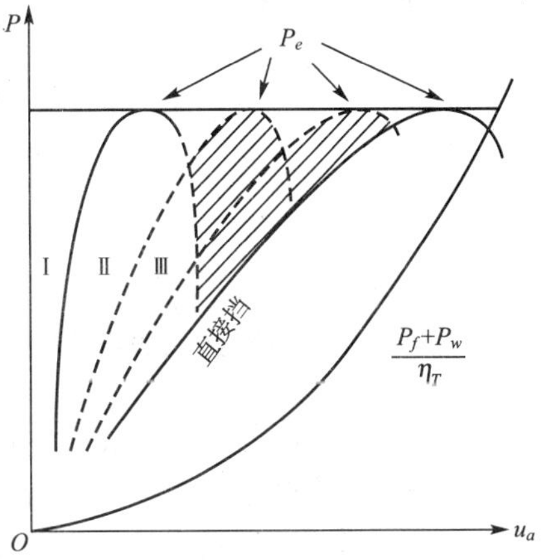

图 1.21 变速器挡数对汽车动力性的影响

若变速器挡数无限增多，则为无级变速，其输出相当于等功率发动机，此时可使发动机总在最大功率 $P_{e\max}$下工作，获得最好的动力性。同

时，其汽车的驱动力特性最为理想，具有极好的加速性和爬坡能力。

挡数越多，汽车越能适应各种道路条件，从而加大汽车在低燃油消耗率区间工作的机会。挡数多，还可保证各低挡与上一挡之间传动比的比值较小(应小于等于 1.7～1.8)，使得换挡容易，操纵性好。当然挡数过多，会使变速器及其操纵机构的结构大为复杂。

通常，装用手动变速器的轿车普遍采用 5 挡；轻、中型货车变速器采用 5 挡；重型货车变速器多于 5 挡，为保证有足够多的挡位而结构又不复杂，不少重型货车、矿用重型汽车的变速器后还接上一个具有 2 挡或 3 挡的副变速器，挡位数多达 6～20 个；在越野汽车的变速器后带有一个具有高、低挡的分动器，其挡位数比同吨位货车多一倍左右。

(5) 变速器传动比。变速器第 1 挡、最高挡传动比和挡数确定后，应从提高汽车动力性和换挡操纵性入手分配中间各挡的传动比。汽车各挡传动比常用等比级数分配和渐进式速比分配。

① 等比级数分配。按等比级数分配时，各挡传动比符合下列关系：

$$\frac{i_{g1}}{i_{g2}}=\frac{i_{g2}}{i_{g3}}=\cdots\frac{i_{g(n-1)}}{i_{gn}}=q \tag{1-33}$$

式中，q 是各挡之间的公比，为常数。当变速器第 1 挡、最高挡传动比和挡数确定后，q 就已确定。如 5 挡变速器，且 $i_{g5}=1$ 时，则 $q=\sqrt[4]{i_{g1}}$。此时，可按式(1－33)算出各挡传动比。

一些挡位很多的货车变速器，其各挡传动比大体上按等比级数分配。但 SH760 轿车的 4 挡变速器完全按等比级数分配，其中，$\frac{i_{g1}}{i_{g2}}=1.52$，$\frac{i_{g2}}{i_{g3}}=1.52$，$\frac{i_{g3}}{i_{g4}}=1.52$。

变速器按等比级数分配有利于提高汽车的动力性。这种汽车能使发动机经常在接近外特性最大功率 P_{emax} 处的大功率范围内运转，使后备功率增大；用各挡加速时，发动机功率的利用程度较高；全力加速或爬坡时，能充分利用发动机提供的功率。

变速器按等比级数分配有利于提高汽车的换挡操纵性。这种汽车在起步加速操作时，可使发动机在同一转速范围内工作，保证离合器平顺无冲击接合，使驾驶操作方便容易。

② 渐进式速比分配。考虑汽车在实际换挡过程中，会占有一定时间，由于外部阻力的影响，车速有所下降，且换挡车速越高，换挡过程中车速下降就越多。为了保证起步换挡时发动机转速在一定范围内变化，实现离合器无冲击接合，则各挡传动比分配应有下列关系：

$$\frac{i_{g1}}{i_{g2}}>\frac{i_{g2}}{i_{g3}}>\cdots\frac{i_{g(n-1)}}{i_{gn}} \tag{1-34}$$

这就是变速器的渐进式速比分配。如 CA7220 的 5 挡变速器就是按渐进式速比分配的，其中$\frac{i_{g1}}{i_{g2}}=\frac{3.6}{2.125}=1.69$，$\frac{i_{g2}}{i_{g3}}=\frac{2.125}{1.485}=1.46$，$\frac{i_{g3}}{i_{g4}}=\frac{1.458}{1.070}=1.36$，$\frac{i_{g4}}{i_{g5}}=\frac{1.070}{0.857}=1.25$。

按渐进式速比分配的汽车，随着挡位的提高，相邻两挡间的传动比间隔逐渐减小，其高挡之间的车速差明显减小，便于高挡位换挡，并增加发动机在功率较大的范围内工作的可能性。

现代汽车使用车速范围大，高挡位利用率高，因此其变速器多采用渐进式速比分配。

3. 自动变速器

自动变速器使得驾驶操作方便、省力，同时它对汽车动力性也产生重要影响。不同类型的自动变速器对汽车动力性的影响也不相同。

(1) 液力自动变速器。目前，汽车上应用最广泛的是液力自动变速器(AT)，AT 几乎成为自动变速器的代名词。

AT 的变速系统由液力变矩器和机械变速器组成。液力变矩器是一种无级变速器，但由于其转矩变化范围小，一般需要同 3 挡或 4 挡机械变速器串联使用，来适应汽车行驶条件的变化。AT 对汽车动力性的影响主要取决于液力变矩器的输出特性。在节气门全开时，液力变矩器涡轮的输出转矩 T_T 与输出转速 n_T 的关系曲线称为液力变矩器的输出特性。

图 1.22 是综合式透过性液力变矩器的输出特性。综合式液力变矩器低速时是变矩器工况，可以获得较大的变矩比 K(涡轮输出转矩 T_T 与泵轮输入转矩 T_P 之比)；高速时是耦合器工况，可以获得较高的传动效率。汽车起步时，泵轮转速 n_P 等于发动机转速，涡轮转速 n_T 为 0，变矩器涡轮输出的转矩最大，其变矩比 K 最大，有利于起步。加速时，涡轮的转速逐渐提高，涡轮转矩逐渐减小。当 $n_T=n_T'$时，$K=1$，涡轮转矩等于泵轮转矩，此时，变矩器进入耦合器工况，因而其传动效率为

$$\eta=\frac{T_T n_T}{T_P n_P}=\frac{n_T}{n_P}$$

故传动效率会随着车速的增加而提高，有利于改善高速行车的动力性和燃油经济性。

图 1.23 中实线是一辆装有综合式液力变矩器与两挡机械变速器汽车的驱动力图，图中虚线是这辆汽车装用 3 挡普通变速器的驱动力曲线。从这两组曲线的对比可看出，装有液力变矩器的汽车，起步加速性能好，因为它从速度为零开始就能连续不断地发出最大驱动力，而普通变速器汽车只有在达到一定速度后才能正常传递驱动力，车速为零时必须依靠离合器滑转才能传递驱动功率。装有液力变矩器的汽车，在很低车速行驶时，其驱动力比普通变速器汽车大，说明其克服道路阻力的能力强，低速动力性好。装有液力变矩器的汽车，由于液力变矩器的效率低，在高速行驶时其动力性并无改善。

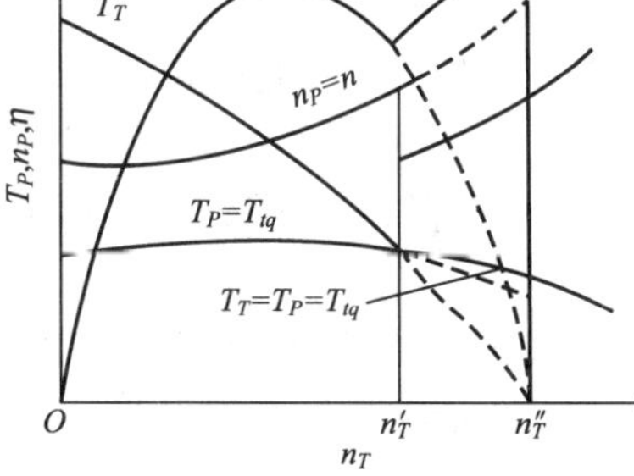

图 1.22　综合式透过性液力变矩器的输出特性

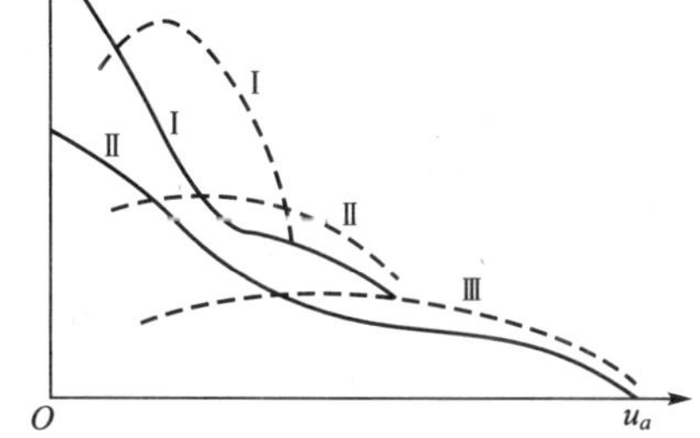

图 1.23　综合式液力变矩器汽车驱动力图

为了改善高速行车的动力性和燃油经济性，现代轿车普遍采用带有锁止离合器的液力变矩器。这种液力变矩器的输出特性如图 1.24 所示，当 $K=1$ 时，锁止离合器直接将泵轮与涡轮锁住，此后发动机功率将直接传到机械变速器，液力变矩器的效率为 100%。这样，高速行驶时，其驱动力的传递与普通齿轮变速器相同。因此，其汽车的动力性和燃油经济性均有所改善。

(2)机械无级变速器。机械无级变速器(CVT)是指通过机械传动无级控制速比变化的自动变速器。现代汽车采用的电控 CVT，可以实现动力传动系统的综合控制，充分发挥汽车的动力性。

图 1.25 是现代轿车使用的一种 CVT 的组成与工作原理图。CVT 主要包括主动带轮组、从动带轮组、金属带和油泵等基本部件。主动带轮组和从动带轮组都由可动带轮和固定带轮组成，靠近油缸一侧的带轮是可动带轮，可以在轴上滑动，而另一侧是固定带轮。可动带轮与固定带轮都是锥面结构，它们的锥面形成 V 型槽来与 V 型金属传动带啮合。

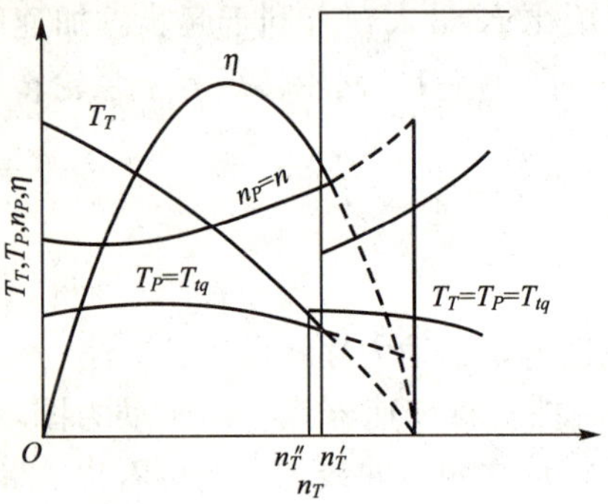

图 1.24　带锁止离合器的液力变矩器输出特性

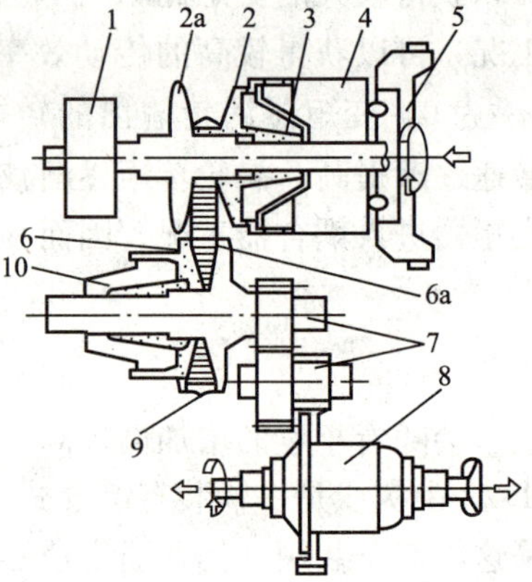

图 1.25　CVT 的组成及原理

1—油泵；2a—主动固定带轮；2—主动可动带轮；
3—主动带轮液压缸 4—起步装置；5—发动机飞轮；
6—从动可动带轮；6a—从动固定带轮；
7—中间减速器；8—主减速器与差速器；
9—金属传动带；10—从动带轮液压缸

发动机输出的动力经起步装置 4 传递到 CVT 的主动带轮组(2、2a)，然后通过 V 带 9 传递到从动带轮组(6、6a)，最后经减速器、差速器传递给半轴来驱动汽车。工作时通过主动带轮组与从动带轮组的可动带轮作轴向移动来使主动带轮、从动带轮锥面与 V 带啮合的工作半径，从而改变传动比。可动带轮的轴向移动量是由驾驶人根据需要通过控制系统调节主动带轮、从动带轮液压缸压力来实现的。由于主动带轮和从动带轮的工作半径可以进行连续调节，因而可实现无级变速。

汽车起步时，变速器主动带轮工作半径较小，从动带轮工作半径较大，变速器可以获得较大的传动比，驱动轮可以获得足够的驱动力来起步和加速，起步能力强，加速时间短，动力性好。

汽车正常行驶时，随着道路条件的变化，CVT 电控系统能根据驾驶人的需要，通过各个传感器信号的变化，自动控制主、从动带轮的控制油压，使主、从动带轮的工作半径连续变化，实现无级变速，使驱动轮获得相应的驱动力。由于CVT内部没有齿轮传动，其传动损失小，传动效率高，动力性好。

汽车在整个行驶过程中，由于CVT的无级变速特性，可使汽车总有机会在最大发动机功率 P_{emax} 条件下工作，使汽车具有较大的后备功率，汽车的爬坡能力大，加速能力好。

(3) 双离合器变速器。双离合器变速器(DCT)是指在手动变速器基础上发展而来的，利用两个离合器实现自动换挡而不间断动力传递的变速器。双离合器变速器主要由双离合器、机械变速器、自动换挡机构和电控液压控制系统组成。

在DCT中，双离合器由电子控制及液压推动，一个离合器控制奇数挡(如1、3、5挡和倒挡)，一个离合器控制偶数挡(如2、4、6挡)。当变速器工作时，一个离合器与变速器中某一挡位相连，一组齿轮被啮合，来进行动力传递；同时，电控系统根据汽车的工况对驾驶人的换挡意图做出判断，预见性地控制另一个离合器与另一个挡位的齿轮组相连，但仅处于准备状态，尚未与发动机输出相连。换挡时一个离合器分离，同时另一个离合器将所相连的齿轮组与发动机接合。除空挡之外，始终有一个离合器处于接合状态，而另一个离合器则处于分离状态。

由于DCT在整个换挡过程中，能不间断地传递发动机动力，因此它可提高汽车起步和加速行驶的动力性。图1.26是两辆分别装用DCT和电控机械式自动变速器(AMT)的汽车从1挡换入2挡时的过程曲线，由图可知，在换挡过程中AMT由于动力中断而使车辆产生负的加速度，而DCT的则总为正。因此，装用DCT的汽车加速性能好。例如，装有德国大众DSG(双离合器变速器)的迈腾2.0TSI汽车，其0→100km/h的加速时间为8.3s，而装有AT的迈腾2.0TSI的加速时间则为9.6s。

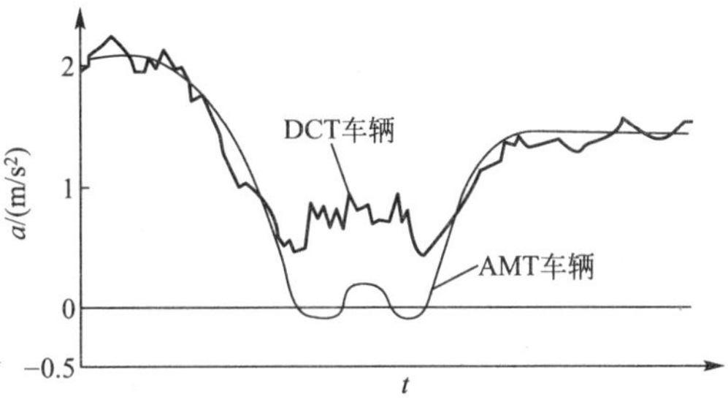

图1.26 装用AMT与DCT汽车的换挡性能比较

与AT相比，DCT属于机械传动变速器，其传动效率相对较高，装用DCT的汽车动力性较好。目前，DCT已在轿车上得到了广泛使用。

4. 空气阻力系数

根据公式 $D=(F_t-F_w)/G$，若汽车总重力与驱动力不变，空气阻力越小，则汽车动力因数 D 越大，汽车最高车速也越高，汽车的动力性就越好。但汽车在高速行驶时，空气阻力很大。为提高汽车的动力性，应减少空气阻力。而减少空气阻力的主要手段是降低空气阻力系数 C_D，现代汽车设计师都注重改善车身的流线型，对轿车车身常采用下列方法来降低空气阻力系数。

(1) 整车。整个车身应向前倾斜1°～2°；水平投影应为“腰鼓”形，后端稍稍收缩，前端呈半圆形。

(2) 车身前部。车身前部的发动机罩应向前下倾；面与面交接处的棱角应为圆柱状；风窗玻璃应尽可能躺平且与车顶圆滑过渡；前支柱应圆滑，侧窗应与车身相平；尽量减少车灯、后视镜等凸出物，如有的轿车采用隐藏式前照灯，需要照明时上掀前照灯，有的轿车采用摄像头和显示屏代替后视镜，若有凸出物，其形状应接近流线型。在保险杠下面的前面应装有合适的扰流板。

(3) 汽车后部。汽车后部最好采用舱背式或直背式车身，舱背式车身是指后窗玻璃与水平线呈25°～50°角的车身，而直背式车身是指后窗玻璃与水平线夹角小于25°的车身。若采用折背式车身，则行李箱盖板应高而短，后面应有鸭尾式结构。

(4) 车身底部。底部用平滑的盖板将车身下平面内的所有零部件盖住，其盖板从车身中部或由后轮以后向上稍稍升高。

(5) 发动机冷却进风系统。根据车身的压力分布，合理选择进风口与出风口位置，精心设计内部风道，可减少内循环阻力。

现代轿车的空气阻力系数C_D已大大降低，高级轿车的C_D值已达0.3以下，有的车身C_D值已达0.2。轿车较好的流线型，使其空气阻力系数小，能减少高速行驶时的功率消耗，提高汽车动力性。

5. 汽车质量

汽车质量对汽车动力性影响很大。除空气阻力外，其他行驶阻力都与汽车质量成正比。而动力因数则与汽车质量成反比。因此，随着汽车质量的增大，其行驶阻力增加，动力因数降低，汽车的动力性下降。

汽车作为一种运输工具，不能通过减少装载质量来提高汽车的动力性，而最有效的方法就是减轻汽车的整备质量来提高汽车动力性。减轻汽车整备质量的主要措施是：用计算机优化设计；增加轻质材料在汽车上的应用比例，如选用合金材料(铝合金和镁铝合金)、复合材料(玻璃纤维增强材料和碳纤维增强材料)和新型塑料；改善汽车各总成乃至零件的结构，使强度充分发挥，减小结构尺寸和用料量；采用承载式车身；提高轮胎的可靠性，去掉备胎等。

6. 汽车驱动形式

汽车驱动形式不同，其附着条件就不同，所能获得的最大驱动力也就不同，从而影响汽车的动力性。因此，应根据不同的汽车类型选择合适的驱动形式，来提高汽车动力性。

单轴驱动汽车，一般以后轴作为驱动轴，有利于提高汽车的动力性。当汽车上坡、加速、高速行驶需要加大驱动力时，地面作用于驱动轮的法向反作用力增大，附着力也随之增大，汽车容易获得足够的附着力而保证所需的驱动力。

采用全轮驱动的汽车比单轴驱动汽车具有更好的动力性，因为它能够利用的附着力是最大的，同时当某一驱动轴失去驱动能力时，另外的驱动轴仍可继续驱动。

智能全模式四驱系统已经在轿车上得到了很好的应用。它有两驱、自动和四驱锁定模式功能，以应对各种路况。两驱模式时，前轴或后轴驱动，在日常驾驶中常用，适应于行驶阻力小的良好路面，可以获得足够的动力性和较低的油耗。自动模式时，系统会根据路况自动将前、后轮转矩智能分配：通常情况下，汽车还是处于2WD模式运行；而当前轮与后轮之间出现转速差时，说明驱动轮出现滑转，则应提高附着力，此时控制系统将使2WD模式自动转变成4WD模式；当汽车等速行驶或减速行驶时，一般为两轮驱动；当突然猛加速或上大坡时，就有可能成为四轮驱动。自动模式适合郊外复杂的路况使用。四驱锁定模式时，前、后轮转矩按固定的比例(约为50∶50)分配，前、后轮具有固定比例的驱动力，以适应汽车在松软路面或越野条件下行驶，提高汽车的动力性和通过性。

7. 汽车轮胎

汽车行驶时轮胎的滚动阻力和附着性能对汽车动力性产生较大的影响。为了提高汽车动力性，应尽量减少汽车轮胎的滚动阻力，同时增加道路与轮胎间的附着力。根据这一原则，在硬路面上行驶的汽车，应采用子午线轮胎，细而浅的花纹，较高的轮胎气压；在松软路面上行驶的汽车，应采用粗而深的轮胎花纹，较低的轮胎气压。

轮胎的尺寸对动力性也有影响。当其他条件相同时，其驱动力与轮胎半径成反比，而车速又与轮胎半径成正比，这说明轮胎半径对与动力性有关的驱动力和车速的影响是矛盾的。现在，行驶于良好路面上的汽车，轮胎尺寸有减小的趋势，因为汽车在良好路面行驶时，附着力较大，若用小直径的轮胎，可得到较大的驱动力，而车速的提高可用减小主减速器传动比的方法来解决。另外，采用宽系列轮胎，可增加轮胎与路面间的附着系数，改善其附着性能，提高汽车的动力性。

1.3.2 汽车使用方面

1. 发动机技术状况

发动机是汽车的动力装置，其输出动力的能力与其技术状况紧密相关。若发动机技术状况不良，则发动机的有效功率、转矩会下降，导致汽车动力性变差。因此，应对发动机进行定期检查，加强维护，保证发动机具有良好的技术性能。

2. 底盘技术状况

汽车底盘技术状况从多方面影响汽车动力性，如传动系统技术状况不良，则动力传递时的功率损失会增大，驱动轮获得的功率会减少；如行驶系统技术状况不良，则汽车的行驶阻力会增大，汽车行驶平顺性、操纵稳定性会变差，汽车高速行驶是不可能的；如转向系统、制动系统技术状况不良，则会直接影响汽车的行车安全，汽车的动力性就得不到充分发挥。若底盘技术状况不良，则汽车的平均行驶速度会降低，动力性会变差。

因此，应加强对汽车底盘的检查、维护，确保汽车底盘具有良好的技术性能。保证传动系统各部件装配、调整合适，有良好的润滑条件；调整制动器，尽量使车轮行车阻滞力为零；保证车轮前束和外倾配合恰当，减少行车阻力；保证轮胎具有合适的轮胎气压，以充分发挥其附着性能并减少滚动阻力。

3. 驾驶技术

同一辆车，同样的行驶条件，不同的驾驶人操作，可具有不同的平均行驶速度，这就是驾驶技术在起作用。良好的驾驶技术能使驾驶人适应千变万化的道路交通情况，充分发挥汽车的动力性，保持尽可能高的车辆平均技术速度。

(1) 汽车起步。熟练的驾驶人能保证汽车平稳而顺利起步，从而为快速行车抢得先机。

(2) 换挡操作。对于手动变速器汽车来说，行驶时换挡操作相当频繁，能否适时和迅速地换挡及正确地选择挡位，对发挥和利用汽车的动力性具有很大的作用。

汽车行驶时，要根据路面及交通情况，经常变换挡位，及时调整车速。当道路阻力增大(如起步、上坡、通过阻力大的路段)需要大的驱动力时，应选用低速挡；当通过良好路面，需要提高行驶速度、节省燃油时，应选用高速挡；当汽车转弯、过桥、过交叉路口、坡道、会车及通过一般困难路段时，应选用中间挡位。行车时，应尽量使用高挡位。

掌握好换挡时机，及时地变换挡位，可提高汽车的动力性。踩下加速踏板，若感到发动机动力过大，说明原来的挡位已不适应，应及时换入高一挡位，加挡后如不出现动力不足和传动部分抖动现象，则表明加挡时机适宜。行驶中，若车速下降，发动机动力不足，说明原挡位已不适应，要及时换入低一挡位，如减挡后汽车不出现突然降速现象，则表明减挡时机适宜。

对于自动变速器汽车，其换挡是自动进行的，驾驶人只需根据道路条件选择操纵手柄位置，用加速踏板控制车速即可。

(3) 车速控制。车速直接体现了汽车动力性。如果车速高不了，说明汽车动力性较差。通常，驾驶人应根据车型、道路、气候、载运量、交通情况及自己的驾驶水平，确定合适的车速。车型不同，动力性不同，适宜的车速就不一样，通常驾驶轿车的车速比驾驶货车的车速要高；在高速公路上，汽车应以高挡位较高车速行驶，以充分发挥汽车的动力性。

4. 汽车行驶条件

行驶条件中的气候和路面对汽车动力性的影响较大。汽车长时间在高温条件下工作，由于发动机过热，进气温度高，引起功率下降，致使汽车动力性降低；汽车行驶在高原地区，由于充气量与压缩压力下降，引起发动机功率下降，导致汽车动力性下降；汽车行驶在坏路面，路面和轮胎间的滚动阻力较大，附着系数较小，则汽车受附着条件限制的爬坡能力和加速能力下降，汽车动力性下降。

1.4 汽车动力性试验

汽车动力性试验的目的主要是测定汽车动力性评价指标。汽车动力性试验方法可分为两类，即道路试验和台架试验。

1.4.1 汽车动力性道路试验

为使试验数据具有通用性、可比性、准确性，国内、外均用法规或标准统一规定汽车道路的试验条件、试验对象的状况及试验方法。我国对汽车道路试验项目制定了一系列的国家标准，通常汽车最高车速、加速时间和最大爬坡度由道路试验测得。

1. 道路试验通用条件

(1) 气候条件。晴天或阴天，风速小于 3m/s。气温在 0～40℃之间，相对湿度小于 95%。

(2) 道路条件。平直、干燥、清洁的沥青或水泥路面，路面宽不小于 8m，纵坡不大于 0.1%。试验路段长 2～3km。

(3) 试验仪器。所用仪器设备须经计量检定，符合试验要求的精度。常用的试验仪器有：非接触式汽车速度计和 GPS 测量系统等。

(4) 试验对象。测试汽车应处于良好的技术状况；汽车各总成的热状态在试验时应符合该车技术条件的规定，如技术条件无规定时，应符合下列条件：发动机冷却液温度为80～90℃，变速器和驱动桥润滑油温度不低于50℃，必要时可在试验前进行20～30min较高车速的预热行驶；汽车载荷为满载(额定载质量)，且载荷分布均匀；轮胎气压应符合技术条件，轮胎气压的误差不超过10kPa。

2. 最高车速测试

(1) 试验应在符合汽车道路试验的通用条件下进行。

(2) 试验路段设置。在确定的试验道路上选定中间一段200m或500m为测速路段，其两端各设100m的准备路段，用以提示试验人员准备测试。

(3) 测试。根据汽车加速性能的优劣，选定充足的加速区间，使汽车进入测速路段前已具有最高的稳定车速，测定汽车以最高车速通过测速路段的时间，接连往返各测试一次。

(4) 整理试验结果。仪器直接测出 u_a(km/h)，或根据测速距离及各次通过测速路段(L=200m)的时间平均值 t(s)，算出最高车速，即：$u_{amax}=3600\times0.2/t$，单位为km/h。

3. 加速性能测试

(1) 试验应在符合汽车道路试验的通用条件下进行。

(2) 试验路段设置。在确定的试验道路上选定1.5km作为加速试验路段，两端各设100m为测初速度路段。

(3) 测试。

① 起步连续换挡加速性能测试。汽车停在加速路段起始点，从起步开始、加速踏板完全踩到底，以选择的最佳换挡车速，力求无声换挡，直至最高挡加速至1km终点，试验往返各进行一次。用非接触式汽车速度计或GPS测量系统记录加速过程。

② 最高挡加速性能测试。以稍高于最高挡的最小稳定车速为初速度(选5的整数倍，初速度偏差±1 km/h)，等速通过100m路段至加速度测试路段的起始点处，急速将加速踏板踩到底，加速至该挡最高车速的80%～100%。试验往返各进行一次。用非接触式汽车速度计或GPS测量系统记录加速过程。

(4) 整理试验结果。

① 绘制起步连续换挡加速性能曲线，即车速 u_a(km/h)-加速时间 t(s)曲线和车速 u_a(km/h)-加速行程 L(m)曲线。求出0→100 km/h的时间，或0→400m的时间。

② 绘制最高挡加速性能曲线，求出某一初始车速加速至另一规定车速的时间。

4. 最大爬坡度测试

(1) 试验应在符合汽车道路试验通用条件下进行。

(2) 坡道设置。选用相当于测试汽车的最大爬坡度，坡长不小于20m，坡底应有5～10m的平路段，在坡道中部设置10m长的测速区。

(3) 测试。变速器置于最低挡，起步后，将加速踏板踩到底爬坡，测试汽车所能通过的最大坡度。测定汽车通过测速区段的时间，同时记录发动机转速。

若坡度大小不合适，可用适当增、减载荷的方法，也可用变速器在较高一挡进行试验，将试验结果折算成额定载荷下，变速器使用最低挡的最大爬坡度。折算成的最大坡度角为

$$\alpha_{\max}=\arcsin\left(\frac{G_a i_{g1}}{G i_{ga}}\sin\alpha_a\right) \tag{1-35}$$

式中 $\alpha_{\max}$——换算得到的最大坡度角(°)；

α_a——测试时，汽车实际爬过的坡度角(°)；

G——汽车额定总质量的重力(N)；

G_a——测试时的汽车重力(N)；

i_{g1}——变速器第1挡传动比；

i_{ga}——测试时，变速器实际挡位的传动比。

计算汽车爬坡时的平均车速 u_a(km/h)：

$$u_a=36/t$$

式中 t——汽车爬坡通过10m测量区段的时间(s)。

1.4.2 汽车动力性台架试验

汽车动力性台架试验在室内进行，用试验台架模拟汽车的行驶工况和道路阻力。汽车动力性台架试验主要用来检测在用汽车的动力性，测定汽车驱动轮的输出功率，还可进行汽车最高速度、加速能力的测试。

1. 试验设备

驱动轮输出功率检测设备是汽车底盘测功机，它通过模拟汽车道路行驶工况的方法来检测汽车动力性。

(1) 底盘测功机结构。汽车底盘测功机一般由滚筒装置、加载装置、飞轮装置、测量装置、控制与指示装置和辅助装置等构成，如图1.27所示。

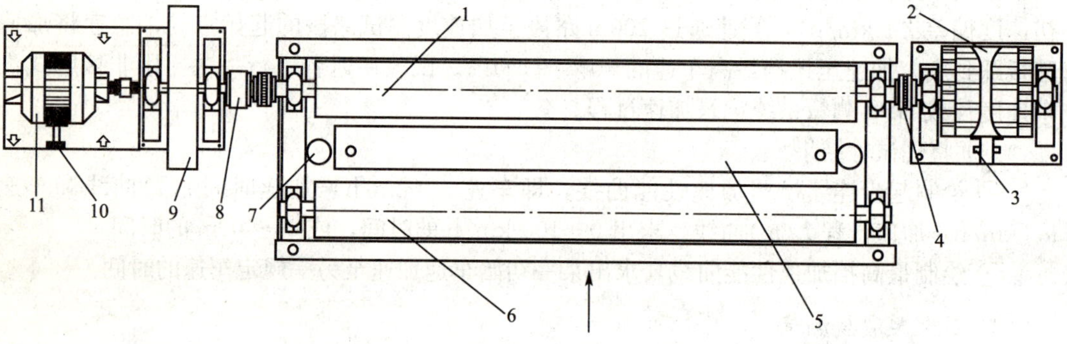

图1.27 汽车底盘测功机结构示意图

1—主动滚筒；2—加载装置(电涡流测功器)；3—压力传感器；4—联轴器；
5—举升器；6—从动滚筒；7—挡轮；8—电磁离合器 9—飞轮装置；
10—压力传感器；11—反拖电动机

滚筒装置用来模拟连续移动的路面，测功时，驱动车轮在滚筒上滚动。因此，滚筒是支承车轴载荷，并传递功率、转矩、速度的主要构件。

加载装置俗称测功器，用来模拟汽车在道路上的行驶阻力，吸收驱动轮上的输出功率。现在汽车底盘测功机加载装置大多采用电涡流测功器。

飞轮装置用于模拟汽车在道路上行驶的惯性。为了准确测量，飞轮的转动惯量应与被测车辆路试时的惯性相适应，即底盘测功机检测时旋转部件的动能应与汽车行驶时的动能相等。

测量装置主要包括测力装置、测速装置和测距装置。测力装置用来测量驱动轮上的驱动力或力矩；测速装置用来测量滚筒的转速或车速；测距装置用来测量汽车行驶的距离。

控制装置用来控制底盘测功机的整个检测过程，使检测能够按照给定的方式自动进行，确保车辆检测模拟的准确性。

指示装置用来显示测量结果。现在汽车底盘测功机检测的输出功率、驱动力和车速等参数普遍采用显示器直接显示，显示器还可显示测量过程的动态曲线。一般底盘测功机还有指针式仪表，它可显示电涡流测功机的电流、转速、输出转矩，以便监视测功机的工作状态。

辅助装置主要包括举升装置、冷风装置和反拖电动机。举升装置的作用是方便被测车辆驶入和驶出底盘测功机；冷风装置的作用是汽车检测时加强对发动机的冷却；反拖电动机的作用是检测底盘传动效率。

(2) 底盘测功机原理。汽车驶上底盘测功机，将驱动轮支承于两个滚筒之上(图1.28)，起动发动机让车轮驱动滚筒转动使之模拟路面的行驶状态，此时滚筒表面的线速度就是汽车的行驶速度，根据滚筒的转速就可以换算出汽车的行驶速度，而滚筒的转速可由测速传感器输出脉冲信号来反映，其脉冲频率的高低与滚筒转速成正比。汽车行驶的道路阻力由电涡流测功器加载模拟，当给电涡流测功器励磁线圈加一定电流时，则测功器中的涡电流与磁场相互作用，产生一个制动转矩，反作用于滚筒表面，这个制动转矩反力使定子随着转子的旋转方向摆动，通过力臂作用在压力传感器上，压力传感器输出模拟信号的大小与制动转矩成正比，在滚筒转速稳定时，该制动转矩与驱动轮驱动力对滚筒的驱动力矩相等。据此，可求出驱动轮作用在滚筒上的驱动力。

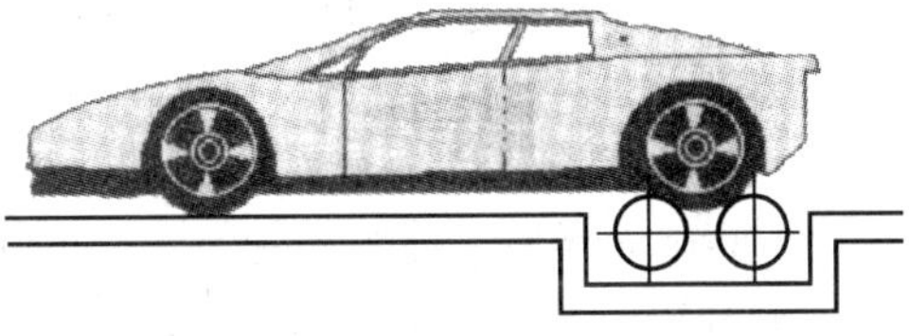

图1.28 双滚筒底盘测功机测功示意图

实际上，在测速装置获取车速 u_a 信号(滚筒转速电信号)的同时，其测力装置也将驱动力 F_t 信息(滚筒制动转矩)转换成电信号，两信号同时输入计算机系统处理运算后，即可显示驱动轮输出功率 P_t。其功率表达式为

$$P_t=\frac{F_t u_a}{3600} \tag{1-36}$$

通过改变电涡流测功器负荷的大小，可以模拟汽车在道路上行驶的各种阻力，因此可以实现汽车在各种车速下驱动轮上的输出功率、驱动力的测定。

2. *试验方法*

在用汽车动力性检测是测量发动机额定转矩和额定功率时的汽车驱动轮输出功率。其试验方法如下。

1）底盘测功机的准备

在底盘测功机进行定期检查、定期润滑、定期标定的基础上，保证底盘测功机各系统能进行正常工作。

2）测试汽车的准备

（1）轮胎气压应符合制造厂的规定。

（2）发动机油应充足，机油压力应在允许范围内。

（3）发动机冷却系统的工作应正常。

（4）车辆处于空载状态，并关闭空调系统等非汽车运行所必需的耗能装置。

（5）道路运行，走热全车，使汽车各运动部件、润滑油、冷却液等达到正常的温度状态。

3）功率测试步骤

（1）接通底盘测功机电源，使仪器处于检测状态。按照规定工况在底盘测功机上设定相应车型直接挡或传动比最接近于1挡位的发动机全负荷额定转矩转速的检测速度 u_M 或额定功率转速的检测速度 u_P。

（2）升起举升器托板，使被测车辆平稳驶入，将驱动轮置于两滚筒间举升器托板上。

（3）操作仪器，降下举升器托板。

（4）用三角铁塞住从动轮，对被测车辆进行必要的纵向约束。

（5）起动发动机，逐步加速并换至直接挡或传动比最接近于1的挡位，使汽车以检测挡的最低车速稳定运转，使底盘测功机各运动部件工作温度正常。

（6）逐渐踩下加速踏板，同时调节测功器的加载负荷，使发动机在加速踏板踩到底及在检测车速 u_M 或 u_P 下运转，待车速稳定15s后，读取和记录驱动轮输出功率实测值。

（7）记录环境状态下的其他检测数据，如环境温度、湿度、气压、饱和蒸气压等，以便进行数据处理。

（8）输出或打印检测结果。

（9）测试完毕后，待驱动轮停转，拆除外围的冷却及约束附件，升起举升器托板，将被测车辆驶离底盘测功机，然后切断底盘测功机电源。

本章小结

1. 汽车动力性是指汽车在良好路面上直线行驶时由汽车受到的纵向外力决定的、所能达到的平均行驶速度，表示汽车以最大可能的平均行驶速度运送货物或乘客的能力。它由汽车最高车速、加速时间、最大爬坡度、驱动轮输出功率等指标评价。

2. 汽车驱动力是指汽车行驶时，由地面提供给驱动轮的克服各种行驶阻力推动汽车前进的作用力。汽车行驶阻力有滚动阻力、空气阻力、坡度阻力和加速阻力，其大小与汽车本身的参数、运动状态、道路状况有关。

3. 汽车正常行驶的条件是：汽车驱动力应大于或等于汽车滚动阻力、坡度阻力和空气阻力之和，且小于或等于汽车附着力。

4. 汽车驱动力-行驶阻力平衡图是指将各挡位 F_t-u_a 及 $(F_f+F_w)-u_a$ 的关系曲线绘制

在同一力和车速坐标上形成的曲线图。汽车动力特性图是指汽车在各挡位下的动力因数与车速的关系曲线图。汽车功率平衡图是指将各挡位的发动机功率 P_e—u_a 及 $(P_f+P_w)/\eta_T$—u_a 的关系曲线绘制在同一功率和车速坐标上形成的曲线图。汽车驱动力—行驶阻力平衡图、汽车动力特性图可用来分析评价汽车动力性，图解汽车的最高车速、加速能力和最大爬坡度；而汽车功率平衡图可从功率平衡的角度分析汽车动力性，确定汽车的后备功率和负荷率。

5. 影响汽车动力性的主要因素有：发动机参数、传动系统参数、自动变速器、空气阻力系数、汽车质量、汽车驱动形式、汽车轮胎、发动机和底盘技术状况、驾驶技术、汽车行驶条件。充分发挥各有利因素，选择合理的汽车参数，可提高和改善汽车的动力性。

6. 汽车动力性试验主要是测定汽车动力性评价指标，有道路试验和台架试验。在用汽车动力性常用台架试验测定，通过底盘测功机测定发动机额定转矩和额定功率时的汽车驱动轮输出功率来评价其动力性。

习　　题

一、判断题(请判断下列概念或说法是否正确，对者打“√”，错者打“×”)

1. 一般来说，道路条件越好，发动机的功率利用率越低。(　　)

2. 汽车在平路上等速行驶时所消耗的发动机功率恒等于滚动阻力和空气阻力所消耗的功率之和。(　　)

3. 汽车驱动力越大，则汽车动力性越好。(　　)

4. 变速器在不同挡位时，发动机的最大功率不同。(　　)

5. 汽车动力特性图可以比较不同车重、不同空气阻力车辆的动力性能。(　　)

二、填空题

1. 变速器中间各挡速比的分配方法有两种：即__________________和__________________。目前，轿车多采用____________分配方法。

2. 4×4 汽车在水平路面全轮驱动行驶的驱动与附着条件是______________________________。

3. 汽车加速行驶时____________产生惯性力，____________产生惯性力偶矩。

4. 汽车的动力因数 $D=$_______________，某轿车最高挡的最大动力因数为 0.12，其滚动阻力系数为 0.02，则轿车在该挡位的最大爬坡度为____________。

5. 发动机最大转矩 180N·m，汽车空气阻力系数 $C_D=0.32$，迎风面积 $A=1.7\text{m}^2$，车轮半径 $r=0.3\text{m}$，传动系统效率 $\eta_T=0.9$，主减速器速比 $i_0=4.0$，若汽车以 120km/h 行驶，则空气阻力为__________；若汽车以直接挡行驶，则发动机能提供的最大驱动力为__________。

三、简答题

1. 汽车动力性的总指标是什么？具体评价指标有哪些？

2. 汽车滚动阻力产生的原因是什么？分析影响滚动阻力系数的主要因素。
3. 何谓空气阻力，空气阻力主要由哪几部分组成？
4. 从动力性角度出发，分析 4×2 汽车前轮驱动好还是后轮驱动好？为什么？
5. 什么是动力因数？其物理意义是什么？
6. 什么是后备功率、负荷率？它们对汽车动力性有何影响？
7. 如何测试汽车的最大爬坡度？
8. 如何检测和评价在用汽车的动力性？

第2章

汽车燃油经济性

本章教学要点

知识要点	掌握程度	相关知识
汽车燃油经济性评价指标	了解汽车燃油经济性概念； 掌握汽车燃油经济性评价指标	单位行程的燃油消耗量； 单位运输工作量的燃油消耗量
汽车燃油经济特性	了解汽车燃油的消耗规律； 熟悉汽车燃油经济性计算方法	汽车燃油消耗方程式； 发动机负荷特性； 发动机万有特性
汽车燃油经济性分析	熟悉汽车燃油经济性的主要影响因素； 掌握汽车燃油经济性试验方法； 能正确分析和评价汽车燃油经济性	汽车燃油经济性影响因素； 等速百公里油耗试验； 多工况百公里油耗试验

导入案例

最经济省油的汽车

在2013年日内瓦的车展上，大众汽车公司的XL1量产版正式发布，这是大众“1升”系列车的最新款型，其百公里油耗仅为0.9L，具有超高的燃油经济性，是非常经济省油的汽车。

XL1(图2.01)外观极尽空气动力学的考虑，车体外表流畅圆润，风阻系数仅为0.189；采用油电混合动力，由一台0.8L 48马力(1马力=735.499W)的两缸柴油发动机和一台27马力的电动机来共同驱动；车身长3888mm、宽1665mm、高1153mm、轴距2224mm，采用标准的两门两座布局；前照灯采用了节能的LED光源，没有配置传统的车外光学后视镜，而是在车身门板上设置了两个LCD电子倒车镜；整车采用轻量化设计，车身部件大部分由碳纤维材料构成，并辅以CFRP高强度增强型的碳纤维塑料防倾杆来提升刚度，采用轻量化、高性能的陶瓷制动盘，设计了较薄的座椅及碳纤维面板，整车质量仅为795kg。

图2.01　大众XL1汽车

XL1最高车速可达160km/h，0→100 km/h加速时间为12.7s。XL1采用插电式设计，一次充满电之后，在纯电动模式下可行驶50km，10L小油箱加满后，总续航里程可达500km。

汽车燃油经济性是指汽车在保证动力性条件下，以最少的燃油消耗完成单位运输工作量的能力。在汽车运输成本中，燃油消耗费用占20%～30%，减少汽车的燃油消耗，则意味着汽车运输成本的降低和经济效益的提高。目前，绝大多数汽车都是消耗燃油的汽车。因此，提高汽车燃油经济性，不仅可以降低汽车的使用费用，还可以节约石油资源、缓解能源危机。

2.1　汽车燃油经济性评价指标

1. 单位行程的燃油消耗量

单位行程的燃油消耗量常用一定运行工况下汽车行驶百公里的燃油消耗升数(L/100km)来表示。它可用来评价相同容载量汽车的燃油经济性，也可用于分析不同部件(如发动机、传动系统等)装在同一种汽车上对汽车燃油经济性的影响，其燃油消耗的升数越小，则汽车的燃油经济性越好。根据汽车燃油消耗试验工况的不同，单位行程的燃油消耗量主要有下面两种表示方法。

(1) 等速百公里油耗。等速百公里油耗是常用的一种评价指标，指汽车在一定载荷下，以最高挡在水平良好路面上等速行驶 100km 的燃油消耗量，一般是汽车等速行驶一定的里程折算成 100km 的燃油消耗升数(L/100km)。

等速百公里油耗虽然检测简单、使用方便，但它只能作为一种单项评价指标，而不能全面考核汽车运行的燃油经济性。因为等速百公里油耗试验不能反映汽车实际行驶中频繁出现的加速、减速、怠速等行驶工况；此外等速百公里油耗试验缺乏有关动力性要求的检验指标，容易造成试验汽车的动力性要求与燃油经济性匹配不合理的现象。

(2) 循环工况百公里油耗。循环工况百公里油耗是按规定的循环行驶试验工况来模拟汽车的实际运行工况，折算成 100km 的燃油消耗量(L/100km)。所模拟的运行工况主要有换挡、怠速、加速、减速、等速、离合器脱开等的车速—时间规范。车型不同时，实际行驶的状况有所差异，因此其百公里油耗检测的多工况循环、多工况规范也不一样。如百公里油耗检测时，我国乘用车采用十五工况循环和十三工况循环，城市客车和双层客车采用四工况循环，货车采用六工况循环等。

循环工况百公里油耗是一项综合性评价指标，能反映汽车的实际运行工况，可全面评价汽车的燃油消耗程度。但相对来说，汽车的循环工况百公里油耗比等速百公里油耗要高。

2. 单位运输工作量的燃油消耗量

单位运输工作量的燃油消耗量是指汽车完成每百吨公里(100t·km)或千人公里(kp·km)运输工作量时的燃油消耗升数，单位为 L/(100t·km)或 L/(kp·km)。它可用于评价不同容载量汽车的燃油经济性，是运输效率的指标之一，其数值越小，则汽车的燃油经济性就越好。汽车运输企业常用单位运输工作量的燃油消耗量来评价车辆的燃油经济性，来定额车辆的用油量。

2.2 汽车燃油经济特性

汽车燃油经济特性是指汽车的燃油消耗规律。它与发动机的燃油经济性、汽车的结构参数、使用条件及交通情况、周围环境等紧密相关，可通过汽车燃油消耗方程式来分析。

1. 汽车燃油消耗方程式

若汽车在 dt 时间内行驶 dS 距离所消耗的燃油为 dQ，则单位行程的燃油消耗量为

$$Q_s'=\frac{dQ}{dS}=\frac{dQ/dt}{dS/dt}=\frac{Q_t}{u_a}$$

式中 Q_t——单位时间燃油消耗量(kg/h)；

u_a——汽车速度(km/h)。

若单位行程的燃油消耗量以百公里的油耗表示，则百公里油耗 Q_s(L/100km)为

$$Q_s=\frac{Q_t}{u_a\rho}\times 100 \tag{2-1}$$

式中　ρ——燃油的密度(kg/L)，汽油为 0.71～0.73kg/L，柴油为 0.81～0.83kg/L。

根据发动机每小时的燃油消耗量 Q_t 与发动机有效耗油率 g_e[g/(kW·h)] 和发动机功率 P_e(kW)的关系可得

$$Q_t=\frac{P_e g_e}{1000} \tag{2-2}$$

将式(2-2)代入式(2-1)得

$$Q_s=\frac{P_e g_e}{10u_a\rho} \tag{2-3}$$

将汽车功率平衡方程式 $P_e=\frac{1}{\eta_T}\left(\frac{Gfu_a\cos\alpha}{3600}+\frac{Gu_a\sin\alpha}{3600}+\frac{C_DAu_a^3}{76140}+\frac{\delta Gu_a}{3600g}\frac{du}{dt}\right)$代入式(2-3)，并考虑 α 较小时，其 $\cos\alpha\approx 1$，$i=\tan\alpha\approx\sin\alpha$，化简得

$$Q_s=\frac{g_e}{36000\eta_T\rho}\left(Gf+Gi+\frac{C_DAu_a^{\ 2}}{21.15}+\delta\frac{G}{g}\frac{du}{dt}\right) \tag{2-4}$$

式(2-4)称为汽车的燃油消耗方程式，它反映了汽车的燃油消耗与发动机的有效耗油率 g_e，汽车的结构参数 C_D、A、δ、η_T 及使用条件 G、u_a、f、i、$\frac{du}{dt}$等之间的关系。可以认为该方程式是对汽车燃油经济性的全面表述，对研究汽车单位行程燃油消耗具有指导意义。但在具体运用时，由于 g_e 及 η_T 随发动机负荷呈现复杂形式的变化，而且汽车的燃油经济性还与交通情况(人、车流密度)、周围环境(如气候)等有关，故用式(2-4)确定 Q_s 常感不便，只用来估算 Q_s。精确的汽车燃油消耗量 Q_s 需要通过试验测定。

2. 汽车燃油消耗规律

从汽车燃油消耗方程式可以看出，燃油经济性指标 Q_s 是汽车结构参数和使用条件的函数。当汽车结构参数一定时，其油耗取决于汽车的使用条件。下面以常用的等速行驶工况来说明汽车的燃油消耗规律。

(1) 一般规律。在一定道路阻力情况下，汽车等速百公里油耗 Q_s 与车速 u_a 的变化关系，如图 2.1 所示。

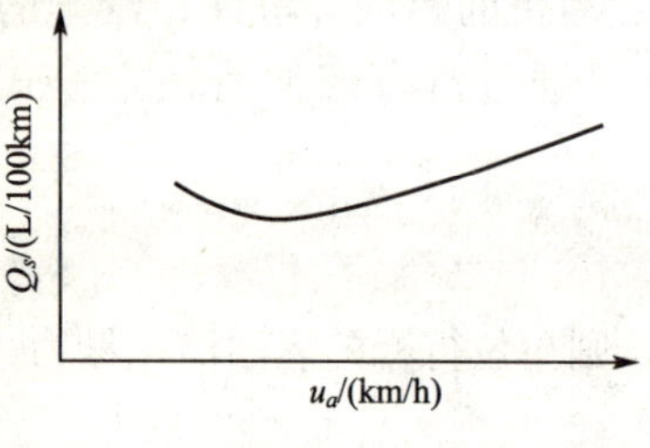

图 2.1　汽车等速行驶燃油经济特性

最低百公里油耗对应的车速称为经济车速，经济车速下行车最省油，但经济车速往往偏低，远离常用车速，其运输生产率过低，驾驶人一般不愿意、也不能在这种车速下行车。当车速大于经济车速时，随着车速的增加，其油耗加大，这主要是由汽车的空气阻力增大所致。当车速过低时，百公里油耗也有所增加，这主要是由汽车负荷率过低引起发动机有效耗油率上升所致。

(2) 道路变化时的油耗规律。汽车在道路阻力不同的路面上行驶的油耗规律，如图 2.2 所示。道路阻力越大，汽车消耗在滚动阻力和坡度阻力上的能量就越大，汽车的百

公里油耗就越大。因此，改善路面的状况，加强道路的维护，提高道路的等级，可减少汽车的燃油消耗。

(3) 挡位不同时的油耗规律。汽车在良好的水平路面以不同挡位行驶时的油耗规律，如图 2.3 所示。在相同的车速下，汽车的挡位越高，则汽车的负荷率越高，发动机的有效耗油率越低，汽车的百公里油耗越小，汽车的燃油经济性越好。因此，在良好的路面上应尽量使用高挡位行车。

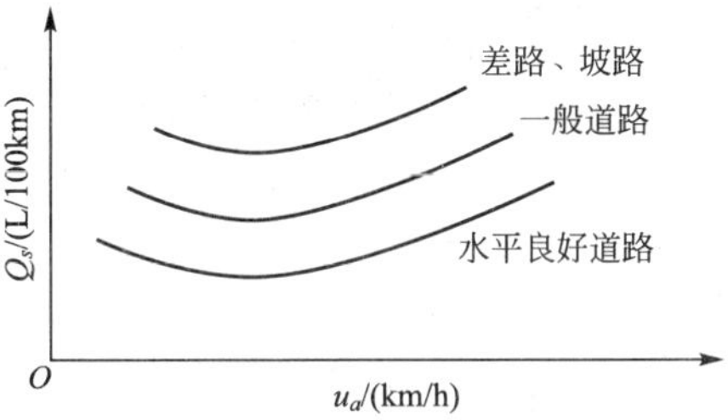

图 2.2　不同道路阻力时的 Q_s-u_a 曲线

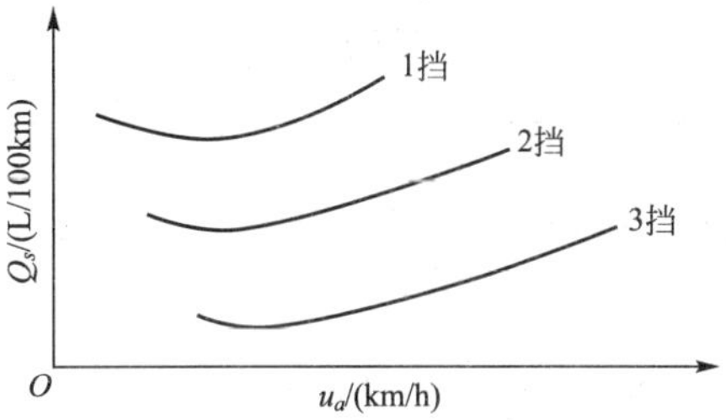

图 2.3　挡位不同时的 Q_s-u_a 曲线

了解汽车的油耗规律，对汽车使用中省油具有重要的指导作用。在确定合理的汽车行驶速度时，必须考虑到汽车使用过程中的所有因素和具体条件，做到既可节约燃油降低运输成本，又可兼顾汽车的运输生产率。

3. 汽车燃油经济性计算

在汽车设计、开发和改装时，常需要计算汽车的燃油经济性。一般是根据发动机台架试验得到的曲线和汽车功率平衡图，来估算汽车油耗。汽车多工况循环通常由等速、等加速、等减速及怠速等多种不同的工况组合而成。只要知道各工况燃油消耗量的计算方法，即可计算出汽车循环工况的百公里油耗。

(1) 等速行驶的燃油消耗量。汽车在良好的水平路面上等速行驶时，其百公里燃油消耗量可根据车速、汽车消耗的功率和发动机有效耗油率，通过 $Q_s=\dfrac{P_e g_e}{10u_a\rho}$ 计算得到。计算步骤如下：

① 选定车速。根据设计或开发的需要选定适当车速 u_a。

② 确定功率。在功率平衡图的选定车速 u_a 处做垂线(图 2.4)，它与阻力功率曲线交点对应的功率 P'，即为发动机实际消耗的功率，也可通过 $P_e=\dfrac{1}{\eta_T}\left(\dfrac{Gfu_a}{3600}+\dfrac{C_D A u_a^3}{76140}\right)$ 计算其功率。

③ 确定有效耗油率。确定有效耗油率的常用方法有两种。

a. 利用发动机负荷特性曲线确定。先用功率平衡图确定选定车速下的发动机负荷率 U'，其中 $U'=P'/P_s'$ (图 2.4)，再根据负荷率 U' 在相应转速(选定车速对应的转速)的发动机负荷特性曲线上做垂线［图 2.5(a)］，交于其有效耗油率曲线，其曲线的纵坐标 g_e' 即为所求。若给定的是图 2.5(b)所示的负荷特性曲线，则可直接用 P' 作图求出

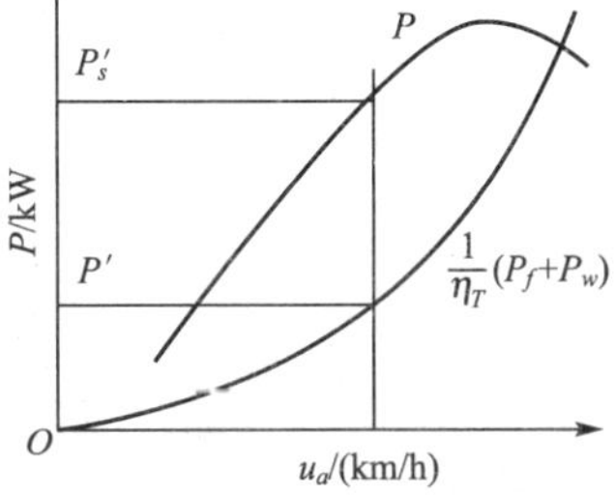

图 2.4　用功率平衡图确定实际功率或负荷率

有效耗油率。

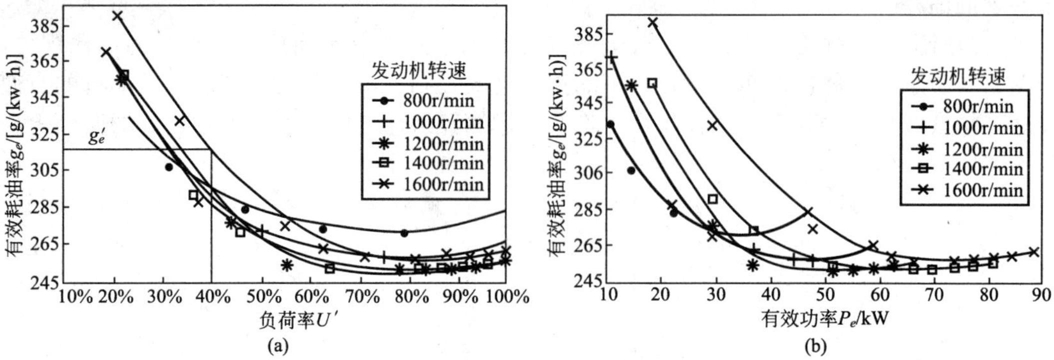

图 2.5　发动机负荷特性曲线

b. 利用发动机万有特性曲线确定。在发动机万有特性曲线上(图 2.6)，在选定车速或对应的发动机转速(n')处做垂线，在已确定的发动机功率值(P')处做水平线，两线交点对应的有效耗油率(g_e')即为所求，必要时可利用插值法。

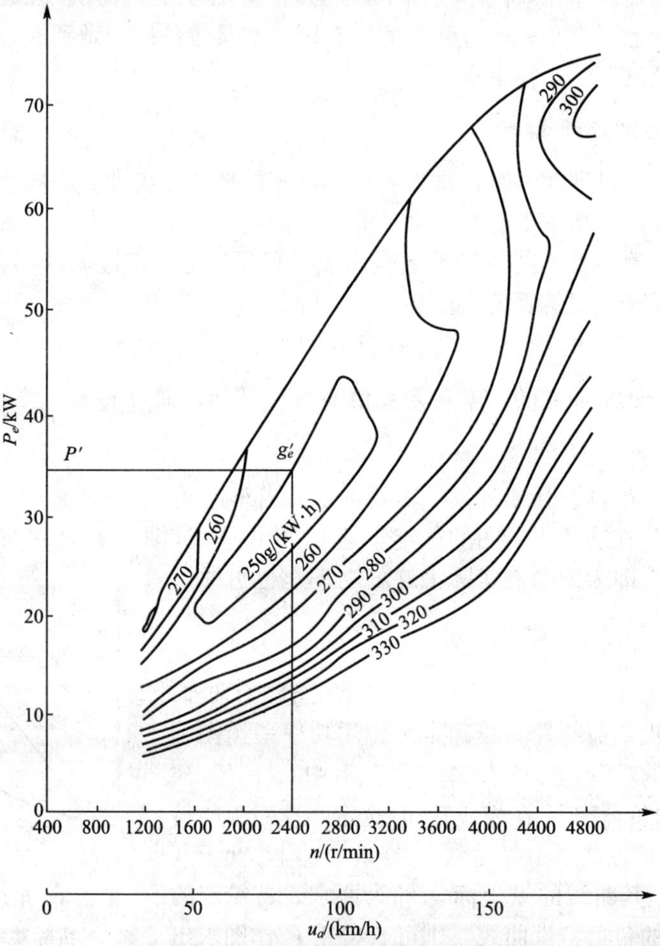

图 2.6　某车用发动机的万有特性曲线

④ 计算百公里燃油消耗量。将选定的车速、求得的功率和有效耗油率代入 $Q_s=\frac{P_e g_e}{10u_a\rho}$，即可求出等速行驶的百公里油耗。若每隔 10km/h 求出相应的百公里油耗，便可做出百公里燃油耗曲线 Q_s-u_a。

⑤ 计算等速行程的燃油消耗量。若等速行程为 S_a(m)，则其燃油消耗量 Q_a(mL)为

$$Q_a=\frac{P_e g_e S_a}{1000u_a\rho}$$

(2) 等加速行驶的燃油消耗量。汽车等加速过程如图 2.7 所示，计算由 u_{a1} 加速到 u_{a2} 的燃油消耗量，可将加速过程划分为若干区间，然后计算各区间的燃油消耗量并将其相加，即得加速行驶的燃油消耗量。其计算步骤如下。

① 划分区间。以速度每增加 1km/h 为间隔，将加速过程分隔为 n 个区间。

② 计算小区间起始、终了时刻对应的单位时间燃油消耗量 Q_t。先计算区间起点、终点对应的发动机功率，因汽车是在良好的水平路面以加速度 $\frac{\mathrm{d}u}{\mathrm{d}t}$ 等加速行驶，故其发动机发出的功率为

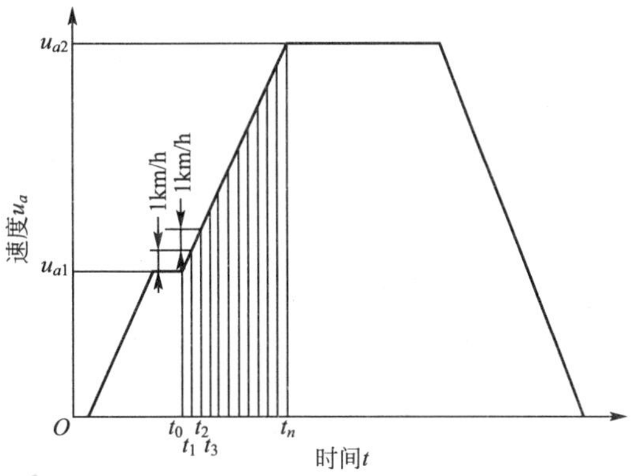

图 2.7 汽车等加速过程的燃油消耗量计算

$$P_e=\frac{1}{\eta_T}\left(\frac{Gfu_a}{3600}+\frac{C_DAu_a^3}{76140}+\frac{\delta mu_a}{3600}\frac{\mathrm{d}u}{\mathrm{d}t}\right)$$

再用功率平衡图和发动机万有特性曲线或负荷特性曲线求出相应的 g_e，然后根据下式求出各区间起点、终点的 Q_t(mL/s)：

$$Q_t=\frac{P_e g_e}{3600\rho}$$

③ 计算各区间的燃油消耗量。当汽车以加速度 $\frac{\mathrm{d}u}{\mathrm{d}t}$ 等加速行驶时，汽车速度每增加 1km 所需的时间，即每个小区间的间隔时间 Δt(s)为

$$\Delta t=\frac{1}{3.6\frac{\mathrm{d}u}{\mathrm{d}t}}$$

从行驶初速度 u_{a1} 加速到 $u_{a1}+1$km/h 所需燃油量 Q_1(mL)为

$$Q_1=\frac{1}{2}(Q_{t0}+Q_{t1})\Delta t$$

式中 Q_{t0}——行驶初速度 u_{a1} 时，即 t_0 时刻的单位时间燃油消耗量(mL)；

Q_{t1}——行驶速度为($u_{a1}+1$)时刻的单位时间燃油消耗量(mL)。

依次，各区间的燃油消耗量为

$$Q_2=\frac{1}{2}(Q_{t1}+Q_{t2})\Delta t$$

$$Q_3=\frac{1}{2}(Q_{t2}+Q_{t3})\Delta t$$

$$\vdots$$

$$Q_n=\frac{1}{2}(Q_{t(n-1)}+Q_{tn})\Delta t$$

④ 计算加速过程的燃油消耗量。整个加速过程的燃油消耗量 Q_b(mL)为

$$Q_b=\sum_{i=1}^{n}Q_i$$

加速段汽车相应行驶的距离为 S_b(m)

$$S_b=\frac{u_{a2}^2-u_{a1}^2}{25.92\frac{\mathrm{d}u}{\mathrm{d}t}}$$

加速时，发动机处于瞬态工况，不同于等速时的稳态工况。为了保持其工作顺畅，通常，需要多喷一些燃油。因此，对实际的加速油耗应该在上述计算结果上根据加速度的大小再乘以一个大于 1 的系数(为 1.5～2)。

(3) 等减速行驶的燃油消耗量。汽车等减速行驶时，变速器处于空挡，发动机处于怠速状态。因此，减速行驶的燃油消耗量等于减速行驶的时间与怠速油耗的乘积。

设汽车起始和减速终了的车速分别为 u_{a2} 和 u_{a3}，汽车施予轻微制动达到的规定减速度为$\frac{\mathrm{d}u}{\mathrm{d}t_c}$，则汽车减速行驶的时间 t(s)为

$$t=\frac{u_{a2}-u_{a3}}{3.6\frac{\mathrm{d}u}{\mathrm{d}t_c}}$$

减速过程的燃油消耗量 Q_c(mL)为

$$Q_c=\frac{u_{a2}-u_{a3}}{3.6\frac{\mathrm{d}u}{\mathrm{d}t_c}}Q_i$$

式中 Q_i——怠速燃油消耗率(mL/s)。

减速段汽车相应行驶的距离 S_c(m)为

$$S_c=\frac{u_{a2}^2-u_{a3}^2}{25.92\frac{\mathrm{d}u}{\mathrm{d}t_c}}$$

(4) 怠速停车时的燃油消耗量。若循环中怠速停车时间为 t_s(s)，则怠速停车时的燃油消耗量 Q_d(mL)为

$$Q_d=Q_it_s$$

(5) 整个循环工况的百公里燃油消耗量。整个循环工况的百公里燃油消耗量由各工况行驶路段的燃油消耗量折算而成。所有工况路段的耗油量之和 $\sum Q$(mL)为

$$\sum Q = Q_a + Q_b + Q_c + Q_d$$

设整个循环的行驶距离为 S(m)，则整个试验循环的百公里燃油消耗量 Q_s(L/100km)为

$$Q_s = \frac{\sum Q}{S} \times 100$$

2.3 汽车燃油经济性的主要影响因素

为找出提高汽车燃油经济性的途径，必须对影响汽车燃油经济性的因素进行研究。通过对汽车燃油消耗方程式的分析可知，汽车行驶时要想节约燃油，一方面依靠用户正确地使用车辆，但更重要的是制造厂应提供省油的汽车，另外还与使用环境条件有关。因此，影响汽车燃油经济性的主要因素可归纳为汽车结构、汽车使用和环境条件三个方面。

2.3.1 汽车结构方面

1. 汽车发动机

(1) 发动机类型。柴油机的有效耗油率比汽油机低20%左右，故柴油汽车的燃油经济性比较好，资料表明汽车装配柴油发动机比装配汽油发动机行驶节油在20%左右。另外，柴油的价格低于汽油，这使得柴油车表现出更为优越的经济性。因此，世界各国都在积极推进轻型货车和轿车的柴油化进程，柴油发动机在汽车上的应用具有广阔的前景。

(2) 发动机结构。在发动机的种类确定后，发动机的结构就决定了发动机的油耗。尽可能地提高压缩比，增加热效率，提高发动机的动力性和燃油经济性，使发动机燃油消耗率降低；采用直喷式发动机和稀薄混合气的分层燃烧，可以改善混合气的形成、分配和燃烧过程，提高燃油经济性；应用计算机技术实现对汽车发动机的适时控制，如电子控制燃油喷射系统、电子点火控制系统、电子控制可变配气系统、发动机怠速控制系统、闭缸技术等，都能降低发动机的有效耗油率。

(3) 发动机功率。发动机功率越大，汽车的动力性通常越好，但汽车的燃油经济性往往会越差。发动机的经济负荷率为80%～90%，如果发动机功率较大，汽车在良好路面以常用车速行驶时会远离经济负荷率，造成有效耗油率增大，使汽车的燃油经济性变差。因此，为了节省燃油，在动力性足够的前提下，汽车不要装置大功率的发动机，而应选择小排量发动机。

2. 汽车传动系统

(1) 传动效率。传动系统效率越高，则损失于传动系统的能量就越少，燃油经济性就越好。机械式变速器的传动效率比液力自动变速器的效率高。采用机械无级变速器(CVT)、双离合器变速器(DCT)、电控机械式自动变速器(AMT)，可以提高传动效率，改善汽车的燃油经济性。另外，改善润滑油的品质对提高传动效率具有重要作用。

(2) 超速挡。变速器设置超速挡可以节油。汽车在良好路面若以相同的车速行驶，采用超速挡的负荷率明显高于直接挡的负荷率，只要在高负荷率下发动机混合气没有加浓，

则发动机的有效耗油率就会明显降低，使汽车较为节油。特别对于比功率大、最高车速很高的轿车，在一般公路上用超速挡行驶明显比用直接挡或减速挡省油，所以不少轿车设置了两个超速挡。

(3) 变速器挡数。变速器挡数越多，给汽车行驶提供了更多的挡位选择机会，在同一车速下，增加了发动机在低燃油消耗区工作的可能性，有利于提高汽车的燃油经济性。因此，现代轿车手动变速器已基本上采用5个前进挡，大多数货车有采用更多挡位的趋势。挡位无限多的无级变速器，在任何条件下提供了使发动机在最经济工况下工作的可能性，若其传动效率较高，则汽车的燃油经济性将显著提高。

3. 汽车整备质量

在汽车最大总质量相同的情况下，汽车的整备质量越小，相同运程的货运量就越大，单位货运量(货物周转量)的油耗就越少。当整备质量减少时，汽车的滚动阻力、坡度阻力和加速阻力都将减少，则消耗在这些阻力上的能量相应减少，汽车百公里油耗降低。一般认为，轿车总质量每减少10%，油耗可减少8.5%左右。目前，在汽车上广泛采用轻质材料(铝合金、镁合金、玻璃纤维增强材料、碳纤维增强材料和新型塑料)，改善用材性能(如高强度钢)，改进汽车结构，优化汽车设计，以减少材料用量、减轻质量来减少汽车整备质量。

4. 车身流线型

采用流线型好的车身，可以减少空气阻力。汽车行驶时，空气阻力消耗的功率与汽车速度的三次方成正比。汽车速度不高时，空气阻力对汽车的燃油消耗影响不大，但汽车在高速行驶时，其空气阻力消耗能量很大，汽车燃油消耗显著增加。改善车身外形，优化车身设计，以及在车身上加装各种导流装置，使空气阻力系数减小，可减少汽车中、高速行驶的空气阻力，降低空气阻力消耗的功率，使燃油消耗下降。

5. 汽车轮胎

轮胎行驶时产生的滚动阻力越小，则汽车的燃油经济性就越好。轮胎的种类、结构、气压对滚动阻力影响很大。因此，改善轮胎的结构，采用子午线轮胎，选择合适的轮胎气压，可以减少汽车油耗。试验表明：子午线轮胎与普通斜交轮胎相比，其滚动阻力一般要小20%～30%，油耗可减少6%～8%。大力发展子午线轮胎，实现子午线轮胎化是当前我国节油的有效途径。

2.3.2 汽车使用方面

对于一定的车型和环境条件而言，汽车燃油消耗量的多少，将取决于汽车的技术状况和用户的使用技术水平。即使是结构和技术状况再优良的汽车，不同的使用方法也会导致不同的耗油结果。因此，提高汽车的使用水平，可以提高汽车的燃油经济性。

1. 汽车技术状况

保持汽车具有良好的技术状况是汽车使用中省油的基础。汽车只有在良好的技术状况下，燃油的能量才能充分发挥并得到有效利用。因此，当汽车技术状况变差后，应通过对车辆的维护，使其处于最佳状态，从而达到省油的目的。

(1) 保持发动机具有良好的技术状况。燃油是发动机消耗的，当发动机技术状况变差时，发动机的有效耗油率一定会增加，汽车的燃油经济性必然会下降。在汽车投入运行时，应保证发动机具有良好的技术状况。

当发动机技术状况不良时，应根据其具体使用条件，对供油系进行维护、检查及调整；要防止气缸漏气，检查气缸压缩压力，气缸压力不足会使发动机动力性、经济性下降，而压缩压力过高会增加爆燃和表面点火的倾向；要及时清除燃烧室内、活塞、气门上的胶质及积炭，防止产生爆燃和表面点火现象；要消除发动机缸体及缸盖水套内的水垢，否则发动机因散热不良而过热，容易爆燃并使油耗增加；要确保点火系统技术状况正常，使其有足够的点火能量、合适的点火时刻。

(2) 保持底盘具有良好的滑行性能。汽车的滑行性能通常用滑行距离来表示，而滑行距离是指汽车在良好的水平路面加速至某一预定车速后挂空挡，利用汽车具有的动能来行驶的距离。汽车滑行距离越长，说明传动系统的传动效率越高，底盘的总体技术状况越好，发动机消耗于底盘上的功率就越小，汽车就越省油。

当汽车底盘的滑行性能不良时，应重点检查传动系统是否安装调整不当，前轮定位是否失准，轮胎气压是否过低，制动片与制动盘(鼓)间隙是否过小，应做好维护工作，使其滑行距离符合标准。滑行距离的标准，与摘挡滑行的初始车速、汽车整备质量及汽车的驱动轴数有关。在汽车空载、轮胎气压符合规定值时，以初速度 30km/h 摘挡滑行，其滑行距离应满足表 2-1 的要求。

表 2-1 车辆滑行距离要求

汽车整备质量 M/kg	单轴驱动车辆滑行距离/m	双轴驱动车辆滑行距离/m
$M<1000$	≥130	≥104
$1000\leqslant M\leqslant 4000$	≥160	≥120
$4000<M\leqslant 5000$	≥180	≥144
$5000<M\leqslant 8000$	≥230	≥184
$8000<M\leqslant 11000$	≥250	≥200
$M>11000$	≥270	≥214

2. 汽车驾驶技术

正确驾驶汽车可以减少汽车油耗。不同技术水平的驾驶人，在相同条件下，驾驶相同的汽车，油耗可相差 10%～30%。优秀驾驶人，能够在驾驶车辆的各个环节挖掘节油潜力，其操作要领如下。

(1) 减少暖机时间。对于配置电喷发动机的现代轿车，具有良好的起动性能，发动机升温很快。这种发动机冷起动后，暖机时间不要过长，应迅速起步，用低速行驶 200m 左右后转入正常行驶，以此节约暖机用油。

(2) 正确平稳起步。选用适当的起步挡位，如满载或上坡起步用 1 挡，轻载或在良好水平路面起步用 2 挡，比较省油。起步时，要手脚协调，离合器、驻车制动、加速踏板配合得当，应轻踩加速踏板，缓慢起步，逐渐加速，做到起步平稳自然。

(3) 操作脚轻手快。汽车行驶时，驾驶人应脚轻手快。脚轻就是轻踏加速踏板，无论是低挡起步，平路行驶，还是路途冲坡，都不能踏死加速踏板，要轻踏缓抬，不使发动机消耗多余动力；手快就是快速换挡，操作准确、迅速、及时，以缩短加速和换挡操作时间，避免发动机功率的无谓损失，从而降低燃油消耗。

(4) 合理使用挡位。汽车在运行中，挡位越高，发动机负荷率越高，发动机有效耗油率越小，故汽车百公里油耗越小。因此，汽车行驶时应尽量选择高挡位，若深感动力不足，则应及时减挡，而不应将加速踏板踩到底，以免加大油耗。汽车上短坡时，可采用高挡加速冲坡方法，利用汽车惯性直冲坡顶；若坡度较大，冲坡难以为继，则应及时减挡，以免发动机熄火需重新起步而导致油耗增加。汽车在道路阻力较大如在坏路面或爬大坡行驶时，可选用低速挡，但不能以低速挡高速行驶，以免发动机转速过高而导致油耗增加。

(5) 选择中速行车。车速不同，油耗不一样。经济车速运行时油耗最低，但经济车速太低，影响汽车运输效率，不应在这种车速下行车。车速过高时，由于汽车行驶阻力过大，其百公里油耗会随车速的增加而迅速增长，导致行车不经济。因此，应控制汽车速度，选择中速行车。在高速公路上，车速保持在 90～100km/h，比较省油。

发动机在转速稳定时油耗较低，所以在行驶过程中行车速度应保持稳定，做到匀速行车，尽量避免急加速、急减速和频繁的制动，以免消耗不必要的燃油。在平坦的长途路面上，使用定速巡航可以达到省油的目的。

(6) 保持适宜的冷却液温度。发动机冷却液温度可以间接反映发动机温度、机油温度、发动机罩内空气温度，它对行车燃油的消耗影响极大。冷却液温度过高，则发动机温度过高、进气温度过高，将导致发动机产生早燃、爆燃等不正常燃烧，功率下降、油耗增大。冷却液温度过低，则发动机的传热损失增大，燃烧速率下降，导致有效功率下降、油耗增大；同时冷却液温度过低，则发动机温度、进气温度过低，燃油不易挥发，混合气变稀，使燃烧火焰传播速度减慢，导致功率下降、油耗增大；另外，冷却液温度过低，还会使机油黏度过大，润滑性能变差，摩擦阻力增大，油耗增大。因此，保持合适的发动机冷却液温度可使汽车具有良好的经济性和动力性。

发动机冷却液温度过高或过低，都会使汽车油耗增大，而冷却液温度在 80～95℃时油耗较低。因此，在汽车行驶过程中，驾驶人要注意观察发动机冷却液温度表或冷却液温度报警灯，当温度过高或过低时，都必须采取相应措施，确保发动机冷却液温度最佳，以达到省油的目的。

(7) 利用滑行节油。滑行是指汽车利用惯性的行驶。汽车滑行时，发动机不工作或在怠速下工作，可以不用油或少用油，因此可以节约燃油。滑行节油的方法有如下几种。

① 加速滑行法。加速滑行法是指汽车在高速挡上加速至较高的车速后，脱挡滑行至较低的车速，然后再挂挡加速又脱挡滑行的周而复始的方法。该法节油的机理是：加速时，可以提高发动机的负荷率，使发动机的有效耗油率降低，其加速过程的油耗不会增加太多；滑行时，最多只有怠速油耗，若能把握好加速滑行的时机，则以整个加速滑行的行驶里程计算，其油耗显著减少。

② 减速滑行法。减速滑行法是指汽车在行驶过程中，前面遇有障碍物、弯道、桥梁、坑洼或到停车站等必须降低车速时，提前减速放松加速踏板，挂入空挡，利用汽车惯性进行行驶的方法。该法节油的机理是：充分利用汽车惯性滑行，以滑行代替制动，减少了不必要的制动所消耗的功率和燃油，而且整个滑行行程的油耗为怠速油耗或为零，其节油效果显著。

③ 坡道滑行法。坡道滑行法是指汽车在下坡时，利用汽车的下坡助力进行行驶的方法。在丘陵山区，利用坡道滑行是节油的有效方法。该法节油的机理是：充分利用汽车的势能，将汽车的势能转化为动能，从而节约能源。

在道路条件许可、车况良好、轻载、驾驶技术较高、长途行驶时，可采用适当方法，利用汽车滑行节油。但对于自动变速器汽车不能使用滑行法节油，因为这样很容易烧坏自动变速器。

(8) 合理使用制动。汽车制动消耗的所有能量都是燃油燃烧的热能转换而来的，如果制动消耗的能量减少，则汽车的燃油消耗可以减少。因此，应尽量采用预见性制动，以滑行代替制动，少用紧急制动。

3. 汽车运输组织

(1) 提高汽车实载率。实载率是指车辆实际完成的货物(旅客)周转量与总行程额定周转量的百分比。实载率高，则分摊到单位运输工作量的油耗就少，汽车燃油经济性就好。因此，汽车运输时应尽量保持满载行车。为此，要合理地组织汽车运输，做好货运、客运的调查，安排好调运方案。

(2) 采用拖挂运输。汽车拖挂运输具有提高运输生产率和降低百吨公里油耗的明显效果。在我国目前混合交通的情况下，高车速往往发挥不出来。这时如果合理组织拖挂运输，车速比单车运输的车速没有明显下降，而运送的货物却成倍增加，这就大大提高了运输生产率。汽车拖挂后，总质量增加，百公里油耗会增加一些，但油耗增加的比例比总质量增加的比例要小得多。这就使分摊到每百吨公里的油耗量明显下降。因此，对于载货汽车，应组织好货源，合理组织拖挂运输。

(3) 优化用车计划。计划好用车时间，市区用车可避开上下班高峰时间，以免堵车或车速过低而使油耗增加；选择好行车路线，尽可能选择良好的路面、良好的交通环境、最短的行车距离路线，尽可能避开穿越繁华的市区或车辆拥挤的街道，保证汽车连续行驶，从而减少油耗；长途运输优先，长途行车时，车速相对较高且稳定，高挡位利用率高，发动机负荷率较高，有利于提高汽车的燃油经济性。

2.3.3 环境条件方面

1. 道路状况

不同的道路等级和道路状况，其行驶阻力存在着较大的差别。阻力越大，节气门(油门)开度就越大，高速挡行驶的机会就越少，而油耗就会增大。汽车在良好的道路上行驶，车速可以较高，燃油经济性较好；汽车在凹凸不平的道路上行驶，平均技术速度较低，油耗较大，燃油经济性较差；汽车在交通繁杂、交叉路口多的条件下行驶，汽车制动、停车、起步、加速等工况较多，在这种情况下虽然车速较低，但相对油耗量较大，汽车的燃油经济性较差。

2. 交通流量

在城市运行条件下，由于交通流量的不同，汽车的百公里油耗与平均值相比，可能在10%～20%的范围内变化。

3. 气候条件

气候条件中的气温对汽车燃油经济性的影响最明显。冬季由于气温低，发动机起动相对困难、燃油雾化不良、燃烧速度慢、散热损失大，汽车各部件的运动阻力大，传动系统和行驶系统的机械损失增加，汽车的燃油消耗量增加；气温过高时，发动机的充气量下降、容易过热和产生气阻等，使发动机燃烧受到影响，油耗量增大，汽车的燃油经济性下降。

2.4 汽车燃油经济性试验

汽车燃油经济性试验用来测定汽车的燃油消耗量，确定汽车的百公里油耗。汽车燃油消耗量可以通过台架试验或道路试验测得。在用汽车的燃油经济性通常用台架试验测得，当不能用台架(底盘测功机)检测百公里油耗时，则用道路试验。下面以台架试验为例说明汽车等速百公里油耗和多工况百公里油耗的检测。

2.4.1 等速百公里油耗试验

等速百公里油耗的台架试验是利用底盘测功机和油耗仪配合使用完成的。检测时，将汽车驱动轮置于底盘测功机滚筒上，利用测功机滚筒模拟连续移动的路面，利用测功机加载装置模拟汽车的行驶阻力。当试验车速一定时，通过测功机测得试验车速和距离，通过油耗仪测得相应油耗，这样就可折算出汽车等速行驶的百公里燃油消耗量(L/100km)。

1. 试验条件

(1) 环境条件。环境温度：0～40℃；环境湿度小于85%；大气压力：80～110kPa。检测前应测量并记录环境温度、大气压力和燃料密度。

(2) 试验设备。试验设备主要是底盘测功机和油耗仪，要求测试设备精度足够，符合使用要求。测试前，底盘测功机应预热到正常工作温度，确保底盘测功机和油耗计工作正常。

(3) 试验车辆。汽车为额定载质量，车辆轮胎规格和气压应符合该车技术条件的规定，测试前车辆应预热至正常热状态。

(4) 模拟加载量。在台架检测汽车的等速百公里油耗时，测功机的加载量，对检测结果具有重要影响。假设汽车在平直道路上以规定车速满载等速行驶，则汽车克服滚动阻力和空气阻力所消耗的驱动轮功率为

$$P_k=\frac{u_a}{3600}\left(Gf+\frac{C_DAu_a{}^2}{21.15}\right) \tag{2-5}$$

式中 P_k——驱动轮输出功率(kW)；

u_a——车速(km/h)；

G——汽车总重力(N)；

f——滚动阻力系数；

C_D——空气阻力系数；

A——迎风面积(m^2)。

若用加载装置来模拟汽车此时的行驶阻力，则汽车驱动轮输出功率应等于底盘测功机加载装置的加载功率与测功机内部摩擦阻力功率之和。对某一固定结构的底盘测功机而言，摩擦阻力功率为一常数。因此，合理确定式(2-5)中各个系数并求出试验车速下驱动轮输出功率后，便可据此确定测功机的模拟加载量。

2. 试验方法

(1) 按照等速百公里油耗指标规定的车速，在底盘测功机上设定试验车速。

(2) 使汽车驱动轮驶入底盘测功机滚筒上，把油耗仪接入汽车发动机燃油管路。

(3) 起动发动机，逐步加速并换至直接挡(无直接挡时换至最高挡)。

(4) 逐渐踩下加速踏板，使车速达到规定车速，同时给加载装置适当加载，使测功机指示的功率值等于计算值并使之稳定。

(5) 待车速稳定后，按下油耗测量按钮，当驱动轮在滚筒上驶过不少于500m的距离时，即可从显示装置上读得汽车的等速百公里油耗值。

为消除偶然因素的影响，应重复测量3次，取其平均值作为被检测汽车在给定测试条件下的百公里燃油消耗量。

3. 试验数据处理

(1) 试验结果的重复性检验。汽车的燃油消耗量的试验数据必须满足的要求为

$$\frac{Q_{\max}-Q_{\min}}{Q_{mp}}\leqslant R \qquad (2-6)$$

式中 $Q_{\max}$——百公里燃油消耗量检测数据中的最大值(L/100km)；

$Q_{\min}$——百公里燃油消耗量检测数据中的最小值(L/100km)；

Q_{mp}——百公里燃油消耗量检测数据中的算术平均值(L/100km)；

R——比例系数，其取值见表2-2。

表2-2 比例系数 *R* 与重复性检测次数 *n* 的关系

检测次数 n	2	3	4	5	10
R	0.053	0.063	0.069	0.073	0.085

若试验数据的重复性达不到式(2-6)的要求，必须排除检测仪器及发动机或底盘的有关故障后重新进行试验。

(2) 试验数据的校正。在试验条件下测得的汽车燃油消耗量数据应校正为标准状态下的数值。标准状态是指：环境温度20℃，大气压力100kPa，汽油密度0.742g/mL，柴油密度0.830g/mL。校正公式如下：

$$Q_{mj}=\frac{Q_{mp}}{C_1\times C_2\times C_3} \qquad (2-7)$$

式中 Q_{mj}——校正后的百公里燃油消耗量(L/100km)；

Q_{mp}——实测的百公里燃油消耗量均值(L/100km)；

C_1——环境温度校正系数，$C_1=1+0.0025(20-T)$，其中 T 是检测时的环境温度(℃)；

C_2——大气压力校正系数，$C_2=1+0.0021(P-100)$，其中 P 是检测时的大气压力(kPa)；

C_3——燃油密度校正系数，汽油机 $C_3=1+0.8(0.742-\rho)$，柴油机 $C_3=1+0.8(0.830-\rho)$，其中 ρ 是检测时燃油的平均密度(g/mL)。

2.4.2 多工况百公里油耗试验

多工况百公里油耗的台架试验需要在具有模拟汽车行驶动能的飞轮装置并采用自动控制的综合式底盘测功机上，按规定的试验循环进行。

1. 试验条件

(1) 装载质量。乘用车试验质量为整备质量加上 180kg，当车辆的 50%载质量大于 180kg 时，则车辆的试验质量为整备质量加上 50%载质量。商用车试验质量为：M_2、M_3 类城市客车为装载质量的 65%，其他车辆为满载。装载质量应均匀分布且固定牢靠，试验过程中不得晃动和颠簸。

(2) 飞轮装置转动惯量。飞轮装置转动惯量的大小对循环工况百公里油耗检测精度具有重要影响。飞轮的转动惯量应根据试验汽车行驶的动能与底盘测功机检测时旋转部件动能相等的原则确定。有的底盘测功机在以不同车速、检测不同车型时，能对其飞轮装置的转动惯量进行自动修正，以满足检测精度要求。

(3) 模拟加载量。加载装置提供适当的加载量以模拟汽车的行驶阻力，可根据循环工况规范的要求确定适当的加载功率。试验时，底盘测功机会根据设定方案自动控制加、减载荷。

(4) 其他条件。试验环境及试验设备等条件与等速百公里油耗试验相同。

2. 试验规范

试验要求及车型不同，其试验规范不尽相同。我国针对载货汽车、城市公共汽车和乘用车提出了相应的燃料经济性试验规范。

(1) 四工况循环。GB/T 12545.2—2001《商用车辆燃料消耗量试验方法》规定的四工况循环如图 2.8 所示，各工况说明详见表 2-3，它适用于城市客车和双层客车(包括城市铰接式客车)。

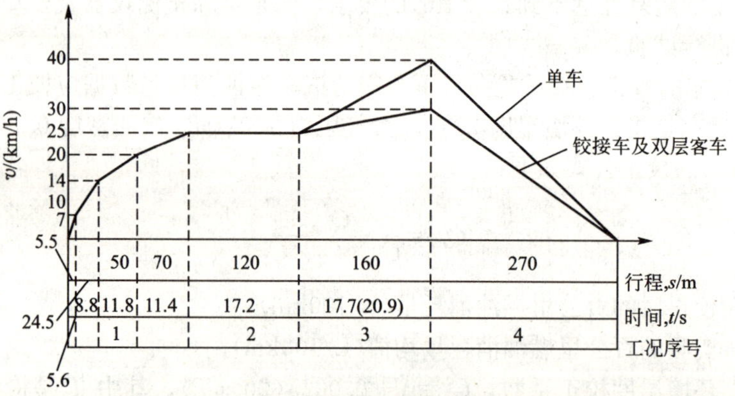

图 2.8 四工况循环

表 2-3 四工况循环规范

工况	运转状态/(km/h)	行程/m	累积行程/m	时间/s	变速器挡位及换挡车速	
					挡位	换挡车速/(km/h)
1	0→25 换挡加速	5.5	5.5	5.6	1→3	6→8
		24.5	30	8.8	3→4	13→15
		50	80	11.8	4→5	19→21
		70	150	11.4	5 挡	
2	25	120	270	17.2	5 挡	
3	(30)25→40	160	430	(20.9)17.7	5 挡	
4	减速行驶	270	700		空挡	

注：1. 对于 5 挡以上变速器采用 2 挡起步，按表中规定循环试验；对于 4 挡变速器采用 1 挡起步，将 4 挡代替表中 5 挡，其他依次代替，按表中规定试验循环进行。

2. 括号内数字适用于铰接式客车及双层客车。

(2) 六工况循环。GB/T 12545.2—2001《商用车辆燃料消耗量试验方法》规定的六工况循环如图 2.9 所示，各工况说明详见表 2-4，它适用于城市客车和双层客车除外的车辆。

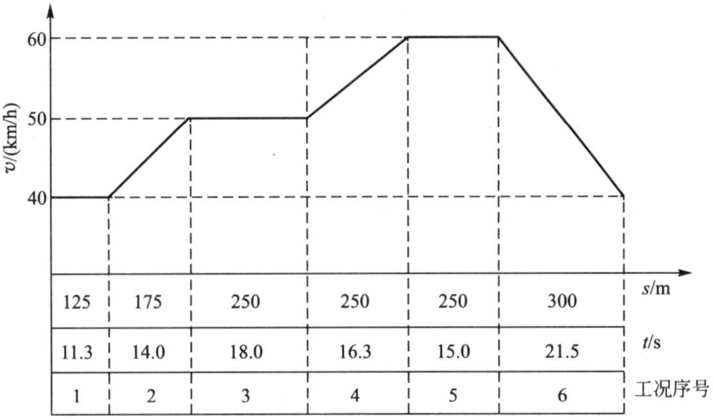

图 2.9 六工况循环

表 2-4 六工况循环规范

工况	运转状态/(km/h)	行程/m	累积行程/m	时间/s	加速度/(m/s²)
1	40	125	125	11.3	—
2	40→50	175	300	14.0	0.2
3	50	250	550	18.0	—
4	50→60	250	800	16.3	0.17

续表

工况	运转状态/(km/h)	行程/m	累积行程/m	时间/s	加速度/(m/s²)
5	60	250	1050	15.0	—
6	60→40	300	1350	21.5	0.26

(3) 十五工况、十三工况循环。GB/T 12545.1—2008《汽车燃料消耗量试验方法　第1部分：乘用车燃料消耗量试验方法》规定，工况燃油消耗量试验运转循环由1部(4个市区运转循环)和2部(1个市郊运转循环)组成(图2.10)。其市区运转循环为十五工况循环(图2.11)，用来模拟汽车在市区条件下的行驶工况，各工况说明详见表2-5；其市郊运转循环为十三工况循环(图2.12)，用来模拟汽车在市郊条件下的行驶工况，各工况说明详见表2-6。

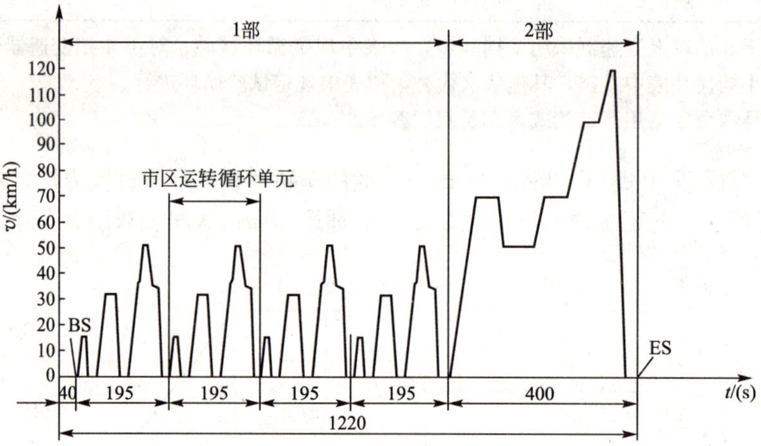

图 2.10　油耗检测的运转循环

BS—取样开始；ES—取样结束

3. 试验方法

试验时，将试验汽车驱动轮置于测功机滚筒上，利用测功机滚筒模拟连续移动的路面，利用测功机加载装置模拟汽车的行驶阻力，利用测功机飞轮系统模拟汽车的运动惯性，按多工况规定的车速-时间规范(如换挡、怠速、加速、减速、离合器脱开等)和挡位，操作汽车和底盘测功机，用底盘测功机及试验仪器记录行程-车速-时间曲线，检测试验参数及油耗，然后折算出汽车百公里油耗量(L/100km)。每辆车的多工况燃油消耗量应检测4次，取4次检测结果的算术平均值作为多工况燃料消耗量的测定值。

在底盘测功机上检测时，能根据检测规范的要求，采用多种测量油耗的方法，如质量法、容积法与碳平衡法。质量法是利用油耗计检测已知质量的燃油消耗所需的时间(s)来确定燃油消耗量。容积法是利用油耗计检测已知容积的燃油消耗所需的时间(s)来确定燃油消耗量。碳平衡法是根据燃油在发动机中燃烧后排气中(CO、CO_2、HC)碳质量总和与燃烧前碳质量总和相等的质量守恒定律来测算燃油消耗量的，它利用排放检测仪器测出CO、CO_2、HC，然后利用式(2-8)确定燃油消耗量：

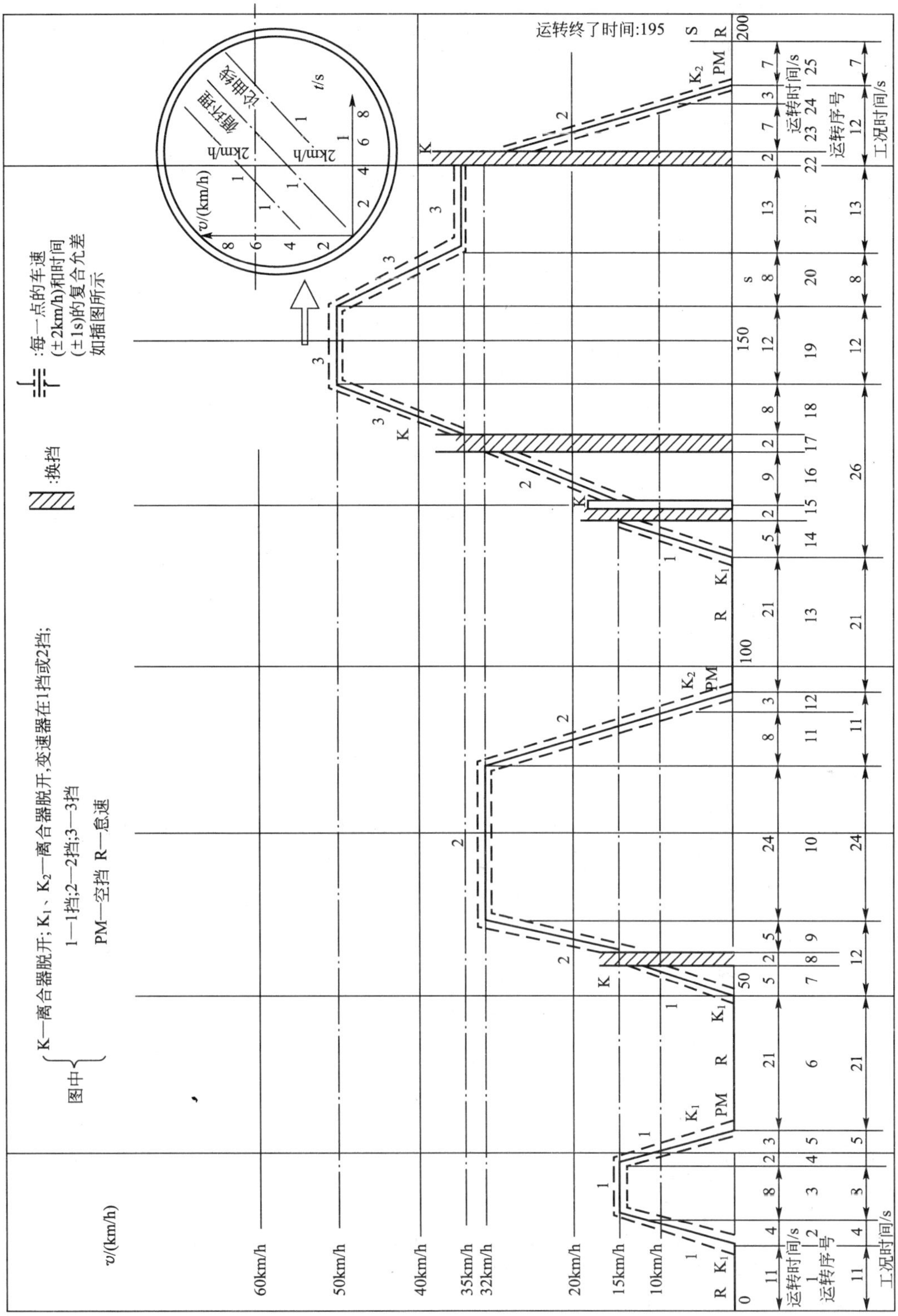
图中
K—离合器脱开；K₁、K₂—离合器脱开，变速器在1挡或2挡；
1—1挡；2—2挡；3—3挡
PM—空挡 R—怠速
换挡
每一点的车速(±2km/h)和时间(±1s)的复合允差如插图所示
运转终了时间:195
v/(km/h)
60km/h
50km/h
40km/h
35km/h
32km/h
20km/h
15km/h
10km/h
运转时间/s
运转序号
工况时间/s

图 2.11 十五工况循环

表 2-5　十五工况循环规范

工况	操作		加速度/(m/s²)	速度/(km/h)	每次时间		累计时间/s	手动变速器使用挡位
	序号	状态			操作/s	工况/s		
1	1	怠速	—	—	11	11	11	6sPM[①]＋5sK₁[②]
2	2	加速	1.04	0→15	4	4	15	1
3	3	等速	—	15	8	8	23	1
4	4	等速	−0.69	15→10	2	5	25	1
	5	减速，离合器脱开	−0.92	10→0	3		28	K_1
5	6	怠速	—	—	21	21	49	16sPM＋5sK₁
6	7	加速	0.83	0→15	5	12	54	1
	8	换挡			2		56	—
	9	加速	0.94	15→32	5		61	2
7	10	等速	—	32	24	24	85	2
8	11	减速	−0.75	32→10	8	11	93	2
	12	减速，离合器脱开	−0.92	10→0	3		96	K_2
9	13	怠速	—	—	21	21	117	16sPM＋5sK₁
10	14	加速	0.83	0→15	5	26	122	1
	15	换挡			2		124	—
	16	加速	0.62	15→35	9		133	2
	17	换挡			2		135	—
	18	加速	0.62	15→35	8		143	3
11	19	等速	—	50	12	12	155	3
12	20	减速	−0.52	50→35	8	8	163	3
13	21	等速	—	35	13	13	176	3
14	22	换挡			2	12	178	—
	23	减速	−0.86	32→10	7		185	2
	24	减速，离合器脱开	−0.92	10→0	3		188	K_2
15	25	怠速	—	—	7	7	195	7sPM

注：对于自动变速器汽车，驾驶人可根据工况自行选择合适的挡位。

① PM——变速器置空挡，离合器接合。

② K_1(或 K_2)——变速器挂 1 挡(或 2 挡)，离合器脱开。

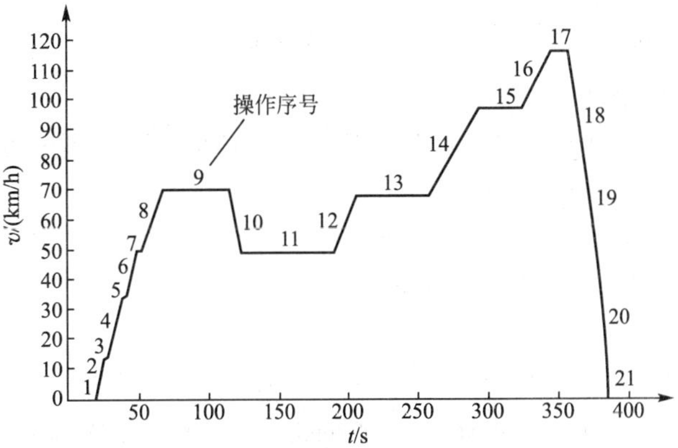

图 2.12 市郊十三工况循环

表 2-6 市郊十三工况循环规范

工况	操作		加速度/(m/s²)	速度/(km/h)	每次时间		累计时间/s	手动变速器使用挡位
	序号	状态			操作/s	工况/s		
1	1	怠速	—	—	20		20	$K_1$①
2	2	加速	0.83	0→15	5	20	25	1
	3	换挡	—	—	2		27	—
	4	加速	0.62	15→35	9		36	2
	5	换挡	—	—	2		38	—
	6	加速	0.52	35→50	8		46	3
	7	换挡	—	—	2		48	—
	8	加速	0.43	50→70	13		61	4
3	9	等速	—	70	50	50	111	5
4	10	减速	−0.69	70→50	8	8	119	4s×5+4s×4
5	11	等速	—	50	69	69	188	4
6	12	加速	0.43	50→70	13	13	201	4
7	13	等速	—	70	50	50	251	5
8	14	加速	0.24	70→100	35	35	286	5
9	15	等速	—	100	30	30	316	5②
10	16	加速	0.28	100→120	20	20	336	5②
11	17	等速	—	120	10	10	346	5②
12	18	减速	−0.69	120→80	16	34	362	5②
	19	减速	−1.04	80→50	8		370	5②
	20	减速，离合器脱开	−1.39	50→0	10		380	$K_5$①
13	21	怠速	—	—	20	20	400	PM③

① K_1(或 K_5)——变速器挂 1 挡(或 5 挡)，离合器脱开。

② 如车辆装有多于 5 挡的变速器，使用附加挡位时应与制造厂推荐的相一致。

③ PM——变速器置空挡，离合器接合。

$$Q=\frac{E}{D}[(0.866\times Q_{HC})+(0.429\times Q_{CO})+(0.273\times Q_{CO_2})] \quad (2-8)$$

式中 Q——燃油消耗量(L/100km)；

E——类型系数，对于装汽油机的车辆 $E=0.1154$，对于装柴油机的车辆 $E=0.1155$；

Q_{HC}——测得的碳氢排放量(g/km)；

Q_{CO}——测得的一氧化碳排放量(g/km)；

Q_{CO_2}——测得的二氧化碳排放量(g/km)；

D——15℃时试验燃油的密度(kg/L)。

等速行驶燃油消耗量试验简单、成本低廉，但由于试验条件不同于汽车的实际行驶工况，因此所测的油耗只能作为一种比较性的指标。而多工况循环燃油消耗量的试验，相对麻烦、复杂、时间长、成本高，但由于试验条件在一定程度上反映了汽车的实际行驶工况，因此所测的油耗能较好反映汽车的燃油经济性。在实际检测油耗时，采用何种方法，由试验规范决定。有时两种方法都要用，如在 GB/T 12545.1—2008《汽车燃料消耗量试验方法 第1部分：乘用车燃料消耗量试验方法》中，规定的试验项目有：多工况检测综合油耗，90km/h、120km/h 检测等速油耗。

本章小结

1. 汽车燃油经济性是指汽车在保证动力性条件下，以最少的燃油消耗完成单位运输工作量的能力。它可由单位行程的燃油消耗量或单位运输工作量的燃油消耗量来评价。

2. 汽车燃油经济特性是指汽车的燃油消耗规律。最低百公里油耗对应的车速称为经济车速。当车速大于经济车速时，随着车速的增加，空气阻力增加，其油耗加大；道路阻力越大时，汽车消耗在滚动阻力和坡度阻力上的能量越大，汽车百公里油耗就越大；通常，汽车挡位越高，汽车负荷率就越高，发动机有效耗油率就越低，汽车百公里油耗就越小。

3. 影响汽车燃油经济性的主要因素有：发动机、传动系统、汽车整备质量、车身形状、汽车轮胎、汽车技术状况、驾驶技术、汽车的运输组织、道路状况、交通流量和气候条件。充分发挥各有利因素，采取有效措施，可提高和改善汽车的燃油经济性。

4. 汽车燃油经济性试验用来测定汽车的燃油消耗量，确定汽车的百公里油耗。汽车燃油消耗量可通过台架试验或道路试验测得。按试验工况不同，可分为等速百公里油耗试验和循环工况百公里油耗试验。

习题

一、判断题(请判断下列概念或说法是否正确，对者打“√”，错者打“×”)

1. 变速器挡位数适当增加，可提高汽车的燃油经济性。(　　)

2. 一般发动机在较低的转速范围和低负荷率时，其燃油经济性较好。(　　)

3. 汽车拖带挂车，既可提高运输生产率，又可使百公里油耗下降，降低运输成本。(　　)
4. 一般来说，自动变速器汽车比手动挡汽车更省油。(　　)
5. 提高汽车实载率，可降低汽车百公里油耗，提高汽车燃油经济性。(　　)

二、填空题

1. 变速器设置超速挡的目的是____________________，因此，超速挡也称___________________________。

2. 由汽车燃油消耗方程可知，汽车的燃油经济性主要取决于________________和______________________。

3. 汽车的燃油经济性常用汽车行驶__________km所消耗的燃油量来评价。

4. 一般来说，汽车挡位___________________，则发动机的负荷率就越高，汽车就越省油。

5. 大排量汽车燃油经济性差的主要原因是_____________________________。

三、简答题

1. 汽车燃油经济性评价指标有哪些？各适应什么场合？
2. 如何从汽车结构、使用方面来提高汽车的燃油经济性？
3. 汽车在高挡位行车、采用加速滑行法行车为何节油？
4. 简述车速对燃油经济性的影响。
5. 你认为在驾驶技术方面应怎样才能提高汽车的燃油经济性？

第3章 汽车制动性

本章教学要点

知识要点	掌握程度	相关知识
汽车制动性评价指标	了解汽车制动性概念； 掌握汽车制动性评价指标	制动效能； 制动效能恒定性； 制动方向稳定性
汽车最佳制动状态	了解汽车制动过程； 熟悉汽车制动时的受力分析； 掌握汽车最佳的制动状态	汽车制动力、制动器制动力； 滑动率； 附着系数、制动力系数
汽车制动性分析	了解汽车制动效能及其恒定性； 掌握汽车制动跑偏、侧滑和丧失转向能力的原因； 熟悉汽车制动性的主要影响因素； 掌握汽车制动性试验方法； 能正确分析和评价汽车制动性	制动力、制动距离、制动时间； 抗热衰退性、抗水衰退性； 制动跑偏、制动侧滑； 制动力调节与分配； ABS、EBD、BAS； 汽车制动试验台

导入案例

货车制动失灵 刮墙百米摩擦逼停

据2012年08月06日广州日报报道，京珠北南行靠椅山隧道内日前发生一宗大货车制动失灵事故，车上2名司乘人员被迫采用沉重的车身磨刮隧道墙壁的方法，紧急逼停了故障车辆(图3.01)。

据介绍，这辆运载钢筋的广州籍大货车当天正行驶至京珠北高速韶关段南行靠椅山隧道，驾驶员突然发现自己所驾驶的大货车怎么踩制动踏板都无效，制动完全失灵。而该隧道前后各种转弯、下坡等危险路段较多，一旦满载货物的大货车失速，必将引发重大交通事故。眼看车速越来越快，无奈之下，驾驶员立即将转向盘往右侧缓缓打去，逐渐将巨大的车体轻轻靠上隧道墙壁产生刮擦。一时间隧道内顿时响起了刺耳尖厉的钢铁摩擦墙壁的刮蹭声，一溜火花也从摩擦处迸发出来。在经过长达100多米的剧烈摩擦后，大货车方才停车。剧烈的摩擦使得隧道墙壁及地面一片狼藉，导致该车和隧道内的排水、照明、消防等设施都遭到了不同程度的损坏。

幸运的是，在那千钧一发之际，行驶在隧道内的车辆并不多，且其他车辆见状也纷纷紧急避让没有损伤，车上2名司乘人员自救成功，安然无恙。

图3.01 事故现场

汽车制动性是指汽车行驶时，能在短距离内停车且维持行驶方向稳定性和在下长坡时能维持一定车速，以及保证汽车长时间停驻坡道的能力。汽车制动性能的好坏，直接关系到汽车的行车安全和运输效率。良好的制动性能，在紧急情况下，可以化险为夷，避免交通事故；在正常行驶时，可以为汽车动力性的充分发挥提供保障作用，从而提高汽车的运输效率。

3.1 汽车制动性评价指标

汽车制动性主要由制动效能、制动效能的恒定性和制动时的方向稳定性来评价。

1. 制动效能

制动效能是指汽车在良好路面上以一定的车速迅速减速直至停车的能力。它可以用制动力、制动距离、制动减速度等参数表示。它是制动性最基本的评价指标。

(1) 制动力。制动力是指汽车制动时，通过车轮制动器的作用，地面提供的对车轮的切向阻力。汽车在制动力作用下迅速降低车速以至停车。汽车制动力作为评价指标，是从汽车制动过程的实质出发的，它是评价汽车制动性最本质的指标。显然，汽车制动力越大，则汽车的制动减速度就越大，汽车的制动距离就越短。

(2) 制动距离。制动距离是指汽车在规定的道路条件、规定的初始车速下紧急制动时，从脚接触制动踏板起至汽车停住时止汽车驶过的距离。它通常是在冷试验条件即制动器的起始制动温度在100℃以下测得。其制动距离越短，行车的安全性就越好，制动效果就越好。因此，制动距离是评价汽车制动性最直观的指标。

(3) 制动减速度。制动减速度是指汽车制动时，汽车速度下降的快慢程度。在GB 7258—2012《机动车运行安全技术条件》中，规定采用充分发出的平均减速度作为汽车行车制动的评价指标。充分发出的平均减速度是指汽车在规定初速度下急踩制动踏板时，按式(3-1)测试计算得到的减速度：

$$\mathrm{MFDD}=\frac{u_b^2-u_e^2}{25.92(S_e-S_b)} \tag{3-1}$$

式中 MFDD——充分发出的平均减速度($\mathrm{m/s^2}$)；

u_0——汽车制动初速度(km/h)；

u_b——$0.8u_0$，汽车速度(km/h)；

u_e——$0.1u_0$，汽车速度(km/h)；

S_b——在速度 u_0 至 u_b 时汽车驶过的距离(m)；

S_e——在速度 u_0 至 u_e 时车辆驶过的距离(m)。

制动时，MFDD越大，说明汽车制动力越大，汽车制动性越好。其中MFDD与汽车制动力具有等效的意义。因此，常用充分发出的平均减速度作为路试评价汽车制动性的指标。

2. 制动效能的恒定性

制动效能的恒定性主要是指制动器受摩擦热或水润滑的作用时制动效能的稳定程度。它包括制动器的抗热衰退性和抗水衰退性。制动效能的恒定性越好，则汽车制动时抵抗制动效能下降的能力就越强，汽车制动效果就越好。

3. 制动时的方向稳定性

制动时的方向稳定性是指汽车在制动过程中维持直线行驶的能力或按预定弯道行驶的能力。制动稳定性差的汽车，路试时会产生偏离规定通道宽度的现象；台试时会出现左、右车轮制动器制动力增长快慢不一致或左右车轮制动力不等的现象。因此，在我国安全法规中，路试时制动稳定性的检测评价指标是试车道的宽度；台试时制动稳定性的检测评价指标是同轴左、右轮的制动力差值。

汽车制动时的方向稳定性越好，则汽车制动时抵抗跑偏、侧滑和转向失灵的能力就越强，行车就越安全。

3.2 汽车制动性分析

3.2.1 汽车制动状态分析

1. 制动时车轮的受力

(1) 地面制动力。行驶中的汽车要减速以至停车，必须受到与行驶方向相反的外力作用。这类外力只能由地面和空气提供。一般情况下，空气阻力对汽车制动的作用很小。因此，汽车主要依靠地面对车轮提供的切向反力即地面制动力来实现制动。

图 3.1 为车轮在良好的硬路面制动时的受力情况。考虑滚动阻力偶矩、车轮惯性力偶矩及惯性力相对较小，忽略不计。T_μ 为制动器中摩擦片与制动鼓或盘的摩擦力矩(N·m)；F_{Xb} 为地面制动力(N)；W 为车轮垂直载荷(N)；F_P 为车轴对车轮的推力(N)；F_Z 为地面对车轮的法向反作用力(N)。

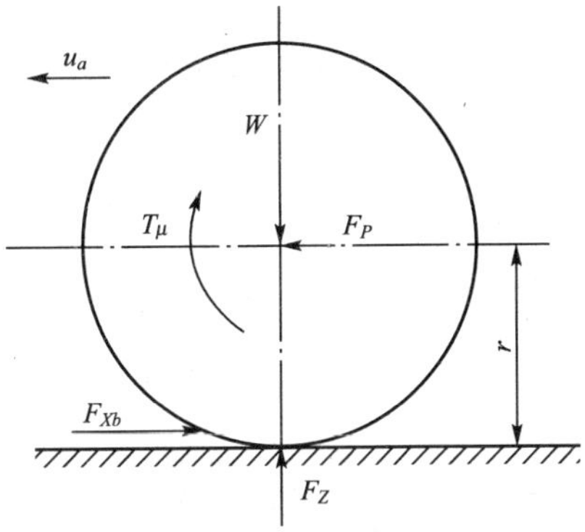

图 3.1　车轮制动受力图

根据力矩平衡条件，可得

$$F_{Xb}=\frac{T_\mu}{r} \tag{3-2}$$

式中　r——车轮半径(m)。

地面制动力是通过制动器的作用由地面提供的迫使汽车制动减速的外力，它因制动器的摩擦而产生，因车轮与地面的附着而制动。显然，地面制动力越大，则汽车制动减速度越大。

从式(3-2)可看出，当制动踏板力加大时，摩擦力矩 T_μ 会增大，地面制动力 F_{Xb} 就会增加。但由于 F_{Xb} 是地面对车轮的切向作用力，所以 F_{Xb} 也受附着力的限制。当地面制动力达到附着力时，即使 T_μ 再增大，F_{Xb} 也不会增大。这说明地面制动力受到制动器摩擦力和地面附着力的限制。因此，地面制动力的大小与汽车制动系统的结构、技术状况及轮胎与路面的附着条件有关。

(2) 制动器制动力。它是指在车轮抬离地面踩制动踏板时，为克服制动器摩擦力矩 T_μ，在轮胎周缘沿切线方向转动车轮所需施加的力，用 F_μ 表示。显然

$$F_\mu=\frac{T_\mu}{r} \tag{3-3}$$

制动器制动力主要取决于制动器的形式、结构尺寸、制动器摩擦副的摩擦系数及车轮半径，并与制动踏板力即制动系统的液压或气压成正比。

(3) F_{Xb}、F_μ、F_φ 三者的关系。制动时，地面制动力 F_{Xb}、制动器制动力 F_μ 与附着力 F_φ 之间的关系如图 3.2 所示。当制动踏板力较小时，制动器的摩擦力矩不大，地面制动力足以克服制动器摩擦力矩使车轮滚动，此时 $F_{Xb}=F_\mu$，且两者均随制动系统管路压力或踏板力的加大而成正比地增长。当制动踏板力增加至 P_a 时，地面制动力达到附着力，车轮即抱死不转而出现拖滑现象，此时 $F_{Xb}=F_\varphi=F_\mu$。当制动踏板力继续加大($P>P_a$)时，制动器制动力则继续增加，但由于地面制动力的最大值不能超过附着力，即 $F_{Xb}\leqslant F_\varphi=F_Z\varphi$，因此 $F_{Xb}=F_\varphi<F_\mu$。

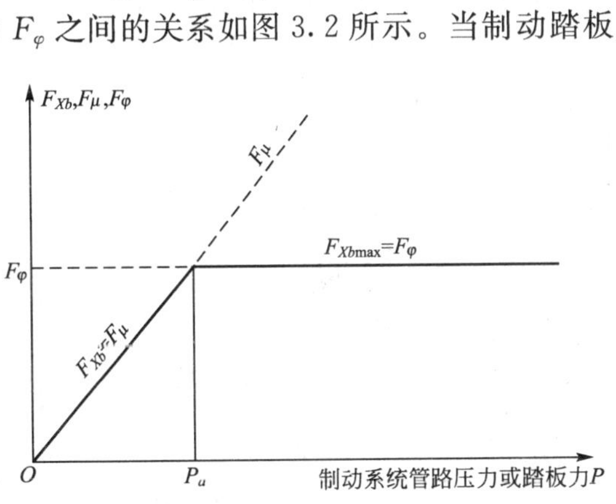

图 3.2　F_{Xb}、F_μ、F_φ 三者关系图

从上面的关系分析可知，地面制动力

首先取决于制动器的制动力，但同时又受附着力的限制。因此，只有在汽车具有足够的制动器制动力，同时地面又能提供较高附着力时，才能获得较大的地面制动力。

2. 制动时车轮的运动

仔细观察汽车在硬路面上的制动过程，发现轮胎留在地面上的印痕从车轮滚动到抱死拖滑是一个渐变的过程，如图 3.3 所示，大致认为制动时车轮的运动经历 3 个阶段。

(1) 纯滚动。开始制动初期，轮胎印痕与胎面花纹基本一致，车轮纯滚动，如图 3.3(a)所示。

(2) 边滚边滑。随着制动强度的加大，轮胎印痕由开始的清晰逐渐变得模糊，车轮的滑动成分逐渐增加，车轮处于边滚边滑状态，如图 3.3(b)所示。

(3) 纯滑动。当制动强度达到最大时，轮胎印痕变成一条粗黑的拖印，车轮抱死拖滑处于纯滑动状态，如图 3.3(c)所示。若汽车制动器制动力足够，车轮抱死拖滑则是车轮运动的最终形式。

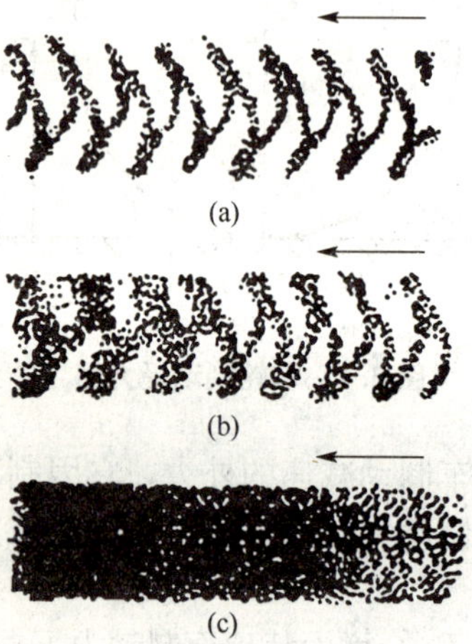

图 3.3　轮胎在路面的制动印痕

(a) 纯滚动；(b) 边滚边滑；(c) 纯滑动

车轮运动时的滑动程度可用滑动率来描述，车轮滑动率 s 的定义如下：

$$s=\frac{u_w-r_{r0}\omega_w}{u_w}\times 100\% \tag{3-4}$$

式中　u_w——车轮中心的速度(m/s)；

ω_w——车轮的角速度(rad/s)；

r_{r0}——无地面制动力时车轮的滚动半径(m)。

当车轮纯滚动时，$u_w=\omega_w r_r$，滑动率 $s=0$；当车轮纯滑动时，$\omega_w=0$，$s=100\%$；当车轮边滚边滑时，$0<s<100\%$。所以滑动率的数值可以直接说明车轮运动中滑动成分所占的比例，s 越大，表示车轮滑动的成分越多。

3. 车轮制动的最佳状态

当汽车制动系统结构参数一定时，车轮制动的最佳状态就取决于轮胎与路面附着条件的利用程度。

(1) 路面附着系数。汽车制动过程中，硬路面附着系数的大小不是固定不变的。在路面等其他条件一定的情况下，附着系数的大小取决于车轮的滑动率。

一般将车轮的地面制动力与地面法向反作用力之比称为制动力系数 φ_b。制动力系数 φ_b 与车轮滑动率的变化规律如图 3.4 所示。从图中可看出：刚制动时，0A 段近似于直线，制动力系数 φ_b 随着滑动率 s 的增大而迅速增大，此时尽管 $s>0$，但轮胎并没有与地面发生真正的滑动，而是由于轮胎在制动力作用下产生微量变形导致车轮滚动半径加大，使得 $u_w=r_r\omega_w>r_{r0}\omega_w$；$A$ 点后，轮胎接地面积处出现了局部

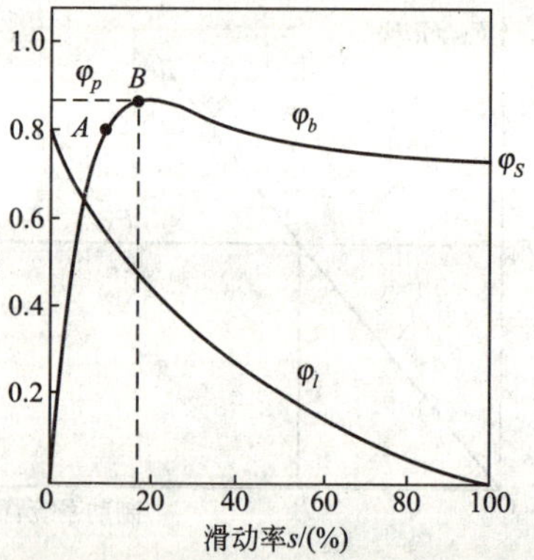

图 3.4　φ_b-s、φ_l-s 的关系曲线

的相对滑动，φ_b的增大速度减慢；当 s=15%～25%时，φ_b至 B 点达到最大值 φ_p，φ_p 称为峰值附着系数；当 s 继续增大时，φ_b逐渐减小，当 s=100%，即车轮抱死拖滑时，φ_b降到 φ_S，φ_S 称为滑动附着系数。

实际制动时，汽车轮胎经常受到侧向力的作用而发生侧偏或侧滑现象。图 3.4 中的 φ_l 是有侧向力作用时的侧向力系数与滑动率 s 的关系曲线。侧向力系数 φ_l是指车轮侧向力与地面法向反作用力之比，它反映车轮的侧向附着条件和抵抗侧滑的能力。由图 3.4 可知，滑动率 s 越大，侧向力系数 φ_l越小，当 s=100%即车轮抱死拖滑时，侧向力系数最小。

图 3.5 所示为不同侧偏角时，φ_b－s、φ_l－s 的关系曲线。由图可知，侧偏角增加时，汽车的 φ_b下降，相应地 φ_p 也下降。

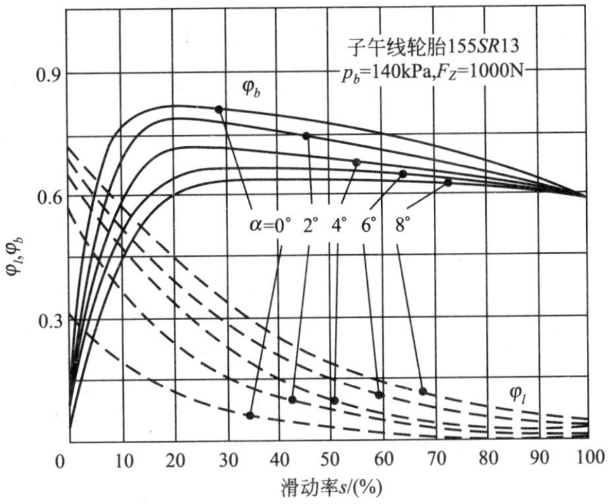

图 3.5　不同侧偏角时，φ_b－s、φ_l－s 的关系曲线

φ_p、φ_S 主要取决于路面种类和路面状况，也与轮胎结构、胎面花纹、轮胎材料以及汽车行驶速度等因素有关。表 3－1 是各种路面上的平均 φ_p、φ_S 值。

表 3－1　各种路面的平均 φ_p、φ_S 值

路面	φ_p	φ_S	路面	φ_p	φ_S
沥青或混凝土(干)	0.80～0.90	0.75	土路(干)	0.68	0.65
沥青(湿)	0.50～0.70	0.45～0.6	土路(湿)	0.55	0.40～0.50
混凝土(湿)	0.80	0.70	雪(压紧)	0.20	0.15
砾石	0.60	0.55	冰	0.10	0.07

(2) 最佳制动状态。通常，汽车制动器的制动力都足够大，若能获得较好的附着条件，则制动时就可得到较大的地面制动力。一般当汽车其他条件一定时，制动力系数越大，附着力就越大，则地面产生的最大制动力也就越大；而侧向力系数越大，则汽车抵抗侧滑的能力就越强。由于汽车制动时，制动力系数、侧向力系数随车轮的滑动率而变，因此制动车轮处于不同的运动形式则会有不同的制动效果。

行车时，若猛地踩下制动踏板，较大的制动器制动力就会使车轮抱死拖滑。从图 3.4

可以看出，一旦车轮抱死拖滑，则制动力系数为 φ_S，汽车制动力就会减少，将导致制动距离增加。更为严重的是侧向力系数接近于零，汽车几乎丧失抵抗侧滑的能力。此时，若后轮抱死拖滑，则汽车容易出现严重的甩尾、侧滑，高速制动时甚至出现急转调头现象；若前轮抱死拖滑，则汽车容易丧失转向能力，对汽车的安全行车构成极大的威胁。另外，车轮抱死拖滑后，轮胎与路面将产生剧烈的相对摩擦运动使轮胎温度升高，磨损加剧，同时使附着系数进一步下降。

制动时，若将各个车轮的滑动率控制在 15%～25%，则能利用道路的峰值附着系数 φ_p 并获得较大的侧向力系数，从而使汽车能以最大的地面制动力制动，在最短的制动距离内停车，并具有良好的制动方向稳定性，同时轮胎的磨损也减少。这就是车轮的最佳制动状态。

汽车制动时，要获得最佳制动状态，单靠普通的制动系统是无法做到的，靠驾驶人高超的操作制动踏板水平也是不现实的，而采用防抱死制动系统(Anti - Lock Braking System，ABS)却能够实现这个要求。

3.2.2 汽车制动效能分析

1. 制动力和制动减速度

汽车在制动力作用下产生制动减速度，若地面制动力越大，则制动减速度就越大。因此，制动减速度是地面制动力的反映，它与地面制动力具有等效的意义。

汽车在水平路面制动时，若忽略 F_w、F_f 和旋转质量的影响，则制动减速度 a_b 与地面制动力 F_{Xb} 的关系可用式(3-5)表示：

$$a_b=\frac{du}{dt}=\frac{F_{Xb}}{m} \tag{3-5}$$

不同制动工况时，汽车的地面制动力不同，因而制动减速度也不同。通常用最大的地面制动力或最大的制动减速度来评价汽车的制动性。对于装有 ABS 的汽车，当地面制动力达到最大值时，其汽车的制动减速度 a_{bp} 为

$$a_{bp}=\frac{du}{dt}=\frac{\varphi_p mg}{m}=\varphi_p g \tag{3-6}$$

对于无 ABS 或 ABS 失效的汽车，以最大制动力制动时，所有车轮都抱死拖滑，其最大制动减速度 a_{bs} 为

$$a_{bs}=\varphi_S g \tag{3-7}$$

对于轻微制动如预见性的点制动等，由于制动力较小，其 $s<15\%$，因而汽车的制动减速度 $a_b=\varphi_b g<a_{bs}<a_{bp}$。

由于瞬时减速度值稳定性较差，因此在评价汽车制动性时，常用 MFDD 作为评价指标。MFDD 是车辆在制动过程中较为稳定的数值，能够真实地反映汽车制动系统的实际情况。

2. 制动时间

图 3.6 是汽车经历紧急制动过程时，制动减速度与制动时间的关系曲线。汽车整个制动过程所经历的时间即为制动时间，其包含如下 4 个时间。

(1) 驾驶人反应时间 t_1。它是指驾驶人从接到需制动信号，到把踏板力加到制动踏板上

所经历的时间。其中包括驾驶人发现、识别障碍并做出紧急制动决定的意识时间 $t_1'(a \to b)$ 和把右脚从加速踏板移到制动踏板的时间 $t_1''(b \to c)$。t_1 的长短因人而异，一般为 0.3～1.0s。

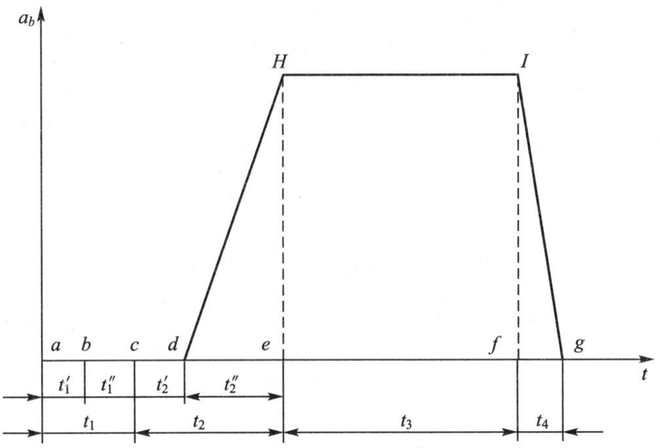

图 3.6 汽车制动过程简化模型($ab-t$)

(2) 制动器作用时间 t_2。它是指从施加制动踏板力到产生最大制动减速度的时间。其中包括消除制动系统传动间隙的时间 $t_2'(c \to d)$ 和地面制动力由零增长到最大的时间 $t_2''(d \to e)$。t_2 的长短一方面取决于驾驶人踩制动踏板的速度，另一方面更重要的是受制动器结构形式及技术状况的影响，一般为 0.2～0.9s。

(3) 持续制动时间 t_3。它是指以最大制动减速度(或最大地面制动力)持续制动直到停车的时间($e \to f$)。当制动器制动力足够时，t_3 的长短只取决于初始车速和路面附着系数。

(4) 制动释放时间 t_4。它是指驾驶人松开制动踏板后，制动力消除所的需要时间($f \to g$)。制动释放时间一般为 0.2～1.0s。t_4 过长会延缓随后汽车的起步。

对汽车减速停车起重要作用的是持续制动时间 t_3 和制动器作用时间 t_2。通常，t_2 和 t_3 的大小具有间接评价汽车制动性能的能力，其制动时间越短，制动性能就越好。但一般情况下，制动时间不单独作为评价指标。GB 7258—2012《机动车运行安全技术条件》规定，将制动协调时间作为辅助性评价指标。制动协调时间是指紧急制动时，从制动踏板开始动作至车辆减速度(或制动力)达到标准规定的充分发出的平均减速度(或制动力)75%时所需的时间。显然，制动协调时间是制动器作用时间 t_2 的主要部分。

3. 制动距离

制动距离是指汽车在制动器作用时间 $t_2(t_2'+t_2'')$ 和最大制动力持续制动时间 t_3 内行驶的距离。制动距离可按式(3-8)计算：

$$S=\frac{1}{3.6}\left(t_2'+\frac{t_2''}{2}\right)u_{a0}+\frac{u_{a0}^2}{25.92a_{b\max}} \tag{3-8}$$

式中 S——汽车制动距离(m)；

u_{a0}——汽车制动初速度(km/h)；

$a_{b\max}$——最大制动减速度(m/s^2)；

t_2'——制动系统反应时间(s)；

t_2''——制动力增长时间(s)。

由式(3-8)可以看出，决定汽车制动距离的主要因素是：制动器作用时间、最大制动减速度(或最大地面制动力)、制动初始车速。实际上，制动距离的长短是制动器结构形式、技术状况、制动器作用时间、制动踏板力、路面附着条件、车辆载荷等多因素的综合表现。改进制动系统结构，减少制动器起作用时间，采用附着性能良好的轮胎，加装ABS，都可使制动距离缩短，提高制动效果。

3.2.3 制动效能恒定性分析

1. 抗热衰退性能

汽车在高速行驶时或下长坡连续制动时制动器温度升高后，与冷态(制动器温度在100℃以下)相比，其制动效能的保持程度，称为制动器的抗热衰退性能。由于汽车制动过程实际上是把汽车行驶的动能通过制动器摩擦转换为热能的过程，所以制动器温度升高是必然的。下长坡制动或高速制动时，制动器温度常在300℃以上，有时高达600～700℃。而当制动器温度很高时，其制动器摩擦副材料的摩擦系数会大幅降低而出现热衰退现象，导致制动力矩减少。因此，热衰退是目前制动器不可避免的现象，只是程度上有所差别而已。

制动器的抗热衰退性能不仅受制动器摩擦副材料的摩擦系数影响，还与制动器结构形式有关。常用制动效能因数与制动器摩擦系数的关系曲线来说明制动器的抗热衰退性能，所谓制动效能因数 k_{ef} 是指单位制动泵推力 F_{pu} 所产生的制动器摩擦力 F，即

$$k_{ef}=\frac{F}{F_{pu}} \tag{3-9}$$

各种型式制动器的制动效能因数与摩擦系数的关系曲线如图 3.7 所示。由图可知，k_{ef} 曲线越陡的制动器，其摩擦系数 μ 的微小变化会引起制动效能大幅度变化，从而导致制动器制动力波动较大，其制动器稳定性差。这说明：制动器的制动效能因数曲线越平缓，则抗热衰退性能越好。故双向自动增力式制动器的制动效能稳定性最差，而盘式制动器制动效能稳定性最好。

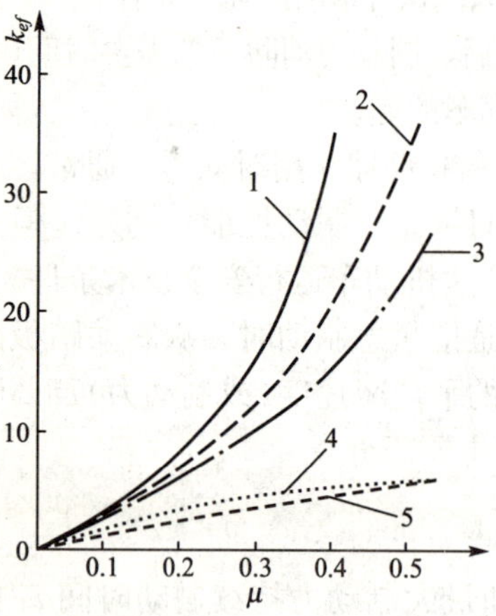

图 3.7 制动效能因数曲线

1—双向自动增力式制动器；2—双领蹄式制动器；3—领、从蹄式制动器；4—双从蹄式制动器；5—盘式制动器

制动器抗热衰退性能一般用一系列连续制动时制动效能的保持程度来衡量。根据国家行业标准规定，要求以一定车速连续制动 15 次，每次制动强度为 3m/s²，在制动踏板力相同的条件下，最后的制动效能应不低于规定的冷试验制动效能(5.8m/s²)的 60%。也可以用下长坡连续制动的方法取得高温工况，最后检查制动性指标。

山区行驶的汽车对抗热衰退性能要求高，因此山区使用的大型货车及矿用汽车都装有辅助制动器，以减少行车制动器负荷，来提高汽车的制动效能恒定性。对于高速轿车，也

应有良好的抗热衰退性，越来越多的轿车通过设置前后轮盘式制动器来提高其制动效能恒定性。

2. 抗水衰退性能

汽车制动器涉水时，制动效能的保持程度称为制动器的抗水衰退性能。制动器涉水时，制动器摩擦表面因水的润滑作用使摩擦系数下降，导致制动效能下降。若水衰退只发生在汽车一侧的制动器里，还会造成左右车轮制动力不等，使汽车制动时的方向稳定性变坏。

制动器浸水后，为保证行车安全，应踩几次(一般为 5～15 次)制动踏板，使制动器产生摩擦，用摩擦产生的热使制动器干燥，使汽车在短时间内迅速恢复原有的制动效能。图 3.8 显示了鼓式制动器和盘式制动器浸水后制动效能的下降程度及经过若干次制动后制动效能的恢复能力。图中曲线表明，盘式制动器的水衰退影响比鼓式制动器的要小，制动效能因数下降少，恢复也较快，这主要是因为盘式制动器的制动盘在旋转时易将所沾的水甩出，另外是其制动块压力高，易将摩擦片上的水分挤出，而鼓式制动器排水和干燥较难，故恢复也较慢。

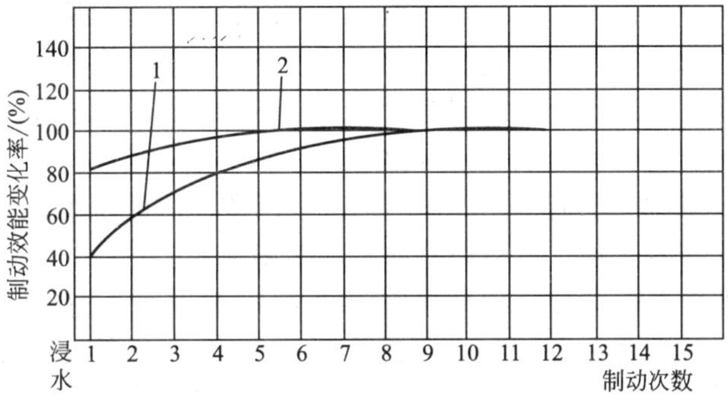

图 3.8 制动器的抗水衰退性和恢复特性

1—鼓式制动器；2—盘式制动器

3.2.4 制动方向稳定性分析

制动方向稳定性差的汽车容易制动跑偏、制动侧滑和丧失转向能力。

1. 制动跑偏

在汽车直线行驶、转向盘固定不动的条件下，汽车制动时自动向左或向右偏驶的现象称为制动跑偏。汽车制动跑偏的原因如下。

(1) 左、右轮制动力不相等。汽车制动跑偏最常见的原因是左、右车轮，特别是转向轴左、右车轮制动器制动力不相等。图 3.9 为左、右转向车轮地面制动力不等的制动跑偏示意图。设汽车左前轮制动器制动力大于右前轮，汽车处于直线行驶时制动，则地面制动力 $F_{1l}>F_{1r}$，因而它们对各自主销形成的力矩不相等，且方向相反，使转向轮具有向左偏转的趋势，虽然转向盘固定不动，但因转向系统各处的间隙及零部件的弹性变形，转向轮将产生向左偏转的角度，使汽车向左制动跑偏。另外，左、右轮制动力不相等还会对汽车质心形成不平衡力矩，使地面对前、后轴分别产生侧向反力 F_{Y1} 和 F_{Y2}，由于主销有后倾，

于是侧向反力 F_{Y1} 也会对转向轮产生一偏转力矩，从而加大了车轮向左的偏转，使制动跑偏更为严重。

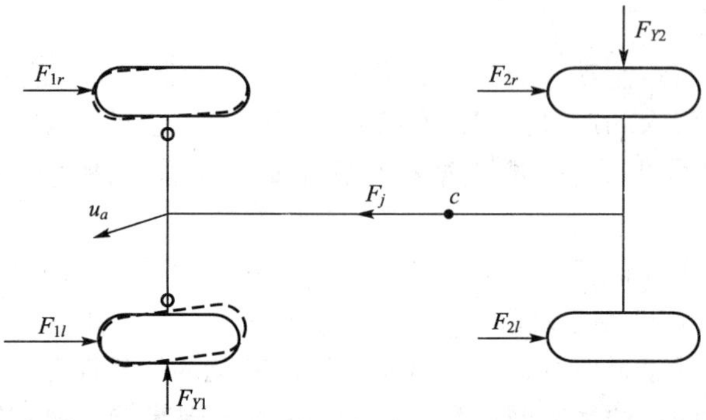

图 3.9　制动跑偏示意图

左、右车轮制动器制动力不相等主要是制造、调整误差及维护不当造成的。如左、右轮制动摩擦片与制动鼓(盘)间隙不同；左、右轮制动摩擦片与制动鼓(盘)接触面积相差过大；左、右轮制动鼓(盘)的尺寸、新旧程度、工作面的表面粗糙度有差异；左、右轮制动摩擦片材质各异、新旧程度不同或安装修复质量不一样；左、右轮制动蹄回位弹簧拉力相差过大；左、右轮胎的新旧程度、磨损程度及气压不一致；个别轮缸活塞运动不灵活、皮碗发胀、油管堵塞或有空气；个别制动卡钳呆滞、发卡，运动不灵活；个别车轮摩擦片油污、硬化或铆钉外露等都会引起制动跑偏。但这些问题一般经过维修调整后，使其左右轮制动器制动力差值小于规定值，则可以消除制动跑偏现象。

(2) 悬架导向杆系与转向杆系运动干涉。图 3.10 是某汽车悬架导向杆系与转向杆系运动干涉的示意图。汽车紧急制动时，车轮抱死，在 F_{xb} 产生的力矩作用下，前轴绕自身轴线逆时针方向扭转 θ 角，此时转向节上节臂处的球头销本应做相应的向前移动，但由于球头销是连接在转向纵拉杆上，而转向盘未转动时，其球头销则不能做相应移动，即产生运动干涉。此时，前轴的扭转就迫使转向节臂绕主销偏转来消除运动干涉，从而拉动转向轮向右转动，造成汽车向右跑偏。这种跑偏是汽车设计不良引起的，如通过改进设计：增加前钢板弹簧扭转刚度；将转向节上节臂处球头销位置下移，则可消除制动跑偏。

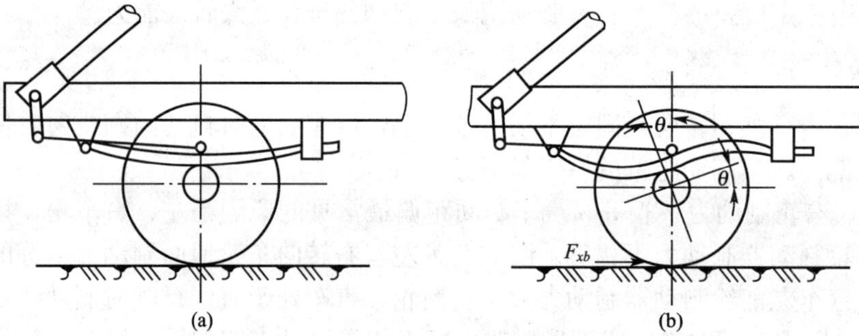

图 3.10　悬架导向杆系与转向杆系运动干涉

(a) 未制动时；(b) 制动时前轴转动 θ 角

2. 制动侧滑

制动时汽车某一轴车轮或两轴车轮发生侧向滑动的现象称为制动侧滑。

1）制动侧滑的原因

(1) 车轮抱死拖滑使其丧失抵抗侧向力的能力。制动时若某一轴车轮抱死，则其侧向力系数极小甚至为零，因而抵抗侧向力的能力极差，一旦遇有侧向力作用，这一轴车轮易产生侧滑。试验表明，一根车轴上，如果只有一个车轮抱死，也不会发生侧滑。

(2) 侧向力作用是侧滑的根源。汽车行驶时时刻都存在着侧向力的作用，如汽车重力沿道路的横向坡度分力、侧向风力、转向行驶的离心力等。若这些力超过车轮与地面的侧向附着力，则车轮就失去了抵抗侧向力的能力从而产生侧滑。当车轮制动抱死拖滑时，在这些侧向力的作用下，车轮更容易产生侧滑。

(3) 较高的制动初始速度为侧滑提供了有利条件。汽车制动速度高，其制动距离、制动时间长，这为车轮侧滑在时间上提供了条件。若制动速度低，可能还来不及侧滑就已经停车了。

(4) 轮胎与路面的附着系数小为侧滑提供了可靠条件。附着系数小，一方面车轮制动更容易抱死拖滑而导致侧滑，另一方面汽车的制动力小，其制动距离、制动时间增长，这又为车轮侧滑在时间上提供了条件。因而，在附着系数小的路面制动更容易侧滑。

(5) 制动跑偏可加剧侧滑。汽车制动跑偏，会产生较大的离心力，这为侧滑提供了动力，使侧滑加剧。

2）单轴制动侧滑分析

图 3.11(a)表示汽车直线行驶制动，前轴车轮制动抱死，后轴车轮滚动的情况。在偶然侧向力 F_y 的作用下，前轴发生侧滑。前轴中点 A 的速度方向，沿侧向力方向偏离，与汽车纵轴线的夹角为 β，后轴没有侧滑，速度 u_B 的方向仍与汽车纵轴线方向一致。此时，汽车的速度瞬心为 O，则汽车绕 O 点做圆周运动，并产生离心力 F_j，而 F_j 的侧向分力与侧向力 F_y 的方向相反，其作用效果将减少或阻止前轴的侧滑。且一旦侧向力 F_y 消失，F_j 的侧向分力有使汽车自动回正的作用。因此，前轴侧滑对汽车前进方向的改变不大。

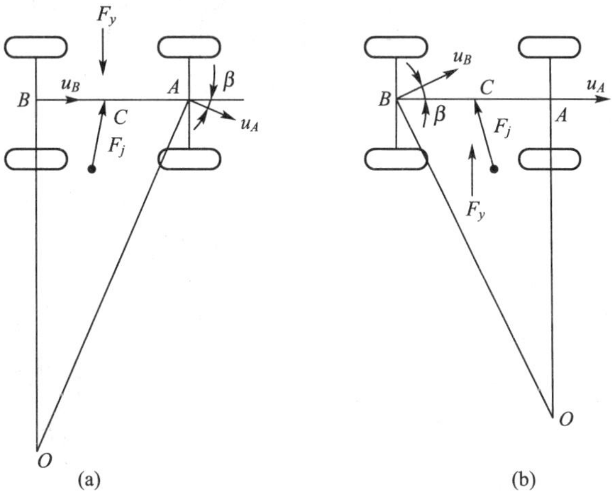

图 3.11　汽车制动侧滑运动分析

(a) 前轴侧滑；(b) 后轴侧滑

图 3.11(b)表示汽车直线行驶制动，后轴车轮制动抱死，前轴车轮滚动的情况。在偶然侧向力 F_y 的作用下，后轴发生侧滑。由侧滑产生的离心力 F_j 的侧向分力方向与侧向力 F_y 方向一致，使后轴侧滑更为严重；同时，偶然侧向力 F_y 消失后，后轴的侧滑在离心力 F_j 的作用下继续进行。因此，后轴侧滑是一种不稳定、危险的工况，它严重威胁行车安全。

3）制动侧滑对方向稳定性的影响

对于无防抱死制动系统的双轴汽车，在紧急制动时，若制动器制动力足够，双轴车轮总会抱死。一旦车轮抱死，则车轮就容易出现侧滑。理论与实践证明：若前轮先抱死，汽车基本上直线向前减速停车，汽车处于稳定状态，但在弯道行驶制动时，由于前轮不能承受侧向力，因而汽车不能按预定的方向行驶，将丧失转向能力；若后轮先抱死，在车速超过一定值时，即使侧向力很小，也会使汽车产生侧滑，甚至急转调头，发生危险，故后轮先抱死具有更大的危险性。因此，对于高速汽车来说，制动时最好不要出现后轮先抱死现象，以防止后轴侧滑；若前、后轮同时抱死，则汽车制动距离较短，汽车处于稳定状态，但制动时易丧失转向能力。

3. 丧失转向能力

汽车制动时转向控制失灵的现象称为丧失转向能力。例如，汽车在弯道行驶制动时，汽车不按弯道行驶而沿弯道切线方向驶出；而直线行驶制动时虽然转动转向盘但汽车仍按直线方向行驶。汽车丧失转向能力通常是前轮制动抱死而不能承受侧向力引起的，故对于无防抱死制动系统的汽车来说，其转向能力的丧失有时是不可避免的，不过对于制动时后轮先抱死的汽车其丧失转向能力的可能性小些。因此，对于山区使用的汽车来说，制动时最好不要出现前轮先抱死现象，以防止汽车丧失转向能力而发生危险。

3.2.5 前、后制动器制动力分配

无防抱死制动系统的汽车紧急制动时，可能出现 3 种状态：一是前轮先抱死拖滑，后轮再抱死拖滑；二是后轮先抱死拖滑，前轮再抱死拖滑；三是前、后轮同时抱死拖滑。其中状态一和状态三是相对稳定工况，而状态二易引起后轴侧滑是不稳定工况。可见，前、后轮制动器抱死次序对汽车制动方向稳定性的影响很大，而前、后轮制动器抱死次序是由前、后制动器制动力的比例关系决定的。前、后制动器制动力比例关系的确定与汽车的结构参数、附着条件、使用状况有关。

1. 制动时前、后轮的地面法向反作用力

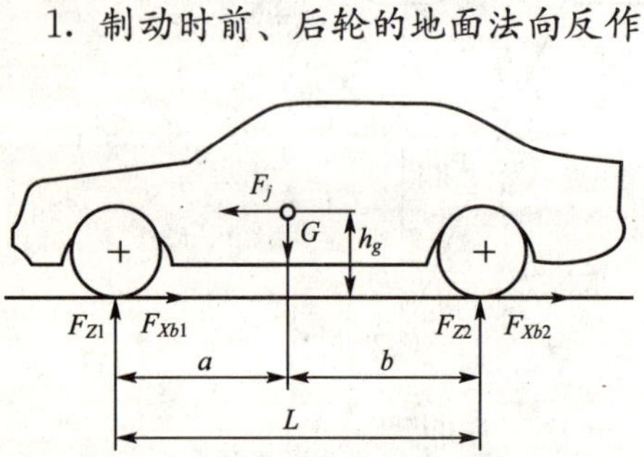

图 3.12 汽车制动受力图

设汽车在水平路面制动，并忽略空气阻力 F_w，滚动阻力偶矩 T_f、惯性力偶矩 T_j，则汽车制动时的受力如图 3.12 所示。根据受力图，对前、后轮接地点分别取矩列平衡方程可推得

$$\left.\begin{aligned} F_{Z1}&=\frac{G}{L}\left(b+\frac{h_g}{g}\frac{\mathrm{d}u}{\mathrm{d}t}\right)\\ F_{Z2}&=\frac{G}{L}\left(a-\frac{h_g}{g}\frac{\mathrm{d}u}{\mathrm{d}t}\right)\end{aligned}\right\} \tag{3-10}$$

式中 F_{Z1}、F_{Z2}——作用在前、后轮上的地面法向反作用力(N)；

G——汽车重力(N)；

a、b——汽车质心至前、后轴的距离(m)；

L——汽车轴距(m)，$L=a+b$；

h_g——汽车质心高度(m)；

$\frac{du}{dt}$——汽车减速度(m/s^2)。

若在不同附着系数的路面制动，前后轮都抱死，此时$\frac{du}{dt}=\varphi g$，则有

$$\left.\begin{aligned} F_{Z1}&=\frac{G}{L}(b+\varphi h_g)\\ F_{Z2}&=\frac{G}{L}(a-\varphi h_g)\end{aligned}\right\} \tag{3-11}$$

式(3-10)和式(3-11)反映了制动时前、后轮法向反作用力与汽车减速度和路面附着系数的变化规律。制动时，若汽车减速度越大或路面附着系数越大，则 F_{Z1} 增加越多，F_{Z2} 减少越多，这说明制动时前后轴载荷发生了转移。因此，制动时前后轮法向反作用力不是常数，而是随着汽车的制动强度、路面状况的变化而变化。

2. 理想的前、后制动器制动力分配

对无防抱死制动系统的汽车，制动时前后轮同时抱死拖滑是一种理想状态，因为此时其附着条件得到了充分利用，制动距离短，方向稳定性好，制动系统工作效率高。在任意附着系数 φ 的水平路面制动，均能保证前后轮同时抱死拖滑的前、后轮制动器制动力分配，称为理想分配。

在任意附着系数的水平路面上制动，前后轮同时抱死拖滑的条件是前、后轮制动器制动力之和等于附着力，且前、后轮制动器制动力分别等于各自的附着力，即

$$\left.\begin{aligned} F_{\mu1}+F_{\mu2}&=G\varphi\\ F_{\mu1}&=F_{Z1}\varphi\\ F_{\mu2}&=F_{Z2}\varphi\end{aligned}\right\} \tag{3-12}$$

式中 $F_{\mu1}$——前轮制动器制动力(N)；

$F_{\mu2}$——后轮制动器制动力(N)。

将式(3-11)代入式(3-12)，变换得

$$\left.\begin{aligned} F_{\mu1}+F_{\mu2}&=G\varphi\\ \frac{F_{\mu1}}{F_{\mu2}}&=\frac{b+\varphi h_g}{a-\varphi h_g}\end{aligned}\right\} \tag{3-13}$$

消除变量 φ，可得前、后轮制动器制动力的理想分配关系式，即

$$F_{\mu2}=\frac{1}{2}\left[\frac{G}{h_g}\sqrt{b^2+\frac{4h_gL}{G}F_{\mu1}}-\left(\frac{Gb}{h_g}+2F_{\mu1}\right)\right] \tag{3-14}$$

由式(3-14)画成的曲线，即为理想的前、后轮制动器制动力分配曲线，简称 I 曲线。

通常，I 曲线由式(3-13)制作。在 G、a、b、h_g 一定时，先选取一系列不同的附着系数 φ，由式(3-13)中的第1式可得到一组与坐标轴成45°的关系曲线，再将不同的 φ 值分别代入式(3-13)中的第2式，则得到一组通过原点但斜率不同的射线，然后分别找出对应同一 φ 值的两直线交点 A，B，C，…，并将其连接起来，便得到 I 曲线，如图3.13所示。

I 曲线上任意一点坐标，表示在某一对应附着系数路面制动时，前后轮同时抱死应具有的前、后制动器制动力。从图 3.13 的 I 曲线可以看出：理想的前、后轮制动器制动力比例关系是非线性的，其理想的 $F_{\mu1}$、$F_{\mu2}$ 分配随着汽车总重、质心位置和道路附着条件的变化而变化。

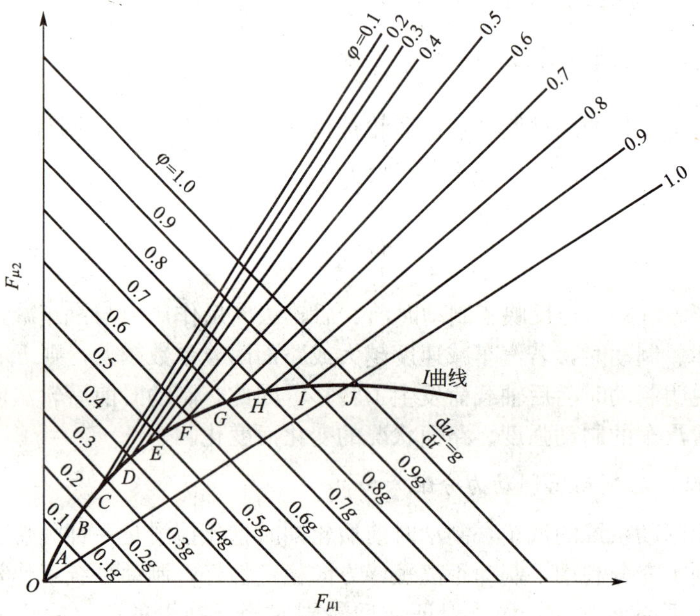

图 3.13　理想的前、后制动器制动力分配曲线

3. 实际的前、后制动器制动力分配

一般汽车实际的前、后制动器制动力具有固定的比值。常用制动力分配系数 β 表示前、后制动器制动力分配的比例。制动力分配系数是指前制动器制动力与汽车全部制动器制动力之比，即

$$\beta=\frac{F_{\mu1}}{F_{\mu}} \tag{3-15}$$

式中　F_{μ}——汽车全部制动器制动力，$F_{\mu}=F_{\mu1}+F_{\mu2}$。

根据式(3-15)可推得前、后制动器制动力的比例关系如下：

$$\frac{F_{\mu1}}{F_{\mu2}}=\frac{\beta}{1-\beta} \tag{3-16}$$

利用式(3-16)可在 $F_{\mu2}$-$F_{\mu1}$ 坐标图上绘出实际前、后制动器制动力分配曲线，简称 β 线，如图 3.14 所示。图中还给出了该车的空载和满载的 I 曲线。

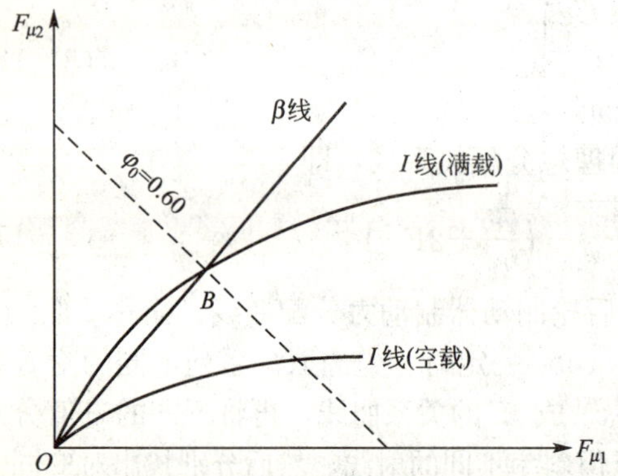

图 3.14　汽车的 β 线与 I 线

从图 3.14 可以看出，β 线与满载的 I 曲线只有交点 B，这说明实际汽车的前、后制动器制动力分配与理想的分配差别很大，制

动时只能在某一种路面上使前、后轮同时抱死拖滑，而在其他路面上则不是前轮先抱死就是后轮先抱死。

β线与I曲线交点处对应的附着系数称为同步附着系数，用φ_0表示。它是反映汽车制动性能的一个重要参数，它说明前、后制动器制动力具有固定比值的汽车只有在附着系数等于φ_0的路面制动时，才能使前后轮同时抱死。不同载荷时，理想的前、后制动器制动力不同，即I曲线不同(图3.14)，因此其同步附着系数也会发生变化。有时空载汽车无同步附着系数(图3.14)，这说明该车空载时在任何路面制动前后轮都不会同时抱死。

同步附着系数由汽车结构参数决定，可通过解析法求出。将式(3-13)代入式(3-16)得

$$\frac{F_{\mu1}}{F_{\mu2}}=\frac{b+\varphi h_g}{a-\varphi h_g}=\frac{\beta}{1-\beta} \tag{3-17}$$

将$\varphi=\varphi_0$代入式(3-17)并整理得

$$\varphi_0=\frac{L\beta-b}{h_g} \tag{3-18}$$

4. 在不同φ值路面上的制动

汽车在不同φ值路面的制动性能与汽车的同步附着系数φ_0密切相关，下面以同步附着系数$\varphi_0=0.6$的汽车为例，参照图3.15来说明汽车在不同附着系数路面上的制动过程。

(1) 在$\varphi<\varphi_0$的路面制动。设$\varphi=0.4$，汽车制动时，前、后轮制动器制动力按β线逐渐增长，当增至图中A点时，前轮制动器制动力先达到使其前轮抱死的制动力，然后继续加大制动，经一段时间到达A'点，则后轮制动器制动力达到后轮抱死的制动力。这说明在$\varphi<\varphi_0$的路面制动总是前轮先抱死，后轮后抱死，是一种稳定工况，但汽车制动时容易失去转向能力。

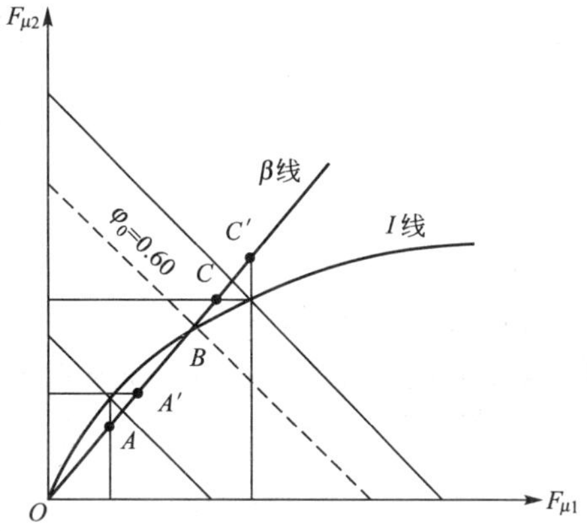

图3.15 不同φ值路面上的制动过程

(2) 在$\varphi>\varphi_0$的路面制动。设$\varphi=0.7$，汽车制动时，前、后轮制动器制动力按β线逐渐增长，当增至图中C点时，后轮制动器制动力先达到使其后轮抱死的制动力，然后继续加大制动，经一段时间到达C'点，则前轮制动器制动力达到前轮抱死的制动力。这说明在$\varphi>\varphi_0$的路面制动总是后轮先抱死，前轮后抱死，易发生后轴侧滑而使汽车失去制动稳定性，是一种不稳定工况。

(3) 在$\varphi=\varphi_0$的路面制动。设$\varphi=0.6$，汽车制动时，前、后轮制动器制动力按β线增长，当增至图中B点时，则前后轮制动器制动力同时达到前后轮各自抱死的制动力，这说明在$\varphi=\varphi_0$的路面制动总是前后轮同时抱死，汽车具有良好的制动效能和制动稳定性，是一种理想的制动工况，但汽车在最大强度制动时易失去转向能力。

根据制动过程分析可知：β线在I曲线下方，制动时前轮先抱死；β线在I曲线上方，制动时后轮先抱死，有的空载汽车，β线总在I曲线上方，这说明该车空载制动时总是后轮先抱死。为保证汽车具有良好的制动效能和方向稳定性，希望在各种路面制动时前后轮同时抱死达到理想状态，但这是很困难的，因为汽车前、后轮的附着力是随着汽车的载

荷、质心位置、制动强度、路面附着系数的变化而变化，而实际上前、后轮制动器制动力不能同步跟随各自车轮附着力的变化。一般汽车通常要求：β线应尽量靠近I曲线，以提高制动效能；β线应尽量在I曲线下方，以防止制动时后轴侧滑。

5. 同步附着系数的选择

实际上，β线与I曲线的位置关系是由同步附着系数决定的，所以同步附着系数的选择会影响汽车在各种路面上的制动性。同步附着系数一般根据车型及使用条件来选择。

对于经常在山区弯多路面行驶的汽车，φ_0应选低些，保证制动时使后轮先抱死，以避免山区下坡制动时前轮失去控制方向的能力；对于高速行驶的汽车，φ_0应选高些，保证制动时让前轮先抱死，以避免高速制动时后轴侧滑的危险；对于一般汽车，φ_0应与经常行驶的路面附着系数相当，以保证汽车在经常行驶的路面制动具有良好的制动效能和方向稳定性。

随着道路条件的改善和车速的提高，后轴侧滑的危险性加大，故汽车的同步附着系数有加大的趋势。目前，汽车同步附着系数的取值，轿车为0.6～0.9，货车为0.5～0.8。

3.3 汽车制动性的主要影响因素

1. 制动系统管路布置

为提高汽车行车的安全性，汽车通常装用双管路制动系统，以避免在一套制动管路失效时，整车丧失制动能力。图3.16为4种不同的双管路布置方案，其对制动性的影响分析如下。

(1)“前-后”布置。图3.16(a)为“前-后”布置。这时如果一轴制动失效，将使整车的制动效能显著下降。严重的是：前轴制动失效，将会导致后轮抱死而失去稳定性；后轴制动失效，将会导致前轮抱死而失去转向能力。目前，不少货车的制动系统采用这种“前-后”布置的双管路系统。

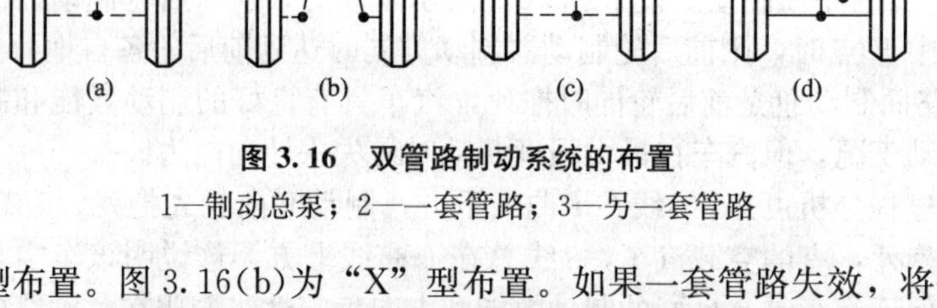

图3.16 双管路制动系统的布置

1—制动总泵；2—一套管路；3—另一套管路

(2)“X”型布置。图3.16(b)为“X”型布置。如果一套管路失效，将使整车的制动效能降低一半，但不致丧失稳定性，因为后轴无制动力一侧的车轮可以承受侧向力。采用这种管路布置的汽车其主销偏距应取负值(即前轮接地点在主销延长线与地面交点的内侧)，这样制动时可通过前轮的转向来补偿左右轮两侧制动力不均而引起的跑偏。目前，很多轿车如神龙富康、广汽本田等均采用这种“X”型布置。

(3)“前双后单”布置。图3.16(c)为“前双后单”布置，其每一前轮有两个分泵，其中一个分泵与后轮管路连成一分系统；另一个分泵互连成一个分系统，单独控制前轮。无论哪一套管路失效，前轮制动力将要减半。如果管路3失效，后轮完全丧失制动能力，将导致制动效能严重下降。

(4)“前后双重”布置。图3.16(d)为“前后双重”布置，其两个独立的管路均与每个车轮的各自分泵相连。一套管路失效，制动效能减半，但不失去稳定性。这种形式的双管路系统，制动效能及方向稳定性最好，但结构也最复杂。

2. 车轮制动器

车轮制动器是制动力的源泉，若要具有良好的制动效能，必须要有足够的制动器制动力。而制动器制动力则取决于车轮制动器的结构形式、技术状况和制动系统的工作介质压力等。

(1) 制动器结构形式。不同结构形式的制动器，制动效果不同。一般用制动器效能因数来衡量各种型式制动器的制动效能。制动器的制动效能因数越大，表示单位制动泵推力能够产生的制动器制动力就越大。制动器的结构形式不同，其效能因数不同。在几何力学关系上能产生增力作用的制动器，具有较大的制动效能因数，如双向自动增力蹄式制动器。下列制动器制动效能因数由高至低排序为双向自动增力蹄式制动器、双领蹄式制动器、领从蹄式制动器、双从蹄式制动器、盘式制动器。

车轮制动器不但应能产生足够大的制动力，同时还应有较好的制动效能恒定性。这也与制动器的结构、制动效能因数有关。通常制动效能因数越大，则制动效能恒定性就越差。对于制动效能因数大的制动器，当温度变化引起摩擦系数微小变化时，会造成制动器摩擦力矩及制动效能因数的大幅变化，说明这种制动器工作稳定性差。而盘式制动器的制动效能因数随摩擦系数变化的改变量最小，其工作稳定性最好。由于盘式制动器具有散热性好，抗热衰退性好，热膨胀后摩擦盘与制动盘压得更紧，涉水后恢复性好等特点，因此盘式制动器已广泛应用于高速轿车和重型矿用汽车上。

(2) 制动器技术状况。制动摩擦片与制动鼓(盘)工作面接触不均匀，制动鼓(盘)变形，将使制动器制动效能降低，甚至造成制动时的跑偏现象；制动摩擦片与制动鼓(盘)工作面上有油、水、污物等都会使摩擦系数下降，使制动器制动效能下降；制动摩擦片与鼓(盘)的间隙过大，将使制动器作用时间增长，制动距离增大；左、右轮制动器间隙不同，将引起汽车制动跑偏。

(3) 制动系统的工作介质压力。制动系统主要有液压、气压制动。当制动系统正常时，其工作介质压力取决于制动踏板力。通常，制动踏板力越大，则制动系统的工作介质压力越大，制动器制动力就越大。

3. 制动力调节装置

制动力调节装置可以改变具有固定β值的汽车的前、后制动器制动力分配，提高汽车的制动性。其调节原则是：尽量使β线在I线下方；尽量使β线靠近I线。它通过各种调节阀，改变前、后促动管路的压力，防止制动时后轮先抱死，并改善制动效能和制动效率。

目前，汽车普遍装有比例阀或载荷比例阀等制动力调节装置。制动力调节装置可根据制动强度、载荷等因素来改变前、后制动器制动力的比值。其制动力分配曲线设计时，优先考虑制动稳定性，但同时兼顾最短的制动距离。实际上，制动力调节时，转折点的选择是复杂的，因为前面所讲的 I 曲线是简单的直线制动情况，实际的制动工况会使 I 曲线发生改变，例如发动机制动的影响，转弯制动时左、右车轮载荷的转移等。所以转折点的选择一般低于 I 曲线，以保证有一定的稳定性余地。

图 3.17 是限压阀、比例阀、感载比例阀、感载射线阀的制动力分配曲线。图 3.17(a)为限压阀的制动力分配曲线，在其转折点之后，后轮液压不变。虽然分配线对空载基本是合适的，但仍有一小段是非稳定区，且满载时制动效率偏低。图 3.17(b)为比例阀的制动力分配曲线，在其转折点后是一条斜线，和空载 I 曲线的交点即同步附着系数超过了 0.82，既消除了不稳定区又提高了制动效率；但是满载时制动力线与 I 曲线距离较远，制动效率低。图 3.17(c)为感载比例阀的制动力分配曲线，其转折点可根据轴载荷的大小自动调节，使制动力线与 I 曲线接近，改善了比例阀的不足，提高了制动效率。图 3.17(d)为感载射线阀的制动力分配曲线，其制动力线的 β 值能根据载荷自动调节。

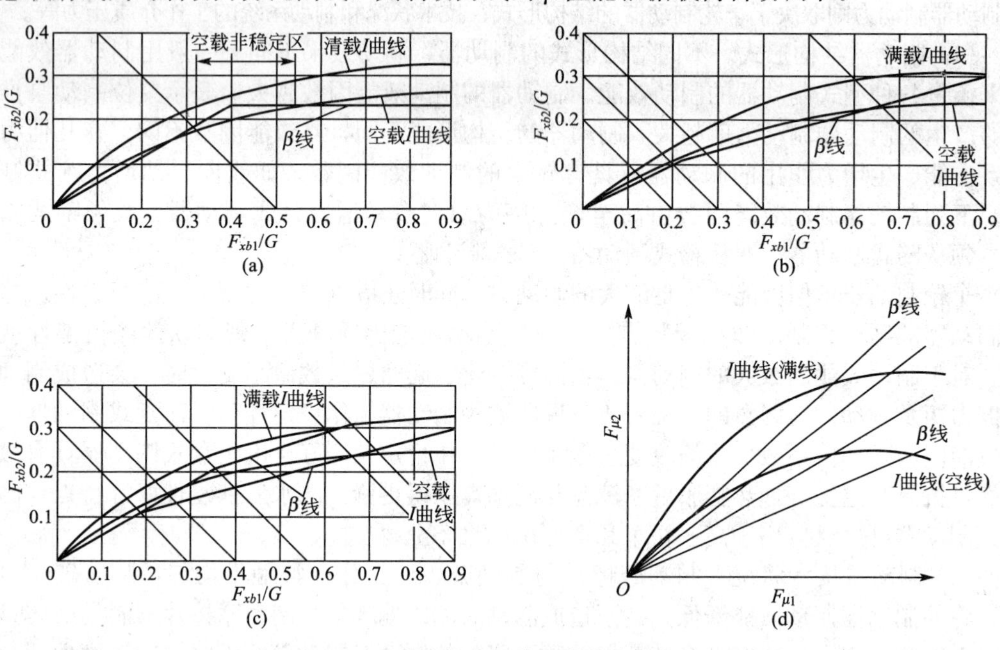

图 3.17　各种调节阀的制动力分配曲线

(a) 限压阀；(b) 比例阀；(c) 感载比例阀；(d) 感载射线阀

4. 汽车防抱死制动系统

汽车防抱死制动系统是指汽车在制动过程中防止车轮制动抱死拖滑的控制系统。ABS 对汽车的制动性产生重要影响。

(1) ABS 的理论依据。从图 3.4 中的 φ_b-s、φ_l-s 曲线可知，车轮附着能力与车轮制动时的运动形式有关。当车轮滑动率 $s=15\%\sim25\%$时，制动力系数达到最大值 φ_p，汽车可获得最大的制动力；同时侧向力系数较大，汽车具有较强的抗侧滑能力。而车轮制动抱死拖滑即 $s=100\%$时，制动力系数下降到 φ_S，制动距离加长；同时侧向力系数很小，防侧滑能力极差。采用 ABS，就是在紧急制动时要控制车轮处于最佳运动状态(滑动率为

15%～25%)，防止车轮抱死，以充分利用路面峰值附着系数 φ_p，获得较大的侧向力系数，从而使汽车具有良好的制动效能和制动方向稳定性。

(2) ABS的基本组成。现在汽车电子控制防抱死制动系统是在普通制动系统的基础上增加的控制装置，它主要由轮速传感器、ABS电控单元(即ABS ECU)、ABS压力调节器和警告灯等组成(图3.18)。

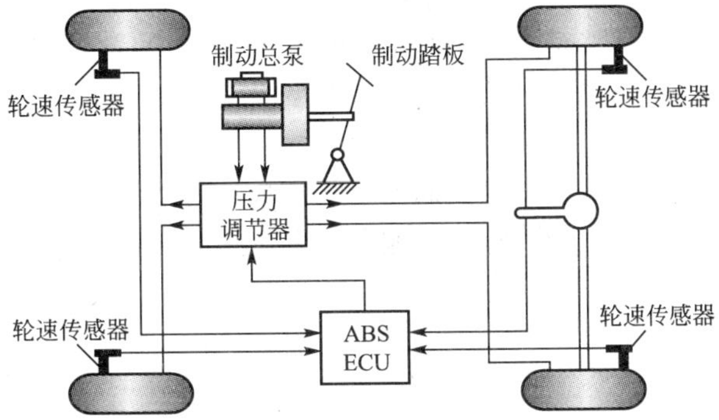

图3.18 ABS基本组成示意图

轮速传感器用来检测车轮速度，并向ABS ECU反映各车轮的运动状况。ABS ECU是ABS的指挥中心，用来接收轮速传感器送来的信号，计算车轮的转速、加速度、减速度和滑移率，并进行分析、处理，然后向ABS压力调节器发出控制信号，使制动压力调节器按要求工作。ABS ECU还具有故障自诊断功能，当ABS出现故障时，它可断开继电器、电磁阀及泵电动机电路而关闭ABS，存储故障信息，点亮ABS警告灯。ABS压力调节器是ABS的执行机构，用来调节制动系统的压力，它根据ABS ECU传送的控制指令，通过减压、保压、增压来调整作用在每个制动轮缸的油压，从而控制车轮的速度。ABS警告灯是一种黄色警告灯，用来警示ABS故障，以便驾驶人直观判断ABS的状况。

(3) ABS的工作原理。常规制动时，如一般制动点制动、下坡控制车速过高的制动，车轮并不会趋于抱死状态，ABS只是处于准备状态而并不干涉普通制动器的正常制动。紧急制动时，每个轮速传感器，将关于各车轮的转速信号输入ABS ECU。若车轮即将抱死，ABS ECU则根据轮速传感器输入的信号判定车轮趋于抱死状态，输出指令控制ABS压力调节器，ABS压力调节器则根据控制指令，对各自车轮制动轮缸的制动压力进行调节，制动压力历经降低、保持和升高等阶段，以保证车轮滑动率处于理想区域范围，防止车轮抱死拖滑，保持车轮与地面的附着系数为最大值，侧向力系数为较大值，从而在各种条件下可使汽车获得最大制动力，同时还可保证汽车制动时的方向稳定性。

(4) ABS的合理使用。汽车行驶时，只有正确操作和使用ABS，才能充分发挥ABS的作用，才能在紧急情况下取得良好的效果。其使用要领如下。

① 紧急制动时，将制动踏板一脚踩到底，始终不放松。一般来说，在制动力缓缓施加的情况下，ABS基本不发挥作用，只有在制动力猛然增加使车轮转速骤减、车轮趋于抱死时，ABS才生效。因此，驾驶装有ABS的汽车，紧急制动时应快速踩下制动踏板。

② 在溜滑路面行车紧急制动时，应将制动踏板踩到底，不用点制动。驾驶装有ABS和未装ABS的汽车，紧急制动最大的不同点就在于“刹死”与否。没有安装ABS的汽车制动时，常采用连续点制动，可防止汽车失控；而装有ABS的汽车制动则不存在制动抱

死问题，应一脚将制动踏板踩到底，以迅速制动加大汽车的制动力，提高制动效果。

③ 驾驶ABS车辆制动时，也应谨慎从事，不可粗心大意。因为ABS只能提供较好的制动性能，而并不能随意减少制动距离，绝对的不侧滑。因为低附着系数路面其附着力照样很小，溜滑路面照样溜滑。尽管ABS为驾驶人提供了转向时的可控能力，但它本身并不能完成汽车的转向操作。因此，驾驶ABS汽车时，制动车速照样不能过高，转弯时应尽量避免紧急制动，行车时要注意转向盘控制。

④ 当ABS出现故障时，对汽车的制动操作应与未装ABS的汽车相同。因为ABS出现故障后，ABS功能完全丧失，汽车紧急制动时，车轮可以抱死，汽车的制动效能和方向稳定性都变差。

随着汽车行驶速度的提高及道路交通流量的加大，对于汽车制动效能及制动时的方向稳定性要求越来越高。因此，现代汽车普遍采用电子控制防抱死制动系统。

5. 电子制动力分配系统

电子制动力分配系统(Electric Brakeforce Distribution，EBD)，是ABS的附加装置，用来改善和提高ABS的功效。

汽车行驶时，由于道路条件不断变化，其4个轮胎的地面附着条件往往不一样，汽车制动时，若按一定的比值分配前、后轮制动力，则不能充分利用汽车的附着力而达到最大制动效能。若使用EBD，则制动时可根据每个车轮的附着条件，合理分配和平衡每个车轮的有效制动力，缩短制动距离，改善制动平衡，配合ABS提高制动时的方向稳定性。

EBD的工作原理是：高速计算机在汽车制动的瞬间，利用传感器分别对汽车4个车轮的不同地面附着状态进行感应、计算，得出不同的附着力数值，进而控制4个车轮的制动装置以不同的方式和力度实施制动，并在运动中快速调整，使制动力与附着力相匹配，从而保证车辆在制动过程中平稳、安全地行驶。

汽车紧急制动时，EBD在ABS之前进行动作，自动根据重力和路面条件，去分配和平衡每个车轮的制动力，而当ABS起作用时，可获得最大制动效能和良好的方向稳定性。这样，可克服ABS低选控制时牺牲部分制动效能或高选控制时降低方向稳定性的不足。

6. 制动辅助系统

制动辅助系统(Brake Assist System，BAS)可优化紧急制动操作过程中车辆的制动能力，改善汽车的操纵性。尤其是对力不从心、犹豫不决、反应迟钝的驾驶人，在紧急情况下制动，具有重要的帮助作用。

据统计，在紧急情况下有90%的汽车驾驶人踩制动踏板时缺乏果断。另外，在传统制动系统上，其制动踏板力是以固定的倍数放大，因此对于体力较弱的驾驶人而言，可能面临制动力不足的问题，若遇紧急状况，则容易诱发交通事故。BAS正是针对上述情况而设计的。

BAS通过驾驶人踩踏制动踏板的速率和制动压力增长的速率来理解和判断制动行为。系统时刻监控制动踏板的运动，一旦监测到踩踏制动踏板的速度陡增，而且驾驶人继续大力踩踏制动踏板，或察觉到制动踏板的制动压力恐慌性的急速增加，BAS会在几毫秒内启动，建立最大的制动压力，使制动减速度很快上升到最大值产生最大的制动力，其速度要比大多数驾驶人移动脚的速度快得多，因此BAS可显著缩短紧急制动距离，并有助于防止在停停走走的交通中发生追尾事故，以提高行车安全。

驾驶人一旦释放制动踏板，BAS 就转入待机模式；对于正常情况制动，BAS 则会通过判断不予启动。ABS 只有在车轮具有抱死倾向时发挥作用，而 BAS 则是在紧急快速制动时提供最好的制动效果。

通常情况下，BAS 的响应速度会远远快于驾驶人，这对缩短制动距离，增强安全性非常有利，尤其是对高速公路行驶的车辆，BAS 可有效防止意外追尾。有关测试表明，BAS 可使车速高达 200km/h 的汽车完全停下的距离缩短 21m 之多。

7. 汽车质心位置

汽车质心位置发生改变，会引起前后轮地面制动力和同步附着系数发生变化，从而影响汽车的制动性能。

汽车使用时，装载质量发生改变，车上的客人前后乘坐不均，会改变汽车的质心位置，从而影响汽车的制动性能。如发动机前置、后部有行李空间的汽车，空载与满载相比，质心前移，而质心高度变化不大，故轿车空载时的同步附着系数减小。因此，轿车空载行驶时的制动方向稳定性变差。又如大客车的客人不足，且均靠前就座时，则质心前移，制动时易导致后轮先抱死而发生危险的侧滑。为防止这种对汽车制动性不利的影响，汽车可配置感载式的制动力调节系统、电子制动力分配系统。

8. 汽车装载质量

对于前后轮制动器制动力具有固定比值的汽车，满载同步附着系数最大，随着装载质量的下降，则同步附着系数逐渐减小。因此，对于空载或轻载的汽车，制动时易导致后轮先抱死而发生危险的侧滑。

装载质量对汽车制动距离有一定的影响。这是因为汽车制动时，绝大多数情况下，前后车轮不能同时抱死，地面附着力不能被充分利用，在前后车轮都抱死之前，其制动减速度不是常数，而与装载质量有关，即 $a_b=\dfrac{F_{Xb}}{\delta m}$。因此，装载质量增加，制动减速度减小，则制动距离增大。实践证明，装载质量 3t 以上的汽车，每增加载质量 1t，其制动距离增大 0.5～1.0m。

9. 道路与轮胎

附着力限制了最大制动力，而附着系数又主要取决于道路的状况，所以道路对制动距离有很大的影响。制动初速度相同时，路面越好，附着系数越大，最大制动力越大，则制动距离越短。

在路面条件一定时，附着系数的大小主要取决于轮胎。轮胎的结构，诸如轮胎花纹、胎面曲率、轮胎直径和宽度等对附着系数都有影响。细而浅花纹的轮胎，在硬路面上滚动有较大的附着系数；宽而深花纹的轮胎，在软路面上滚动可获得较大的附着系数。轮胎胎面具有横向花纹槽沟，使其具有良好的排水性能，可提高汽车在潮湿路面上的附着系数。宽系列轮胎、低气压轮胎在硬路面上行驶，与路面具有较大的接触面积，可获得较大的附着系数。子午线轮胎与斜交轮胎相比，其附着系数比较大。轮胎花纹被磨损后，胎面与路面微观凸起间的机械啮合作用、嵌入作用减少，使附着系数降低。

10. 发动机制动与排气制动

山区行驶的车辆下长坡时，为避免车轮制动器长时间工作而发生过热，造成制动效果降低，或冬季行驶在冰雪路面上，为避免左右轮制动力不等而引起侧滑，常用发动机制动或排气制动。

(1) 发动机制动。发动机制动是指利用发动机内摩擦阻力和进排气阻力对汽车驱动轮进行的制动。用发动机制动时，驾驶人放松加速踏板，不脱开发动机的连接，在汽车惯性力作用下，驱动轮通过传动系统迫使发动机高速旋转，这时汽车需克服发动机内摩擦阻力和进排气阻力，消耗汽车行驶的动能从而实现制动。发动机被拖动的转速越高，发动机转动的阻力矩就越大，制动作用就越强。设发动机内阻力矩为 T_{er}(N·m)，从驱动轮到发动机的传动效率为 η_{Tr}，则在驱动轮上产生的制动力 $F_{\mu r}$(N)为

$$F_{\mu r}=\frac{T_{er}i_0 i_g}{r\eta_{Tr}} \tag{3-19}$$

由式(3-19)可见，传动系统传动比越大，则发动机转速越高，发动机内阻力矩消耗的能量越多，驱动轮上的制动力就越大，制动效果越显著。因此，利用发动机制动时，变速器挂入第1挡时制动力最大。

利用发动机制动的动力需经差速器传递，由于差速器具有平均分配转矩的特性，因此发动机制动力可以平均分配到左、右驱动车轮上，能有效防止汽车制动侧滑，这对于在低附着系数路面(如冰雪路面)上的行车制动是非常有利的。

利用发动机制动还可减轻行车制动器的负担，降低行车制动器的温度，从而提高汽车制动效能的恒定性，这对于下长坡制动和山区使用的汽车具有重要作用。

采用发动机制动不需要安装其他设备，也不需要对发动机做任何改造，因此发动机制动是驾驶人常用的一种方法。

但应注意：在汽车紧急制动时，应同时踩下离合器，不能利用发动机制动，以免降低制动效果。因为发动机的旋转质量惯性力偶矩是阻碍发动机制动的，当紧急制动时，汽车的减速度很大，发动机飞轮产生的惯性力偶矩将大于发动机内阻力矩，因而使制动力减少。

(2) 排气制动。排气制动是指利用装在排气管后面的排气节流阀产生的排气阻力对驱动轮进行的制动，它实际上也是一种发动机制动，只不过是制动强度比较大而已。制动时关闭排气节流阀，切断油路、电路，利用发动机急剧增加的排气阻力而增大发动机转动的内阻力矩，从而增大驱动轮的行驶阻力而实现制动。排气制动功率非常大，可达发动机有效功率的80%～90%，因此多用在重型载货汽车或矿用自卸汽车上。由于排气制动具有发动机制动的所有优点，因而对于山区行驶的车辆，排气制动是一种比较理想的辅助制动。

11. 驾驶技术

驾驶技术对汽车制动性有很大影响。汽车需要紧急制动时，驾驶人急踩制动踏板，可使制动器作用时间缩短，从而缩短制动距离；汽车紧急制动时，应切断发动机与传动系统的联系(踩离合器)，以免减少制动力使制动效果变差；汽车在山区或下长坡行驶时，应采用辅助制动，以减轻行车制动器的负荷，保证行车制动器具有良好的制动效能；汽车在较滑路面制动时，应采用点制动，间歇地轻踏制动踏板，避免猛踩制动踏板，以免因制动力过大而超过附着极限，导致汽车制动侧滑。

3.4 汽车制动性试验

汽车制动性试验有道路试验和台架试验，通过试验可评定汽车制动性。

3.4.1 汽车制动性道路试验

1. 试验条件

(1) 道路条件。路试检测制动性能应在平坦(坡度不应超过1%)、干燥和清洁的硬路面(轮胎与路面之间附着系数不小于0.7)上进行，在试验路面上应画出与制动稳定性要求相应宽度的试车通道边线。

(2) 试验仪器。采用非接触式速度计或GPS测量系统，以及其他测试仪器。

(3) 车辆准备。在被测汽车的制动踏板上安装提供信号用的踏板套，在汽车适当位置装上速度计及其他测试仪器。

2. 试验方法

将被测汽车沿着试车道的中线行驶至高于规定的初速度后，置变速器于空挡(自动变速汽车可置于D位)，当滑行到规定初速度时，急踩制动踏板，使汽车停住，并同时操作速度计或其他测试仪器。

(1) 测制动距离。用制动距离评价制动性能时，需测取制动距离，并同时检查汽车制动的稳定性，看制动时汽车是否超出试车通道边线。对除气压制动外的汽车还应同时测取制动踏板力。

(2) 测MFDD。用充分发出的平均减速度评价制动性能时，需测取MFDD和制动协调时间，并检查制动稳定性，查看制动时汽车是否超出试车通道边线。对除气压制动外的汽车，路试时还应测取制动踏板力。

提示：对空载检验制动性能有质疑时，可用满载检验要求进行检验。

3. 试验标准

在用汽车制动性能路试标准在GB 7258—2012《机动车运行安全技术条件》中有明确规定。

(1) 制动距离标准。用制动距离评价制动性能时，制动距离应符合表3-2的要求，车辆任何部位(不计入车宽的部位除外)不允许超出表3-2规定宽度的试验通道边缘线。检测时，制动踏板力或制动气压应符合表3-3的要求。

表3-2 制动距离和制动稳定性要求

机动车类型	制动初速度/(km/h)	空载检验制动距离要求/m	满载检验制动距离要求/m	试验通道宽度/m
三轮汽车	20	≤5.0		2.5
乘用车	50	≤19.0	≤20.0	2.5

（续）

机动车类型	制动初速度/(km/h)	空载检验制动距离要求/m	满载检验制动距离要求/m	试验通道宽度/m
总质量不大于 3500kg 的低速货车	30	≤8.0	≤9.0	2.5
其他总质量不大于 3500kg 的汽车	50	≤21.0	≤22.0	2.5
铰接客车、铰接式无轨电车、汽车列车	30	≤9.5	≤10.5	3.0
其他汽车	30	≤9.0	≤10.0	3.0

表 3-3　制动性检测时制动踏板力或制动气压要求

检测参数		空载	满载
气压制动系气压表的指示气压/kPa		≤600	≤额定工作气压
液压制动系踏板力/N	乘用车	≤400	≤500
	其他汽车	≤450	≤700
	三轮汽车	≤600	

(2) MFDD 标准。用充分发出的平均减速度评价时，其 MFDD 应符合表 3-4 的要求；其制动协调时间：对液压制动的汽车不应大于 0.35s，对气压制动的汽车不应大于 0.60s，对汽车列车、铰接客车和铰接式无轨电车不应大于 0.80s；其车辆任何部位(不计入车宽的部位除外)不允许超出表 3-4 规定宽度的试验通道边缘线。检测时，制动踏板力或制动气压应符合表 3-3 的要求。

表 3-4　制动减速度和制动稳定性要求

机动车类型	制动初速度/(km/h)	空载检验充分发出的平均减速度/(m/s^2)	满载检验充分发出的平均减速度/(m/s^2)	试验通道宽度/m
三轮汽车	20	≥3.8		2.5
乘用车	50	≥6.2	≥5.9	2.5
总质量不大于 3500kg 的低速货车	30	≥5.6	≥5.2	2.5
其他总质量不大于 3500kg 的汽车	50	≥5.8	≥5.4	2.5
铰接客车、铰接式无轨电车、汽车列车	30	≥5.0	≥4.5	3.0
其他汽车	30	≥5.4	≥5.0	3.0

(3) 应急制动标准。应急制动路试时检测标准见表 3-5。

表 3-5 应急制动性能要求

机动车类型	制动初速度/(km/h)	制动距离/m	充分发出的平均减速度/(m/s^2)	允许操纵力应小于等于/N	
				手操纵	脚操纵
乘用车	50	≤38.0	≥2.9	400	500
客车	30	≤18.0	≥2.5	600	700
其他汽车(三轮汽车除外)	30	≤20.0	≥2.2	600	700

(4) 驻车制动标准。在空载状态下，驻车制动装置应能保证汽车在坡度为 20%(总质量为整备质量的 1.2 倍以下的汽车为 15%)、轮胎与路面附着系数大于等于 0.7 的坡道上正、反两个方向保持固定不动，其时间应大于等于 5min。检验汽车列车时，应使牵引车和挂车的驻车制动装置均起作用。检测时，驻车制动应通过纯机械装置把工作部件锁止，并且驾驶人的操纵力应符合表 3-6 的要求。

表 3-6 驻车制动性能检测时操纵力要求

机动车类型	手操纵时操纵力/N	脚操纵时操纵力/N
乘用车	≤400	≤500
其他汽车	≤600	≤700

3.4.2 汽车制动性台架试验

汽车制动性台架试验就是利用汽车制动试验台来检测评价制动性能。其主要检测项目有：地面制动力、制动力平衡、车轮阻滞力、制动协调时间。

1. 试验设备

常用单轴反力式滚筒制动试验台检测制动性，它是一种低速静态测力式试验台。

(1) 制动试验台的基本组成。单轴反力式滚筒制动试验台主要由驱动装置、滚筒装置、测量装置、举升装置、指示与控制装置等组成，如图 3.19 所示。

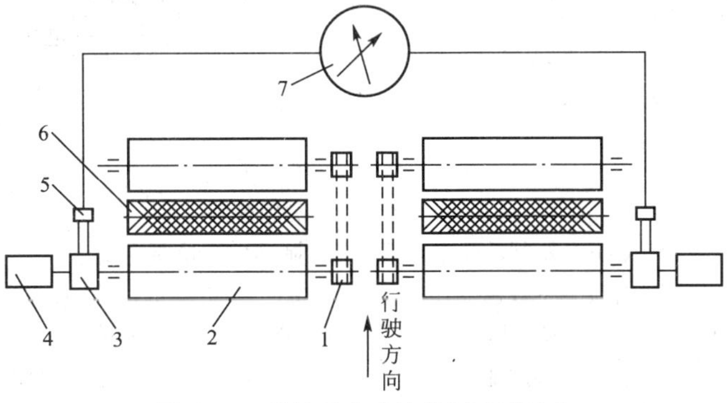

图 3.19 单轴反力式滚筒制动试验台

1—链传动机构；2—滚筒装置；3—减速器；4—电动机；
5—测量装置；6—举升装置；7—指示装置

① 驱动装置。该装置由电动机、减速器和链传动机构组成。电动机动力经减速器驱动主动滚筒，主动滚筒又通过链传动机构带动从动滚筒旋转。减速器壳体为浮动支承，可以绕主动滚筒轴线摆动。

② 滚筒装置。该装置由左、右独立设置的两对滚筒构成。被测车轮置于两滚筒之间，滚筒相当于活动路面，用来支承被检车轮并在制动时承受和传递制动力。

③ 测量装置。该装置由测力杠杆和装于试验台支架上的传感器组成，测力杠杆一端与减速器浮动壳体连接，另一端与传感器相连。被测车轮制动时，减速器浮动壳体带动测力杠杆绕主动滚筒轴线摆动并作用于传感器上，传感器将测力杠杆传来的力或位移转变成电信号，送入指示与控制装置。

④ 举升装置。该装置由举升器、举升平板和控制开关等组成。其功用是便于汽车平稳地出入制动试验台。

⑤ 指示与控制装置。控制装置用来控制检测时举升装置的升降、滚筒电动机的转动与停止、测力传感器信号的采集与处理，并输出或打印检测结果。指示装置可根据检测项目要求显示汽车制动性指标的各种检测数据以及整车制动性评判结果。

（2）制动试验台的检测原理。检测时，将被测汽车驶上制动试验台，车轮置于主、从动滚筒之间(图 3.20)，放下举升器。通过延时电路起动电动机，电动机则通过减速器及链传动机构驱动滚筒从而带动车轮低速旋转。当驾驶人踩制动踏板，在制动器摩擦力矩的作用下，车轮开始减速旋转。此时电动机驱动滚筒，而滚筒则对车轮轮胎周缘的切线方向作用着制动力，以克服制动器摩擦力矩，维持车轮继续旋转。与此同时，车轮轮胎对滚筒表面切线方向作用着与制动力数值相等而方向相反的反作用力，使浮动的减速器壳体摆动，使测量装置感受到制动力信号。此信号经放大变换处理后，由指示装置显示左、右车轮的

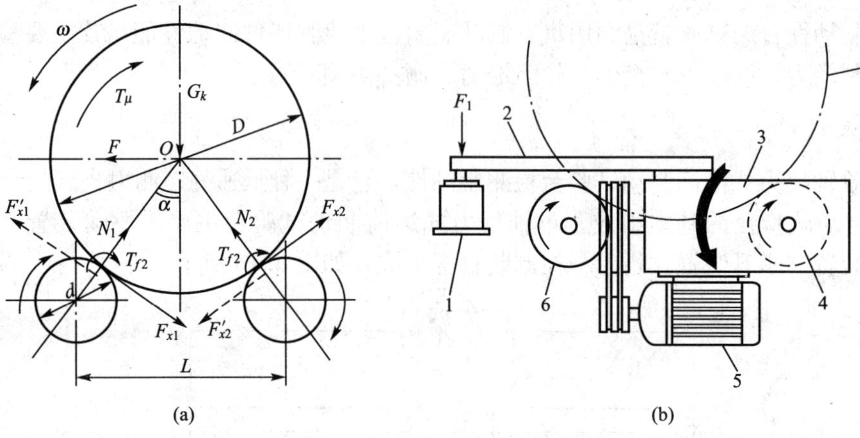

图 3.20　制动力检测原理图

(a) 车轮制动受力简图；(b) 制动力测量原理图

1—传感器；2—测力杠杆；3—减速器；4—主动滚筒；5—电动机；6—从动滚筒；7—车轮；

G_k—车轮载荷；F—车轴对车轮的水平推力；N_1、N_2—滚筒对车轮的支反力；

F_{x1}、F_{x2}—滚筒对车轮的制动力；F'_{x1}、F'_{x2}—车轮对滚筒的切向反作用力；

T_μ—制动器摩擦力矩；T_{f1}、T_{f2}—滚动阻力矩；α—安置角；L—滚筒的中心距

制动力。在制动过程中，当左、右轮制动力之和大于某一数值时，微机即开始采集数据，采集过程所经历的时间是一定的。经历了规定的采集时间(如 3s)后，微机发出指令使电动机停转，以防止轮胎剥伤。

制动协调时间的测量与测量制动力同步进行，它以驾驶人踩制动踏板的瞬间作为计时起点，由制动踏板上套装的踏板开关向控制装置发出一个“开关”信号，开始时间计数，直至制动力达到标准规定的制动力的75%时为止。其计时终点通常由试验台微机执行相应的程序来控制。

车轮阻滞力的测量是在汽车和驻车制动装置处于完全释放状态，变速器置于空挡位置时进行。此时，电动机通过减速器、链传动机构及滚筒来带动车轮维持稳定转动所需的力，即为车轮的阻滞力，该力可通过指示装置读取。

2. 试验方法

(1) 做好试验台的准备工作，滚筒表面应干燥，没有松散物质及油污，滚筒表面当量附着系数不应小于 0.75。

(2) 将试验台电源开关打开，并使举升器在升起位置。

(3) 将汽车垂直于滚筒方向驶入试验台，使前轴车轮处于两滚筒之间的举升平板上。

(4) 汽车停稳后，置变速器于空挡，使行车制动、驻车制动处于完全放松状态，把脚踏开关套装在制动踏板上。

(5) 降下举升器，至轮胎与举升器完全脱离为止。

(6) 带有轴重测量装置的试验台，此时测得轴荷。

(7) 起动电动机，使滚筒带动车轮转动，2s 后测得车轮阻滞力。

(8) 踩下制动踏板，测取制动力增长全过程中的前轴左、右轮制动力差和各轮制动力的最大值，同时也测出了制动协调时间。

(9) 升起举升器，驶出已测车轴，驶入下一车轴，按上述同样方法检测后轴车轮阻滞力、制动力、左右轮制动力差和制动协调时间。

(10) 当与驻车制动相关的车轴在试验台上时，检测完行车制动后，应重新起动电动机，在行车制动完全放松的情况下，用力拉紧驻车制动手柄，检测驻车制动性能。

(11) 所有车轴的行车制动性能和驻车制动性能检测完毕后，升起举升器，汽车驶出试验台。

(12) 切断制动试验台电源。

3. 试验标准

在用汽车制动性能台试标准在 GB 7258—2012《机动车运行安全技术条件》中有明确的规定。

1) 行车制动标准

(1) 制动力。汽车、汽车列车在制动试验台上测出的制动力应符合表 3-7 的要求，制动力检测时，其制动踏板力或制动气压应符合表 3-3 的要求。对空载检验制动力有质疑时，可用规定的满载检验制动力的要求进行检验。

(2) 制动力平衡。在制动力增长全过程中同时测得的左右轮制动力差的最大值，与全过程中测得的该轴左右轮最大制动力中大者(当后轴及其他轴，制动力小于该轴轴荷的60%时，为与该轴轴荷)之比，对新注册车和在用车应分别符合表 3-8 的要求。

表 3-7　台试检验制动力要求

机动车类型	制动力总和与整车重量的百分比/(%)		轴制动力与轴荷①的百分比/(%)	
	空载	满载	前轴	后轴
三轮汽车	—		—	≥60②
乘用车、总质量不大于 3500kg 的汽车	≥60	≥50	≥60②	≥20②
铰接客车、铰接式无轨电车、汽车列车	≥55	≥45	—	—
其他汽车	≥60	≥50	≥60②	≥50③

① 用平板制动检验台检验乘用车时应按左右轮制动力最大时刻所分别对应的左右轮动态轮荷之和计算。

② 空载和满载状态下测试均应满足此要求。

③ 满载测试时后轴制动力百分比不做要求；空载用平板制动检验台检验时应大于等于 35%；总质量大于 3500kg 的客车，空载用反力滚筒式制动试验台测试时应大于等于 40%，用平板制动检验台检验时应大于等于 30%。

表 3-8　台试检验制动力平衡要求

汽车	前轴	后轴(及其他轴)	
		轴制动力大于等于该轴轴荷 60%时	制动力小于该轴轴荷 60%时
新注册车	≤20%	≤24%	≤8%
在用汽车	≤24%	≤30%	≤10%

(3) 制动协调时间。对液压制动的汽车应小于等于 0.35s，对气压制动的汽车应小于等于 0.60s；汽车列车和铰接客车、铰接式无轨电车的制动协调时间应小于等于 0.80s。

(4) 车轮阻滞力。汽车各车轮的阻滞力均应小于等于轮荷的 10%。

(5) 制动释放时间。汽车制动从松开制动踏板到制动消除所需要的时间，两轴汽车应小于等于 0.8s，对三轴及三轴以上汽车应小于等于 1.2s。

2) 驻车制动标准

当采用制动试验台检查车辆驻车制动时，车辆空载，乘坐一名驾驶人，使用驻车制动装置，驻车制动力的总和应大于等于该车测试状态下整车重量的 20%，对总质量为整备质量 1.2 倍以下的汽车应大于等于 15%。

提示：台试检测后，若对汽车制动性能结果有异议，则在空载状态下用路试检测方法进行复检。若对空载状态复检结果有异议，则以满载路试检测结果为准。

本 章 小 结

1. 汽车制动性是指汽车行驶时，能在短距离内停车且维持行驶方向稳定性和在下长坡时能维持一定车速，以及保证汽车长时间停驻坡道的能力，常用制动效能、制动效能恒定性和制动时的方向稳定性来评价。

2. 地面制动力是通过制动器的作用由地面提供的迫使汽车制动减速的外力；制动器制动力是指在车轮抬离地面踩制动时，为克服制动器摩擦力矩，在轮胎周缘沿切线方向转动车轮所需施加的力。当汽车具有足够的制动器制动力，同时地面又能提供较高附着力时，才能获得较大的地面制动力。

3. 合理分配和调节汽车制动力，可提高汽车的制动性能。制动时，若将各个车轮的滑动率控制在15%～25%，则能利用道路的峰值附着系数 φ_p，获得较大的制动力系数，从而使汽车能以最大的地面制动力制动，在最短的制动距离内停车，并具有良好的制动方向稳定性，同时轮胎的磨损也减少。

4. 影响汽车制动性的主要因素有：制动系统管路布置、车轮制动器、制动力调节装置、汽车防抱死制动系统、电子制动力分配系统、制动辅助系统、道路与轮胎、汽车质心位置、汽车装载质量、发动机制动与排气制动、驾驶技术。充分发挥各有利因素，合理调节和分配前后轮制动力，可提高和改善汽车的制动性。

5. 汽车制动性可通过路试或台试检测评价。路试主要检测制动距离或制动减速度(MFDD)，台试主要检测制动力。目前，汽车制动性能多用台试检测，当对台试检测有质疑时，可用路试复检。

习　　题

一、判断题(请判断下列概念或说法是否正确，对者打“√”，错者打“×”)

1. 轿车在紧急制动时，若利用发动机制动，则制动效果会变差。(　　)

2. 盘式制动器被广泛应用于高速轿车的原因是盘式制动器的制动效能恒定性好。(　　)

3. 雨天行车制动时，车轮很容易抱死拖滑，这是由于地面制动力过大所致。(　　)

4. 汽车制动器制动力越大，则地面制动力越大。(　　)

5. 当地面制动力达到附着力数值后，地面制动力随着制动踏板力的上升而增加。(　　)

二、填空题

1. 地面制动力取决于__________力和__________力。

2. 汽车制动距离随制动初速度的__________、车重的__________和附着系数的__________而增长。

3. 无ABS汽车的质量为5000kg，测得其最大制动力为25000N，该车以车速72km/h在 φ 为0.7的平坦硬实路面上紧急制动，则制动拖印距离为________m。

4. 制动效能的稳定性包括____________、________________。

5. 某无防抱死制动系统汽车，$L=4\text{m}$，$a=2.8\text{m}$，$h_g=1\text{m}$，$\beta=43\%$，设制动器制动力足够。该车若在 $\varphi=0.7$ 路面紧急制动，则________先抱死。

三、简答题

1. 试用附着系数与滑移率关系曲线说明车轮制动的最佳状态。
2. 制动时为何后轮先抱死比前轮先抱死具有更大的危险性？
3. 什么是同步附着系数？它对汽车制动性有何影响？
4. 什么是 ABS？它对汽车制动性有何影响？
5. 简述汽车制动侧滑的原因。

第4章 汽车操纵稳定性

本章教学要点

知识要点	掌握程度	相关知识
汽车行驶稳定性	了解汽车侧向稳定性； 了解汽车纵向稳定性； 掌握汽车行驶稳定性条件	不侧滑的最高车速； 不侧翻的最高车速； 汽车侧向稳定性系数； 汽车纵向稳定性条件
轮胎侧偏特性	了解轮胎的侧偏现象； 掌握轮胎的侧偏特性； 熟悉轮胎侧偏特性的影响因素； 了解汽车转向运动学	轮胎侧偏； 轮胎侧偏角； 轮胎侧偏刚度； 汽车转向运动学
汽车稳态转向特性	了解汽车转向特性的类型； 熟悉汽车转向特性的表征方法； 掌握不同转向特性对汽车操纵稳定性的影响； 熟悉汽车操纵稳定性的主要影响因素； 掌握汽车转向特性的检验方法	中性转向、不足转向、过多转向； 稳定性因数； 特征车速、临界车速； 静态储备系数； 电子稳定程序系统； 侧倾转向

导入案例

货车转向失灵引发侧翻

据生活报报道，2013年03月15日16时许，在黑龙江哈双南路三环桥下道里段，一辆白色厢式货车转向操纵失控，在撞向桥栏后又撞向一辆通勤大客车，将客车撞出一个大窟窿后，厢式货车产生侧翻(图4.01)。事故中厢式货车内3名男子受伤。

图 4.01　货车侧翻

17时许，记者赶到现场，看到这辆厢式货车还侧翻在路中间，该车前方几十米远处停着一辆被撞的某学院通勤客车，3名伤者已被送往医院救治。

汽车操纵稳定性是指汽车在行驶过程中，能抵抗各种外界干扰、遵循驾驶人给定行驶方向稳定行驶的能力。汽车操纵稳定性包括操纵性和稳定性。汽车操纵性是指汽车能够确切地响应驾驶人转向指令的能力；而汽车稳定性是指汽车抵抗外界干扰而保持稳定行驶的能力，或汽车受到外界扰动后恢复原来运动状态的能力。良好的操纵稳定性是保证汽车安全行驶的基础，是高速车辆的生命线。

4.1　汽车行驶稳定性

4.1.1　汽车侧向稳定性

汽车侧向稳定性是指汽车抵抗侧翻和侧滑的能力。汽车重力沿道路横坡的分力及转弯时汽车的离心力都可能导致汽车的侧翻和侧滑。但由于汽车高速转弯行驶的离心力较大，汽车往往沿离心力所指的侧向翻车和滑移，故侧向稳定性主要是指汽车转弯行驶的稳定性。若汽车转弯行驶满足一定条件，则汽车不会产生侧滑和侧翻。

1. 不侧滑的最高车速

汽车在侧向力作用下行驶时，若车轮的侧向反作用力达到侧向附着力，汽车将沿侧向力的作用方向滑移。设汽车在侧向坡度角为β的路面等速向右转向行驶，其受力如图4.1所示。经受力分析可知，该汽车不发生侧滑的临界条件为

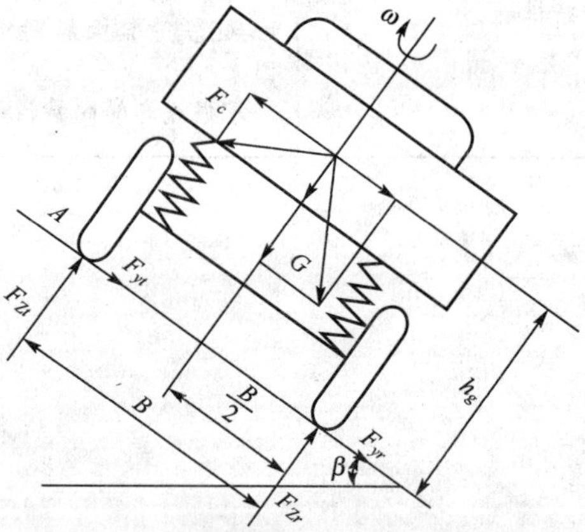

图 4.1　汽车在弯道上等速行驶受力图

$$F_c\cos\beta-G\sin\beta=(F_c\sin\beta+G\cos\beta)\varphi_l \quad (4-1)$$

式中　F_c——离心力(N)；

G——汽车重力(N)；

φ_l——侧向力系数(即侧向附着系数)。

当汽车在弯道上圆周等速行驶时，其离心力为

$$F_c=\frac{Gu^2}{gR} \tag{4-2}$$

式中 R——道路的转弯半径；

g——重力加速度。

整理式(4-1)和式(4-2)得汽车不发生侧向滑移的最高车速 $u_{\varphi\max}$ 为

$$u_{\varphi\max}=\sqrt{\frac{gR(\varphi_l+\tan\beta)}{1-\varphi_l\tan\beta}} \tag{4-3}$$

从式(4-3)可以看出：当汽车在附着系数大的良好路面，以较大的转弯半径行车时，不侧滑的最高车速较大，不易侧滑；当汽车在 $\beta=0$ 的无侧向坡度路面行车时，其不侧滑的最高车速降为 $u_{\varphi0\max}=\sqrt{gR\varphi_l}$，可见在公路的弯道处，具有内侧低、外侧高的适当侧向坡度，可提高汽车不侧滑的行驶车速。汽车在低于 $u_{\varphi\max}$ 车速下行车时不会侧滑，但为安全起见转弯行车时应降低车速。

2. 不侧翻的最高车速

汽车在弯道行驶时，随着车速的提高，其离心力增大，内侧车轮的法向反作用力逐渐减小。当内侧车轮法向反作用力为零时，汽车可能失去侧向稳定性开始向外侧翻。如图4.1所示的汽车不侧翻的临界条件为

$$F_c\cos\beta h_g=F_c\sin\beta\frac{B}{2}+G\cos\beta\frac{B}{2}+G\sin\beta h_g \tag{4-4}$$

当汽车在半径为 R 的弯道上等速行驶时，由式(4-2)和式(4-4)可推得汽车不发生侧向翻车的最高车速 $u_{\beta\max}$ 为

$$u_{\beta\max}=\sqrt{\frac{gR(B+2h_g\tan\beta)}{2h_g-B\tan\beta}} \tag{4-5}$$

式中 B——汽车的轮距；

h_g——汽车质心高度。

从式(4-5)可以看出：汽车的轮距越大，汽车的质心高度越低，弯道的半径越大，不侧翻的最高车速就越大，汽车抵抗侧翻的能力就越强；当汽车在 $\beta=0$ 的无侧向坡度路面行车时，其不侧翻的最高车速相对降低，可见在公路的弯道处，具有内侧低、外侧高的适当侧向坡度，可提高汽车不侧翻的行驶车速。汽车在低于 $u_{\beta\max}$ 车速下行车时不会侧翻，但为安全起见转弯行车应降低车速。

3. 汽车侧向稳定性条件

翻车和侧滑相比，翻车导致的后果更为严重。因此，为使行车安全，应使侧滑发生在侧翻之前，即 $u_{\varphi\max}<u_{\beta\max}$，这样汽车一旦侧滑，车速就不可能提高，因而保证不会翻车。由此推得汽车的侧向稳定性条件是

$$\sqrt{\frac{gR(\varphi_l+\tan\beta)}{1-\varphi_l\tan\beta}}<\sqrt{\frac{gR(B+2h_g\tan\beta)}{2h_g-B\tan\beta}}$$

整理后得

$$\varphi_l<\frac{B}{2h_g} \tag{4-6}$$

式(4-6)中的$\frac{B}{2h_g}$称为汽车侧向稳定性系数，它反映了汽车抗侧翻的能力。当侧向稳定性系数大于φ_l时，汽车侧滑先于侧翻，侧翻不易发生。若汽车轮距越大，质心高度越低，则侧向稳定性系数就越大，汽车抵抗侧翻的稳定性就越好。

通常，汽车$B \leqslant 2.5$m，若要避免侧翻，则应力求降低质心高度。在经常行驶的路面上，汽车一般能满足侧向稳定性条件即式(4-6)。但下列情况需注意：装载货物的质心太高，且侧向偏载；用普通货车底盘改装的厢式货车，如冷藏车等，其质心较高，双层公共汽车的质心位置高，侧滑受限制。

防止侧翻的措施主要转弯处降速，路滑处降速，尽量使质心降低。

4. 汽车侧向稳定性标准

GB 7258—2012《机动车运行安全技术条件》中规定：客车在乘客区满载、行李舱空载的情况下测试时，向左侧和右侧倾斜最大侧倾稳定角不允许小于28°(对专用校车均应大于等于32°)；且除定线行驶的双层(公共)汽车外，在空载、静态条件下，向左侧和右侧倾斜最大侧倾稳定角均应大于等于35°；罐式汽车和罐式挂车在满载、静态状态下，向左侧和右侧倾斜最大侧倾稳定角应大于等于23°；以下车辆在空载、静态状态下，向左侧和右侧倾斜最大侧倾稳定角：总质量为整备质量的1.2倍以下的车辆不允许小于30°，总质量不小于整备质量的1.2倍的专用作业车和轮式专用机械车不允许小于32°；其他汽车不允许小于35°。

在国外，有的国家对轿车的抗侧翻能力，规定了检验的高标准和低要求。高标准是指在平坦的水泥或沥青路面的场地上，以任意的行驶速度和转向组合操纵，都不得翻车。低要求是：在平坦坚实的场地上，以50km/h和80km/h的车速行驶，以500°/s的角速度把转向盘转过180°，不得翻车；在平坦的水泥或沥青路面的场地上，成一直线布置11根标杆，间距为30m，汽车以72km/h的车速绕杆行驶，不得翻车。

4.1.2 汽车纵向稳定性

汽车纵向稳定性是指汽车上坡或下坡时，汽车抵抗绕后轴或前轴翻车的能力。当道路的纵向坡度角较大时，汽车重力沿纵向坡道的分力可能导致汽车的纵翻。研究分析表明，汽车等速行驶时，上坡比下坡更容易纵翻；上坡行驶时，后轮驱动的汽车更容易纵翻。因此，下面以4×2后轮驱动汽车等速上坡为例说明汽车不产生纵翻的条件。

1. 汽车不纵翻的最大道路坡度角

当汽车等速上坡时，若忽略空气阻力、滚动阻力矩，则汽车的受力如图4.2所示。随着道路坡度的不断增大，前轮的地面法向反作用力不断减小。当道路的坡度角大到一定程度时，前轮的地面法向反作用力为零，汽车将绕后轮的接地点向后纵向翻车。

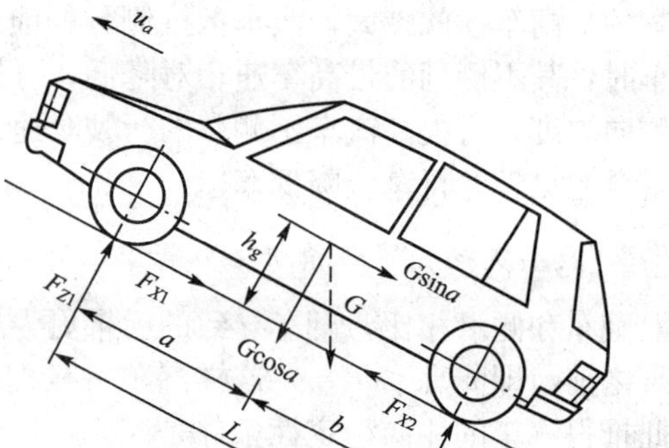

图4.2 汽车等速上坡受力图

根据受力平衡可求得

$$F_{Z1}=\frac{bG\cos\alpha-h_gG\sin\alpha}{L} \tag{4-7}$$

根据汽车绕后轴翻车的临界条件，令 $F_{Z1}=0$，可推得不发生纵翻的最大坡度角 α_{max} 为

$$\alpha_{max}=\arctan\frac{b}{h_g} \tag{4-8}$$

当道路的坡度角 $\alpha>\alpha_{max}$ 时，汽车将失控而纵向翻车。若质心至后轴距离 b 越大，质心高度 h_g 越低，则 α_{max} 越大，越不易纵翻。正常道路条件下，其纵向坡度较小，不会纵翻。

2. 驱动轮不滑转的最大道路坡度角

当道路坡度过大时，汽车驱动轮因附着条件的限制而产生滑转，汽车不能爬坡。设 $\alpha_{\varphi max}$ 为汽车后轮不发生滑转所能克服的最大道路坡度角，则由受力图分析，并忽略 F_{X1}，可得汽车驱动轮不产生滑转的临界条件为

$$F_{Z2}=\frac{aG\cos\alpha_{\varphi max}+h_gG\sin\alpha_{\varphi max}}{L} \tag{4-9}$$

$$F_{X2max}=F_{Z2}\varphi=G\sin\alpha_{\varphi max} \tag{4-10}$$

联立解式(4-9)、式(4-10)得 $\alpha_{\varphi max}$ 的表达式为

$$\alpha_{\varphi max}=\arctan\frac{a\varphi}{L-\varphi h_g} \tag{4-11}$$

当道路的坡度角 $\alpha>\alpha_{\varphi max}$ 时，汽车上坡，驱动轮就滑转。

3. 汽车纵向稳定性条件

为保证汽车不纵翻，汽车上坡时，驱动轮的滑转应在纵翻之前发生，即 $\alpha_{\varphi max}<\alpha_{max}$。此时汽车上 $\alpha\geqslant\alpha_{max}$ 这种坡度角的道路时，驱动轮滑转，汽车根本不能上坡，因而不可能产生纵翻。据此，推得不翻车的纵向稳定性条件为

$$\frac{a\varphi}{L-\varphi h_g}<\frac{b}{h_g}$$

整理后得

$$\varphi<\frac{b}{h_g} \tag{4-12}$$

只要满足式(4-12)，汽车就不可能纵向翻车。由于现代汽车的质心位置较低，一般情况下汽车能够满足该条件，所以汽车纵翻的可能性较小，汽车的纵向稳定性较好。但对于越野汽车，其轴距较小，质心位置较高，轮胎又具有纵向防滑花纹，因而附着系数较大，故其丧失纵向稳定性的危险增加。

根据上面的方法可推得前轴驱动汽车不纵翻的稳定性条件为 $L>0$；4×4 驱动汽车不纵翻的稳定性条件与 4×2 后轴驱动汽车相同。可见，前轴驱动汽车纵向稳定性最好。

4.2 汽车转向特性

4.2.1 轮胎的侧偏特性

轮胎的侧偏特性是轮胎力学特性的重要组成部分，是研究汽车操纵稳定性的理论基础和出发点。

1. 轮胎的侧偏现象

汽车受侧向力作用时，若车轮是刚性的，当侧向力不超过车轮与地面间的附着极限时，车轮与地面间没有侧向滑动，仍沿车轮本身平面决定的方向行驶。而当车轮有侧向弹性时，即使侧向力 F_y 没有达到附着极限，车轮行驶方向也将偏离车轮平面的方向，如图 4.3 所示，这就是弹性轮胎的侧偏现象，而偏离的 α 角称为弹性轮胎的侧偏角。

轮胎的侧偏现象不仅影响车轮的运动轨迹，同时使轮胎的滚动损失增加，并加剧轮胎的磨损，是不利的，但它是不可避免的。

2. 轮胎的侧偏特性

轮胎的侧偏特性主要是指侧向力与侧偏角、回正力矩的关系。

(1) 侧向力与侧偏角的变化关系。弹性轮胎的侧向力 F_y 和侧偏角 α 之间的变化曲线如图 4.4 所示。它表明，随着侧向力 F_y 的加大，开始阶段侧偏角 α 大致呈线性关系增加；当 F_y 大到一定程度后，轮胎在路面上印痕的后部产生滑移，α 的增长很快；当侧向力等于附着力即 $F\varphi$ 时，车轮处于侧滑状态。

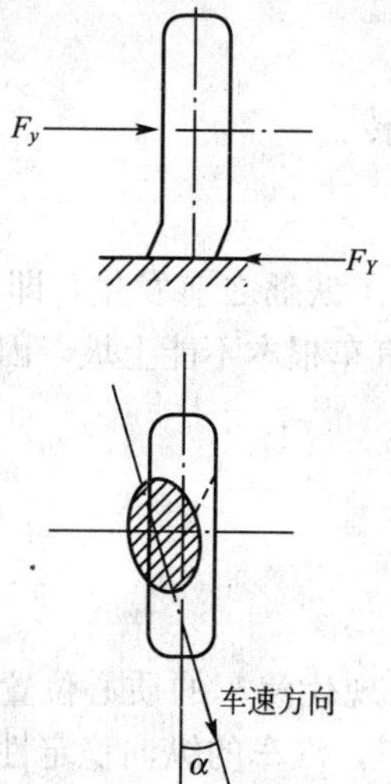

图 4.3　轮胎的侧偏现象

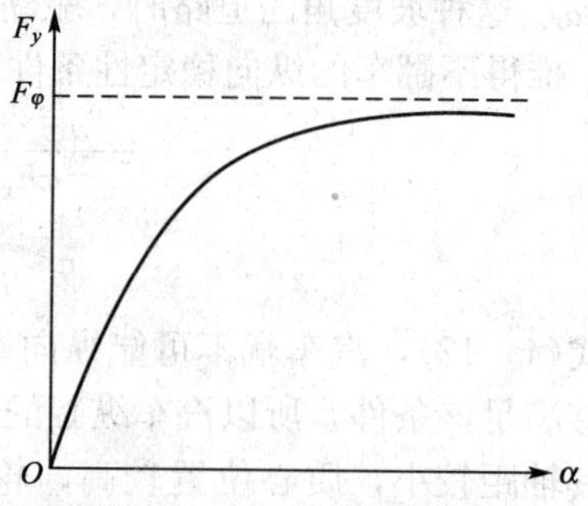

图 4.4　轮胎侧偏特性曲线

汽车正常行驶时，侧偏角一般不可超过 4°～5°时，故认为侧向力 F_y 与侧偏角 α 呈线性关系，即

$$F_y = k\alpha \qquad (4-13)$$

式中　k——侧偏刚度，其单位为 N/(°)或 N/rad，它表示轮胎侧偏一度或一弧度所需的侧向力。

可见，弹性车轮的侧偏角不仅与侧向力有关，还与侧偏刚度有关。一般中小型轿车轮胎 k 值在 28000～80000N/rad。

(2) 轮胎侧偏引起的回正力矩。轮胎侧偏时，还会产生作用于轮胎绕过轮胎接地点的垂直轴的力矩，该力矩是汽车转弯行驶时，力图使转向轮恢复到直线行驶的主要恢复力矩之一，因此它是一种回正力矩。

回正力矩是由接地面内分布的微元侧向反力产生的，图 4.5 是轮胎侧偏产生回正力矩的示意图。车轮在静止时，受到侧向力 F_y 后，印迹长轴线 a—a 与车轮平面 c—c 平行，错开 Δh，即印迹长轴线 a—a 上各点的侧向变形(相对于 c—c 平面)均为 Δh，故可以认为地面侧向反作用力沿 a—a 线均匀分布，如图 4.5(a)所示。而车轮滚动时，印迹长轴线 a—a 不仅与车轮平面错开一定距离，而且转动了 α 角。因而，印迹前端离车轮平面近，侧向变形小；印迹后端离车轮平面远，侧向变形大。地面微元侧向反作用力的分布与变形成正比，故地面微元侧向反作用力的分布如图 4.5(b)所示，其合力的大小即侧偏力 F_Y 与侧向力 F_y 相等，但其作用点必然在接地印迹几何中心的后方，偏移某一距离 e。e 称为轮胎拖距，则 $T_Z=F_ye=F_Ye$ 就是回正力矩。

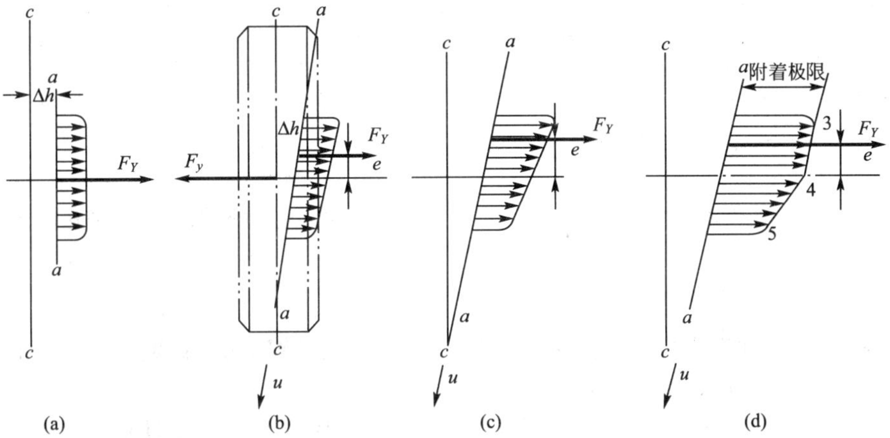

图 4.5 回正力矩产生原理

(a) 车轮静止受侧向力；(b) 车轮运动受较小侧向力；(c) 车轮运动受较大侧向力；
(d) 车轮运动受很大侧向力
F_y—作用在轮心的侧向力；F_Y—地面对车轮的侧向反力即侧偏力

当 F_Y 增加时，接地印迹内地面微元侧向反作用力的分布情况如图 4.5(c)所示。F_Y 增大至一定程度时，接地印迹后部的某些部分便达到附着极限，反作用力将沿 345 线分布[图 4.5(d)]。随着 F_Y 的进一步加大，将有更多部分达到附着极限，直到整个接地印迹发生侧滑，因而轮胎拖距会随着侧向力的增加而逐渐变小。

图 4.6 是试验得到的回正力矩 T_Z-侧偏角 α 的关系曲线。开始时，T_Z 随 α 逐步增大，当 $\alpha=4°\sim6°$ 时达到最大值；再随着 α 的逐渐增大，T_Z 反而下降直至到零，此时若再加大 α，则 T_Z 成为负值。这说明如果转向过急，侧偏力很大，侧偏角迅速增大，会引起回正力矩减小甚至为负值，即不能提供回正作用，反而加剧转向，会造成操纵稳定性丧失的严重后果。试验结果还表明，回正力矩会随垂直载荷的增大而增加。

回正力矩-侧偏角特性还受轮胎形式及结构参数的影响：在侧偏角相同时，尺寸大的轮胎一般回正力矩较大；子午线轮胎的回正力矩比斜交轮胎大；气压低的轮胎，接地印迹长，轮胎拖距大，回正力矩大。

在侧偏角一定时，地面切向反作用力影响 T_Z(图 4.7)：随着驱动力的增大，回正力矩达到最大值后开始下降；随着制动力的加大，回正力矩不断减小，到一定制动力时降为零，若制动力再增大则回正力矩转变为负值。

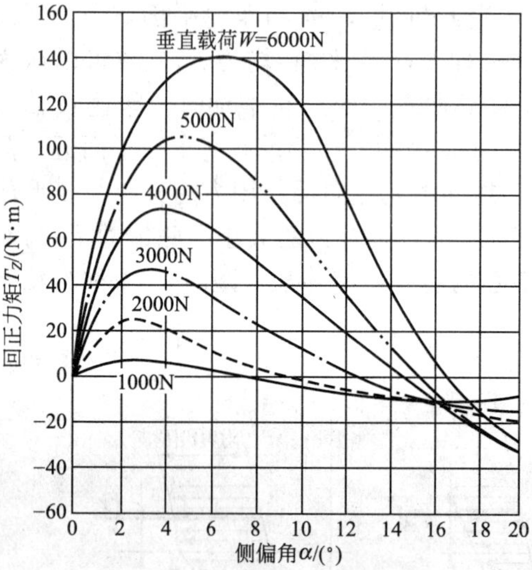

图 4.6　回正力矩-侧偏角曲线

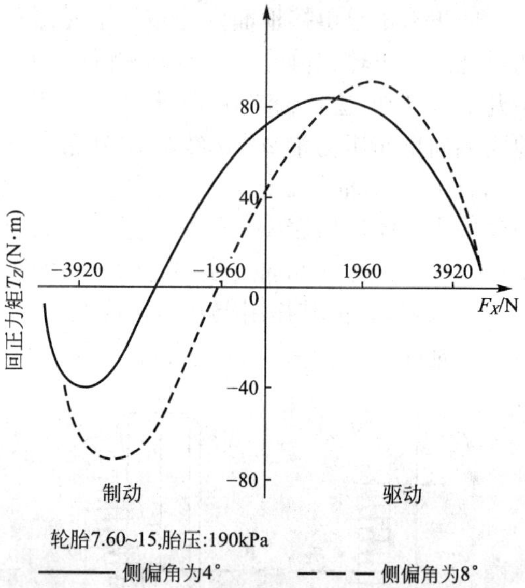

图 4.7　回正力矩-地面切向反作用力曲线

3. 轮胎侧偏特性的影响因素

轮胎侧偏刚度对轮胎的侧偏特性具有决定性作用。影响轮胎侧偏刚度的因素很多，它们都会对轮胎的侧偏特性产生影响。

(1) 轮胎的结构形式。轮胎的结构形式和参数对轮胎的侧偏刚度具有显著影响。子午线轮胎接触地面宽，其侧偏刚度比普通斜交轮胎大；钢丝子午线轮胎比尼龙子午线轮胎的侧偏刚度更大。尺寸较大的轮胎，承载能力大，具有较大的侧偏刚度。宽系列轮胎，即扁平率较小的轮胎，有较大的接地面积，轮胎的侧偏刚度较大，如图 4.8 所示。采用宽系列轮胎，是目前提高侧偏刚度的主要措施，不少轿车采用 60 系列轮胎，而追求高性能的运动型轿车采用 50 系列或 40 系列的轮胎。

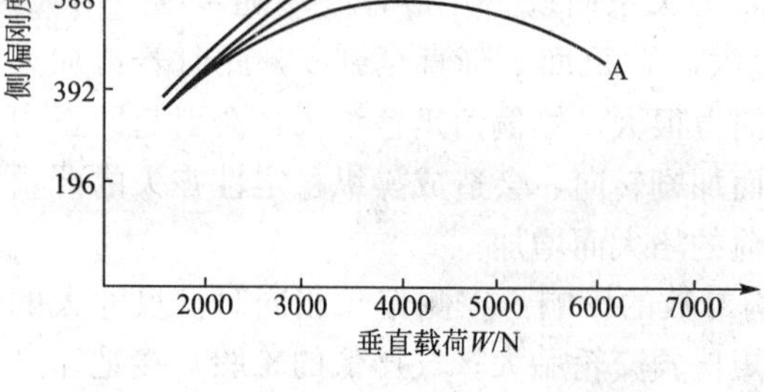

图 4.8　轮胎扁平率对侧偏刚度的影响

A—82 系列；B—70 系列；

C—高性能 70 系列；D—60 系列

(2) 轮胎的气压。轮胎充气压力对轮胎侧偏刚度具有显著影响。轮胎充气气压提高，轮胎弹性下降，侧偏刚度增大；当充气压力过高后，轮胎侧偏刚度不再增加(图 4.9)。

(3) 轮胎的垂直载荷。轮胎垂直载荷对轮胎侧偏刚度具有显著影响。垂直载荷大，变形大，接触面大，轮胎局部侧滑倾向减少，相当于轮胎侧偏刚度增大，但垂直载荷过大时，轮胎与地面接触区的压力变得极不均匀，使轮胎侧偏刚度反而有所减小(图 4.10)。

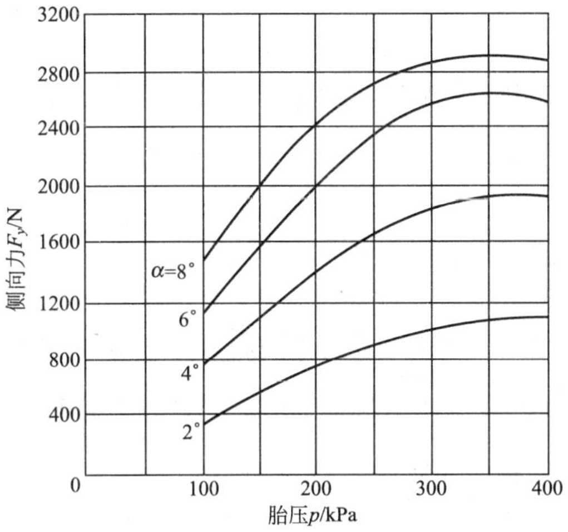

图 4.9 轮胎气压对侧偏刚度的影响

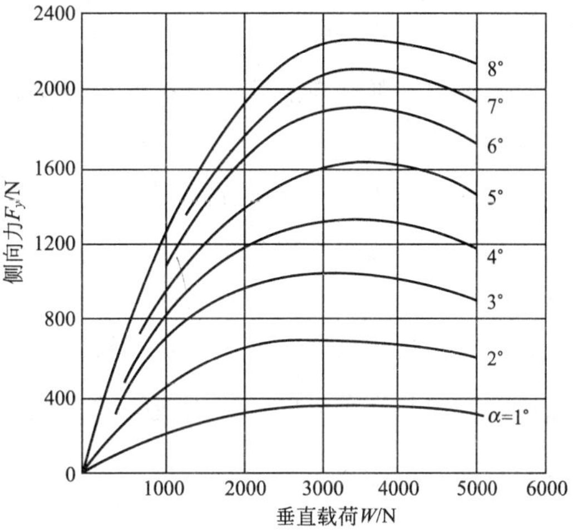

图 4.10 轮胎垂直载荷对侧偏刚度的影响

(4) 地面的切向反作用力。侧偏特性还与轮胎受到的地面切向反作用力有关。在一定的侧偏角时，驱动力增加，所对应的侧偏力减小，如图 4.11 所示。这是由于驱动力增加后，轮胎侧向弹性发生了改变，侧偏刚度减小的缘故。当驱动力相当大时，轮胎的侧偏力显著下降，因为此时接近附着极限，切向力已耗去大部分附着力，而侧向能利用的附着力很小。车辆在制动时，侧偏力也发生类似的变化。图中曲线的包络线接近于一椭圆，一般称为附着椭圆，它确定了在一定附着条件下，切向力与侧偏力合力的极限值。

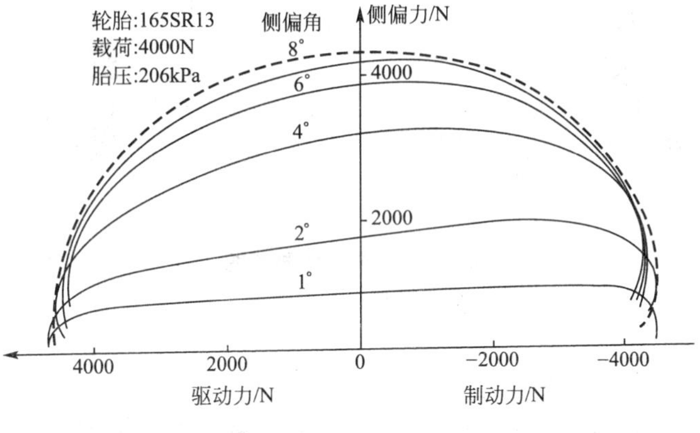

图 4.11 地面切向反作用力对侧偏特性的影响

(5) 路面状况。路面粗糙程度、干湿状况对轮胎的侧偏特性，尤其对最大侧偏力有很大影响。试验证明，粗糙的路面使最大侧偏力增加，干路面上的最大侧偏力比湿路面大；当路面有薄水层时，车速达到一定值，会出现“滑水”现象而完全丧失侧偏力。

4.2.2 汽车转向运动学

为了反映弹性轮胎侧偏时对汽车转向运动的影响，有必要比较刚性车轮和弹性车轮转向时的几何关系。

1. 刚性车轮的转向几何关系

假设车轮为不变形的刚性车轮，则刚性车轮的汽车转向运动如图 4.12(a)所示。转向时，所有车轮应做纯滚动，为此各车轮应绕同一转向瞬心 O 做圆周运动，此时前内轮转角 δ_i 大于前外轮转角 δ_o，这种关系由转向梯形机构保证。图中 δ 称为前轮转角，它是前轴中点速度方向与汽车纵向对称轴线间的夹角，$\delta=\frac{\delta_o+\delta_i}{2}$。图中 R_0 称为转向半径，它是转向瞬心 O 至汽车纵向对称轴线间的距离。根据图中的转向几何关系可推得

$$R_0=\frac{L}{\tan\delta}$$

当前轮转角不大时，$\tan\delta\approx\delta$，δ 用弧度表示，则上式可写为

$$R_0=\frac{L}{\delta} \tag{4-14}$$

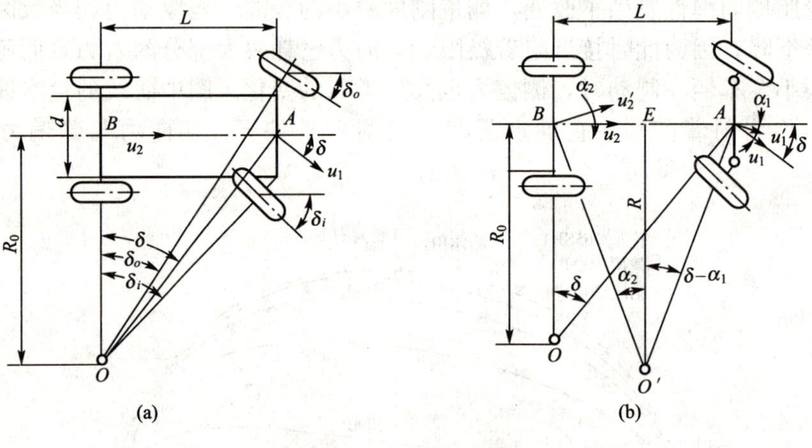

图 4.12 车轮转向简图

(a) 刚性车轮转向简图；(b) 弹性车轮转向简图

2. 弹性车轮的转向几何关系

弹性车轮汽车转向运动如图 4.12(b)所示。设前轮转过 δ 角后作稳态等速圆周行驶，在离心力作用下，前后车轮均受到侧向力的作用，其弹性车轮产生了侧偏现象，前、后轴车轮产生的侧偏角分别为 α_1、α_2，相应的速度则变为 u_1'、u_2'，转向瞬心变为 O'，转向半径变为 R，根据图中的转向几何关系可推得

$$R=\frac{L}{\tan(\delta-\alpha_1)+\tan\alpha_2} \tag{4-15}$$

当转角不大(高速行驶 δ 不大)时，有 $\tan(\delta-\alpha_1)+\tan\alpha_2\approx\delta-\alpha_1+\alpha_2$，则有

$$R=\frac{L}{\delta-(\alpha_1-\alpha_2)} \tag{4-16}$$

由此可见：弹性车轮汽车处于转向运动状态时，由于轮胎的侧偏现象，使得汽车的运动轨迹不同于刚性车轮。

4.2.3 汽车稳态转向特性

汽车稳态转向特性是指转向工况不随时间而变的汽车行驶状况，即没有外界扰动，车速恒定，转向盘指令固定不变，汽车的输出运动达到稳定平衡状态。如突然转动转向盘并固定不动时，则前轮转过相应的 δ 角，经过短暂的时间后，汽车通常会出现不随时间而变的稳态响应，表现为汽车沿某一转向半径作等速圆周运动。

1. 汽车模型

(1) 车辆坐标系。为讨论方便，建立如图 4.13 所示的车辆坐标系，其坐标系的原点与质心重合，xoz 处于汽车左右对称的平面内。当车辆在水平路面静止状态下，x 轴平行于地面指向前方，z 轴通过质心指向上方，y 轴指向驾驶人的左侧。汽车行驶时，是一个作空间运动的刚体，具有 6 个自由度，即：汽车质心沿 x 轴的前进运动，沿 y 轴的侧向运动，沿 z 轴的垂直跳动，汽车绕 z 轴的横摆运动，汽车绕 x 轴的侧倾运动，汽车绕 y 轴的俯仰运动。

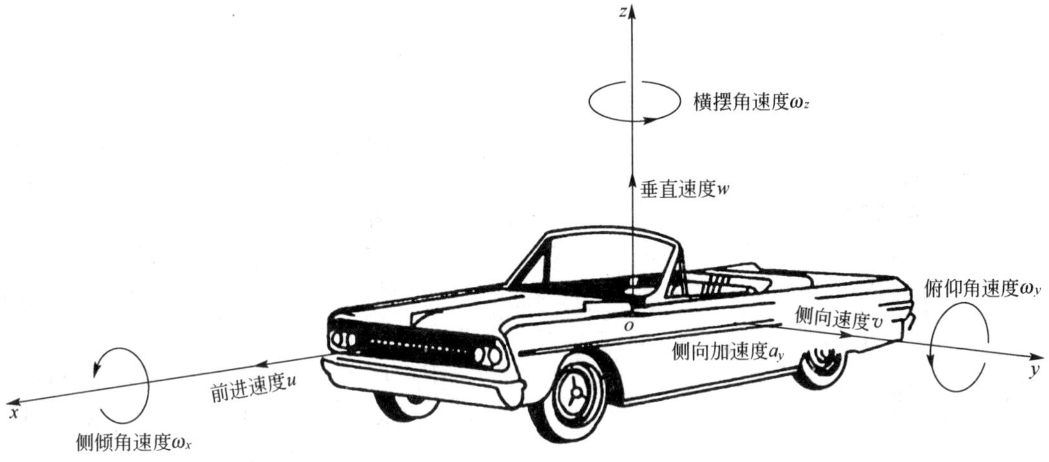

图 4.13 车辆坐标系

(2) 简化的汽车模型。汽车转向行驶时，忽略转向系统的影响，直接以前轮转角作为系统的输入；忽略悬架作用，认为汽车只作平行于地面的平面运动，即汽车沿 z 轴的垂直位移，绕 x 轴的侧倾角和绕 y 轴的俯仰角均为零；汽车沿 x 轴的前进速度 u 视为不变，因此汽车只有沿 y 轴的侧向运动和绕 z 轴的横摆运动这样的两个自由度。此外，忽略空气阻力，不考虑地面切向力对轮胎侧偏特性的影响，忽略左右车轮由于载荷的变化而引起的差别，用前、后轴的侧偏刚度分别表示前、后轴各单个轮胎侧偏刚度之和。当汽车作等速圆周行驶时，离心力作用在汽车质心上，使前后轴车轮受到侧向力的作用，于是路面对轮胎就产生相应的侧向反作用力即侧偏力，导致弹性轮胎出现侧偏现象，产生侧偏角。这样，汽车便简化成了如图 4.14 所示的具有侧向和横摆运动的二自由度汽车模型。

2. 稳态响应

操纵汽车时，可以将汽车看成一个能施加输入信号的控制系统。转向时驾驶人所给定的前轮转角 δ 是对系统的输入，而汽车的输出运动如等速圆周运动就是系统的响应。通常将稳态横摆角速度 ω_z 视为系统响应的一个重要参数。常用输出与输入的比值，如稳态横摆角速度与前轮转角之比 $\frac{\omega_z}{\delta}$ 来评价稳态响应。$\frac{\omega_z}{\delta}$ 称为稳态横摆角速度增益，也称转向灵敏度。

由刚体平面运动的理论可知：ω_z 正好等于绕转向瞬心旋转的角速度值，即

$$\omega_z=\frac{u}{R} \tag{4-17}$$

式中 u——等速圆周行驶的汽车速度；

R——汽车转向半径。

由式(4-16)和式(4-17)可得横摆角速度增益的表达式

$$\frac{\omega_z}{\delta}=\frac{u/R}{L/R+\alpha_1-\alpha_2} \tag{4-18}$$

这表明，汽车通过一定弯道的横摆角速度增益不仅与车速有关，而且随 α_1 和 α_2 而变。侧偏角 α_1 和 α_2 的大小取决于前后轴上的侧偏力和侧偏刚度。

假定汽车在水平道路作等速圆周运动(图 4.14)，则作用于汽车上的侧向力仅为离心力 F_c 的侧向分力 F_{cy}，其值为

$$F_{cy}=\frac{Gu^2}{gR}$$

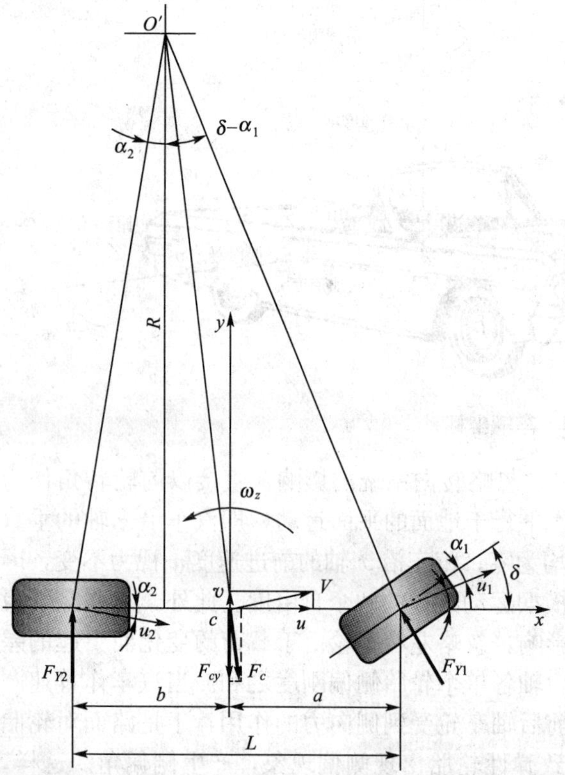

图 4.14 简化的汽车模型

由图 4.14 可知，二自由度汽车沿 y 轴方向的力平衡方程和绕质心的力矩平衡方程为

$$\left.\begin{aligned}F_{Y1}\cos\delta+F_{Y2}&=F_{cy}\\ aF_{Y1}\cos\delta-bF_{Y2}&=I_z\frac{\mathrm{d}\omega_z}{\mathrm{d}t}\end{aligned}\right\} \tag{4-19}$$

式中 I_z——汽车绕 z 轴的转动惯量；

F_{Y1}、F_{Y2}——分别作用在汽车前、后轴上的侧偏力；

$\frac{\mathrm{d}\omega_z}{\mathrm{d}t}$——汽车横摆角加速度，稳态时横摆角速度 ω_z 为定值，则横摆角加速度为零。

考虑到转向角 δ 较小，解式(4-19)可得

$$\left.\begin{aligned}F_{Y1}&=\frac{bmu^2}{LR}\\ F_{Y2}&=\frac{amu^2}{LR}\end{aligned}\right\} \tag{4-20}$$

式中 m——汽车质量。

由侧偏力与侧偏角的关系可得前、后轴相应的侧偏角

$$\left.\begin{aligned}\alpha_1=\frac{bmu^2}{k_1LR}\\ \alpha_2=\frac{amu^2}{k_2LR}\end{aligned}\right\}\tag{4-21}$$

式中 k_1、k_2——前、后轴侧偏刚度，各为车轴两侧车轮侧偏刚度之和。

将式(4-21)代入式(4-18)，可得横摆角速度增益

$$\frac{\omega_z}{\delta}=\frac{u/L}{1+\frac{m}{L^2}\left(\frac{b}{k_1}-\frac{a}{k_2}\right)u^2}=\frac{u/L}{1+Ku^2}\tag{4-22}$$

式中 K——稳定性因数(s^2/m^2)，$K=\frac{m}{L^2}\left(\frac{b}{k_1}-\frac{a}{k_2}\right)$。

由式(4-22)可知，汽车横摆角速度增益与稳定性因数 K 紧密相关，K 是表征汽车稳态响应的一个重要参数。

3. 转向特性类型

汽车圆周行驶的输出轨迹不仅与前轮的输入转角 δ 有关，而且随 α_1、α_2 之间的关系而变化。若将弹性车轮的转向半径 $R=L/[\delta-(\alpha_1-\alpha_2)]$ 与刚性车轮的转向半径 $R_0=L/\delta$ 比较，则可将汽车的稳态转向特性分为下面3种类型。

(1) 若 $\alpha_1=\alpha_2$，则 $R=R_0$，称汽车具有中性转向特性。

(2) 若 $\alpha_1>\alpha_2$，则 $R>R_0$，称汽车具有不足转向特性。

(3) 若 $\alpha_1<\alpha_2$，则 $R<R_0$，称汽车具有过多转向特性。

4. 转向特性表征

(1) 用稳定性因数表征。汽车稳态转向特性通常用稳定性因数K来表征。为了说明方便，根据式(4-22)做出汽车稳态横摆角速度增益曲线(图4.15)，并对式(4-22)变换得

$$1+Ku^2=\frac{R}{R_0}\tag{4-23}$$

① $K=0$，中性转向。$K=0$ 时，$R=R_0$，说明汽车具有中性转向特性。汽车转向半径与车速无关；其稳态横摆角速度增益与车速呈线性关系(图4.15)，即$\frac{\omega_z}{\delta}=u/L$。

② $K>0$，不足转向。$K>0$ 时，$R>R_0$，说明汽车具有不足转向特性。当 δ 一定时，随着车速的增加，R 增加。其稳态横摆角速度增益与车速呈向下弯曲的关系曲线，相同车速时的横摆角速度增益比中性转向汽车小，K 值越大，横摆角速度增益越小，不足转向量越大。

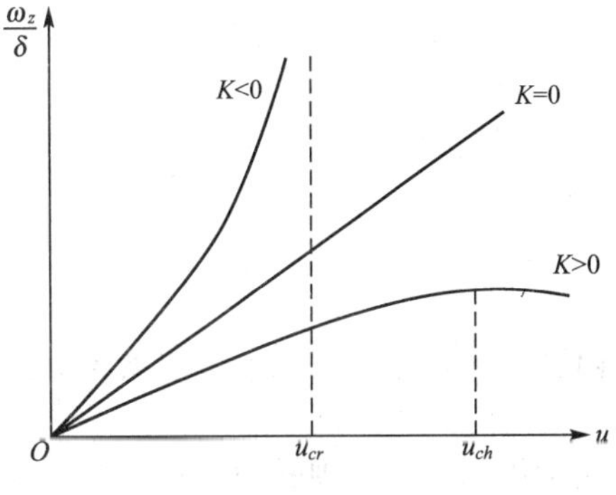

图4.15 汽车稳态横摆角速度增益曲线

特征车速 u_{ch} 是表征不足转向量的一个参数，它是指汽车稳态横摆角速度增益达到最

大值所对应的车速。通过对$\frac{\omega_z}{\delta}=\frac{u/L}{1+Ku^2}$求极值推导可得 $u_{ch}=\sqrt{1/K}$，不足转向量越大，则特征车速越低。而特征车速值所对应的横摆角速度增益为同轴距中性转向汽车的一半。

③ $K<0$，过多转向。$K<0$ 时，则 $R<R_0$，说明汽车具有过多转向特性。当 δ 一定时，随着车速的增加，R 减少。其稳态横摆角速度增益与车速呈向上弯曲的关系曲线，相同车速时的横摆角速度增益比中性转向汽车大。K 的绝对值越大，过多转向量越大。

临界车速 u_{cr} 是表征过多转向量的一个参数，它是指汽车稳态横摆角速度增益趋于无穷大时所对应的车速。通过对$\frac{\omega_z}{\delta}=\frac{u/L}{1+Ku^2}$求极值可推得 $u_{cr}=\sqrt{-1/K}$。过多转向量越大，则临界车速越低。

过多转向特性汽车达到临界车速时将失去稳定性，因为横摆角速度增益无穷大时，只要有极其微小的前轮转角便会产生极大的横摆角速度。这意味着汽车的转向半径极小，汽车将发生激转而失去操纵，进而侧滑或翻车。由于过多转向汽车有失去稳定性的危险，故汽车应具有适度的不足转向特性。

稳定性因数 K 用来表征汽车转向特性的重要意义在于，它把汽车结构参数 m、L、a、b、k_1、k_2 与稳态响应特性定量地联系起来，以便从设计上保证汽车具有适当的转向特性。现代轿车在侧向加速度为 $0.3g$ 时，其 K 的平均值约为 $0.0024\mathrm{s^2/m^2}$，在 $0.5g$ 时 K 的平均值约为 $0.0026\mathrm{s^2/m^2}$。

(2) 用$(\alpha_1-\alpha_2)$差值表征。由稳定性因数 K 的表达式可推出$(\alpha_1-\alpha_2)$与 K 的变化关系。

$$K=\frac{m}{L^2}\left(\frac{b}{k_1}-\frac{a}{k_2}\right)=\frac{a_y m}{a_y L^2}\left(\frac{b}{k_1}-\frac{a}{k_2}\right)=\frac{1}{a_y L}\left(\frac{F_{Y1}}{k_1}-\frac{F_{Y2}}{k_2}\right)=\frac{1}{a_y L}(\alpha_1-\alpha_2)$$

于是上式可写成

$$\alpha_1-\alpha_2=a_y LK \tag{4-24}$$

式中　a_y——侧向加速度。

由式(4-24)可知：$\alpha_1-\alpha_2=0$ 时，$K=0$，说明汽车具有中性转向特性；$\alpha_1-\alpha_2>0$ 时，$K>0$，说明汽车具有不足转向特性，其$(\alpha_1-\alpha_2)$与 a_y 呈线性关系(图 4.16)，随着侧向加速度的增加，$(\alpha_1-\alpha_2)$增加，转向半径增加；$\alpha_1-\alpha_2<0$ 时，$K<0$，说明汽车具有过多转向特性，其$(\alpha_1-\alpha_2)$与 a_y 呈线性关系，随着侧向加速度的增加，$(\alpha_1-\alpha_2)$减小，转向半径减小。

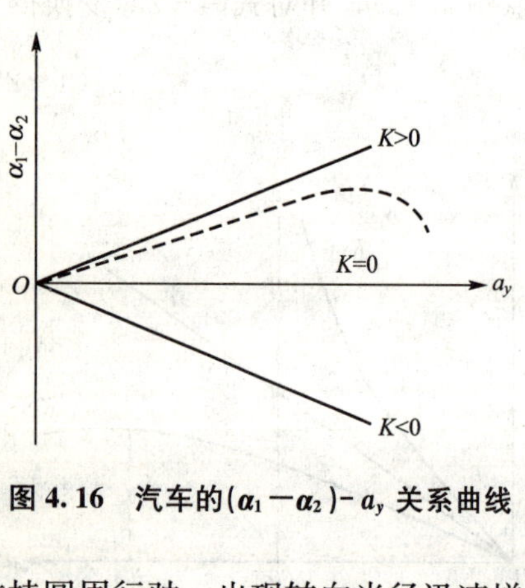

图 4.16　汽车的$(\alpha_1-\alpha_2)$-a_y 关系曲线

当 $a_y>0.3\sim0.4g$ 以后，轮胎侧偏特性已进入明显的非线性区域，$(\alpha_1-\alpha_2)$与 a_y 一般不再存在线性关系(图 4.16 中的虚线)，有些汽车在大侧向加速度下，稳态响应特性发生显著变化：后轮或前轮侧偏角、汽车横摆角速度发生急剧变化，以致不能再维持圆周行驶，出现转向半径迅速增加或迅速减小的情况。

(3) 用静态储备系数表征。静态储备系数 S. M. 是指中性转向点 C_n 至前轴距离 a' 和汽车质心至前轴距离 a 之差与轴距 L 的比值。

中性转向点是指使汽车前、后轮产生同一侧偏角的侧向力作用点。可通过力矩平衡找出中性转向点的位置。在图 4.17 中，当侧向力作用于中性转向点的位置时，前、后轮产生同一侧偏角 $\alpha_1=\alpha_2=\alpha$，前、后轴的侧偏力分别为 $F_{Y1}=k_1\alpha_1$，$F_{Y2}=k_2\alpha_2$。因此，中性转向点 C_n 距前轴的距离为

$$a'=\frac{F_{Y2}L}{F_{Y1}+F_{Y2}}=\frac{k_2}{k_1+k_2}L$$

于是静态储备系数为

$$S.M.=\frac{a'-a}{L}=\frac{k_2}{k_1+k_2}-\frac{a}{L} \quad (4-25)$$

当中性转向点与质心重合时，$a'=a$，$S.M.=0$，在质心位置上作用的侧向力引起前、后轮的侧偏角相等($\alpha_1=\alpha_2$)，汽车具有中性转向特性。

当质心在中性转向点之前时，$a'>a$，$S.M.>0$，在质心位置上作用的侧向力引起的前轮侧偏角大于后轮侧偏角($\alpha_1>\alpha_2$)，汽车具有不足转向特性。

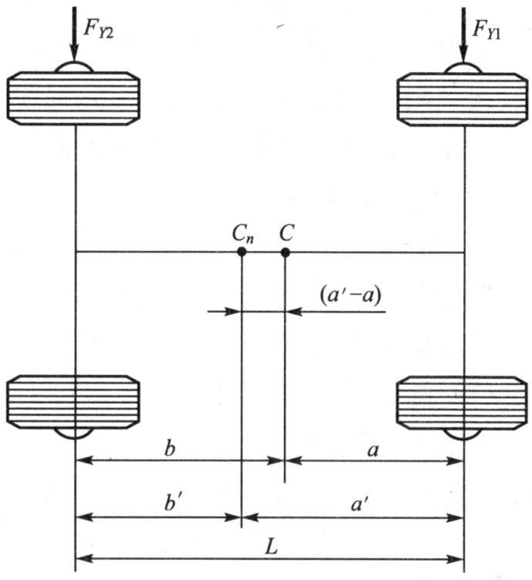

图 4.17　中性转向点位置的确定

当质心在中性转向点之后时，$a'<a$，$S.M.<0$，在质心位置上作用的侧向力引起的后轮侧偏角大于前轮侧偏角($\alpha_1<\alpha_2$)，汽车具有过多转向特性。

5. 不同转向特性对操纵稳定性的影响

1) 中性转向

(1) 转向运动特征。$\alpha_1=\alpha_2$，$R=R_0$，汽车沿一定转向半径的道路转向时，车轮的转向角与行驶速度无关。当道路转向半径不变时，汽车以任意速度行驶，驾驶人应保持转向盘位置不变。

(2) 直行抗干扰能力。汽车直行时若突遇侧向力 F_y 的作用，由于 $\alpha_1=\alpha_2$，汽车将沿着 $B—B$ 方向行驶 [图 4.18(a)]，偏离原行驶方向 α 角度。若要直线行驶，应将转向盘反向转动后再回正 [图 4.18(b)]。当侧向力消失后，驾驶人又要反向转动转向盘并回正。中性转向特性的汽车，直行抗干扰能力差，驾驶麻烦，轮胎磨损严重。

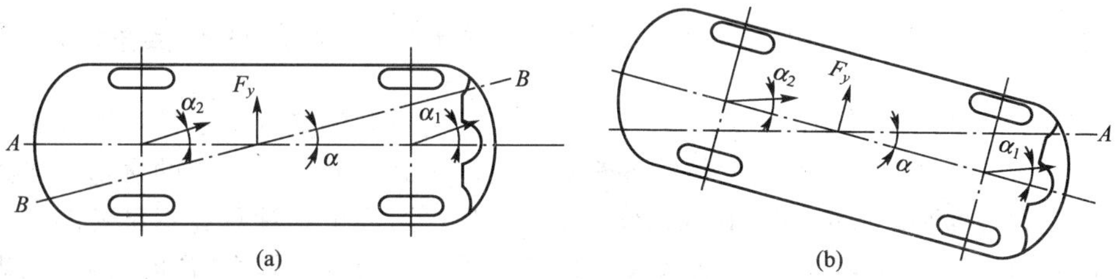

图 4.18　中性转向特性汽车运动简图

(a) 汽车受侧向力时的偏驶；(b) 汽车受侧向力时的直驶

2) 不足转向

(1) 转向运动特征。$\alpha_1>\alpha_2$，$R>R_0$，汽车沿一定转向半径的道路转向时，所需的转向角随行驶速度增加而加大。或者说当转角一定时，其转向半径随行驶速度增加而加大，

不足转向量越大，这种变化就越大。

(2) 直行抗干扰能力。汽车直行突遇侧向力 F_y 作用时(图 4.19)，由于 $\alpha_1 > \alpha_2$，汽车将绕 O 转动，由此产生离心力 F_c。其离心力的侧向分力 F_{cy} 的方向总与侧向力 F_y 方向相反，起到阻止侧偏的作用，汽车偏离原行驶方向不严重；当侧向外力 F_y 消失后，F_{cy} 使汽车自动回正，汽车直行抗干扰能力强。

3) 过多转向

(1) 转向运动特征。$\alpha_1 < \alpha_2$，$R < R_0$，汽车沿一定转向半径的道路转向时，所需的转向角随行驶速度增加而减小。或者说当转角一定时，其转向半径随行驶速度的增加而减小，过度转向量越大，这种变化就越大。

(2) 直行抗干扰能力。汽车直行突遇侧向力 F_y 作用时(图 4.20)，由于 $\alpha_1 < \alpha_2$，汽车将绕 O 转动，由此产生离心力 F_c，其离心力的侧向分力 F_{cy} 的方向总与侧向力 F_y 方向相同，使侧偏现象更为严重，并导致转向半径 R 进一步减少，其恶性循环不断进行下去，汽车将会完全失去操纵性，导致汽车产生剧烈回转甚至调头；当侧向外力 F_y 消失后，其恶性循环仍将继续。汽车直行时无抗侧向干扰能力，是一种不稳定的转向特性。

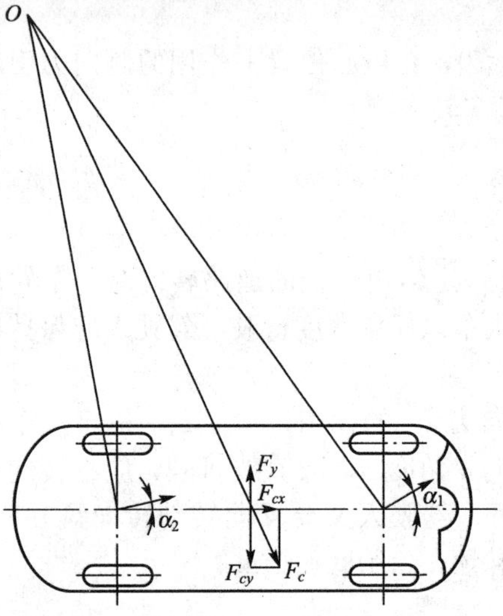

图 4.19　不足转向特性汽车运动简图

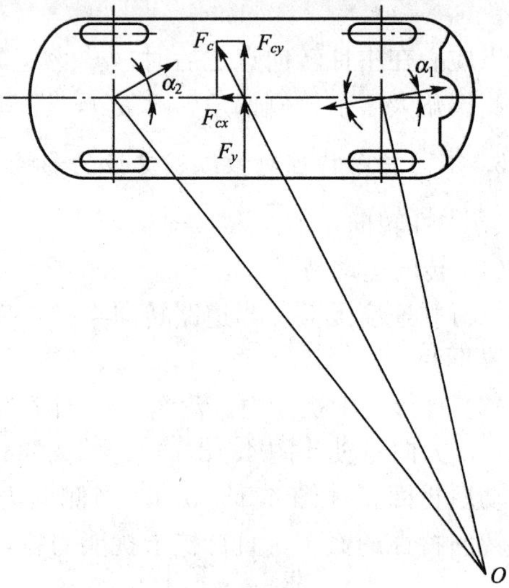

图 4.20　过多转向特性汽车运动简图

比较上述 3 种情况可知，不足转向特性的汽车具有良好的操纵稳定性，所以现代汽车都采用不足转向特性。但不足转向特性的汽车，转向灵敏性差，在相同的弯道行驶时，前轮的转角较大，驾驶人应多转一下转向盘。不过人们已习惯于驾驶具有不足转向特性的汽车，知道如何控制转向盘使汽车遵循期望的路径行驶。若汽车的转向特性因使用因素的变化而突然发生改变，由于驾驶人的经验不适应新的、不良的转向特性，则转弯时就有可能出现汽车失控而造成事故。

4.2.4　汽车转向瞬态响应

从给予汽车前轮角阶跃输入开始，到进入稳态响应为止的过渡过程，汽车的瞬间运动称为汽车转向的瞬态响应。正常瞬态响应的概况如图 4.21 所示，其瞬态横摆角速度 $\omega_z(t)$

是随时间而变化的函数，其主要特征说明如下。

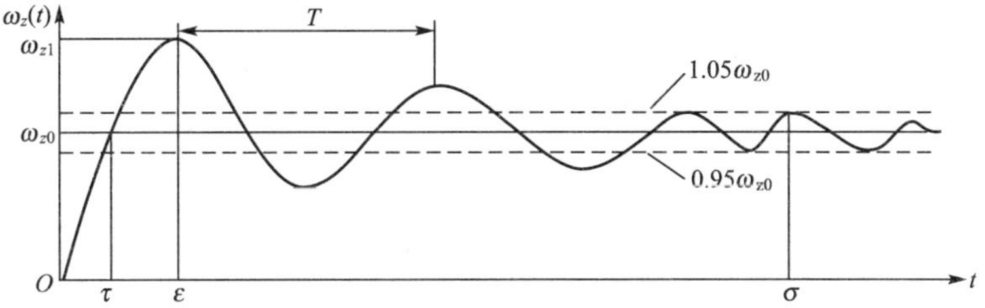

图 4.21 汽车瞬态响应

1. 横摆角速度波动

瞬态响应中，横摆角速度 $\omega_z(t)$在 ω_{z0}值上下波动，并逐渐衰减，最后收敛于稳态横摆角速度。在一定车速下，横摆角速度值的波动代表着汽车转向半径的时大时小，使乘员感到左右摇晃，增加疲劳程度并使驾驶困难。因此，其横摆角速度波动越小越好。

汽车横摆角速度波动的固有(圆)频率 ω_0 是评价汽车瞬态响应的一个重要参数，其固有(圆)频率为

$$\omega_0=\frac{L}{u}\sqrt{\frac{k_1k_2}{mI_z}(1+Ku^2)} \tag{4-26}$$

ω_0 应高些为好，现代轿车固有频率 $f_0(f_0=\omega_0/2\pi)$约为 1Hz。一定车速下，减少汽车质量和绕 z 轴的转动惯量，增加汽车各车轮的侧偏刚度，可使汽车横摆角速度的波动频率提高并使波动衰减较快。

2. 时间滞后

在给予角阶跃输入的瞬时，汽车的横摆角速度不能立刻达到稳态横摆角速度 ω_{z0}，具有时间滞后现象。通常用反应时间和峰值反应时间来评价。

反应时间是指角阶跃输入后，横摆角速度第一次达到稳定值 ω_{z0}所需的时间 τ。反应时间短，则驾驶人会感到汽车响应迅速及时，否则会感到汽车反应迟钝。提高汽车横摆角速度固有(圆)频率 ω_0，可以使 τ 值减小。

峰值反应时间是指角阶跃输入后，横摆角速度达到第一个峰值 ω_{z1}所需的时间 ε。峰值反应时间越短，则汽车的瞬态响就越快。

3. 超调量

在 $t=\varepsilon$ 时，汽车的横摆角速度达到最大值 ω_{z1}，其中 ω_{z1}/ω_{z0}的百分率称为超调量。超调量是表示瞬态响应中，执行指令误差的大小。当然超调量越小越好。减少超调量可使横摆角速度波动衰减较快。

4. 稳定时间

稳定时间是指从角阶跃输入开始，至横摆角速度 $\omega_z(t)$达到稳定值 ω_{z0}的 95%～105%范围所经历的时间 σ。稳定时间越短，则汽车会快速进入稳态响应。因此，其稳定时间应越短越好。凡是能使横摆角速度较快衰减的因素，都会使稳定时间缩短。

一般情况下，其横摆角速度$\omega_z(t)$为减幅正弦函数，最后会趋于一稳定值ω_{z0}。但对于过多转向特性的汽车，当车速大于等于临界车速u_{cr}时，汽车的横摆角速度不能收敛，此时汽车是不稳定的。

瞬态响应特性好的汽车，其横摆角速度波动最小而响应最快。

4.3 汽车操纵稳定性的主要影响因素

1. 汽车质心位置变化

若汽车质心位置沿汽车纵轴线前后发生变化，则作用于汽车前、后轮的侧向反作用力大小相应变化，汽车前、后轮侧偏角也发生变化，将导致汽车转向特性发生变化，从而影响汽车的操纵稳定性。汽车使用时由于载荷的变化(空载、满载等)可能会使汽车质心位置发生变化。若质心前移，转向时前轮的侧偏力增大，使前轮的侧偏角增大，从而增加了汽车的不足转向量；反之，质心后移，就减少了汽车的不足转向量，或汽车趋向于过多转向特性。

2. 汽车前后轴载荷分配与车轮侧偏刚度的匹配

在汽车设计及改装中，应使前后轴载荷分配与车轮的侧偏刚度相适应，使稳定性因数$K>0$，以保证汽车的不足转向特性。

前置发动机前驱动的轿车，前轴上的轴荷较大，转弯时前轴承担的离心力较大，在前后车轮侧偏刚度相同的情况下，前轮会产生较大的侧偏角，使汽车不足转向量加大。反之，后置发动机后驱动的轿车则不足转向量减少或趋向于过多转向特性。

3. 汽车驱动型式

车轮的切向力增加时，轮胎的侧偏刚度下降，则转向时其侧偏角会增大。因此，后轮驱动的车辆，转向时后轮施加驱动力，后轮侧偏角增大，汽车不足转向量减少或趋向于过多转向特性；前轮驱动的车辆，转向时前轮施加驱动力，前轮侧偏角增大，汽车不足转向量加大。

4. 汽车车轮

(1) 轮胎结构。轮胎侧偏刚度对汽车的转向特性具有决定性的影响，而轮胎结构基本上决定了轮胎的侧偏刚度。因此，使用中不应随意地换装不同结构(帘布层数、扁平率等)、不同型式(子午线轮胎、普通斜交轮胎)的轮胎，因为这有可能使汽车趋向于过多转向特性。

子午线轮胎和普通斜交轮胎在车上混合装用对汽车的操纵性有严重影响。子午线轮胎侧偏刚度大，若装用普通斜交轮胎的汽车仅前轮改用子午线轮胎，则会减少汽车的不足转向量，或汽车趋向于过多转向特性。

扁平率小的宽轮胎，侧偏刚度大，相同侧偏力时，产生的侧偏角小。因此，若仅将前轮换用扁平率小的轮胎，则汽车趋向于过多转向特性；如仅将后轮换用扁平率小的轮胎，则汽车不足转向量加大。

(2) 轮胎气压。轮胎气压对侧偏刚度影响很大，降低轮胎气压，侧偏刚度下降，相同侧偏力时，侧偏角加大。汽车说明书中规定的轮胎气压是考虑了获得不足转向特性的数值，使用时应注意在冷态下检查，并且应按说明书的规定调整轮胎的充气压力。有的高速轿车甚至规定了每种乘坐条件及不同季节时前后轮胎的充气压力，以确保需要的不足转向特性。

为使汽车具有适度的不足转向特性，汽车使用中应特别注意前轮气压不要过高，后轮气压不要过低。因为这样会使 k_1 过大、α_1 过小，k_2 过小、α_2 过大，从而导致汽车不足转向量减小或趋向于过多转向特性。

5. *左、右轮垂直载荷再分配*

轮胎侧偏刚度随垂直载荷变化的曲线如图 4.22 所示。当车身没有侧向倾斜时，左、右轮垂直载荷均为 F_{Z0}，每个车轮的侧偏刚度均为 k_0，若车轴受到的侧向力为 F_y，则车轮产生的侧偏角 α_0 为

$$\alpha_0=\frac{F_y}{2k_0} \tag{4-27}$$

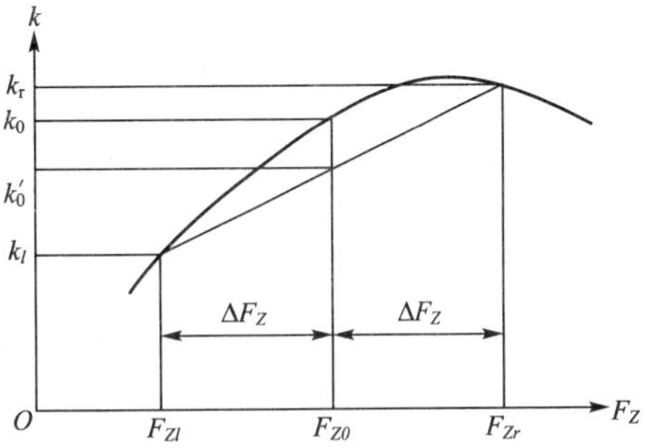

图 4.22 左、右轮垂直载荷再分配时轮胎的侧偏刚度

实际上，当汽车转弯时，整个车身在离心力作用下，对车身的侧倾轴线形成侧倾力矩，使车身产生侧倾。车身侧倾力矩分摊到轴上的部分，导致轴上垂直载荷在左、右轮上重新分配，使内轮垂直载荷减少 ΔF_Z 为 F_{Zl}，外轮垂直载荷增加 ΔF_Z 为 F_{Zr}，使轴上两侧车轮的侧偏刚度分别为 k_l 和 k_r。由于同轴上左、右轮的侧偏角必然相等，设为 α，则在侧向力 F_y 作用下有 $F_y=k_1\alpha+k_r\alpha$，于是有

$$\alpha=\frac{F_y}{k_l+k_r} \tag{4-28}$$

若令 $k_0'=(k_l+k_r)/2$，则 k_0'为垂直载荷重新分配后每个车轮的平均侧偏刚度，于是有

$$\alpha=\frac{F_y}{2k_0'} \tag{4-29}$$

由图 4.29 可知，$k_0'<k_0$。这说明：当车轴左、右轮垂直载荷发生变动时，两侧车轮的侧偏刚度变化不同步，使得该轴车轮的平均侧偏刚度下降，且左、右轮垂直载荷变动量越大，则平均侧偏刚度就越小。

在侧向力作用下，若汽车前轴左、右轮垂直载荷变动量相对较大，则前轴的侧偏刚度会下降较多，因而汽车的不足转向量加大；若汽车后轴左、右轮垂直载荷变动量相对较大，则后轴的侧偏刚度就下降较多，因而汽车的不足转向量减小或趋向于过多转向特性；若载货汽车后轴左右偏载严重，则后轴的侧偏刚度下降，汽车趋向于过多转向特性。

汽车前轴和后轴左、右车轮载荷变动量取决于：前、后悬架的侧倾角刚度、簧上质量、簧下质量、质心位置及前、后悬架侧倾中心位置等一系列参数的数值。增加前悬架的侧倾角刚度，在车身侧倾时能使侧倾力矩分摊到前轴上的数值增加，可使前轴左右轮垂直载荷的变动量较大，从而增加汽车的不足转向量；减少后悬架的角刚度，能使侧倾力矩分

摊到后轴上的数值减少，可使后轴左右轮垂直载荷的变动量较小，从而增加汽车的不足转向量。小轿车常用前悬架横向稳定杆来增加其侧倾角刚度，使汽车不足转向量增加。

6. 侧倾转向

汽车转弯行驶，在离心力的作用下，车身发生侧倾。由车身侧倾所引起的前轮绕主销的转动，后轮绕垂直于地面轴线的转动，即车轮转向角的变动，称为侧倾转向。发生侧倾转向时，非独立悬架的车轴也发生绕垂直轴线的转动，所以侧倾转向也称轴转向。从运动学的观点来看，车轮及车轴绕垂直于地面轴线转动的效果与轮胎的侧偏是一样的，所以侧倾转向又称为运动学侧偏。

随着前、后侧倾转向的方向与数值的不同，汽车的不足转向量可能增加或减少。图 4.23 表明了后悬架轴转向对稳态转向特性的影响。

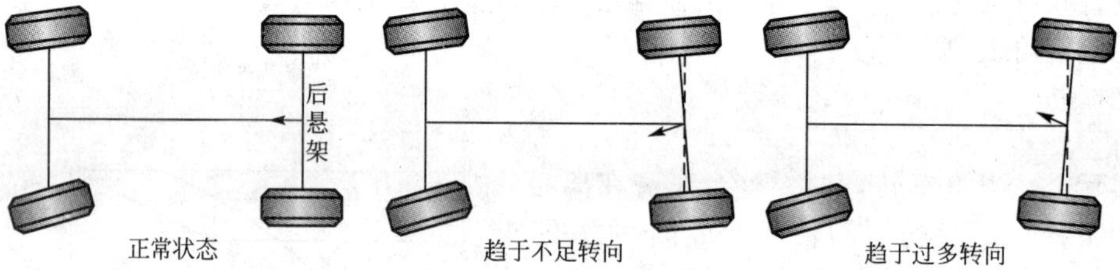

图 4.23　后悬架轴转向对稳态转向特性的影响

轴转向发生的内因是悬架导向杆系的布置及其运动学关系的内在要求，而轴转向发生的外因是由于侧向力 F_y 的作用，改变了内、外侧车轮的垂直载荷，使得外侧车轮随着垂直载荷的加大纵置钢板弹簧被压缩而后移，内侧车轮则随着垂直载荷的减小钢板弹簧被拉伸而前移，于是整个车轴相对原来的轴线偏转了一个角度，如图 4.24 所示。显然，路面高低不平也会迫使车轮上下跳动，对悬架产生压缩和拉伸，同样会引起汽车轴转向。

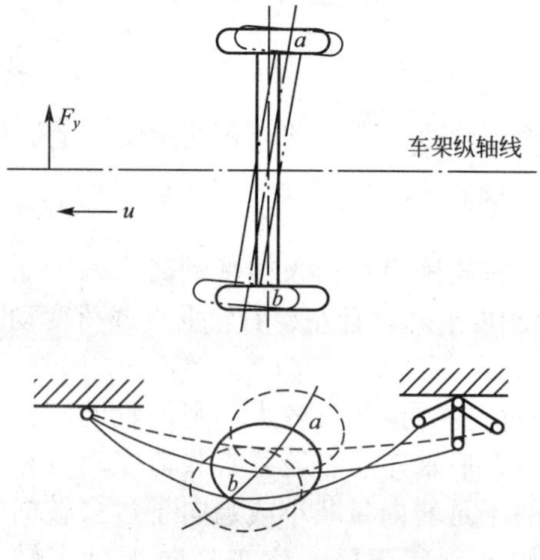

图 4.24　汽车轴转向形成机理

轴转向后，若汽车转向半径增加，则增加不足转向量；若转向半径减少，则减少不足转向量。通常，对于纵置钢板弹簧悬架来说，若前轴轴转向，则可增加不足转向量，若后轴轴转向，则会减少不足转向量。为了改善后悬架采用纵置钢板弹簧汽车的操纵稳定性，可使其固定铰链点下移，直至低于车轴中心，此时轴转向可增加不足转向量。现代高速小客车，当后悬架采用钢板弹簧时，多用这种安装方式，如海爱斯牌旅行车、莱特爱斯牌客货两用小客车等。

7. 车身侧倾时车轮外倾角变化

汽车转弯行驶车身侧倾时，由于悬架型式不同，车轮外倾角会发生不同的变化(图 4.25)，使轮心前进方向发生相应变化，这与轮胎侧偏具有相同的效果，可使汽车的转向特性发生变化。

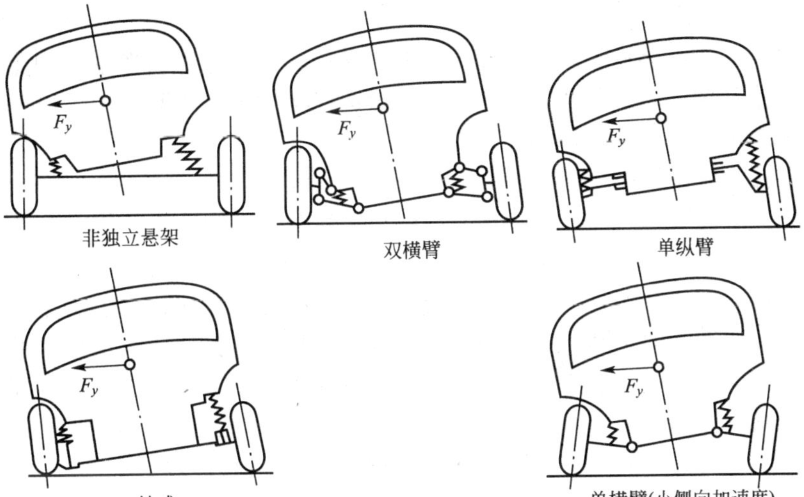

图 4.25 悬架型式与车轮外倾角变化关系

(1) 车轮沿侧向力方向倾斜。侧向力使车身侧倾时，车轮沿侧向力方向倾斜，如单纵臂、双横臂式、烛式悬架等，相当于侧偏角加大，此时若为前轮则可增加不足转向量，若为后轮则会减少不足转向量。这说明车轮倾斜方向与侧向力方向一致时，相当于轮胎侧偏刚度下降。

(2) 车轮沿侧向力相反方向倾斜。侧向力使车身侧倾时，车轮倾斜方向与侧向力反向，如小侧向加速度时的单横臂式悬架，相当于侧偏刚度增大，此时若为前轮则减少不足转向量，若为后轮则增加不足转向量。

(3) 车轮不倾斜。侧向力使车身侧倾时，车轮不倾斜，保持外倾角不变，如非独立悬架。此时对汽车转向特性无影响。

通常，车轮倾斜 5°～6°相当于轮胎侧偏角改变 1°。为了获得良好的汽车操纵稳定性，前后悬架的型式应选得合适。

8. 转向轮定位

转向轮定位对汽车操纵稳定性的影响很大。保持合适的转向轮定位参数和轮胎侧偏特性，可使转向轮具有良好的稳定效应，即使转向轮保持居中位置和转向后自动回正的能力，保持汽车良好的操纵稳定性。

汽车运动时，由于受纵向力，侧向力和垂直力的作用，转向轮定位参数会发生变化。汽车在使用过程中，由于车身、悬架、前桥、转向节的变形及转向轮定位调整不当等原因也会引起转向轮定位角的改变。这些变化可能导致转向轮摆振、汽车跑偏等不良现象。如主销后倾角、主销内倾角过大或过小都有可能使前轮摆头：过小，稳定力矩小，车轮容易偏摆；过大，稳定力矩大，前轮回正过猛。如左、右车轮定位参数不同，则左、右车轮的稳定力矩和受力状态不平衡，汽车行驶就会出现跑偏。通常汽车可向前轮外倾角较大、前束角较小的一边自动跑偏。主销内倾角两边不等时，后轮驱动的汽车，驱动行驶时向主销内倾角较小的一边跑偏；前轮驱动的汽车，驱动行驶时向主销内倾角较大的一边跑偏；制动行驶时向主销内倾角较小的一边跑偏。

9. 转向轮摆振

转向轮摆振是指汽车行驶、转向盘居中时，转向轮绕主销左右摆动的现象，严重时驾驶人无法扶稳剧烈摆动的转向盘。这对汽车的操纵稳定性十分不利，因此应分析转向轮摆振的原因并采取适当的措施予以消除。

1）前轴角振动引起转向轮摆振

（1）角振动引起摆振的原因。行驶中，车轮受路面不平的冲击，前轴在垂直的横向平面内产生角振动［图 4.26(a)］，在某一车速下，来自路面不平的冲击频率与前轴角振动的固有频率接近时，发生共振，严重时，一边的车轮可以跳离地面。前轴角振动使具有较大转动惯量的车轮旋转平面不断倾斜，由于陀螺效应的影响，引起转向轮在水平平面内绕主销左右摆振［图 4.26(b)］，其摆振规律是：若左前轮向下跳动，该轮会绕主销向左偏转，左前轮向上跳动，该轮会向右偏转；右前轮向下跳动，该轮会向右偏转，右前轮向上跳动，该轮会向左偏转。可简记为："左下左，左上右；右下右，右上左"。

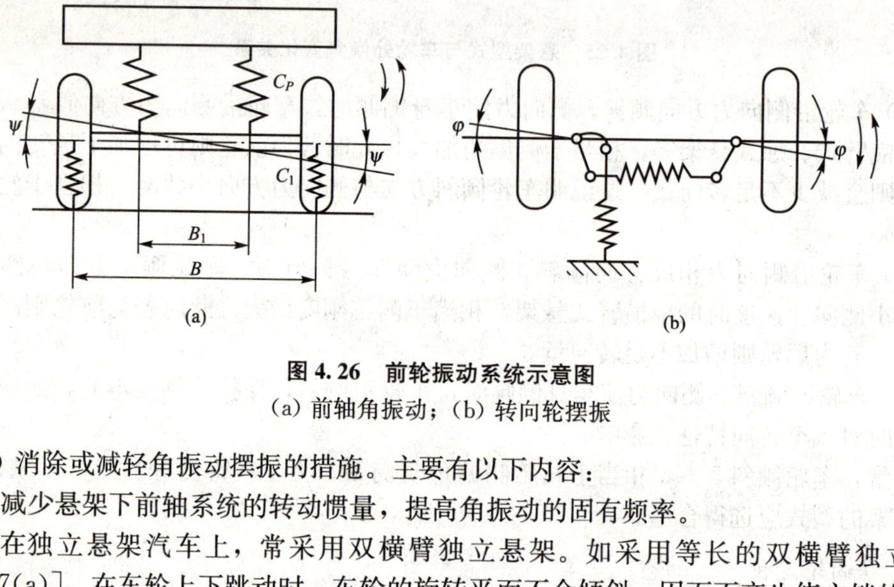

图 4.26　前轮振动系统示意图

（a）前轴角振动；（b）转向轮摆振

（2）消除或减轻角振动摆振的措施。主要有以下内容：

① 减少悬架下前轴系统的转动惯量，提高角振动的固有频率。

② 在独立悬架汽车上，常采用双横臂独立悬架。如采用等长的双横臂独立悬架［图 4.27(a)］，在车轮上下跳动时，车轮的旋转平面不会倾斜，因而不产生绕主销的摆振，

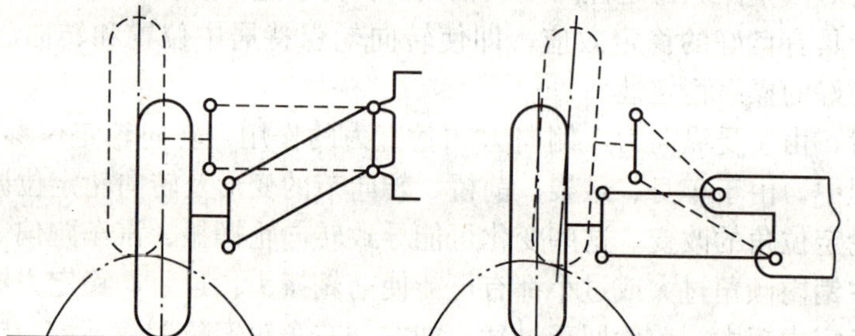

图 4.27　双横臂式独立悬架运动简图

（a）等长双横臂独立悬架；（b）不等长双横臂独立悬架

但是车轮跳动时，轮距的变化较大，这会增加轮胎的磨损，所以目前多采用如图 4.27(b)所示的不等长双横臂结构，它是一种折中方案，既可使车轮的旋转平面倾斜较少，又可使轮距变化不大。

③ 适当降低轮胎气压，增加轮胎的吸振能力。

④ 改善公路状况，保持公路的平整。

2) 转向轮不平衡引起转向轮摆振

(1) 不平衡引起摆振的原因。若车轮的质心与旋转轴线不重合，则该车轮为静不平衡；若车轮的惯性主轴与其旋转轴线不重合，则该车轮为动不平衡。汽车高速行驶时，若转向轮不平衡，则会产生较大的离心力，形成对转向主销的力矩，引起转向轮绕主销摆振，使汽车行驶方向难以控制，严重影响汽车的操纵稳定性。

图 4.28 为转向轮不平衡的运动示意图，车轮转动时，其不平衡质量所引起的离心力 F_c 产生周期性的激励，其水平分力 F_x 直接引起转向轮绕主销摆振，其垂直分力 F_y 将引起车轮的上下跳动，由于陀螺效应使转向轮也绕主销摆振。当左、右转向轮都不平衡，且不平衡质量相互处于 180°位置时，则摆振更为严重。

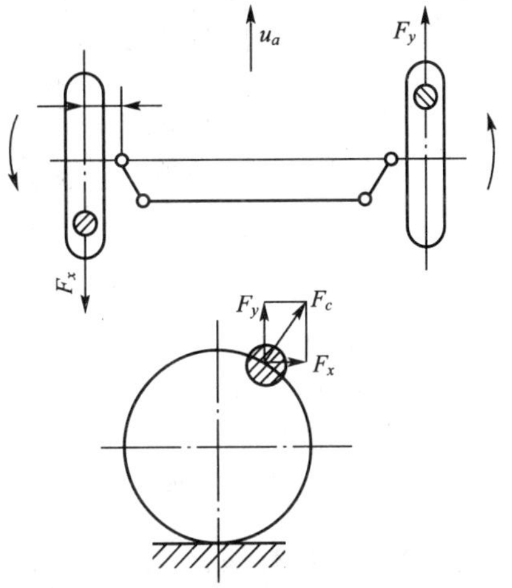

图 4.28 转向轮不平衡引起的转向轮摆振

(2) 消除转向轮不平衡摆振的措施。无论是新轮胎或经翻修的轮胎，都要进行动平衡检测并消除不平衡因素，对车轮进行动平衡作业，根据需要在轮辋适当位置加装平衡块。

应当说，汽车或多或少地都会存在引起转向轮摆振的某些原因，但不一定就会造成转向轮的摆振。因为转向轮还存在着稳定效应，它在一定程度上可以抑制或防止转向轮摆振，提高汽车的操纵稳定性。因此，要确保转向轮具的良好的稳定效应。保证合适的转向轮定位参数，选择合适的轮胎偏特性，对防止或减轻转向轮摆振具有重要意义。

10. 电子稳定程序系统

汽车电子稳定程序系统(Electronic Stability Program，ESP)又称汽车稳定性控制系统。ESP 通过实时调整车辆的运行状态，使车辆能够按照驾驶人的意图行驶，保证车辆在制动、驱动、转向行驶过程中都具有良好的操纵性和方向稳定性。

(1) ESP 的组成。ESP 主要由 ESP 传感器、电控单元及执行器等组成，典型组成部件如图 4.29 所示。

ESP 传感器主要包括轮速传感器、转向盘转角传感器、横向偏摆率传感器、横/纵向加速度传感器、制动压力传感器、制动开关信号传感器等。这些传感器用来检测汽车运动的有关状态参数，随时向电控单元发送信号，以便 ECU 判定汽车的运动状态。

ECU 是 ESP 的控制中心，集 ABS、EBD、ASR、MSR、ESP 的电脑为一体，组成一个综合信息处理系统，根据传感器收集的信息分析汽车失稳程度，计算出恢复汽车稳态所需的各项调节参数(转矩、驱动力、制动力等)，并控制执行器。

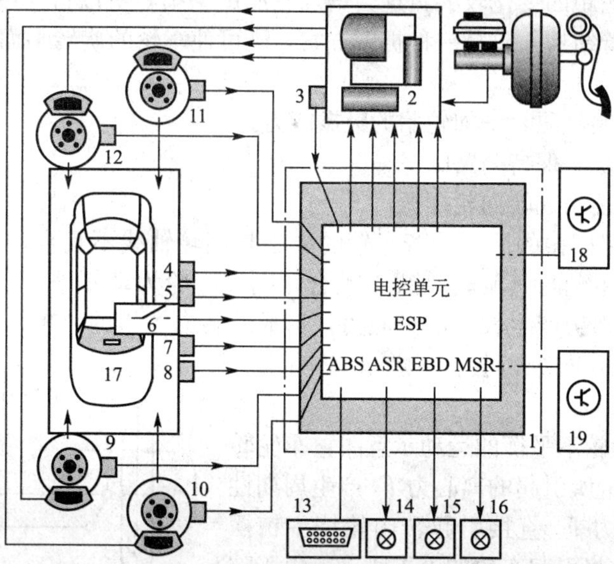

图 4.29 汽车 ESP 的组成及原理示意图

1—ESP 电控单元；2—液压控制单元；3—制动压力传感器；4—侧向加速度传感器；5—横向偏摆率传感器；6—ASR/ESP 按钮；7—转向盘转角传感器；8—制动灯开关；9～12—轮速传感器；13—自诊断接口；14—制动系统报警灯；15—ABS 报警灯；16—ABS/ESP 报警灯；17—车辆驾驶状态；18—发动机控制调整；19—变速器控制调整

执行器主要有液压控制单元，受控于 ECU，用来调节系统压力，保证汽车正常行驶。

(2) ESP 改善操纵稳定性的原理。汽车在受侧向力作用和转向时，侧向力常常接近附着极限，易使车辆出现侧滑、激转或转向反应迟钝等丧失稳定性的危险情况。ESP 能够根据汽车行驶时传感器收集的车轮速度、转向角度、侧向加速度及横向移动等信息，通过对车轮制动器和发动机动力进行控制，调节车轮纵向力大小，使其在最佳范围，从而使车辆在转向或受侧向力作用时具有良好的操纵性和方向稳定性。举例说明如下。

① 抑制车轮侧滑。当汽车在弯道或湿滑路面高速行驶时，如果后轮产生侧滑，汽车侧向甩尾，ESP 则立即把制动力施加到转弯的外前轮上，使汽车产生相反的“回正力矩”，恢复直线行驶，如图 4.30(a)所示；如果前轮产生侧滑，ESP 则立即把制动力施加到两个非驱动的后轮上(外大内小)，使汽车产生相反的“回正力矩”，恢复直线行驶，如图 4.30(b)所示。因前轮为驱动轮，应使后轮采用“先拉后摆”的办法恢复直行，对两后轮还可用“占空比方式”调节制动力的大小。

② 抑制转向不足。汽车高速行驶出现障碍物时，驾驶人向左急转向，但汽车惯性力是向前的，与转向轮方向不一致，会出现“转向不足”状态，ESP 立即制动左后轮，产生向左的转矩，迅速向左转向，消除转向不足状态，如图 4.31(a)所示。

③ 抑制转向过度。高速行驶时，当汽车向左急转向绕过障碍物后，需急速向右转向恢复直线行驶，ESP 立即制动右前轮，恢复直行状态。当惯性力较大时，会使汽车产生“转向过度”状态，严重时会造成向左甩尾现象，此时 ESP 又立即制动左前轮，产生向左

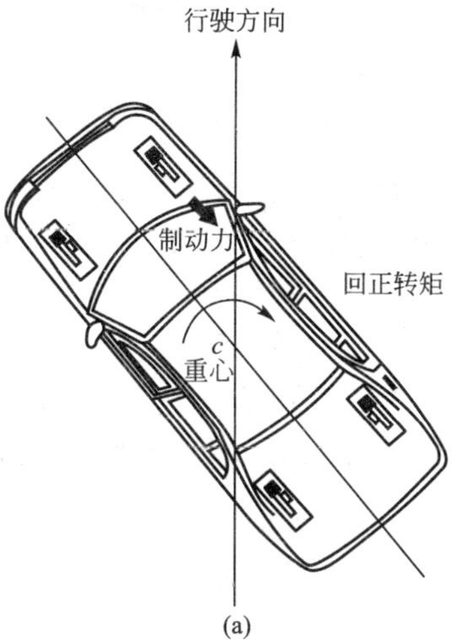

图 4.30　抑制车轮侧滑

(a) 抑制后轮侧滑；(b) 抑制前轮侧滑

的转矩，消除转向过度，使汽车平稳地回到直线行驶状态，抑制了转向过度，如图 4.31(b)所示。

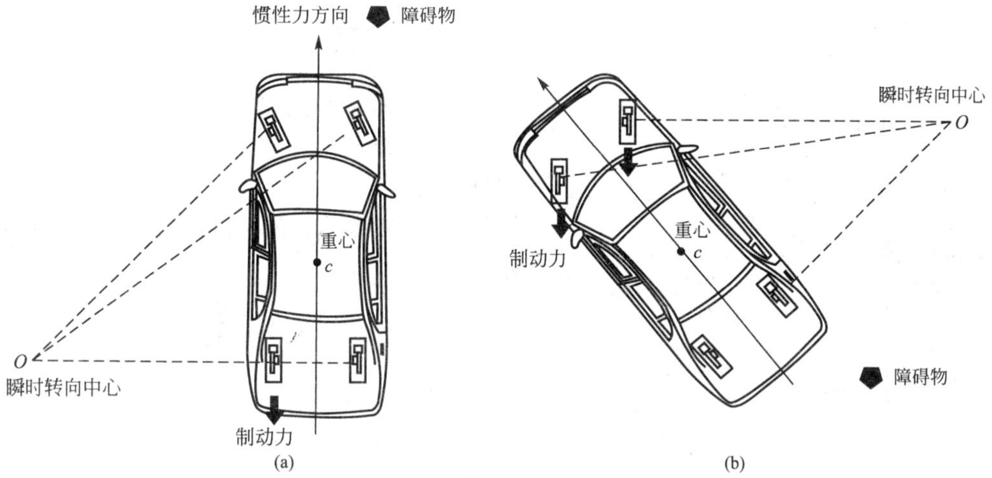

图 4.31　抑制转向不足和转向过度

(a) 抑制转向不足；(b) 抑制转向过度

4.4　汽车操纵稳定性试验

汽车操纵稳定性试验主要在试验场的专用场地上进行。其试验参数为：车速、时间、转向盘作用转矩及转角、侧向加速度、汽车横摆角速度、汽车航向角、车厢侧倾角。试验仪器主要有：非接触式车速仪、时间信号发生器、测力转向盘、加速度计、陀螺仪等。试验方法及条件参照国家制定的相关标准。

1. 稳态转向特性试验

稳态转向特性试验的目的是：测定汽车对转向盘转角输入达到稳定行驶状态时汽车的稳态横摆响应，以便对其转向特性进行评价。我国主要采用定转向盘转角试验法。

稳态转向特性试验在水平场地上进行，场地上画有半径为15m或20m的圆周。汽车以最低稳定车速沿所画圆周行驶，此时转向盘的转角为δ_0，测定车速u_0及横摆角速度ω_0。由于车速很低，离心力很小，轮胎侧偏角可忽略不计。因此，不计轮胎侧偏时的转向半径为

$$R_0=\frac{u_0}{\omega_0}$$

保持转向盘转角不变，使汽车缓慢连续而均匀地加速(纵向加速度不超过0.25m/s^2)，直至汽车的侧向加速度达到6.5m/s^{2}为止。连续测量车速u与横摆角速度ω_z值，根据瞬时车速u与ω_z值，可求出不同侧向加速度$a_y=u\omega_z$下，有侧偏角时的转向半径R

$$R=\frac{u}{\omega_z}$$

根据R与R_0的比较可以确定汽车的转向特性。试验时汽车加速行驶的轨迹如图4.32所示。若汽车转向半径不变，则汽车具有中性转向特性；若汽车转向半径逐渐变大，则汽车具有不足转向特性；若汽车转向半径逐渐变小，则汽车具有过多转向特性。

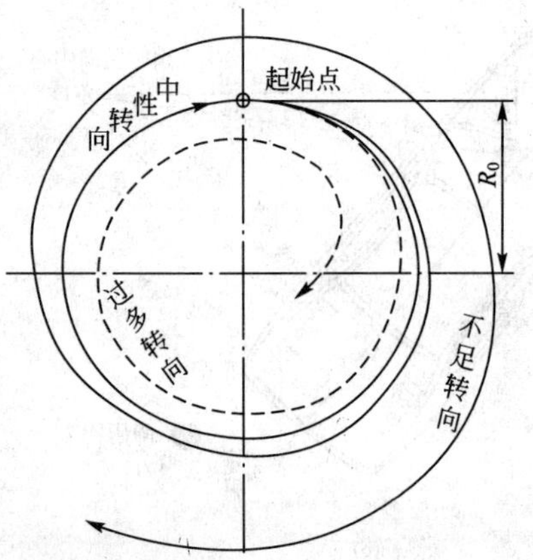

图4.32 汽车转向特性试验轨迹

根据测出的参数R、R_0可以算出前后轮侧偏角之差$(\alpha_1-\alpha_2)$(°)为

$$\alpha_1-\alpha_2=57.3L\left(\frac{1}{R_0}-\frac{1}{R}\right)$$

2. 转向回正能力试验

转向回正能力试验的目的是：测定汽车自曲线行驶恢复到直线行驶的过渡过程参数，以评价其回正能力。

回正能力试验是测定自由操纵力输入的基本性能试验，在平坦的场地上进行。使汽车沿半径为15m的圆周行驶，调整车速使侧向加速度达4.0m/s^{2}后，突然松开转向盘，在回正力矩作用下，前轮将要恢复到直线行驶。记录这个过程的时间t、车速u、转向盘转角δ_{sw}和横摆角速度ω_z，整理出ω_z-t曲线，然后利用该曲线评价其转向回正能力。

对于最高车速超过100km/h的汽车，还要进行高速回正性能试验，试验车速为最高车速的70%。令汽车以试验车速直线行驶，随后驾驶人转动转向盘使侧向加速度达到2.0m/s^2，然后突然松开转向盘做回正试验。

3. 转向轻便性试验

转向轻便性试验的目的是：测定转向时施加给转向盘的力、力矩等参数，以评价汽车转向的轻便性。

驾驶人操纵汽车转向盘的轻便性主要取决于转向系的阻力。转向轻便性试验时，汽车在场地上沿双纽线(图 4.33)以 10km/h 的车速行驶。双纽线轨迹的极坐标方程为

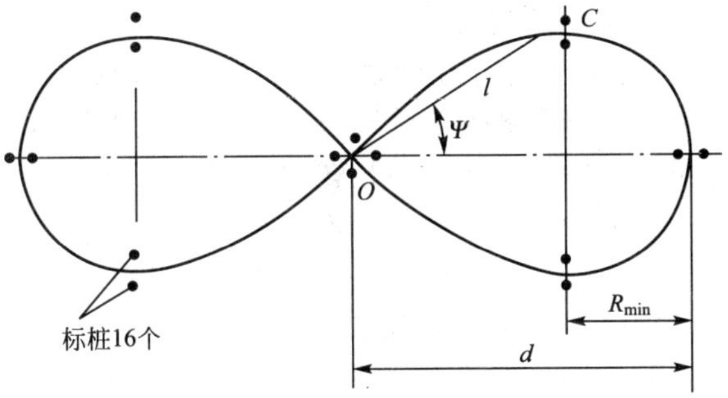

图 4.33 测定转向轻便性的双纽线

$$L=d\sqrt{\cos 2\psi}$$

在 $\psi=0$ 时，双纽线顶点处的曲率半径最小，其数值为 $R_{min}=\frac{d}{3}$。双纽线的最小曲率半径应按试验汽车的最小转弯半径乘以 1.1 倍，并圆整到比此乘积大的一个整数来确定。

试验中，记录转向盘转角及转向盘转矩，并按双纽线路径每一周整理出转向盘转矩-转向盘转角曲线，如图 4.34 所示。通常以转向盘最大转矩、转向盘最大作用力及转向盘作用功来评定汽车的转向轻便性。

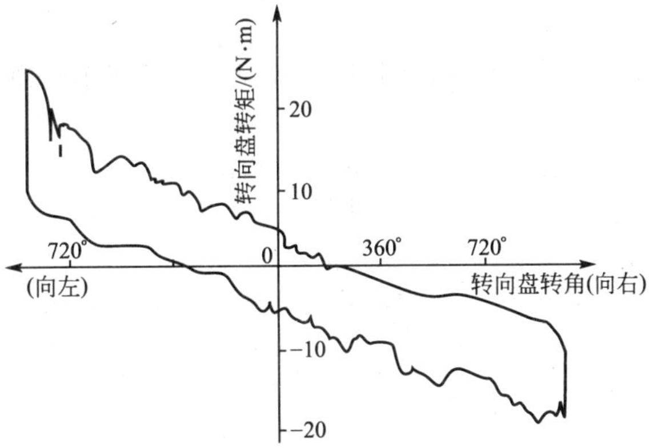

图 4.34 转向盘转矩-转向盘转角曲线

本章小结

1. 汽车操纵稳定性是指汽车在行驶过程中，能抵抗各种外界干扰、遵循驾驶人给定行驶方向稳定行驶的能力，它包括操纵性和稳定性。汽车操纵性是指汽车能够确切地响应驾驶人转向指令的能力；而汽车稳定性是指汽车抵抗外界干扰而保持稳定行驶的能力，或汽车受到外界扰动后恢复原来运动状态的能力。

2. 轮胎的侧偏特性主要是指侧向力与侧偏角、回正力矩的关系，是研究汽车操纵稳定性的理论基础和出发点。汽车稳态转向特性是指转向工况不随时间而变的汽车行驶状况。汽车稳态转向特性可分为中性转向、不足转向、过多转向 3 类，由于不足转向特性汽车具有良好的操纵稳定性，故现代汽车都采用不足转向特性。

3. 影响汽车操纵稳定性的主要因素有：汽车质心位置的变化、前后轴载荷分配与车轮侧偏刚度的匹配、驱动型式、车轮、左右车轮垂直载荷再分配、侧倾转向、车身侧倾时车轮外倾角的变化、转向轮定位、转向轮摆振、电子稳定程序系统。充分发挥各有利因素，采取合理的对策，可提高和改善汽车的操纵稳定性。

4. 汽车操纵稳定性试验主要在试验场的专用场地上进行，其稳态转向特性试验、转向回正能力试验和转向轻便性试验可分别用来评价汽车的转向特性、转向轮的回正能力和汽车转向操纵的轻便性。

习　　题

一、判断题(请判断下列概念或说法是否正确，对者打“√”，错者打“×”)

1. 在侧向力作用下，若汽车前轴左、右轮垂直载荷变动量较后轴大，则汽车趋向于过多转向特性。(　　)

2. 汽车在无侧坡的水平路面做等速转弯行驶时，只要汽车与道路之间满足条件 $\varphi_l < B/(2h_g)$，则汽车就不会侧滑。(　　)

3. 子午线轮胎因接触地面宽，一般侧偏刚度较低。(　　)

4. 汽车在行驶中侧翻比侧滑更危险。因此，应使汽车侧滑的临界车速低于侧翻的临界车速。(　　)

5. 对于具有过多转向的汽车，在汽车直线行驶时，若突遇侧向力作用，汽车将会偏离原行驶方向。(　　)

二、填空题

1. 具有不足转向特性的汽车，当转向盘转角一定时，随着车速的增加，其转向半径________，当车速达到________时，汽车的转向灵敏度最大。

2. 4×2 后驱汽车上坡行驶的纵向稳定条件是________；汽车的侧向稳定条件是________。

3. 汽车的稳态转向特性可分为__________、__________、__________三大类。

4. 由汽车的纵向稳定性可知，汽车重心离后轴的距离__________，汽车重心高度__

_________，则汽车纵向稳定性越好。

5. 若汽车前轮胎气压___________，后轮胎气压___________，则汽车趋向于过多转向特性。

三、简答题

1. 什么叫轮胎的侧偏特性？它主要受哪些因素影响？

2. 现代汽车通常设计成何种转向特性，为什么？

3. 试分析汽车质心前、后位置变化，左、右轮负荷转移，前、后轮胎气压变化对汽车稳态转向特性的影响。

4. 什么叫特征车速、临界车速？如何计算？各用来表征何种转向特性？

5. 如何验证汽车的转向特性？

第5章 汽车行驶平顺性和通过性

本章教学要点

知识要点	掌握程度	相关知识
汽车行驶平顺性	了解汽车行驶平顺性概念； 掌握汽车行驶平顺性评价方法； 熟悉汽车行驶平顺性的主要影响因素； 能正确分析和评价汽车行驶平顺性	振动频率、敏感频率； 频率加权函数； 加速度均方根； 悬架特性； 汽车平顺性影响因素
汽车通过性	了解汽车通过性概念； 掌握汽车通过性几何参数、牵引支承参数； 熟悉汽车通过性的主要影响因素； 能正确分析和评价汽车通过性	通过性几何参数； 通过性牵引支承参数； 汽车通过性影响因素； 驱动防滑转系统

导入案例

SUV深受青睐

SUV（图5.01）是“Sports Utility Vehicle”的简称，即运动型多功能车。它是在皮卡底盘上发展而来的四轮驱动厢式车。SUV前悬架一般采用轿车型的独立悬架，后悬架则采用越野车型的非独立钢板弹簧悬架。SUV不仅具有中高档轿车的舒适性，还具有越野车的良好通过性。

SUV既可载人，具有豪华轿车功能；又可载货，行驶范围广，具有越野车功能。SUV能适应各种路况，便于城市行走、外出旅行和野外休闲。

SUV起源于美国，20世纪80年代以来，深受年青白领阶层的爱好，是美国市场最畅销的车型。自1998年SUV概念进入中国以来，SUV以较高的性价比赢得众多消费者的青睐，使得SUV在我国获得高速发展：2010年，SUV产、销分别为133.80万辆和132.60万辆，同比分别大幅增长103.38%和101.27%；2011年，SUV产、销分别为160.26万辆和159.37万辆，同比分别增长19.78%和20.19%；2012年，SUV产、销分别为199.86万辆和200.04万辆，同比分别增长24.67%和25.50%。目前，我国SUV市场需求旺盛，增长明显，高于乘用车总体增长速度，其SUV低、中、高各层次样样俱全。

图5.01 SUV

5.1 汽车行驶平顺性

汽车行驶平顺性是指汽车在行驶过程中，保证乘员在所处的振动环境里具有一定的舒适程度，以及保持所运货物完整无损的性能。由于行驶平顺性主要是根据乘员的舒适程度评价，因此又称乘坐舒适性。随着人类物质生活水平的提高，人们对高速、高效汽车的行驶平顺性要求也越来越高。

5.1.1 汽车振动与人体反应

1. 汽车行驶时的振动

汽车是个复杂的振动系统。汽车行驶时，振动的发生源主要是：路面的不平和冲击，不平衡车轮的转动，不平衡传动轴的旋转，以及汽车发动机转矩的变化等。这些因素引起的振动大多与车速相关，尤其是路面不平引起的振动，随着车速的变化，振动的频率和强弱会产生相应的变化。通常，车速越高，路面不平对其的冲击就越大，振动的强度也就越大。当振动达到一定程度时，其乘员感到不舒适以至疲劳，或者损坏运载货物。另外，汽车的强烈振动还会降低汽车零部件的寿命，车轮与路面间载荷的波动还会影响其附着效果而关系到汽车的操纵稳定性。若用降低车速的方法去减少振动，则将降低汽车的运输生产率。因此，改善汽车行驶平顺性对提高汽车舒适性、耐久性、操纵稳定性及运输效率都是非常重要的。

2. 人体对振动的反应

人体对振动的反应是一个十分复杂的过程，既与振动性质、振动环境有关，又与人的心理、生理状态有关。人体对振动反应大体经过两个过程：在振动输入人体后，首先引起人体各部位的机械振动响应，人体各部位如头、胸、胃、肠、四肢等对同一振动会有不同的响应，然后产生人体各部位及总体的生理、心理反应，如不舒适、四肢疲劳、头晕、呕吐等。

大量的振动试验表明，人体对不同方向的振动反应存在差异，对上下振动忍耐性最强，其次是前后振动，对左右振动最敏感。人体对上下振动最敏感的频率范围为4～12.5Hz。在4～8Hz这个频率范围，人的内脏器官产生共振；8～12.5Hz的频率范围，振动对人的脊椎系统影响很大。对水平振动最敏感的频率范围为0.5～2Hz；在3Hz以下，人体对水平振动比对垂直振动更敏感。人体若在最敏感频率处振动，人的抗振能力会严重下降，氧气消耗量剧增，能量代谢加快。人体处于振动环境的时间越长，人体所能承受的振动强度就越小。

由于人的个体差异，不同的人对振动的敏感程度反应不一，所以准确定量地描述人体对汽车振动的感受是非常困难的。不过，人们对步行时身体上下运动的这种振动是适应的，其振动频率为60～85次/min(1～1.4Hz)。许多平顺性良好的汽车，其车身振动的固有频率均在上述频率范围内。当振动频率低于0.6Hz时，人们有晕车的感觉，当振动频率过高，则有明显冲击的感觉。然而，有些汽车振动的固有频率虽然在人们适应的上述频率范围内，但平顺性仍不够好。这充分说明人体对振动的反应不仅取决于振动的固有频率，还应与振动的其他物理量有关。

试验研究表明：人体对汽车振动的反应主要取决于汽车振动频率、强度、振动方向及振动时间的综合作用。

5.1.2 汽车行驶平顺性的评价

1. 平顺性的评价依据

国际标准化组织（ISO）在综合了大量有关人体全身振动的研究成果的基础上，于1974年制定了国际标准ISO 2631《人体承受全身振动的评价指南》。经过对该标准的修订和补充，1997年又公布了ISO 2631－1：1997（E）《人体承受全身振动评价—第一部分：一般要求》，该标准能更好地符合人的主观感觉。许多国家都参照该标准进行汽车平顺性的评价，我国对相应国际标准进行了修订，公布了GB/T 4970—1996《汽车平顺性随机输入行驶试验方法》和GB/T 4970—2009《汽车平顺性试验方法》。

ISO 2631－1：1997（E）《人体承受全身振动评价—第一部分：一般要求》规定的人

体坐姿受振模型，如图 5.1 所示。模型表明，在进行平顺性评价时，应考虑 3 个输入点 12 个轴向振动，即座椅支承面处、座椅靠背和脚支承面 3 个输入点的各 3 个方向的线振动和座椅支承面处输入点 3 个方向的角振动。

该标准认为人体对不同频率振动的敏感程度不同，给出了各轴向 0.5～80Hz 的频率加权函数(渐进线)，如图 5.2 所示。考虑到不同输入点、不同轴向的振动对人体影响的差异，标准还给出了 3 个输入点、12 个轴向的频率加权函数及相应的轴加权系数 k，见表 5-1。

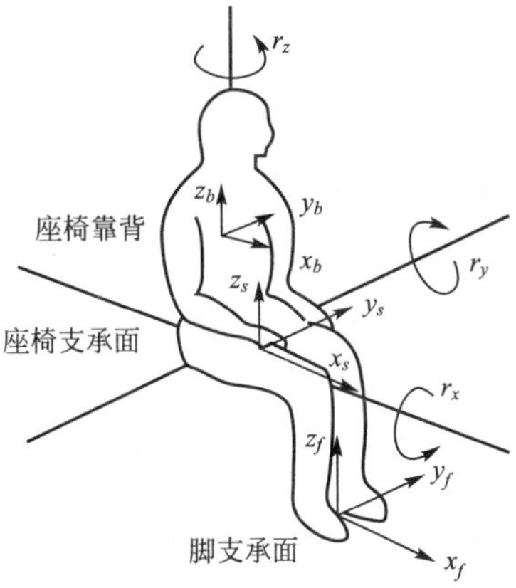

图 5.1 人体坐姿受振模型

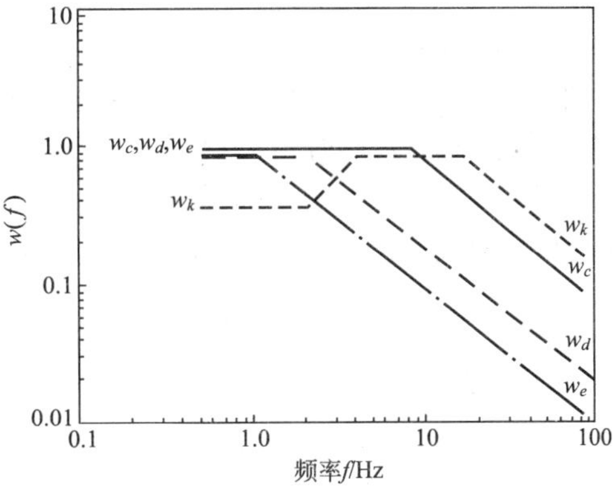

图 5.2 各轴向频率加权函数(渐进线)

表 5-1 频率加权函数、轴加权系数

位置	坐标轴名称	频率加权函数	轴加权系数 k
座椅支撑面	x_s	w_d	1.00
	y_s	w_d	1.00
	z_s	w_k	1.00
	r_x	w_e	0.63m/rad
	r_y	w_e	0.40m/rad
	r_z	w_e	0.20m/rad
靠背	x_b	w_c	0.80
	y_b	w_d	0.50
	z_b	w_d	0.4
脚	x_f	w_k	0.25
	y_f	w_k	0.25
	z_f	w_k	0.4

由表 5-1 中各轴向的轴加权系数可以看出，座椅支承面输入点 x_s、y_s、z_s 3 个线振动的轴加权系数 $k=1$，是 12 个轴向中人体最敏感的，其余轴向的轴加权系数均小于 0.8。ISO 2631-1：1997(E)标准还规定，当评价振动对人体健康的影响时，只考虑 x_s、y_s、z_s 这 3 个轴向振动，且 x_s、y_s两个水平轴向的轴加权系数取 $k=1.4$，这说明水平振动比垂直

振动更敏感。标准还规定，靠背水平轴向 x_b、y_b可以由椅面水平轴向 x_s、y_s代替，此时轴加权系数取 $k=1.4$。我国在修订的相应标准 GB/T 4970—2009《汽车平顺性试验方法》中，评价汽车平顺性时只考虑椅面、靠背、脚 3 个输入点各 3 个方向的线振动，共 9 个轴向振动。

2. 平顺性的评价方法

ISO 2631-1：1997(E)标准规定，当振动波形峰值系数小于 9(峰值系数是加权加速度时间历程 $a_w(t)$的峰值与加权加速度均方根值 a_w的比值)时，用基本的评价方法——加权加速度均方根值来评价振动对人体舒适和健康的影响。根据测量，各种汽车包括越野汽车，在正常行驶工况下对这一方法均适用，下面介绍平顺性的基本评价方法。

(1) 单轴向加权加速度均方根值。计算各轴向加权加速度均方根值方法有如下两种。

① 滤波网络法：对记录的加速度时间历程 $a(t)$，通过相应的频率加权函数 $w(f)$ 的滤波网络得到加权加速度时间历程 $a_w(t)$，按式(5-1)计算加权加速度均方根值 a_w(m/s^2)

$$a_w=\left[\frac{1}{T}\int_0^T a_w^2(t)\mathrm{d}t\right]^{\frac{1}{2}} \tag{5-1}$$

式中　T——为振动的分析时间，一般取 120s。

频率加权函数 $w(f)$ (渐进线)可用以下公式表示(式中频率 f 的单位为 Hz)

$$w_k(f)=\begin{cases}0.5 & (0.5<f<2)\\ f/4 & (2<f<4)\\ 1 & (4<f<12.5)\\ 12.5/f & (12.5<f<80)\end{cases}$$

$$w_d(f)=\begin{cases}1 & (0.5<f<2)\\ 2/f & (2<f<80)\end{cases}$$

$$w_c(f)=\begin{cases}1 & (0.5<f<8)\\ 8/f & (8<f<80)\end{cases}$$

$$w_e(f)=\begin{cases}1 & (0.5<f<1)\\ 1/f & (1<f<80)\end{cases}$$

② 频谱分析法：对记录的加速度时间历程 $a(t)$进行频谱分析得到功率谱密度函数 $G_a(f)$，按式(5-2)计算加权加速度均方根值 a_w

$$a_w=\left[\frac{1}{T}\int_{0.5}^{80} W^2(f)G_a(f)\mathrm{d}f\right]^{\frac{1}{2}} \tag{5-2}$$

(2) 总加权加速度均方根值。总加权加速度均方根值考虑了多个轴向的振动能量。当同时考虑椅面 x_s、y_s、z_s这 3 个轴向振动时，3 个方向的总加权加速度均方根值按式(5-3)计算：

$$a_v=\left[(1.4a_{xw})^2+(1.4a_{yw})^2+a_{zw}^2\right]^{\frac{1}{2}} \tag{5-3}$$

(3) 总加权振级与加权加速度均方根值的换算。在具体测量时，有些“人体振动测量仪”采用加权振级 L_{aw}(dB)作为测量指标。加权振级表明其振动的量级，可以理解为用分贝值表示的加权加速度均方根值。加权振级与加权加速度均方根值 a_w的换算关系如下：

$$L_{aw}=20\lg\frac{a_w}{a_0} \tag{5-4}$$

式中 a_0——参考加速度均方根值，$a_0=10^{-6}\text{m/s}^2$。

在1～80Hz的振动频率范围内，人体对振动的主观感觉与加权振级 L_{aw}（等效均值）和 a_w 的对应关系见表5-2。

表5-2 L_{aw}和a_w与人的主观感觉之间的关系

加权加速度均方根值 $a_w/(\text{m/s}^2)$	加权振级 L_{aw}/dB	人的主观感觉
<0.315	110	没有不舒适
0.315～0.63	110～116	稍有不舒适
0.5～1.0	114～120	比较不舒适
0.8～1.6	118～124	不舒适
1.25～2.5	122～128	很不舒适
>2.0	126	极不舒适

将以上计算得到的加权加速度均方根值与表5-2比较，便可评价汽车的平顺性。

我国QC/T 474—2011《客车平顺性评价指标及限值》标准中，用测点位置垂直振动的等效均值来评价客车的平顺性，其客车平顺性等效均值的限值见表5-3。

表5-3 客车平顺性等效均值限值

试验车速/(km/h)	城市客车 L_{aw}/dB		其他客车 L_{aw}/dB	
	空气悬架	其他悬架	空气悬架	其他悬架
30	≤106.0	≤115.0	—	—
60	—	—	≤110.0	≤112.5
90	—	—	≤113.0	≤115.0

5.1.3 汽车行驶平顺性的主要影响因素

为了便于分析，需要对由多质量组成的汽车振动系统进行简化。图5.3为经过简化的振动系统模型，它把汽车总质量 m 视为由彼此相联系的悬挂质量 m_2 与非悬挂质量 m_1 组成。悬挂质量是簧上质量，主要由车身、车架及其上的总成构成；非悬挂质量是簧下质量，主要由车轴、车轮构成。悬挂质量通过减振器、悬架弹簧与非悬挂质量相连。整车通过具有一定弹性和阻尼的轮胎支承在路面上。

汽车振动系统的特性、使用维护和道路条件对汽车的行驶平顺性产生重要影响。

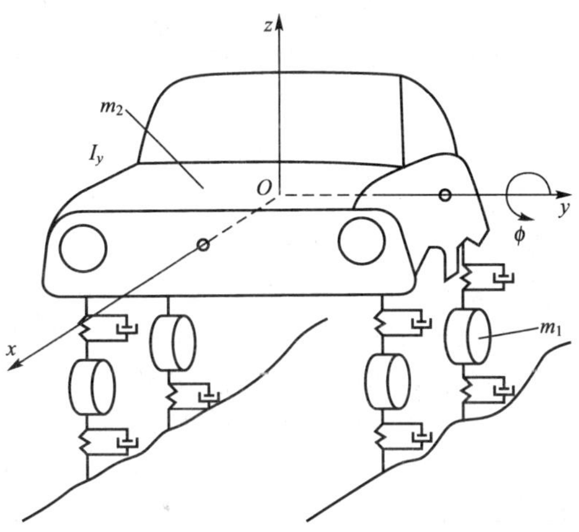

图5.3 四轮汽车振动的简化模型

1. 悬架特性

悬架刚度、悬架系统弹性特性、减振器阻尼系数对汽车行驶平顺性的影响最大。

(1) 悬架刚度。若将汽车车身看成是弹性悬架上做单自由度振动的质量，则其固有频率为

$$f_0=\frac{1}{2\pi}\sqrt{\frac{gC}{G}} \tag{5-5}$$

式中 f_0——车身固有频率(Hz)；

C——悬架刚度(N/mm)；

G——悬挂重力(N)；

g——重力加速度，$g=9810\text{mm/s}^2$。

式(5-5)说明，在汽车质量一定时，车身的固有频率取决于悬架刚度。减小悬架刚度，可以降低固有频率，明显减小车身的加速度，这是改善平顺性的基本措施。为此，需要采用刚度较小的软弹簧。但悬架刚度也不宜过小，否则会使非悬挂质量高频振动的幅值加大；在紧急制动时会产生严重的汽车"点头"现象；转弯时车身容易产生较大的侧倾等不良现象，影响操纵稳定性。

汽车前后悬架的刚度应匹配，以保证前后悬架具有合适的固有频率。前后悬架的固有频率应避开激振频率，以避免出现"共振"现象。另外，由于来自路面的激励先作用于前轮，然后才作用到后轮，因此作用给前后轮的激励具有时差，这就容易引起车身的纵向角振动。考虑到悬架的阻尼作用，其簧上质量的位移会比激励的位移落后一段时间，且固有频率越低，则落后时间就越长，为减轻车身的纵向角振动，悬架刚度确定时，应使前悬架的固有频率略比后悬架低，这样就可保证车身前后端做同向运动，即车身只有垂直振动。从乘员的舒适性观点看，纵向角振动比垂直振动影响更坏。

(2) 悬架系统弹性特性。悬架系统的弹性特性是指悬架变形与所受载荷之间的对应关系，分为线性与非线性两种。其中线性悬架的刚度为常数，其车身振动的固有频率将随装载质量的多少而改变，这种汽车在空载或部分载荷时前、后悬架振动固有频率过高，会导致车身猛烈颠簸，平顺性变差。而非线性悬架的刚度是可变的，能保证汽车在各种载荷下，车身振动的固有频率基本不变，平顺性较好。

对于载荷变化较大的公共汽车、客车和载货汽车，为满足不同载荷对悬架刚度的不同需要，常采用非线性悬架，即变刚度悬架。当载荷较小时，悬架刚度较小，以避免振动频率过高，改善平顺性；当载荷较大时，刚度急剧增大，使汽车的侧倾和纵向角振动减轻，提高汽车的平顺性。

常用的非线性悬架有：空气弹簧、油气弹簧、橡胶弹簧和硅油弹簧悬架。

(3) 悬架阻尼。悬架系统的阻尼主要来自减振器、钢板弹簧叶片之间的摩擦。悬架阻尼的作用是使车身的振动迅速衰减，减小传递给乘员和货物的振动加速度，缩短振动时间，改善行驶平顺性，还能改善车轮与道路的接触状况，防止车轮跳离地面，提高操纵稳定性。

为衰减车身的自由振动和抑制车身的共振，减小车身振动加速度，汽车悬架系统中应有适当的阻尼。若阻尼过大，则悬架弹簧会失去缓冲作用，使较大的路面冲击快速传递到车身，平顺性不好；若阻尼过小，则振动衰减缓慢，受冲击后振动持续时间长，使乘客感到不舒适。

减振器的阻力常用相对阻尼系数 ψ 来评价，即

$$\psi=\frac{r}{2\sqrt{Cm_2}} \tag{5-6}$$

式中 r——减振器阻力系数；

m_2——悬挂质量。

实际应用中，常将减振器伸张行程的相对阻尼系数 ψ_e 比压缩行程的相对阻尼系数 ψ_c 适当设计得大些，即伸张行程的阻尼力比压缩行程的阻尼力大些。一般减振器 $\psi_c=(0.25\sim0.50)\psi_e$，这样既可使减振器总体阻尼适当，减振效果好，又可不传递较大冲击力。

悬架结构形式不同、使用条件不同，则满足平顺性要求的相对阻尼系数也不同。对于无内摩擦的弹性元件悬架，$\psi_c=0.25\sim0.50$；对于有内摩擦的钢板弹簧悬架，相对阻尼系数较小，如解放牌载货汽车前悬架的相对阻尼系数 $\psi=0.13$，其中 $\psi_c=0.086$，$\psi_e=0.174$；对于越野汽车或行驶路面条件较差的汽车取值相对较大，一般 $\psi_e>0.3$。

2. 轮胎

轮胎具有缓冲和减振的作用，它与悬架系统共同保证了汽车的平顺性。轮胎对平顺性的影响主要取决于轮胎的缓冲性能、径向刚度和平衡程度。

轮胎的缓冲性能好，既可以减少因路面不平引起的对车身冲击，又可在很大程度上吸收因路面不平所产生的振动。缓冲性能好的轮胎在不平道路行驶时，轮胎能通过本身的弹性变形对凹凸不平的路面进行补偿，表现出很强的展平能力，使轮心位移曲线较道路断面轮廓曲线圆滑平整，可使汽车在高频的共振振动减小。近年来随着车速提高，希望轮胎的缓冲性能越来越好。提高轮胎缓冲性能的方法有：一是增大轮胎断面、轮辋宽度和空气容量，并相应降低轮胎气压；二是改变轮胎结构形式，采用径向弹性大的胎体，如采用子午线轮胎；三是提高帘线和橡胶的弹性，采用较柔软的胎冠。

减少轮胎径向刚度，可使悬架换算刚度减小，改善汽车的行驶平顺性。但轮胎刚度过低，会增加车轮的侧向偏离，影响汽车的操纵稳定性，同时，还使滚动阻力增加，轮胎寿命降低。因此，应适当减小轮胎径向刚度，尽量采用子午线轮胎。

轮胎因偏磨、翻新或质量不佳，能造成车轮旋转质量不平衡。汽车高速行驶时，不平衡的车轮会引起汽车振动，影响平顺性和行驶稳定性。因此，必须对每一车轮(含装好的轮胎)进行动平衡，以保证高速行驶时的舒适性。

3. 悬挂质量

汽车悬挂质量的振动是以自振频率进行的，悬挂质量的大小和分布对悬架的振动特性产生重要影响，因而对汽车行驶平顺性影响较大。

一般来说，汽车的悬挂质量增加，则车身的振动频率和加速度会降低，因此汽车行驶平顺性会提高。为保证汽车空载或轻载时的行驶平顺性，汽车最好使用非线性悬架或变刚度悬架。

汽车悬挂质量的分布关系到汽车前后轴振动的相互影响。图 5.4 是双轴汽车在纵向垂直平面内简化的自由振动模型。图中，按动力学的等效条件将汽车的悬挂质量 m_2 分解为前轴上、后轴上及质心 C 上的 3 个集中质量 m_{2f}、m_{2r} 及 m_{2c}，并由无质量的刚性杆互相连接。它们的大小应同时满足 3 个条件：总质量不变、质心位置不变、对通过质心的 y 轴的转动惯量 I_y 不变。分别表示为

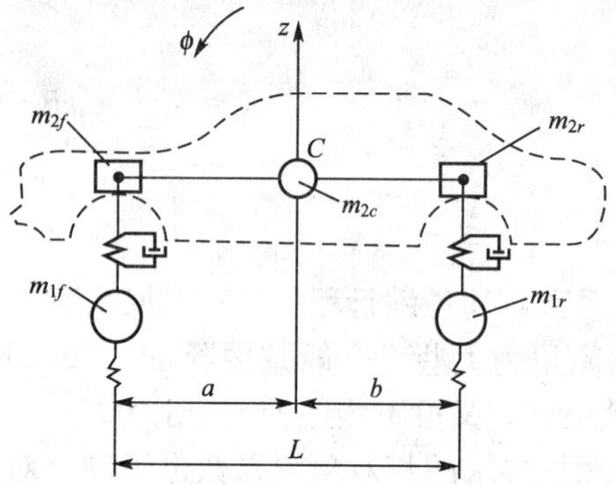

图 5.4　双轴汽车振动简化的平面模型

$$m_2=m_{2f}+m_{2r}+m_{2c} \tag{5-7}$$

$$m_{2f}a-m_{2r}b=0 \tag{5-8}$$

$$I_y=m_2\rho_y^2=m_{2f}a^2+m_{2r}b^2 \tag{5-9}$$

式中　ρ_y——绕横轴 y 的回转半径；

a、b——车身质心至前、后轴线的距离。

由式(5-7)～式(5-9)可解得 3 个集中的质量分别为

$$m_{2f}=m_2\frac{\rho_y^2}{aL} \tag{5-10}$$

$$m_{2r}=m_2\frac{\rho_y^2}{bL} \tag{5-11}$$

$$m_{2c}=m_2\left(1-\frac{\rho_y^2}{ab}\right) \tag{5-12}$$

式中　L——轴距。

通常，令 $\varepsilon=\frac{\rho_y^2}{ab}$，则 ε 称为悬挂质量分配系数，它用来描述悬挂质量在车上前后分布的状况。由式(5-12)可见，当 $\varepsilon=1$ 时，质心上的质量 $m_{2c}=0$，其悬挂质量集中分布在前、后轴上，此时前、后轴上方的集中质量 m_{2f}、m_{2r} 在垂直方向的运动相互独立。这说明当前轮遇到路面不平而引起振动时，质量 m_{2f} 运动，而质量 m_{2r} 不运动；反之亦然。

根据统计，大部分汽车的 $\varepsilon=0.8\sim1.2$，即接近于 1。为了维持 $\varepsilon\approx1$，以减少前、后悬挂质量振动的联系，应保证 ρ_y 有相应数值，例如把质量分配到汽车的两端(如发动机前移，行李舱后移等)，或改变汽车的质心位置等。

4. 非悬挂质量

非悬挂质量对汽车的振动产生重要影响。减小非悬挂质量可降低车身的振动频率，增高车轮的振动频率。这样就使低频共振与高频共振区域的振动减小，而将高频共振移向更高的行驶速度，对行驶平顺性有利。其次，减小非悬挂质量，可以减少传给车身的冲击力，改善行驶平顺性。另外，减小非悬挂质量，还将引起高频振动的相对阻尼系数增加，因而减振器所吸收的能量减少，工作条件可以获得改善。

非悬挂质量可因悬架导向装置型式而改变，采用独立悬架，可使非悬挂质量减小。

常用非悬挂质量与悬挂质量之比 m_1/m_2 评价非悬挂质量对行驶平顺性的影响。其比值越小，行驶平顺性越好。对于现代轿车，$m_1/m_2=10.5\%\sim14.5\%$，可以保证良好的行驶平顺性。

5. 座椅

座椅的布置对平顺性有较大影响。振动时接近车身中部的座椅，振幅较小，前、后两端的座椅振幅较大。通常用座椅到汽车质心的距离与汽车质心到前(后)轴线距离之比评价座位的舒适性。该比值越小，车身振动对乘客的影响就越小。座椅在高度方向上也应尽量缩小与质心间的距离，以减小水平纵向振动的振幅。

座椅应具有良好的柔和性，其振动特性(振幅、频率)和消振速度要合理。这就要适当选择弹簧座椅的刚度和阻尼，使人-座椅系统的固有频率避开人体最敏感的频率范围，且又不与车身的固有频率重合，以免共振。当座椅上乘员的自振频率与车身振动频率的比值为 1.6～2.0 时，其舒适性最好。座位的坐垫对舒适性也有较大影响，较硬悬架的汽车采用较软的坐垫，较软悬架的汽车采用较硬的坐垫，可以提高乘坐舒适性。

6. 汽车的使用维护

车速对行驶平顺性影响很大，车速越高，车身在不平路面行驶时受到的动载荷越大，乘员的舒适性就会下降。因此，应保持适当的车速。路面越恶劣，车速越不能过高。特别应注意的是，对具有一定不平度的路面，必然有一个共振车速，驾驶时必须使常用车速远离共振车速。

悬架系统技术状况不佳，会导致行驶平顺性变差。因此，应加强对减振器及钢板弹簧的维护，以防减振器失效及弹簧片生锈降低弹性元件的作用，影响行驶平顺性。

7. 汽车的道路条件

路面不平是汽车行驶振动的主要原因。因此，提高道路级别，改善路面质量，减少路面不平度，可以减少对汽车的冲击，使汽车的振动强度降低，从而改善乘坐舒适性，为汽车的高速行驶、高效运输创造条件。

5.2 汽车通过性

汽车通过性是指汽车在一定的装载质量下，能以足够高的平均速度通过各种坏路及无路地带和克服各种障碍的能力。如通过松软地面(土壤、沙漠、雪地、沼泽)、坎坷不平地段和各种障碍(陡坡、侧坡、壕沟、台阶、水障)等。越野汽车和军用、农用及在工地、林区使用的汽车，要求有良好的通过性。

5.2.1 通过性几何参数

通过性几何参数主要是指与防止汽车间隙失效有关的汽车本身的几何参数，它反映汽车通过高低不平地段和狭窄弯曲地带或越过障碍物的能力。

汽车行驶时，由于汽车与地面间的间隙不足，汽车被托住而无法通过的现象，称为间隙失效。间隙失效主要表现为：顶起失效、触头失效和托尾失效。顶起失效是指车辆中间底部的零件碰到地面而被顶住无法通过的失效；触头失效是指汽车前端触及地面而无法通过的失效；托尾失效是指汽车尾部触及地面而无法通过的失效。

通过性几何参数主要有：最小离地间隙、接近角、离去角、纵向通过角等(图 5.5)，还包括反映汽车机动性的有关参数，如最小转弯直径和内轮差、转弯通道圆等。

1. 最小离地间隙

最小离地间隙 c 是指汽车满载时，除车轮以外的最低点与路面之间的距离，它反映了

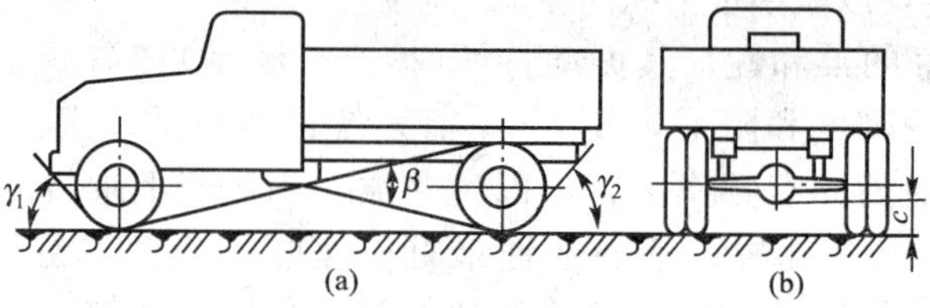

图 5.5　汽车通过性几何参数

汽车能无碰撞地越过石块、树桩等障碍物的能力。c 值越大，汽车越不易被顶起失效，通过性越好，但 c 值过大时会导致汽车重心过高，使汽车操纵稳定性变差。许多汽车的最小离地间隙在主减速器外壳下边缘处。越野汽车应有足够大的最小离地间隙，以保证其越野行驶的通过性。

2. 接近角和离去角

汽车满载静止时，分别从汽车前、后端突出点向前、后轮引切线，其切线与路面的夹角 γ_1、γ_2 分别称为接近角和离去角。γ_1 反映了汽车接近障碍物不发生碰撞的能力，γ_1 值越大，汽车越不易发生触头失效，通过性越好；γ_2 反映了汽车驶离障碍物不发生碰撞的能力，γ_2 值越大，汽车越不易发生托尾失效，通过性越好。

3. 纵向通过角

汽车满载静止时，在汽车侧视图上通过前、后车轮外缘作切线交于车体下部较低部位所形成的最小锐角 β 称为纵向通过角。β 反映了汽车能够无碰撞地通过小丘、拱桥及凸起路面等障碍物的能力，β 值越大，汽车越不易发生顶起失效，汽车通过性越好。

4. 最小转弯直径和内轮差

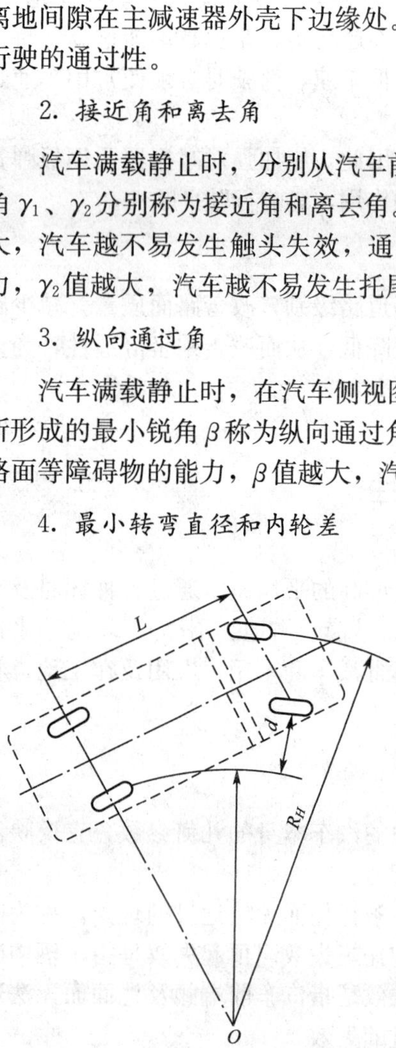

图 5.6　最小转弯直径和内轮差

汽车在转向过程中，转向盘向左或向右转到极限位置时，前外轮印迹中心在其支承面上的轨迹圆直径中的较大者，称为汽车的最小转弯直径 d_H，$d_H = 2R_H$，如图 5.6 所示；内轮差是指前内轮轨迹圆与后内轮轨迹圆的半径之差 d。它们反映了汽车在最小面积内的回转能力和通过狭窄弯曲地带或绕过障碍物的能力，最小转弯直径、内轮差越小，则汽车的通过性就越好。

5. 转弯通道圆

当转向盘转到极限位置、汽车以最低稳定车速转向行驶时，车体所有点在支承平面上的投影均位于圆周以外的最大内圆称为转弯通道内圆；车体上所有点在支承平面上的投影均位于圆周以内的最小外圆称为转弯通道外圆。若转弯通道圆内圆直径越大，外圆直径越小，则说明汽车转弯所需的通道宽度越窄，通过性越好。

各类汽车通过性的几何参数见表 5-4。

表5-4 各类汽车通过性的几何参数

汽车类型	驱动型式	最小离地间隙 c/mm	接近角 γ_1/(°)	离去角 γ_2/(°)	最小转弯直径 d_H/m
轿车	4×2	120～200	20～30	15～22	7～13
	4×4	210～370	45～50	35～40	10～15
货车	4×2	250～300	25～60	25～45	8～14
	4×4、6×6	260～350	45～60	35～45	11～21
越野车(乘用)	4×4	210～370	45～50	35～40	10～15
客车	6×4、4×2	220～370	10～40	6～20	14～22

5.2.2 通过性牵引支承参数

通过性的牵引支承参数是以汽车附着力、驱动力和行驶阻力来反映汽车通过性能的参数，它反映了汽车通过松软土壤、沙漠、雪地、冰面、沼泽等地面的能力。通过性的牵引支承参数主要有：最大单位驱动力、附着质量系数和车轮接地比压。

1. 最大单位驱动力

汽车在松软路面行驶时，路面变形较大，行驶阻力大。为了获得良好的通过性，汽车需要有足够大的驱动或牵引能力。通常用最大单位驱动力来表征这种能力。

最大单位驱动力是指汽车的最大驱动力与汽车总重力之比，即

$$\frac{F_{X\max}}{G}=\left(\frac{T_{tq}i_g i_0 i_R\eta_T}{Gr}\right)_{\max} \tag{5-13}$$

式中 i_R——分动器传动比。

汽车低速行驶时，若忽略空气阻力，则最大单位驱动力就等于最大动力因数。因此，最大单位驱动力可用来广泛评价不同总重力越野汽车的驱动性能或牵引性能。

汽车行驶时，最大单位驱动力大，说明汽车行驶的驱动条件好，克服外界阻力的能力强。由于越野汽车经常行驶在松软土壤等恶劣环境的路面，其行驶阻力很大，因此越野汽车必须有较大的最大单位驱动力。

为了获得足够大的单位驱动力，要求越野汽车有较大的比功率及较大的传动比。这些可通过提高发动机功率，在传动系统中增加副变速器或分动器，以增加传动系统的总传动比来实现。在困难的行驶条件下，限制越野汽车的额定载质量能提高单位驱动力，同时也能降低在松软地面上的滚动阻力。

2. 附着质量系数

汽车行驶时，若附着条件好，则汽车动力性可以充分发挥，汽车通过性可以得到提高。为保证汽车通过性，在松软路面行驶的汽车，应满足的附着条件如下：

$$F_\varphi \geqslant F_f + F_i \tag{5-14}$$

设汽车总质量为 m，汽车驱动轴载质量为 m_φ，m_φ 常称为附着质量，路面附着系数为 φ，滚动阻力系数为 f，道路坡度为 i。将所设参数代入式(5-14)得

$$m_\varphi g\varphi \geqslant mg(f+i)=mg\psi \tag{5-15}$$

令 $K_\varphi=\frac{m_\varphi}{m}$，则 K_φ 称为附着质量系数，由式(5-15)得

$$K_\varphi=\frac{m_\varphi}{m}\geqslant\frac{\psi}{\varphi} \tag{5-16}$$

显然，附着质量系数 K_φ 越大，则汽车的附着条件越好，汽车能获得的驱动力就越大，汽车克服道路阻力的能力就越强，汽车在坏路面上行驶的通过性就越好。由于越野车采用全轮驱动，能获得最大的附着质量系数($K_\varphi=1$)，因此越野车的通过性最好。

3. 车轮接地比压

车轮接地比压是指作用在车轮上的径向载荷与轮胎接地面积之比。车轮接地比压 p 与轮胎气压 p_W 有关，车轮在硬路面上承受额定载荷时，其接地比压 $p=(1.05\sim1.2)p_W$，对于帘布层较多的轮胎，式中的系数应取较大的值。

松软地面的滚动阻力系数和附着系数都与车轮接地比压有关。汽车在松软的地面上行驶时，降低车轮接地比压，可使轮辙深度减小，从而降低行驶的滚动阻力；同样，在黏性土壤和松软雪地上，降低车轮接地比压可使车轮接地面积增加，使地面承受的剪切力增大，附着系数提高，车轮不易打滑。

在松软路面行驶的汽车，适当降低车轮的接地比压，既可改善汽车的附着条件，又可减少汽车的行驶阻力，因而可提高汽车的通过性。

5.2.3 汽车通过性的主要影响因素

1. 发动机功率或转矩

汽车通过坏路或无路地带时，要克服较大的道路阻力。为保证汽车的通过性，汽车要有足够大的最大单位驱动力。为此，发动机应有足够的功率或转矩，应适当提高汽车比功率或汽车单位质量的发动机转矩，这是提高汽车动力性、确保汽车通过性的基础。

2. 传动系统传动比

增大传动系统传动比，既可提高汽车的最大单位驱动力，以克服较大的道路阻力，从而提高汽车的通过性，又可降低最低稳定车速，以减小车轮对松软路面的冲击，从而减少由此引起的土壤被剪切破坏的概率，提高汽车通过坏路或无路地段的能力。因此，越野车均设有副变速器或使用两挡分动器，以增加传动系统的总传动比。

3. 液力传动

装有普通机械传动系统的汽车在起步或负荷变化时，由于各部件刚性结合传递转矩，因此驱动轮转矩急剧上升，对土壤产生振动和剪切，土壤结构被破坏，使轮辙加深，起步及行驶困难。

采用液力传动的汽车，起步时转矩增加平缓，避免了对路面的冲击；行车时传动系统载荷稳定，以减轻车轮对土壤的破坏；能使汽车稳定地低速(0.5～1km/h)行驶，减少车轮滑转倾向；实现无级变速，能避免换挡冲击。液力传动的这些特点均能改善汽车在松软路面行驶的通过性。

4. 差速器

普通锥齿轮式差速器，由于具有在驱动轮间平均分配转矩的特性，当一侧车轮出现滑

转时，另一侧车轮只能产生与滑转车轮相等的驱动力，其汽车驱动力的最大值为

$$F_{X\max}=2(F_{\varphi})_{\min}$$

由于受到较小一侧车轮附着力的限制，使得总驱动力较小不能克服行驶阻力而失去通过性。

越野汽车采用高摩擦式差速器时，其内摩擦力矩 T_r 较大，因而传动轴输入的转矩不是平均分配到各驱动轮上。如果一侧驱动轮由于附着力不足而滑转，因其转速增大，传给它的转矩就会减小 $T_r/2$，而另一侧车轮的转矩就会增大 $T_r/2$，其汽车驱动力的最大值为

$$F_{X\max}=2(F_{\varphi})_{\min}+\frac{T_r}{r}$$

式中 r——车轮半径。

可见，采用高摩擦式差速器后，可以使转得较慢的车轮获得较大的驱动力，从而使总驱动力增加，增加值为10%～15%，有利于提高汽车的通过性。因此，越野汽车广泛采用高摩擦式差速器，如凸轮式、蜗杆式差速器。

为了避免一侧驱动轮受附着力限制滑转而使整车驱动力受到限制，某些汽车装有差速锁。必要时锁上差速锁，此时两边车轮的驱动力可以按各自的附着力来分配，其汽车驱动力的最大值为

$$F_{X\max}=(F_{\varphi})_{\min}+(F_{\varphi})_{\max}$$

这样，可充分利用一侧驱动轮的高附着力$(F_{\varphi})_{\max}$，使总驱动力增加，其改善或提高通过性的作用比高摩擦差速器更明显。

5. 汽车车轮

汽车车轮对汽车通过性有着重要的影响。为了提高汽车的通过性，应合理地确定或选择车轮尺寸、轮胎花纹、轮胎气压、轮胎类型和轮胎数目。

(1) 车轮尺寸。车轮直径直接影响汽车的越障能力和附着性能。加大车轮直径($2r$)可以提高汽车克服障碍物如台阶、壕沟的能力；加大车轮直径可以增加接触面积，减小接地比压，使附着性能提高，土壤阻力减少，车轮滑转减少。但加大轮胎直径会使惯性增大，汽车质心升高，轮胎成本增加，并要采用大传动比的传动系统。因此，应设计合适的车轮直径。

轮胎宽度对附着性能影响较大。加大轮胎宽度可以大幅度增加接地面积，直接降低轮胎的接地比压，提高附着能力，在松软路面行车时，可以减少道路阻力。因此，在沙漠、雪地、沼泽、田间行驶的汽车，适宜采用宽轮胎。如采用拱形宽轮胎，它可在相同轮辋直径的情况下，其轮胎的断面宽度比普通轮胎要大 2.0～2.5 倍，轮胎气压很低(29.4～83.3kPa)，若用这种轮胎代替并列双胎，其接地面积将大幅增加，可提高汽车的通过性。

(2)轮胎花纹。轮胎花纹对附着系数有很大影响。正确选择轮胎花纹，对提高汽车通过性有很大作用。越野汽车采用宽而深花纹的轮胎，在松软地面上行驶时，其花纹能较好地嵌入土壤，使附着能力提高；在潮湿路面上行驶时，只有花纹的凸起部分与路面接触，增加了车轮的接地比压，有利于挤出水分，提高附着系数。越野行驶的汽车，由于道路条件较差。因此，其越野轮胎的花纹形状应具有自动排出泥土的性能。在硬路面上行驶的汽车，宜采用细而浅纹的轮胎，因其接触面大，附着性能好，可提高汽车通过性。

(3) 轮胎气压。轮胎气压对汽车通过性的影响表现在行驶阻力和附着性能上。汽车在松软路面上行驶时，降低轮胎气压，可以增加轮胎与路面的接触面积，减小车轮接地比压，使附着系数提高，路面变形减小，道路阻力下降。在硬路面上行驶时，适当提高轮胎气压，可以减小轮胎变形，使行驶阻力减小。因此，应根据道路行驶条件，采用合适的轮胎气压。在沙漠、雪地、沼泽、田间行驶的汽车，可以采用特殊的低压轮胎，如拱型轮胎，但在硬路面上行驶，会使行驶阻力增加，且易损坏轮胎。

为了提高越野汽车通过松软地面的能力，同时减小在硬路面上行驶时的滚动阻力，可装用轮胎中央充气系统，使驾驶人能够根据道路条件，随时调节轮胎气压。通常，越野汽车的超低压轮胎的气压可以在49～343kPa的范围内变化。

(4) 轮胎数目。汽车在松软的地面上越野行驶时，采用双轮胎车轮的滚动阻力比采用单轮胎车轮的滚动阻力大。因此，越野汽车车轴的两侧普遍采用单轮胎车轮。

(5) 前后轮距。装用单轮胎车轮的汽车，若其轮胎宽度相同、前后轴轮距相等，则汽车在松软的地面上越野行驶时，其后轮会沿前轮压实的轮辙行驶，可使全车的行驶阻力减小，提高汽车通过性。因此，现代越野汽车普遍采用前、后轮距相等的布置形式。

(6) 前后轮接地比压。前后轮距相等的汽车在松软地面上行驶时，前轮是开路的，若前轮接地比压比后轮的接地比压小20%～30%，则汽车的滚动阻力最小。因此，设计汽车时，可将载荷合理分配于前后轴，也可改变前后轮的气压，以产生不同的接地比压。

6. 驱动型式

汽车驱动型式对通过性影响很大。4×2型后轮驱动汽车一般比前轮驱动汽车的附着条件好，具有更大的爬坡能力和加速能力，通过性较好。全轮驱动汽车通过性最好，它不仅改善了附着条件，使得附着质量系数最大，能获得更大的驱动力并减少滑转，而且有利于提高汽车通过垂直台阶和壕沟的能力。因此，越野汽车均采用全轮驱动。

7. 悬架

6×6型或8×8型非独立悬架多轴驱动的越野汽车通过坎坷不平地面时，常会引起某个驱动车轮的垂直载荷大幅度减小，乃至离开地面而悬空，使驱动车轮失去与地面的附着而影响通过性。独立悬架和平衡式悬架允许车轮与车架间有较大的相对位移，使驱动车轮与地面经常保持接触，可以保证有较好的附着性能。同时独立悬架可显著增大汽车的最小离地间隙，提高汽车的通过性。

8. 驱动防滑转系统

汽车防滑转系统(Anti Slip Regulation，ASR)是指汽车在驱动过程中防止驱动轮发生滑转的控制系统。ASR能有效控制汽车驱动轮的运动状态，避免车轮在路面上驱动滑转，提高汽车在驱动过程中的驱动能力和驱动时的方向稳定性，能改善或提高汽车行驶的通过性。

ASR在汽车上已经得到了广泛应用，它主要由ASR传感器、ASR ECU和ASR制动压力调节器组成。典型的ASR如图5.7所示。

汽车驱动力大于驱动轮与路面间的附着力是汽车发生加速滑转的直接原因。汽车在附着系数小的路面行驶，会经常出现驱动轮滑转现象。要防止驱动轮滑转，就必须对驱动力矩加以控制，适当降低汽车驱动力。降低汽车驱动力的控制方式主要有制动控制、发动机

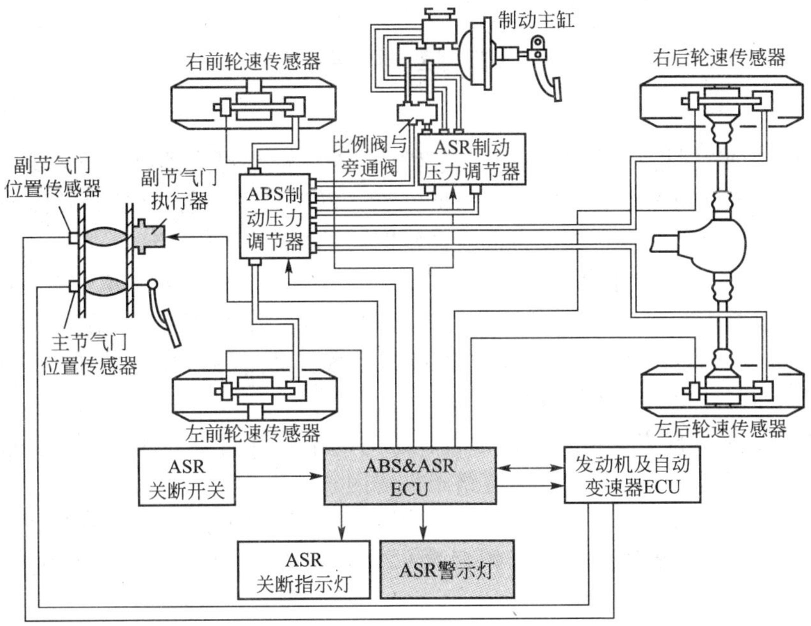

图 5.7 典型的 ASR

控制和发动机与制动综合控制 3 种方案，当 ASR ECU 检测到驱动轮的滑转率超过设定界限时，则 ASR ECU 就对驱动轮的滑转加以控制。

汽车行驶时，ABS/ASR ECU 根据各车轮转速传感器产生的车轮转速信号，确定驱动轮的滑转率。当驱动轮滑转时，ABS/ASR ECU 则根据车速、驱动轮速、路面条件和驾驶人踩加速踏板的动作来实现其防滑转控制，使滑转率达到最佳状态。如当驱动轮滑转率超过限定值时，ABS/ASR ECU 则指令驱动步进电动机逐渐关闭副节气门，使发动机输出转矩降低，驱动轮的驱动力减小，从而抑制驱动轮滑转；如果驱动轮滑转率仍超过限定值，ABS/ASR ECU 则又发出控制信号，控制 ASR 制动压力调节器工作，对驱动轮施加适当制动，使驱动轮速下降，将驱动轮滑转率控制在最佳范围内。当汽车在附着系数不对称路面行车时，若处于泥泞路面的驱动轮产生滑转，则 ABS/ASR ECU 控制 ASR 制动压力调节器对滑转驱动轮进行制动，同时发动机对另一侧无滑转驱动轮施加正常力矩，其效果相当于差速锁的作用，好路面的驱动轮可获得较大的驱动转矩，使整车的驱动力达到最大值，从而提高了汽车的行驶能力，增强了汽车的通过性。

9. 驾驶技术

驾驶技术随时随地都影响着汽车通过性。为保证汽车具有较好的附着性能，较大的驱动力和良好的通过性，在松软地面驾驶汽车，起步不能过猛；应尽量使用低速挡；尽量避免换挡和加速；尽量采用低速行车；尽量保持直线行驶。

对装有差速锁的汽车，要把握差速器锁止的时机。汽车在进入可能滑转地段之前应挂上差速锁。若已经出现滑转再挂差速锁，土壤表面已被破坏，附着系数下降，效果会显著变差。当汽车离开滑转地段后，应及时脱开差速锁，否则，汽车行驶阻力过大，轮胎磨损严重。

本 章 小 结

1. 汽车行驶平顺性是指汽车在行驶过程中，能保证乘员在所处的振动环境里具有一定的舒适度，以及保持所运货物完整无损的性能。汽车是个复杂的振动系统，而人体对它的反应由其振动频率、强度、振动方向及振动时间的综合作用决定。

2. 汽车行驶平顺性的评价依据是 ISO 2631－1：1997(E)《人体承受全身振动评价—第一部分：一般要求》，它表明人体对不同频率振动的敏感程度不同，给出了各轴向 0.5～80Hz 的频率加权函数(渐进线)及相应的轴加权系数。通过测取加权加速度均方根值，并与标准比较，即可评价汽车的平顺性。

3. 汽车行驶平顺性主要与悬架、轮胎、座椅的结构和特性有关，同时还受悬挂质量与非悬挂质量、汽车使用维护、汽车道路条件等因素的影响。

4. 汽车通过性是指汽车在一定的装载质量下，能以足够高的平均速度通过各种坏路及无路地带和克服各种障碍的能力。越野汽车和军用、农用及在工地、林区使用的汽车，要求有良好的通过性。

5. 通过性几何参数有：最小离地间隙、接近角、离去角、纵向通过角、最小转弯直径和内轮差、转弯通道圆，它们反映了汽车通过高低不平地段、狭窄弯曲地带和越过障碍物的能力。牵引支承参数有：最大单位驱动力、附着质量系数和车轮接地比压，它们反映了汽车通过松软土壤、沙漠、雪地、冰面、沼泽等地面的能力。

6. 影响汽车通过性的主要因素有：发动机功率或转矩、传动系统传动比、液力传动、差速器、车轮、悬架、驱动型式、驱动防滑转系统和驾驶技术。

习 题

一、判断题(请判断下列概念或说法是否正确，对者打“√”，错者打“×”)

1. 为提高汽车的通过性，汽车的最小转弯半径和纵向通过角应小些好。(　　)

2. 采用变刚度特性悬架，对于载荷变化较大的汽车而言，会明显地改善汽车行驶的平顺性。(　　)

3. 汽车前后振动互不影响的条件是汽车悬挂质量分配系数小于 1。(　　)

4. 客车座位越接近车身中部的质心，其车身振动时对乘客的影响就越小，其乘客的舒适性就越好。(　　)

5. 传动系统设计差速器，既能保证左右驱动车轮以不同角速度旋转，又可提高汽车通过性。(　　)

二、填空题

1. 汽车的接近角越大，汽车接近障碍物时，越不容易发生__________；汽车的离去角越大，汽车驶离障碍物时，越不容易发生__________。

2. 4×4 汽车在水平路面全轮驱动行驶的驱动与附着条件是____________________，

其附着质量系数是____。

3. 为了提高汽车的行驶平顺性，双向减振器压缩行程的相对阻尼系数与伸张行程相比应________。

4. 为减少车身纵向角振动，汽车前悬架固有频率应比后悬架固有频率___________。

5. 汽车在松软的路面上行驶时，轮胎气压应__________，而在硬路面上行驶时，应适当__________轮胎气压。

三、简答题

1. 人体对汽车振动的反应如何?
2. 如何改善汽车的行驶平顺性?
3. 为什么越野汽车要采用全轮驱动?
4. 汽车通过性的几何参数主要有哪些？它们如何影响汽车通过性?
5. 汽车通过性的牵引支承参数主要有哪些？它们如何影响汽车通过性?

第6章

汽车公害及控制

本章教学要点

知识要点	掌握程度	相关知识
汽车排放污染物	了解汽车排放污染物的形成及危害； 熟悉汽车排放污染物的主要影响因素； 掌握汽车排放污染物的控制方法； 了解汽车排放污染物的检测方法	汽车排放污染物形成机理； 汽车排放污染物影响因素； 汽车机内净化、机外净化、使用减排； 汽车排气成分分析仪、排气烟度计
汽车噪声	了解汽车噪声及危害； 熟悉汽车噪声来源及特性； 掌握汽车噪声的控制方法； 了解汽车噪声的检测方法	汽车噪声来源； 汽车噪声控制； 声级计； 频率分析仪
汽车电磁干扰	了解汽车电磁干扰的形成及危害； 熟悉汽车电磁干扰的抑制方法； 了解汽车电磁干扰的检测方法	电磁波； 传导干扰、辐射干扰； 电磁干扰检测

导入案例

洛杉矶光化学烟雾事件

洛杉矶光化学烟雾事件(图6.01)是世界著名的公害事件之一，于20世纪40年代初期发生在美国的洛杉矶市。

洛杉矶位于美国西南海岸，西面临海，三面环山，是个阳光明媚，气候温暖，风景宜人的地方。早期金矿、石油和运河的开发，加之得天独厚的地理位置，使它很快成为一个商业、旅游业都很发达的港口城市，使其变得空前繁荣。

随着工业的发展和人口的剧增，洛杉矶在20世纪40年代初就有汽车250万辆，每天消耗汽油1600万升，向大气排放大量碳氢化合物、氮氧化物和一氧化碳。汽车排出的废气和工业废气，在强烈的阳光紫外线照射下，发生光化学反应，产生光化学烟雾。在洛杉矶每年的5—10月，只要是晴朗的日子，城市上空就会出现一种弥漫天空的浅蓝色烟雾即光化学烟雾，使整座城市上空变得浑浊不清。这种烟雾使人眼睛发红，咽喉疼痛，呼吸憋闷、头昏、头痛。1943年以后，烟雾更加肆虐，以致远离城市100km以外的海拔2000m高山上的大片松林也因此枯死，柑橘减产。这就是最早出现的光化学烟雾污染事件。

图6.01 洛杉矶光化学烟雾事件

在20世纪50年代的一次光化学烟雾事件中，洛杉矶市因呼吸系统衰竭死亡的65岁以上的老人达400多人；在20世纪70年代，洛杉矶还被称为“美国的烟雾城”，其光化学烟雾使得洛杉矶市约有75%以上的市民患上红眼病。

光化学烟雾可以说是工业发达、汽车拥挤的大城市的一个隐患。20世纪50年代以来，世界上很多城市都不断发生过光化学烟雾事件。光化学烟雾的形成机理十分复杂，但其主要诱因是来自汽车排放污染物。因此，在汽车高速发展的同时，人们非常重视汽车排放污染物的控制，以防患于未然。

汽车排放对大气的污染、汽车噪声和电磁干扰对环境的危害，破坏了自然界的生态平衡，恶化了人类的生存环境，影响了人们的身体健康，已成为社会公害。研究汽车公害形成原因，分析汽车公害影响因素，探讨汽车公害控制方法，对减少排放污染物、降低噪声、抑制电磁干扰具有重要的作用。

6.1 汽车排放污染及控制

6.1.1 汽车排放污染物的形成及危害

汽车排放污染物主要有：一氧化碳(CO)、碳氢化合物(HC)、氮氧化物(NO_x)、微粒(PM)。随着汽车保有量的急剧增加，汽车排放污染物对大气的污染已经构成公害，它对部分人群，尤其是对大城市的人群造成了严重的健康威胁，同时它还损害生态环境，污染河流湖泊，危及野生动植物的生存。

1. 一氧化碳

(1) CO的形成。汽车发动机的主要燃料是汽油和柴油，它们是碳氢化合物(烃)的混合物(C_nH_m)。汽车排放中的CO是燃料不完全燃烧的产物。当燃料在空气充足的条件下完全燃烧时，会生成CO_2和H_2O。而当发动机混合气过浓或燃烧质量不佳时，燃料不能充分燃烧会生成CO；此外，若燃烧后的温度很高，也会使正常燃烧情况下形成的少量CO_2分解成CO和O_2。

CO是汽油车的主要排放污染物。由于柴油发动机过量空气系数大，循环温度低，因此，柴油车的CO排放量比汽油车低很多。

(2) CO的危害。CO是一种无色无味的有毒气体，它进入人体后极易与血液中的血红蛋白结合。CO与血红蛋白的亲合力是氧的300倍。因此，CO可使血液携带氧的能力降低而引起缺氧。CO被人体大量吸入后，因缺氧而出现各种中毒症状，如恶心、头晕、四肢无力，严重时会使人窒息死亡。

2. 碳氢化合物

(1) HC的形成。汽车排放中的HC是各种没有燃烧和没有完全燃烧的碳氢化合物的总称。HC主要由发动机排气管排出，部分从供油系统、曲轴箱和燃油箱中泄漏或蒸发。在任何工况下，汽油机排气中总含有一定量的HC，其排放量远大于柴油机。

缸壁的激冷作用和燃烧室缝隙效应是产生HC的重要原因。发动机通过火焰传播使燃油燃烧，但紧靠缸壁的气体层(0.05～0.38mm)因低温缸壁的冷却作用，火焰传播不到；同时，火焰不能在缝隙(小于1mm)内的混合气中传播。因而这些混合气中的HC将随废气排出。

另外，在发动机工作过程中，如果混合气过浓或过稀，或点火系统出现故障，或火焰在传播过程中熄灭，都会致使混合气中的部分或全部燃料以HC的形式排出。HC既有未燃的燃料，也有燃料不完全燃烧的中间产物和部分被分解的产物。因此，一切妨碍燃料正常燃烧的条件都是HC形成的原因。

(2) HC的危害。高浓度的HC对人的眼、鼻和咽喉黏膜有较强的刺激作用，严重时可致癌。

HC对大气的污染主要在于其与NO_x产生光化学反应形成光化学烟雾。HC与NO_x在强太阳光作用下，会发生一系列的光化学反应，生成臭氧(O_3)、过氧乙酰基硝酸盐

(PAN)等光化学过氧化物及各种游离基根、醛、酮等成分，形成一种毒性很大的光化学烟雾(白色或浅蓝色)。光化学烟雾滞留在大气中时，会使人感到呼吸困难，头昏目眩、眼红咽痛，甚至引起中枢神经瘫痪、痉挛。

3. 氮氧化合物

(1) NO_x 的形成。汽车排放中的 NO_x 是复杂氮氧化合物的总称，主要包括 NO_2 和 NO。废气中的 NO_x 主要是在高温燃烧过程中由空气中的氧和氮化合而成，燃料中含氮化合物也会部分形成氮氧化物排放。

通常，高温燃烧时含氧量越充足，越易促使氧、氮化合，则氮氧化物的排放浓度越大。汽车尾气中直接排出的氮氧化物基本上是 NO，汽油机排出的氮氧化合物中，NO 占 99%，而柴油机排出的氮氧化合物中 NO_2 比例稍大。

(2) NO_x 的危害。NO 在发动机刚排出时，其毒性较小，但排出之后 NO 在大气中被氧化为剧毒的 NO_2，这一过程一般需要几小时，若空气中有强氧化剂如臭氧，则氧化过程变得很迅速。NO_2 是一种刺激性很强的污染物，它能刺激眼、鼻黏膜，麻痹嗅觉，甚至引起肺气肿；NO_2 还是形成酸雨及光化学烟雾的主要物质之一，对人及植物生长均有不良影响。

4. 微粒

(1) 微粒的形成。汽车排放中的微粒是发动机排气中各种固体或液体微粒的总称。汽油机排出的主要微粒是铅化物、硫酸盐、低分子物质；柴油机排出的主要微粒为碳物质(炭烟)和高分子量的有机物(润滑油的氧化和裂解产物)。

炭烟由直径较小的多孔性碳粒构成，它主要是燃油在高温缺氧情况下的燃烧产物。混合气燃烧时，在空气不足的局部高温区(2000～3000K)，已形成气相的燃油分子通过裂解和脱氢过程，经过核化或形成先期产物，快速产生较小分子的物质，在后期出现聚合反应，最终产生炭烟微粒，随废气排入大气，形成炭烟。另外，在低于 1500K 的低温区(如燃烧室壁等非火焰区)，则通过聚合和冷凝过程，缓慢产生较大分子量的物质，最后也生成炭烟微粒。

柴油车排出的微粒要比汽油车多得多，其中炭烟微粒排放比汽油机多 30～60 倍。理论研究表明，汽油等轻质燃料的汽化是一个物理过程，而柴油等重质燃料的汽化则还包含化学裂解过程，这就是柴油车微粒排放多的重要原因。

(2) 微粒的危害。微粒中对人体和大气环境危害最大的是直径 2.5μm 左右的微粒，它悬浮于离地面 1～2m 高的空气中，容易被人体吸入。而这些微粒，往往吸附许多有机污染物、重金属元素和一些致癌物质。因此，微粒炭烟被人体吸入后，易引起心、肺部病变，甚至使人致癌，严重危害人体的健康。

6.1.2 汽车排放污染物的影响因素

1. 汽油机排放污染物的主要影响因素

(1) 空燃比。空燃比对排放污染物的影响最大。空燃比发生变化时，参与燃烧的相对空气量及混合气的燃烧速度产生显著变化，导致有害气体排放浓度发生变化。图 6.1 是有害气体 CO、HC 和 NO_x 的浓度与空燃比的变化关系。

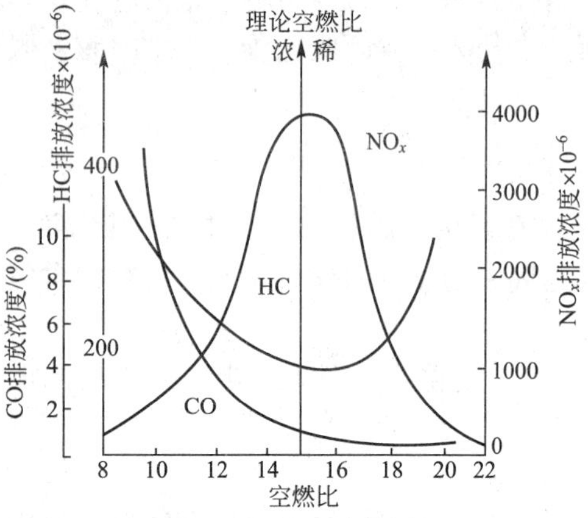

图 6.1 CO、HC 和 NO_x 的浓度与空燃比的关系

当混合气过浓时，其空燃比小于理论空燃比(14.7)，因空气量不足使燃料不能完全燃烧，随着空燃比的减小，CO 和 HC 浓度逐渐增加；但由于混合气过浓时氧的浓度低，燃料中氧和氮化合的机会减少，因而 NO_x 的浓度随着空燃比减小而降低。

当混合气过稀时，其空燃比大于理论空燃比，随着空燃比的增大，CO 浓度基本不变或下降至很小，理论上此时不会产生 CO，但实际上由于混合气的混合和分配不均匀，以及 CO_2 在高温下的分解，因此仍有少量的 CO 生成；而 HC 则因空燃比增大后火焰传播中断现象严重，以及燃烧速度减慢使得混合气来不及完全燃烧，导致 HC 的浓度增加；而 NO_x 则因稀混合气火焰传播速度慢，使得其燃烧温度低，抑制了 NO_x 的生成，导致 NO_x 浓度下降。

当混合气略稀，即空燃比比理论空燃比大 10%左右时，燃烧效率最高，CO、HC 浓度较小。但由于燃烧温度高，含氧充足，则导致 NO_x 的排放量最大。

(2) 发动机负荷。汽车行驶时，节气门开度代表着发动机负荷。发动机负荷不同，则节气门开度不同，发动机所需的混合气浓度也不同，图 6.2 为发动机以某一转速旋转时，过量空气系数随负荷变化的关系。因此，负荷对排放的影响，其实质是混合气浓度对排放的影响。

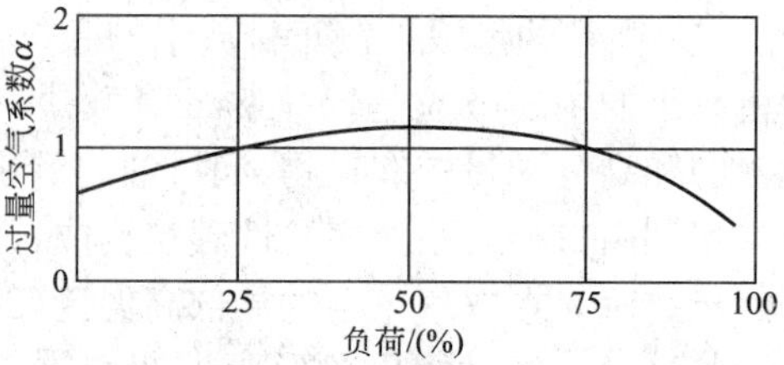

图 6.2 过量空气系数与负荷的关系

发动机怠速时，负荷为零。由于转速低，进气系统内空气流速低，使汽油雾化不良，汽油与空气混合不均匀，混合气在各缸内的分配也不均匀；同时缸内压力、温度低，汽油汽化不良。为避免有的气缸缺火，保证怠速稳定运转，发动机需燃用浓混合气，因而使得排出废气中的 CO、HC 浓度大大增加，而 NO_x 因严重缺氧和燃烧温度较低排放很少。汽油机怠速是 CO、HC 排放最为严重的工况，通常作为汽车检测排放的重点工况。

发动机小负荷时，节气门开度在 25%以下，进入气缸的可燃混合气较少，缸内残余废气比例相对较大，不利于燃烧。因此发动机在小负荷时需燃用较浓混合气，使排出的废气中的 CO、HC 浓度较大。但因小负荷时温度较低，氧浓度较小，使得 NO_x 排放较少。

发动机中等负荷时，节气门开度在 25%～80%，发动机燃用较稀的经济混合气，燃烧比较充分、完全，因此废气中的 CO、HC 的浓度均较小，但 NO_x 因供氧充足和燃烧温度较高而浓度增加。

发动机大负荷时，节气门开度在 80%以上，发动机燃用较浓的功率混合气来产生较大功率，以适应重负载的需要。因空气量不足，使得废气中的 CO、HC 浓度增大，而 NO_x 浓度则减少。

汽油机中，由于混合气成分比较均匀，火焰传播速度较快，在正常条件下，各种负荷产生炭烟的数量很少。

城市内行驶的汽车，由于混合交通或交通堵塞现象，汽车不得不频繁起步、停车，长时间低速行驶，使得发动机经常处于怠速及小负荷的运行状态，这时汽车对城市的大气污染较为严重。

(3) 发动机转速。转速对排放的影响是综合性的，因为汽油机转速的变化，会引起充气系数、点火提前角、混合气形成、空燃比、缸内气体流动、汽油机温度及排气在排气管中停留时间等因素的变化，而这些因素的变化都会不同程度地影响有害气体的形成及浓度。

发动机怠速运转时，由于混合气过浓，混合与燃烧不充分，CO、HC排放量较大，提高怠速转速可使CO、HC排放浓度下降(图6.3)，这是由于进气节流减小，充气量增加，残余气体稀释程度有所减小，使燃烧得到改善的缘故。

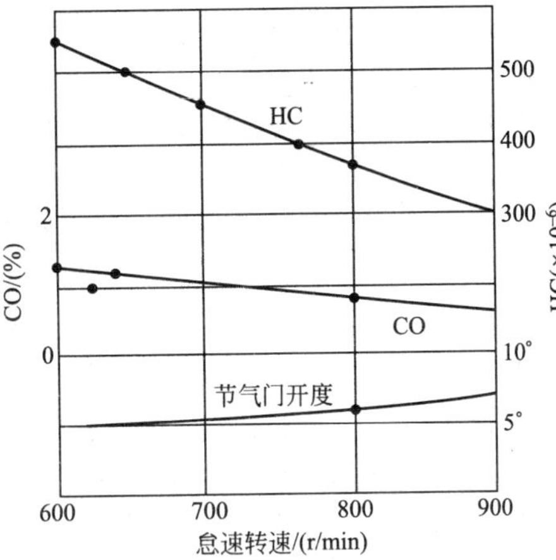

图6.3 发动机怠速的高低对CO、HC的影响

随着发动机转速的增加，气缸内混合气紊流扰动加强，火焰传播速度加快，汽油燃烧比较完善，HC、CO含量减少。废气中CO、HC的排放浓度随曲轴转速提高而下降，但HC在高速时由于燃烧时间短，易于产生未燃烃，HC的排放量会略有增加。

发动机转速对NO_x排放的影响与混合气浓度有关。当燃用浓混合气时，火焰传播速度随转速的提高而加快，散热损失减少，缸内气体温度升高，使得NO_x的排放浓度增大；当燃用稀混合气时，火焰传播速度随转速的提高而变化不大，但由于燃烧过程相对的曲轴转角增大，燃烧峰值温度反而下降，使得NO_x的排放浓度减少。

(4) 点火提前角。点火提前角对NO_x的影响显著(图6.4)。当空燃比一定时，点火提前角减小，则最高燃烧温度下降，导致废气中的NO_x浓度明显减小；点火提前角加大则NO_x浓度加大。点火提前角对HC的影响比对CO的大(图6.5)。当混合气浓度一定时，

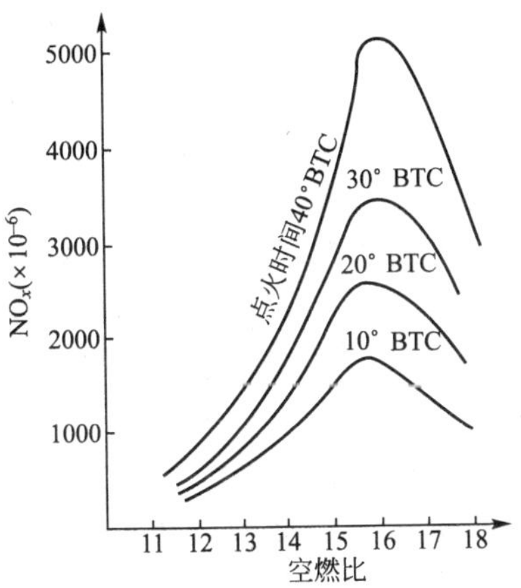

图6.4 点火提前角对NO_x的影响

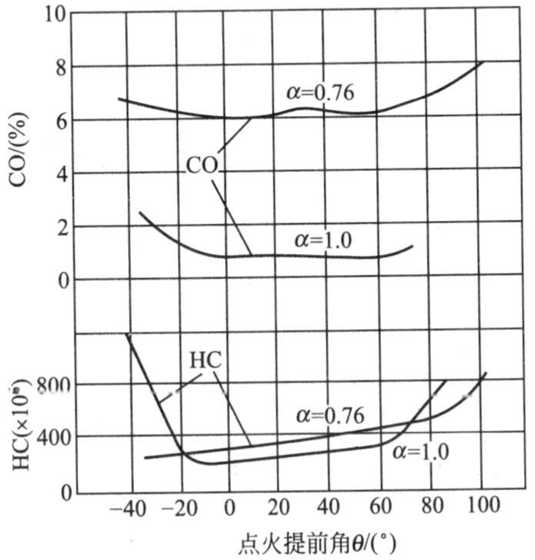

图6.5 点火提前角对CO、HC的影响

若点火滞后，则补燃增多，气缸及排气系统温度升高，缸壁激冷效应下降，废气中的HC浓度有所减小；但点火过迟时，则燃烧速度过慢，因混合气来不及完全燃烧，使得HC的浓度又有所提高。

点火推迟虽然可降低HC、NO_x 的排放，但点火推迟后将会引起发动机功率下降、油耗增加。

(5) 发动机热状况。发动机的热状况对废气中有害成分的浓度有直接影响。发动机从起动到暖机过程中，冷却液温度较低，燃油雾化不良，燃烧不充分，缸壁激冷作用大，HC和CO排放浓度最高。随着冷却液温度的提高，缸壁温度也提高，在气缸壁区域内的氧化反应条件得到改善，排出的HC减少。当冷却液温度达正常(85～95℃)时，由于发动机处于最佳热状态，燃烧正常，CO排放浓度降低。当发动机温度过高、供油系统过热时，发动机易产生气阻，此时由于混合气过稀易导致断火现象，使得废气中HC的浓度增大。NO_x 排放量与燃烧的最高温度有关，发动机过热缸壁温度升高时，NO_x 排放量也增加。

(6) 发动机变工况。汽车在实际运行中，发动机转速和负荷需要随时调整以适应不同的外界条件。此时，发动机要经历变工况。对发动机排放影响最大的变工况是冷起动、加速和减速等。

① 冷起动。汽油机进行冷起动时，由于进气系统和气缸温度都很低，汽油很难完全蒸发，较多的汽油沉积在的进气管壁面上形成油膜，同时由于发动机转速低，空气流速低，燃油蒸气与空气混合不均匀，为使点火时能在火花塞附近形成可点燃的混合气，电喷系统需要额外加大燃油量，使用极浓的混合气来保证发动机正常起动。这样，极浓的混合气会导致较高的CO排放。形成油膜的汽油有些在燃烧结束后才从壁面上蒸发，没有来得及完全燃烧就被排出气缸，造成冷起动时HC的大量排放。由于冷起动时温度较低，并采用的是极浓的混合气，因此 NO_x 的排放量很低。

② 加速。发动机在加速运转时，通常要供给较浓的混合气，会引起部分燃料不完全燃烧，造成较高的CO和HC排放。另外，加速时需要发出较大的功率，必然会使气缸内的最高燃烧温度提高，从而导致 NO_x 排放增加。

③ 减速。减速就是将节气门迅速关闭处于怠速状态，而离合器不分离，发动机由汽车倒拖，在较高转速下空转。此时，电喷汽油机不供油，而且进气管中的附壁油量少，因此CO、HC的排放较少。

(7) 发动机技术状况。随着汽车行驶里程的增加，发动机技术状况逐渐变差，汽车排放污染物也随之增多。图6.6是CO和HC浓度与汽车行驶里程的变化关系。

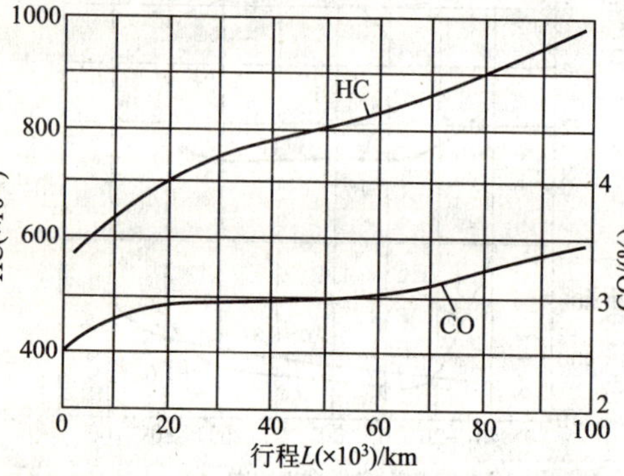

图6.6　CO、HC浓度与汽车行驶里程的关系

发动机燃油供给系统、点火系统、曲柄连杆机构、配气机构等技术状况的好坏对废气中有害成分的浓度有直接影响。

空气滤清器堵塞会引起混合气过浓，使废气中的CO、HC成分增加；燃油供给系统出现故障导致供油量过大时，实际混合比与最优混合比的偏离较大，CO、HC浓度增加。

点火系统技术状况不良，点火能量不

足时，由于燃烧缺火现象，会使 HC 的浓度增大。点火时刻调整不当，也会使 HC、NO_x 浓度增加。

发动机长时间使用后，气缸、活塞磨损严重，气缸密封性下降，会增加曲轴箱窜气量，使 HC 的排放增加。发动机长时间使用后，燃烧室内易产生积炭，积炭严重时，会使发动机点火不正常、燃烧不正常，或某缸工作不正常，导致排气有害物质增大。

使用过程中，若发动机凸轮磨损、气门间隙变化，则会使发动机的配气相位偏离标准值，影响发动机的工作过程，从而导致有害排放量增大。

2. 柴油机排放污染物的主要影响因素

(1) 过量空气系数。柴油机排放污染物与过量空气系数 α 的关系，如图 6.7 所示。在柴油机大部分运转工况下，其过量空气系数都在 1.5～3 之间，故其 CO 排放量比汽油机低得多，只有在大负荷接近冒烟界限(α=1.2～1.3)时，CO 排放量才急剧增加。由于柴油机燃料与空气混合不均匀，其燃烧空间总有局部缺氧和低温的地方，再加之反应物燃烧区停留时间较短，不足以彻底完成燃烧过程，因此尽管在小负荷时 α 很大，还是有少量的 CO 排放。HC 排放较少，随着过量空气系数增加，因混合气变稀、燃烧条件变差而随之上升。NO_x 排放量随混合气变稀，温度下降而减少。在过量空气系数稍大于 1 的区域，虽然总体是富氧燃烧，但由于混合气不均匀，当局部高温缺氧时，就会急剧产生大量炭烟；随着过量空气系数的增加，炭烟排放将迅速下降。

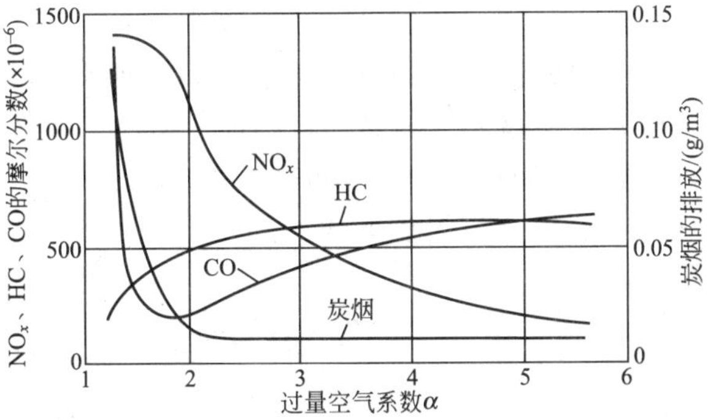

图 6.7 直喷式柴油机排放污染物与过量空气系数的关系

(2) 发动机负荷。柴油机的负荷调节是靠喷油量来控制的，而柴油机的充气效率变化不大，可认为每循环的进气量相差不大，因此负荷的变化就是混合气浓度的变化。

炭烟随着柴油机负荷的增大而增加。中低负荷时，混合气较稀，炭烟较少；在大负荷时，尽管供给的空气充足，但燃烧室局部地方混合气有过浓现象，从而因氧气不足使得烃分子发生分裂而形成较多炭烟。满负荷时，如汽车爬坡，排烟最为严重。

NO_x 排放先随着柴油机负荷的增大而增加，当 NO_x 达到最大值时，再增加负荷则 NO_x 会减小。NO_x 的形成主要与温度、混合气浓度、气缸中的氧浓度有关：当混合气较稀时，温度对 NO_x 起支配作用；当混合气浓时，氧浓度起决定作用。当柴油机负荷较小时，混合气较稀，燃烧温度较低，NO_x 排放较低；随着柴油机负荷的加大，缸内的燃烧温度上升，由于缸内混合气形成时间短而不均匀，在某些区域有过量空气，NO_x 仍会增大。当 NO_x 达到最大后，再加大负荷，则由于混合气太浓而缺氧严重，NO_x 排放会减小。

HC 排放随着柴油机负荷的增大而减少。小负荷时，混合气很稀，有些过稀区域不能着火，因此 HC 排放相对较高。随着负荷的增加，喷油量增加，温度升高，HC 的排放逐渐减少。

CO 排放在小负荷和大负荷两端偏高。小负荷时，燃气温度低，而且氧化反应少，因而 CO 排放高。随着负荷的增大，缸内的燃烧温度上升，氧化反应强烈，CO 排放较少。当大负荷、混合气浓度超过一定极限时，由于相对缺氧，燃料不能充分燃烧，导致 CO 排放增加。

(3) 发动机转速。柴油机转速的变化，会使与燃烧有关的气体流动、燃油雾化与混合气质量发生变化，而这些变化会对柴油机排放污染物产生影响。

炭烟随柴油机的转速提高而稍有增加。这是由于转速提高后，直喷式柴油机的混合气形成条件变差，燃烧时间变短，气缸内燃烧条件恶化，燃烧不完全所致。

转速变化对 CO 排放的影响较大。图 6.8 为 6135 型低增压柴油机的转速与排放物 CO、NO 和 HC 的变化关系。由图可知，CO 排放量在某一转速时最低，而在低转速及高转速时都较高。柴油机在高速时，充气系数低，在很短的时间内要获得良好的混合气及燃烧过程较为困难，燃烧不易完善，CO 排放量高。而在低速特别是怠速空转时，由于缸内温度低，喷油速率不高，燃料雾化差，燃烧不完善，故 CO 排放量也较高。

转速变化对直喷式柴油机 NO_x 及 HC 排放的影响不很明显(图 6.8)。

(4) 喷油提前角。喷油提前角对柴油机的炭烟、NO_x 和 HC 排放的影响较大，而对 CO 排放的影响较小。

在柴油机中，当其他参数不变时，加大喷油提前角可以使炭烟减少。因为加大喷油提前角会使滞燃期加长，使着火前喷入气缸的油量增加，加快了燃烧速度，燃烧可较早结束，从而使主燃期形成的炭粒具有较高的温度和较长的滞留时间，有利于炭粒氧化消失。

随着喷油提前角的增加，混合气自燃着火后燃烧更加迅速，循环的最高温度上升，NO_x 排放浓度增加(图 6.9)。

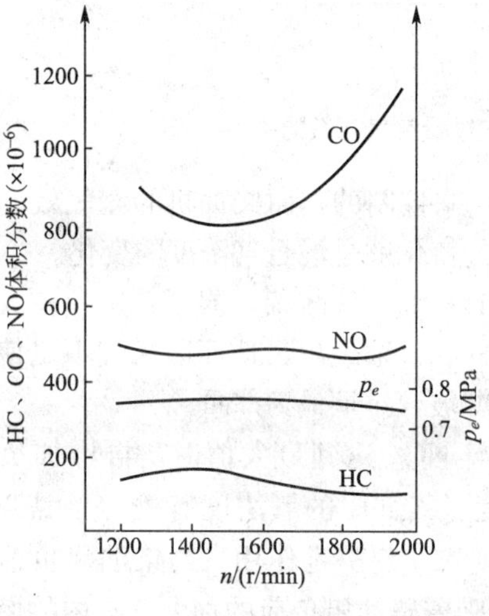

图6.8　柴油机转速对排放污染物的影响

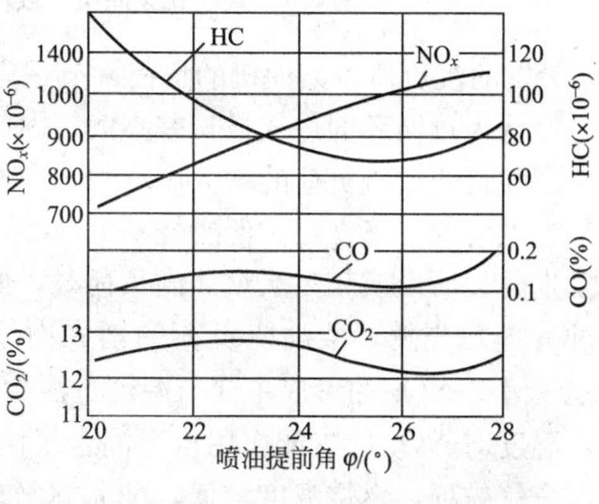

图 6.9　柴油机废气成分与喷油提前角的关系

喷油提前角对柴油机 HC 排放的影响比较复杂。喷油提前角加大，滞燃期增加，使较多的燃油蒸气和小油粒被旋转气流带走，形成一个较宽的贫油火焰外围区，同时燃油与壁面碰撞增加，这都会使 HC 排放量增加；喷油提前角过小，较多的燃油得不到足够的反应时间，有时甚至边排气边燃烧，HC 排放量也会增加(图 6.9)。

(5) 喷油压力。提高喷油压力，可以降低炭烟排放量。在循环喷油量和喷孔大小不变时，提高喷油压力，可使喷雾粒子直径减小，贯穿度加大，喷雾锥角加大；也使紊流作用增强，直接促进了燃油与空气的混合。这样混合气混合比较均匀，可降低浓混合气成分的比例，使生成微粒炭烟的范围缩小，从而降低炭烟排放量。提高喷油压力已经逐渐成为柴油机机内净化的主要手段之一。

(6) 柴油品质。柴油的十六烷值对 NO_x 和炭烟排放具有较大影响。若柴油的十六烷值低，则滞燃期较长，缸内燃烧初期积聚的燃油较多，初期放热率峰值及燃烧时温度较高，因而 NO_x 排放量较多。提高十六烷值可以改善柴油机的冷起动性能，并明显地降低 NO_x 的排放。但柴油的十六烷值过高时，柴油喷入气缸后易早期发火，其混合气不能充分形成和完全燃烧，部分油滴在高温下易裂解成难以燃烧的炭粒状，容易产生炭烟，所以采用十六烷值过高的柴油，其炭烟排放量会显著增加。

(7) 发动机变工况。

① 冷起动。柴油机冷起动时，缸内压缩温度低，燃油雾化条件差，相当部分燃油会附于燃烧室壁面，要求供给较浓的混合气。因此，炭烟、CO 和 HC 排放必然增多。

② 加、减速。柴油机的加速过程就是加大供油量，由于加速迅猛，过大的油量往往造成过多的炭烟、CO 和 HC 排放。柴油机的减速过程是就减小供油量，其污染物排放量下降。

6.1.3 汽车排放污染物的控制

汽车排放污染物的控制可从机内净化、机外净化和合理使用汽车 3 方面进行。

1. 机内净化

机内净化是治理排放污染的源头、削减排放污染物的根本措施。它从有害气体的生成机理出发，对发动机的燃烧方式本身进行改进，抑制有害气体的产生，使排出的废气尽可能变得无害；对混合气的形成与燃烧过程进行适时调节与控制，使其达到最佳，包括对空燃比、点火时刻或喷油时刻、进气温度等的合理控制，能直接减少有害气体的生成；对发动机有关结构进行改进，如改变燃烧室的形状，减少燃烧室的面容比，采用可变配气相位等，可减少有害气体的排放。主要措施如下。

1) 汽油机机内净化措施

(1) 采用电控多点燃油喷射系统。

(2) 采用计算机点火控制系统和高能点火系统。

(3) 采用稀薄燃烧发动机技术。

(4) 采用废气再循环系统。

(5) 采用多气门、可变配气相位和进气旋流技术，优化燃烧系统的设计。

2) 柴油机机内净化措施

(1) 采用电控燃油喷射系统、电控高压共轨系统。

(2) 采用废气再循环系统。

(3) 采用电控可变进气涡流技术。

(4) 采用废气涡轮增压与中冷技术。

(5) 采用多气门、可变配气相位技术。

(6) 采用均质压燃技术。

(7) 采用新型燃烧方式，优化燃烧室设计。

2. 机外净化

当机内净化尚不能满足排放法规的要求时，就得采用机外净化措施。机外净化的措施主要是采用附加的净化处理装置。目前使用的净化处理装置的种类比较多，有的是单独使用，有的是两个或多个装置结合起来使用，以达到满意的净化效果。下面介绍几种常用的机外净化处理装置。

(1) 曲轴箱强制通风装置(PCV)。发动机工作时，由于活塞和气缸之间存在间隙，其燃烧室内高压的混合气和已燃废气会部分窜入曲轴箱。如果这部分气体和曲轴箱内的机油蒸气由通风口排入大气则会污染环境。曲轴箱强制通风装置的作用就是将窜入曲轴箱内的气体和机油蒸气引入气缸燃烧，以减少 HC 对大气的污染。

曲轴箱强制通风装置工作原理如图 6.10 所示。新鲜空气由空气滤清器进入曲轴箱，与窜气混合后，经 PCV 阀进入进气管，与空气或混合气一起被吸入气缸燃烧。PCV 阀可以随发动机运转状况自动调节吸入气缸的窜气量。在怠速和小负荷时，由于进气管真空度较高，阀体被吸向上方(进气管侧)，阀口气流流通截面减小，吸入气缸的窜气量减少，以避免混合气过稀，造成燃烧不稳定或失火。而在加速和大负荷时，窜气量增多，而进气管真空度变低，在弹簧作用下阀体下移，阀口流通截面增大，使大量的窜气进入气缸被燃烧。当发动机高速大负荷运转时，一旦窜气量过多而不能完全被吸净时，部分窜气会从闭式通气口倒流入空气滤清器。

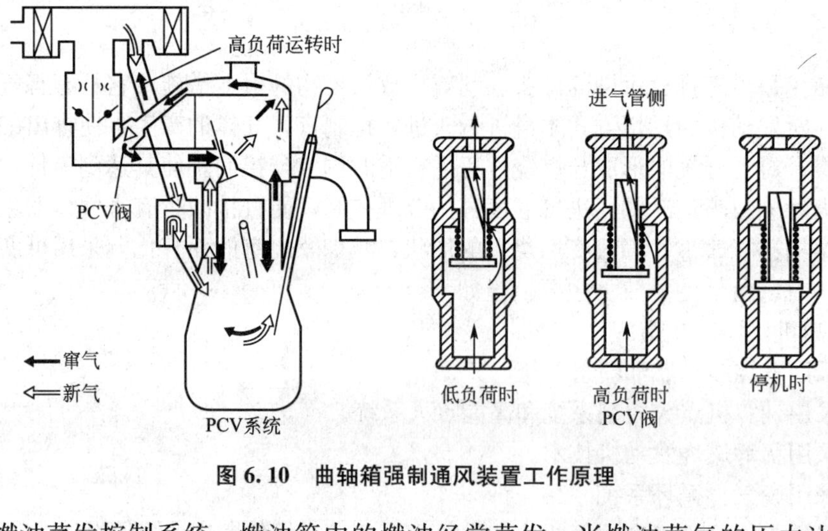

图 6.10 曲轴箱强制通风装置工作原理

(2) 燃油蒸发控制系统。燃油箱中的燃油经常蒸发，当燃油蒸气的压力达到设定值时，就会从油箱盖的排气阀排出，造成对大气的污染。燃油蒸发控制系统的作用就是将燃油箱中的燃油蒸气收集于活性炭罐中，并在发动机工作时，通过流经炭罐的空气将燃油蒸气送入进气管参与燃烧，以减少 HC 对大气的污染并提高汽车的燃油经济性。

活性炭罐式燃油蒸发电子控制系统主要由燃油箱、炭罐、炭罐通气阀、炭罐通气电磁阀和ECU等组成，如图6.11所示。炭罐中装有活性炭，其活性炭可吸附燃油箱中的燃油蒸气，一旦有空气流过吸附燃油蒸气的活性炭时，燃油蒸气分子又会脱离，随空气一起进入进气管。炭罐通气阀由炭罐通气电磁阀通过真空度来控制，而炭罐通气电磁阀由ECU控制。

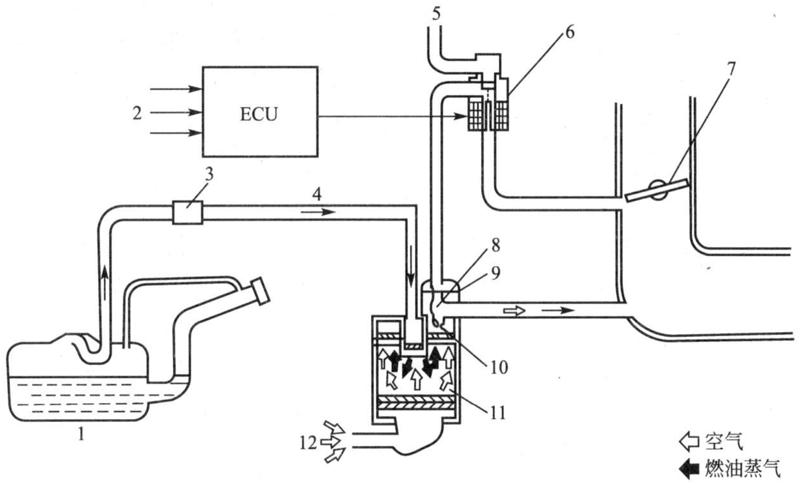

图6.11 燃油蒸发控制系统

1—燃油箱；2—传感器信号；3—单向阀；4—通气管路；5—接进气缓冲器；6—炭罐通气电磁阀；7—节气门；8—主通气口；9—炭罐通气阀；10—定量通气小孔；11—炭罐；12—新鲜空气

由油箱蒸发出来的油蒸气，经单向阀流入炭罐被活性炭吸附。当发动机工作时，ECU根据发动机转速传感器信号、进气管压力(或空气流量)传感器信号、冷却液温度传感器信号、节气门位置传感器信号、氧传感器反馈信号判断发动机的工作状态，并输出相应的控制脉冲，通过控制炭罐通气电磁阀的开关占空比来改变炭罐通气阀内部膜片上方的真空度，调节炭罐通气阀的开度，使流经炭罐进入气缸的空气流量适应发动机工况、状态变化的需要。当炭罐通气阀开启时，新鲜空气从炭罐底部进入，与活性炭接触脱附汽油后经通气阀流经软管进入进气歧管，随新鲜空气一起被吸入发动机的气缸燃烧。通常，在发动机高转速、大负荷时，ECU输出控制脉冲使炭罐通气阀开度加大，以增加炭罐通气量，使炭罐中的燃油蒸气能及时净化掉；在发动机处于怠速时，ECU输出的控制脉冲使炭罐通气量减少，以免造成混合气过稀使怠速不稳。

(3) 三元催化转化器。三元催化转化器是目前应用最多的汽油机废气后处理净化装置。

三元催化转化器安装在汽车排气管中，主要由壳体、减振层、载体和催化剂涂层部分组成，如图6.12所示。其载体是承载催化剂涂层的支撑体，在载体孔道的壁面上涂有一层非常疏松的活性层，即催化剂涂层。它以γ-Al_2O_3为

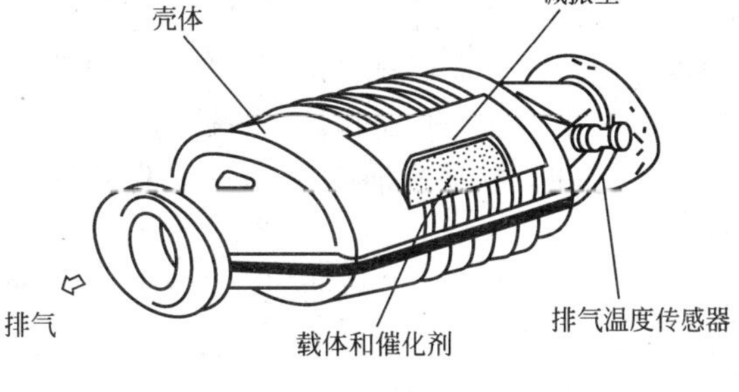

图6.12 三元催化转化器的基本结构

主，其粗糙多孔的表面可使壁面的实际催化反应表面积扩大7000倍左右。在涂层表面散布着作为活性材料的贵金属，一般是铂(Pt)、铑(Rh)、钯(Pd)及作为助催化剂成分的铈(Ce)、钡(Ba)和镧(La)等稀土材料。助催化剂主要用于提高催化剂活性和高温稳定性。实际催化剂中，铂和钯主要用于催化CO和HC的氧化反应，铑用于催化NO_x的还原反应。常用的铂-铑系催化剂同时具有氧化和还原作用。

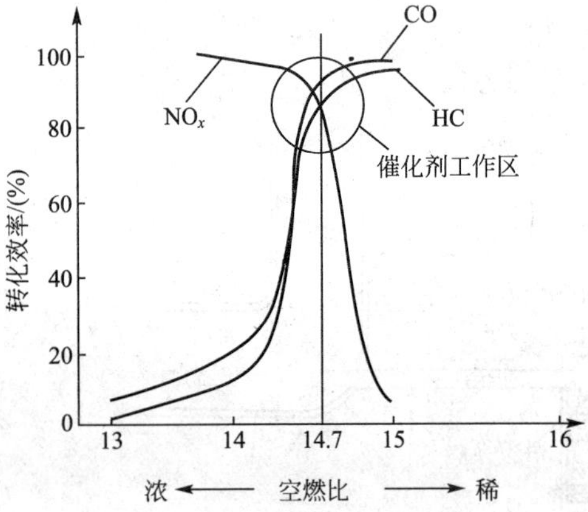

图 6.13　三元催化转化器的转化效率与空燃比关系

当汽油机工作时，废气经排气管进入催化器孔隙，在催化剂作用下，加速了废气的氧化、还原速度，CO和HC作为还原剂使NO_x还原成无害的N_2，而CO和HC本身则氧化为无害的CO_2和H_2O，从而使排放污染物得到净化。

三元催化转化器的转化效率受空燃比的影响(图6.13)，当空燃比在理论空燃比附近时，催化剂既能使CO和HC氧化，又能使NO_x还原，三者的转化效率均高。如果混合气过稀，只能净化CO和HC；如果混合气过浓，只能净化NO_x。因此，装有三元催化转化器的发动机电子控制系统，都必须采用空燃比闭环控制(图6.14)。

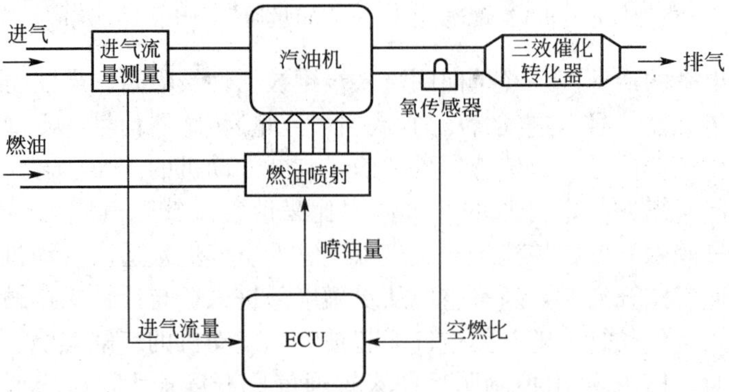

图 6.14　发动机闭环电控系统与三元催化转化器

发动机工作时，ECU根据装在三元催化转化器之前的氧传感器的反馈信号，对由进气流量传感器信号或进气压力传感器信号确定的喷油量进行修正，以确保发动机在理论空燃比附近运行。这样，就可使三元催化转化器始终工作在高转化效率的区域，从而达到同时降低排气中CO、HC和NO_x的目的。

目前，电子控制汽油喷射加三元催化转化器已成为国内外汽油车排放控制技术的主流。

(4) 微粒捕集器。微粒捕集器，也称为柴油机排气微粒过滤器。它是目前国际上公认的柴油机微粒排放后处理装置。

作为微粒捕集器的过滤材料可以是陶瓷蜂窝载体、陶瓷纤维编织物、金属蜂窝载体、金属纤维编织物等。目前应用最多的是壁流式蜂窝陶瓷微粒捕集器，如图 6.15 所示。微粒捕集器的壁面是多孔陶瓷，相邻的两个通道中，一个通道的出口侧被堵住，而另一个通道的入口侧被堵住。

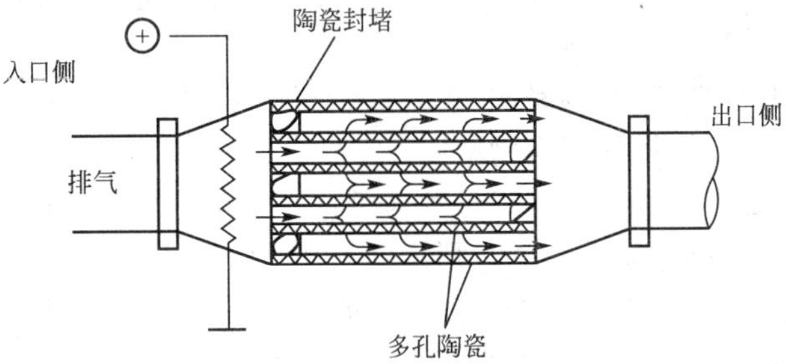

图 6.15　壁流式蜂窝陶瓷微粒捕集器

柴油机工作时，排气进入微粒捕集器时由入口侧敞开的通道进入，穿过多孔陶瓷壁面进入相邻的出口敞开通道，而微粒被过滤在通道壁面上，故排放微粒大为减少。这种微粒捕集器对炭烟的过滤效率可达 90%以上，可溶性有机成分 SOF(主要是高沸点 HC)也能部分被捕集。

一般微粒捕集器只是一种物理性的降低排气微粒的方法。随着过滤下来的微粒的积累，造成排气背压增加，使发动机动力性、经济性恶化。因此，必须及时除去微粒捕集器中的微粒，以便能继续工作。除去微粒捕集器中积存的微粒称为再生。

微粒捕集器常采用的再生方法是断续加热。在实际使用中，需要一套复杂的控制系统来控制加热再生，如图 6.16 所示。排气系统中装有两个微粒捕集器，当一侧的捕集器由于微粒的存积使排气背压升高到一定限值时，再生系统起动，通过电磁阀切换，使排气流向另一侧的微粒捕集器；同时对积存了微粒的捕集器进行电加热以烧掉微粒使其再生。这样，两侧的微粒捕集器就交替工作或再生。

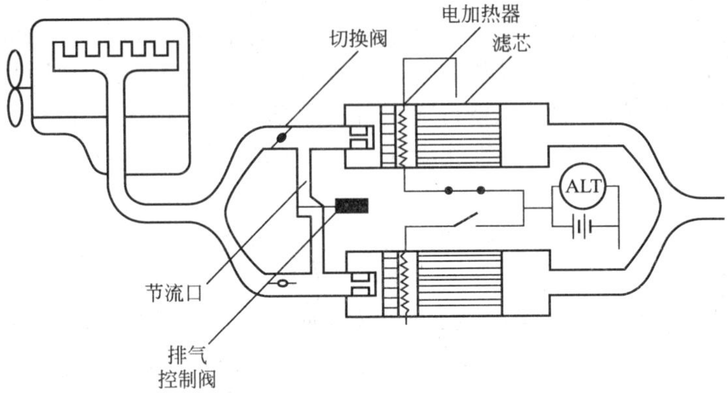

图 6.16　微粒捕集器及其控制系统

3. 合理使用汽车

(1) 保持发动机具有良好的技术状况。发动机技术状况是否良好，直接影响发动机的排放性能。因而在汽车使用过程中，应经常检查发动机的技术状况，并进行正确的维护，使其具有良好的技术状况。

① 保持正常的气缸压缩压力。在压力正常范围，发动机气缸压缩压力越大，混合气着火后的燃烧速度越快，燃烧越充分，发动机的CO、HC排放浓度越低。

发动机气缸压缩压力过低时，发动机起动困难，燃烧不完全，油耗增大，排气中CO、HC浓度增大，排烟严重。

发动机燃烧室积炭严重时，发动机气缸压缩压力会过高，导致NO_x排放增加，同时易引起爆燃和表面点火，使排放污染物增加。

因此，在使用及维修过程中，应确保发动机具有正常的气缸压缩压力。检查时，若气缸压力过低，在原厂标准的75%以下，则说明气缸、活塞、活塞环、气门等机件磨损严重，导致密封不严，应视需要大修发动机，或研磨气门，或更换活塞环；若气缸压力过高，高于原厂的标准压力，则说明燃烧室积炭严重或气缸垫过薄，应清除积炭或更换气缸垫。

② 保持供油系统技术状况良好。做好供油系统的维护调整，维持其良好的技术状况，可以减少有害气体的排放浓度。

电控燃油喷射发动机，当空气流量计(或进气压力传感器)、氧传感器、温度传感器和节气门位置传感器不能准确进行检测时，它们将会向发动机ECU传递错误信号，使ECU不能正确发出喷油脉冲信号，引起喷油量失准，导致混合气浓度不正常，使排污增加。因此，应定期检查电控燃油喷射系统，发现问题及时维护，确保其工作正常。

柴油机供油系统循环供油量、供油压力影响柴油喷入气缸的量和雾化质量，喷油提前角影响燃烧效率、工作温度，这些若不正常，则柴油机的烟度会增加，NO_x浓度会提高。因此，应按使用说明书的规定正确调整循环供油量、供油压力和喷油提前角。

空气滤清器滤网堵塞、进气阻大增大时，进入气缸的空气量下降，混合气变浓，使气缸内的燃油得不到充分的燃烧，CO和HC排放量增加，炭烟增加。因此，应定期进行空气滤清器的清洁与维护。

③ 保持点火系统技术状况良好。发动机工作时，若火花弱或某缸断火，则相应气缸的混合气就燃烧不良或不能着火燃烧，会使排放污染物增加。若点火正时调整不当，则混合气燃烧速率下降，不仅导致发动机动力性、经济性下降，而且还会使排放污染物增加。因此，应搞好点火系统的维护，保持点火系统技术状况良好，保证分电器或电子点火器、点火线圈、火花塞等点火系统部件性能良好、工作正常，使点火系统在各种工况下始终具有足够的点火能量和最佳的点火时刻。

④ 保持冷却系统技术状况良好。发动机冷却系统工作不正常时，可能导致发动机工作温度过高或过低，破坏发动机正常工作的热状态，从而影响发动机的排放性能。冷却液温度过低时，HC和CO排放浓度增加；冷却液温度过高时，NO_x排放量增加。因此，应加强对冷却系统的检查和维护，确保冷却风扇、散热器、节温器、水泵、温控系统等冷却系统部件技术状况良好，工作正常，使发动机能处于最佳热状态。

⑤ 保持排放净化装置技术状况良好。现代汽车有诸多排放净化装置，如曲轴箱通风装置、废气再循环装置、燃油蒸发控制系统、催化转化器、微粒捕集器等。若这些排放净化装置存在故障，工作不正常，则直接影响发动机的排放性能，使排放污染物增加。因此，应加强对发动机排放净化装置的检查与维护，确保排放净化装置工作正常，以减少排放污染物。

(2) 保持底盘具有良好的技术状况。在汽车行驶时，技术状况良好的发动机只有与技术状况良好的底盘相匹配，才能使发动机排放污染物减少。若传动系统技术状况不良，则会导致汽车行驶阻力过大，使发动机负荷过大，从而破坏发动机的排放性能；若变速器存在跳挡、脱挡、换挡困难等故障，则汽车行驶时操纵性变坏，会导致发动机负荷、转速大幅度变化，从而使发动机排放污染物增加。因此，应保持底盘具有良好的技术状况。

(3) 提高驾驶技术。采用合理的驾驶技术对降低汽车的排放污染物十分重要。驾驶车辆时，尽量减少发动机的起动次数；避免连续猛踏加速踏板；换挡操作应脚轻手快；挡位选择合理，节气门开度适当；保持发动机冷却液温度在80～90℃；避免超速超载等，都有利于减少汽车的排放污染物。

(4) 实施I/M制度。I/M(Inspection and Maintenance Program)制度通过对在用车辆排放(尾气排放和蒸发排放、颗粒排放)的控制，防止其排放净化系统被拆除、损坏、性能失效或恶化，充分发挥在用汽车本身净化能力，保证排放达标。具体手段是加强对在用车辆的维护，同时采用由管理部门认定的检测站对本辖区的在用车辆进行检测和监控。发现排放超标车辆，则强制该车进入具备维修资格的维修企业进行维修，减少或杜绝排放不达标的车辆来污染恶化环境。

6.1.4 汽车排放污染物的检测

1. 汽车排放污染物检测仪

1) 汽车排气成分分析仪

(1) 不分光红外线分析仪。不分光红外线分析仪(Non-Dispersive Infrared Analyzer，NDIR)适宜检测汽车排放中的CO和CO_2。

① 不分光红外线分析仪检测原理。不分光红外线分析仪是基于某些待测气体对特定波长红外辐射能的吸收程度来测定其浓度的。除了单原子气体(如Ar、Ne)和同原子的双原子气体(如N_2、O_2和H_2)外，大多数非对称分子如汽车排气中的有害气体CO、HC、NO等都有吸收红外线的能力，但不同气体在红外波段内有其特定波长的吸收带，如CO为4.7μm、CO_2为4.2μm、C_6H_{14}(正己烷)为3.5μm、NO为5.3μm等，如图6.17所示。红外线被吸收的程度，与被测气体的浓度有对应的函数关系，气体浓度越高，吸收红外线的能力越强。不分光红线外分析仪则根据废气吸收红外线的能量引起的变化来测量废气中各种污染物的浓度。

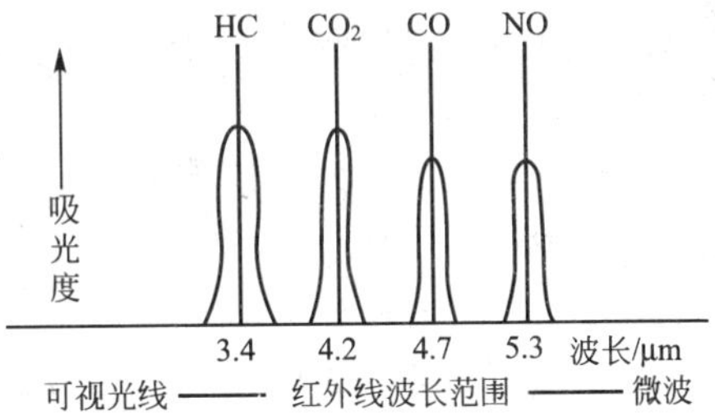

图6.17 气体的红外吸收光谱

图6.18为不分光红外气体分析装置的结构原理示意图。该装置由红外线光源、气样室、旋转光栅和传感器组成。气样室由比较室和试样室构成，其中比较室内充满不吸收红外线能量的气体(如N_2)，以作为比较之用；而试样室则可接受连续流过的废气，以供分析。检测室用于吸收红外光的能量，它由容积相等的左右两腔构成，中间用兼作电容传感器极板的金属膜片隔开，两腔充有相同浓度的被测气体，如测废气中CO含量时，两腔均充有CO，而测HC含量时，均充入C_6H_{14}气体。在过滤室中充有干扰气体，其作用是预

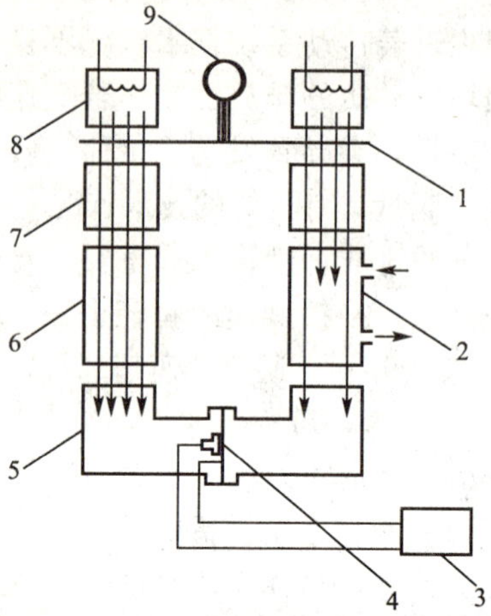

图 6.18　不分光红外气体分析装置的结构原理图

1—旋转光栅；2—试样室；3—电测量装置；4—电容器动极膜片；5—检测室；6—比较室；7—过滤室；8—红外线辐射器；9—电动机

先滤掉干扰气体所能吸收的那部分波段，以防检测时排气中所含的干扰气体的干涉而产生测量误差，如测 CO 时，在过滤室中充入 CO_2、CH_4 等，就可在检测时不受排气中的 CO_2 和 CH_4 的干扰。旋转光栅的作用是交替地遮挡和让开红外线，使两极间的电容循环变化，从而产生交变信号，有利于测量。

检测时，两个红外线光源发出相同的两束红外线，当红外线通过旋转光栅时，两束红外线将形成红外线脉冲。其中一路红外线脉冲经过滤室、试样室后进入检测室右腔，另一路则通过过滤室、比较室进入检测室左腔。由于通过比较室到达检测室的红外线能量未被吸收，所以检测室左腔中的被测气体吸收了较多的能量；而通过试样室到达检测室的红外线由于已被试样室中的所测气体吸收了一部分能量，所以检测室右腔中的被测气体只能吸收较少能量。这样，检测室两腔中的气体便产生了温差，从而导致两腔压力出现差异，致使作为电容一个极的金属膜片产生弯曲振动，其振动频率取决于旋转光栅的转速，振幅则取决于所测气体的浓度。膜片的弯曲振动将使传感器的电容量发生交替变化，从而产生交流电压信号，该信号经放大整流后，转换为直流信号输送给指示装置。

不分光红外线分析仪可测量 CO、CO_2、HC、NO 等多种气体成分，当然测量时须在检测室内充入相应的气体，同时测量用的红外光波长也要相应变化。汽车排放法规中一般规定不分光红外线分析仪只用于检测 CO 和 CO_2，但由于它的便携性，也被广泛用于怠速时的 HC 检测。在测定 HC 时，检测室内密封 C_6H_{14}，其测定的结果以相当于 C_6H_{14} 的浓度来表示。

用不分光红外线分析仪测量 CO 是目前最好的方法，其测量上限为 100%，下限可至微量(10^{-6}级)及至痕量(10^{-9}级)；当采用连续取样系统时，还能观察排气成分随发动机运转条件的不同而引起的变化。

② 不分光红外线 CO/HC 气体分析仪。它是一种能从汽车排气管中采集气样，并对其中所含 CO 和 HC 的浓度进行连续测量的仪器。图 6.19 为便携式 MEXA－324J 型 CO/HC 气体分析仪，它主要由废气取样装置、气体分析装置、浓度指示处理装置和校准装置组成。

a. 废气取样装置。该装置由取样头、过滤器、取样软管、水分离器和泵等组成。通过取样头、导管和泵从汽车的排气管里采集废气，经过滤器和水分离器除去废气中的炭渣、灰尘和水分后，送入气体分析装置。

b. 气体分析装置。该装置设置在主机内，它根据废气中 CO、HC 能分别吸收不同波长红外线能量的原理，从来自取样装置的混有多种成分的废气中，分别测量出 CO 和 HC 的浓度信息，并以电信号形式输送给浓度指示处理装置。

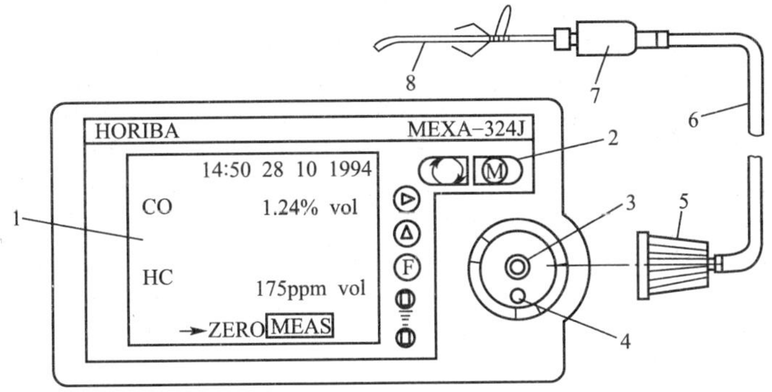

图 6.19 MEXA-324J 型 CO/HC 气体分析仪

1—液晶显示器；2—操纵键；3—废气导入管；4—排水口；
5—水分离器；6—取样软管；7—前置过滤器；8—取样头

c. 浓度指示处理装置。该装置主要由信号处理装置、液晶显示器和操纵键等组成。从气体分析装置送来的电信号，经微机信号处理装置后在液晶显示器同时显示出 CO 和 HC 的浓度含量，其中 CO 以体积百分数(%)为单位，HC 以 C_6H_{14} 当量体积百万分数(ppm 即 10^{-6})为单位，如图 6.19 所示。

d. 校准装置。该装置用来校准读数。在分析仪上，除自动校准外，还需定期加入标准气样进行校准。定期校准的方法是：打开仪器电源预热 5min，再在仪器上输入标准气样的浓度值，然后把标准气瓶插入仪器标准气入口，缓慢地将标准气导入仪器内直到读数稳定，按下 M 键仪器就会自动校正，读数将被调到所输入的浓度值。

(2) 氢火焰离子分析仪。氢火焰离子分析仪(Hydrogen Flame Ionization Detector, FID)用来检测汽车排放中的 HC。

氢火焰离子分析仪的检测原理是基于大多数有机碳氢化合物在氢火焰中产生大量电离的现象来测定 HC 浓度的。由于电离度与引入火焰中的碳氢化合物分子中碳原子数成正比，所以这种分析法对不同类型的烃没有选择性，因而它可测定 HC 的总量。

氢火焰离子分析仪通常由燃烧器、离子收集器及测量电路组成。图 6.20 为 FID 的工作原理图，被测气体与含有 40%H_2(其余为 He)的燃料气体混合后进入燃烧器，并与引入的空气一起形成可燃混合气。此时用点火丝点燃，HC 便在氢火焰的高温(2000℃左右)中，裂解产生元素态碳，然后形成碳离子 C^+，在 100～300V 外加电压作用下形成离子流，这个离子流(电流)的强度与 HC 中 C 原子数成正比，可见只要测出这个离子电流的大小，就可得到 HC 的浓度。微弱的离子电流经放大后送入指示或记录仪表。整

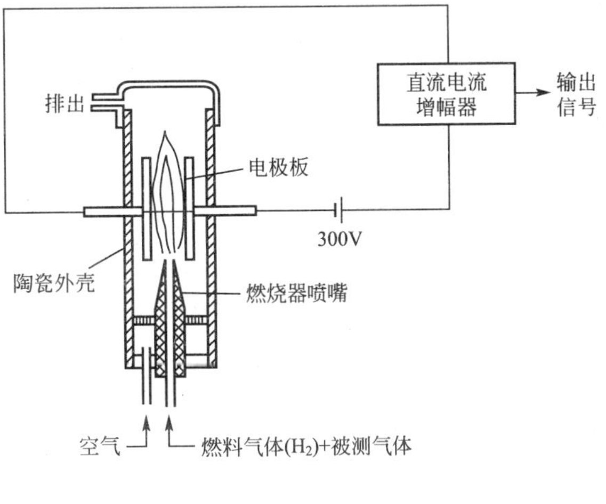

图 6.20 FID 工作原理图

个系统应加电磁屏蔽，以避免外界电磁干扰的影响。

氢火焰离子分析仪是汽车排放试验规范中推荐的检测 HC 仪器。它具有很高的灵敏度，其检测极限最小可达 10^{-9} 数量级，可以在较宽的动态范围内进行测量；其测量精度高，响应快，可靠性好，使用维护方便。但无此仪器时允许采用不分光红外线分析仪测量 HC，不过其测试精度较低。

(3) 化学发光分析仪。化学发光分析仪(Chemiluminescent Detector，CLD)用来检测汽车排放中的 NO_x。

化学发光分析仪测量 NO_x 的原理是基于 NO 和 O_3 的反应：

$$NO+O_3=NO_2^*+O_2$$

$$NO_2{}^*=NO_2+h\nu$$

式中 NO_2^*——激发态 NO_2；

h——普朗克常量；

ν——光量子频率。

检测时，首先使被测气体中的 NO 与 O_3 反应，生成 NO_2^* 分子，在 NO_2^* 由激发态衰减到基态的过程中，会发出波长为 0.6～3μm 的光量子 $h\nu$(即近红外光谱线)，称为化学发光。这种化学发光的强度与 NO 浓度成正比，因而通过检测发光强度就可确定被测气体中 NO 的浓度。

化学发光分析仪从原理上讲只能测量 NO，而无法测量 NO_2。但实际应用中可以先通过适当的转换将 NO_2 还原成 NO，然后进行 NO 的测量，即可用间接方法测出 NO_2。因此，用同一仪器也可以测得 NO_2 和 NO_x。

图 6.21 为化学发光分析仪的检测原理图。检测时，O_2 持续不断地进入臭氧发生器 5，产生的臭氧 O_3 进入反应室 6。在检测 NO 时，汽车尾气经二通阀 2 后直接进入反应室，NO 与 O_3 反应产生的化学发光，经滤光片进入光电倍增器 7，反映 NO 浓度的电信号经信号放大器 8 输出，并由指示仪表 9 显示，其测量结果是 NO 的浓度。检测 NO_2 时，转动二通阀，汽车尾气全部经催化转化器 3，尾气中的 NO_2 在此转化为 NO，然后进入反应室 6 再与 O_3 反应，这时仪器测出的是 NO 与 NO_2 的总和 NO_x，再利用测定的 NO_x 和 NO 的浓度差值，可以测出 NO_2 的浓度。为使 NO_2 全部转化成 NO，催化转化器的工作温度必须保持在 650℃以上，由于转化器的效率对分析精度有直接影响，故应经常检查催化转化器，当效率低于 90%时，需要更换新的催化转化器。使用滤光片的目的是分离给定的光谱区域，以避免反应气体中其他一些化学发光的干扰。

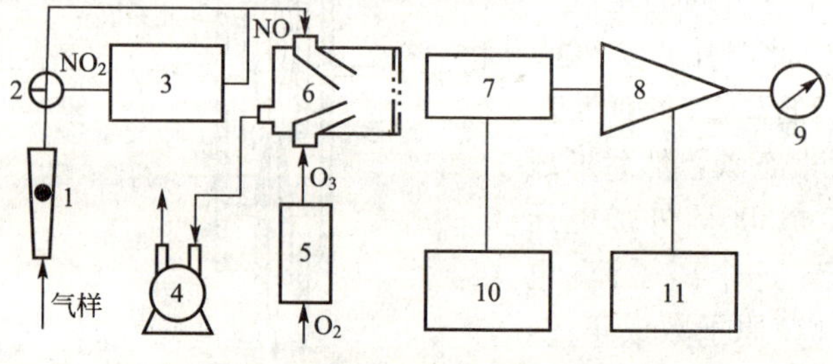

图 6.21　化学发光分析仪检测原理图

1—流量计；2—二通阀；3—催化转化器；4—抽气泵；5—O_3 发生器；6—反应室；7—光电倍增器；8—信号放大器；9—指示仪表；10—高压电流；11—电流放大器

化学发光分析仪是汽车排放试验规范中推荐的检测 NO_x 仪器。它测量精度高，响应特性好，在 $0 \sim 10^{-2}$ 范围内具有良好的线性输出；其仪器灵敏度高，体积分数可达 10^{-7}。但无此仪器时允许采用不分光红外线分析仪测量 NO_x，不过其测试精度较低。

(4) 汽车综合排放分析仪。汽车综合排放分析仪通常是根据汽车排放法规的要求，将各种废气成分分析仪有机组合成一起的检测仪器，它可以对排放法规中规定的全部气体排放物进行分析测量。它用不分光红外线分析仪原理测量 CO 和 CO_2，用氢火焰离子分析仪原理测量 HC，用化学发光分析仪原理测量 NO_x。

为适应电控燃油喷射发动机汽车检测的需要，现代开发的汽车综合排放分析仪增加了 O_2 的检测功能，能检测 5 种气体(CO、CO_2、HC、NO_x、O_2)成分的浓度。这种五气体分析仪通常采用不分光红外线分析仪原理测量 CO、CO_2、HC，用化学发光分析仪原理测量 NO_x，用氧传感器法测量 O_2。因化学发光分析仪原理测量 NO_x 浓度的设备结构复杂，故市场上提供的在线快速检测用的五气体分析仪多用不分光红外线分析仪原理测量 NO_x 浓度。

汽车综合排放分析仪能全面检测汽车排放污染物，可同时检测汽车排气中的 CO、CO_2、HC、NO_x 和 O_2，能满足发动机台架试验或整车底盘测功机试验的排放测量要求。

2) 汽车排气烟度计

柴油车的排烟用烟度表征，用烟度计检测。常用的烟度计有滤纸式烟度计和不透光烟度计。

(1) 滤纸式烟度计。滤纸式烟度计是一种用滤纸收集排烟，再比较滤纸表面对光的反射率来测量烟度的仪器。

① 基本检测原理。用滤纸式烟度计检测柴油机烟度时，需从排气管抽取一定量的废气，并使其通过规定面积的标准洁白滤纸，于是废气中的炭烟微粒便过滤在滤纸上，使滤纸染黑，然后用光电检测装置测出滤纸的被染黑程度，该染黑程度即代表柴油机的排气烟度。滤纸染黑的程度不同，则对照射到滤纸表面光线的反射能力不同。据此烟度 S_F 可表示为

$$S_F = 10 \times \left(1 - \frac{R_o}{R_c}\right) \qquad (6-1)$$

式中 R_o——污染滤纸的反射因数；

R_c——洁白滤纸的反射因数。

R_o/R_c 的值由 0～100%，分别对应于全黑滤纸的反射和洁白标准滤纸的反射。当污染滤纸为全黑时，烟度值为 10；滤纸无污染时，烟度值为 0。

② 典型的滤纸式烟度计。图 6.22 是典型的滤纸式烟度计，它主要由取样装置、烟度测量与指示装置、控制装置、校准装置等组成。

a. 取样装置。该装置的作用是将柴油机的炭烟取出并吸附于滤纸上，然后送至烟度检测装置。取样装置由取样探头、活塞式抽气泵和

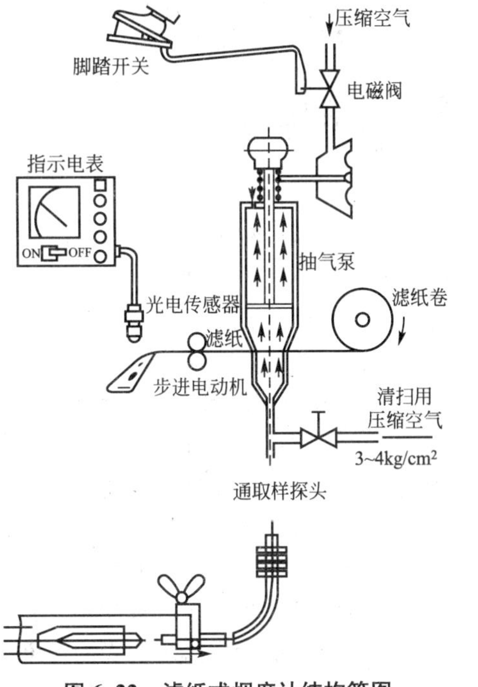

图 6.22 滤纸式烟度计结构简图

取样软管等组成。取样软管把取样探头与活塞式抽气泵连接在一起，取样探头的结构形状能保证在取样时不受排气动压的影响。取样时，滤纸在泵筒内，取样探头在活塞式抽气泵的作用下抽取废气，抽气时炭烟留在滤纸上并将其染黑，夹持机构保证滤纸的有效工作面直径为 32mm。取样完成后，滤纸夹持机构松开，染黑滤纸由进给机构送至烟度检测装置。

b. 烟度测量与指示装置。该装置如图 6.23 所示，由环形硒光电池、光源和指示仪表构成。检测时，光源的光线通过有中心孔的环形光电池照射到滤纸上，一部分光线被滤纸上的炭烟所吸收，另一部分光线被滤纸反射到环形光电池上，使光电池产生光电流。光电流的大小反映了滤纸反射率的大小，而滤纸反射率则取决于滤纸的染黑程度。滤纸染黑程度越高，则滤纸反射率越低，光电流就越小；滤纸染黑程度越小，则滤纸反射率越高，光电流就越大。

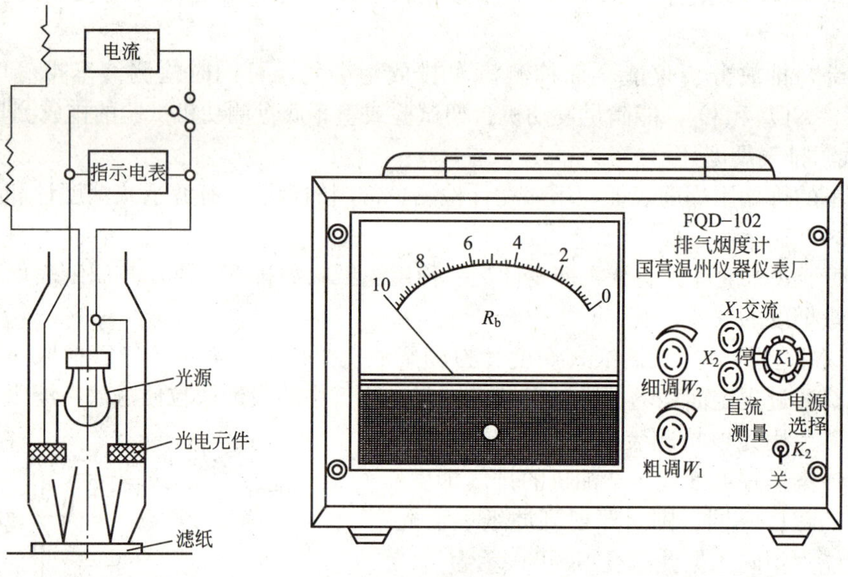

图 6.23　烟度测量与指示装置

指示仪表是一块微安表，当由硒光电池输送来的电流强度不同时，指示仪表指针的位置也不同。实际使用的烟度计上，多数指示仪表盘的刻度以 0～10 均匀刻度，用波许单位(R_b)表示，测量全白滤纸时指针位置为 0，测量全黑滤纸时指针位置为 10，在表盘上可以直接读出波许单位烟度值。

c. 控制机构。控制机构包括用脚操纵的抽气泵电磁开关、滤纸进给机构和压缩空气清洗机构等。压缩空气清洗机构可在废气取样前，用压缩空气清除探头内和取样管内积存的炭粒，以避免前一次测量残留在取样管内炭烟的影响。

d. 校准装置。烟度计在使用过程中，由于电源电压的变化，会引起灯光发光强度改变，影响测量精度，因此要随时校准。通常烟度计附带有供标定用的标准烟样纸，烟度校准时，把标准烟样纸放在污染计测量装置的规定位置上，开灯照射，再用仪表调整旋钮把仪表指针调到标准烟样纸所代表的污染度数值上即可。

(2) 不透光烟度计。不透光烟度计是利用透光衰减率来测量排气烟度的。

① 基本检测原理。不透光烟度计主要由光源、光通道、光接收器等组成，其检测原理如图 6.24 所示。不透光烟度计光源发光，当光线通过一定有效长度的、充满被测烟气的通道时，光强被衰减，其衰减率(不透光度)与烟度成正比。因此，通过光接收器测量得到的光强信号，即可得到不透光度，从而测出排气烟度。

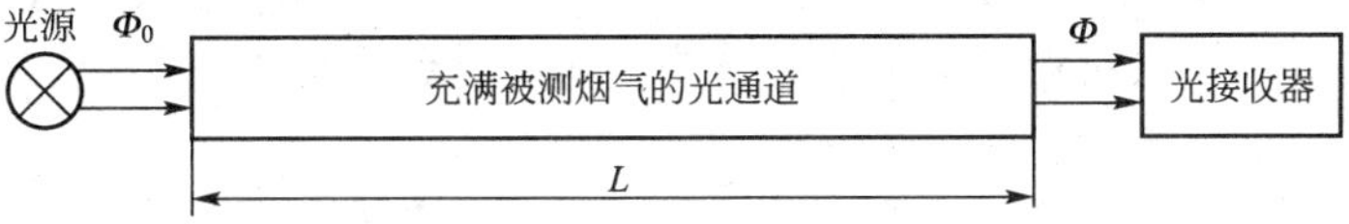

图 6.24 不透光烟度计基本检测原理

排气烟度的计量单位是不透光度或光吸收系数。不透光度是指光线被排烟吸收而不能到达光接收器的百分率，不透光度越大，说明排烟浓度越大。光吸收系数是表示光束被排烟吸收的系数，与炭烟的质量浓度成正比。根据光的透射原理有

$$\Phi=\Phi_0 e^{-KL} \tag{6-2}$$

式中 Φ_0——入射光通量(lm)；

Φ——出射光通量(lm)；

L——被测气体的光通道有效长度(m)；

K——光吸收系数(m^{-1})。

由式(6-2)可推出光吸收系数与不透光度之间的关系为

$$K=-\frac{1}{L}\ln\left(1-\frac{N}{100}\right) \tag{6-3}$$

式中 N——不透光度(%)；

K——相应的光吸收系数值。

两种计量单位的刻度范围均以光全通过时为零，光全吸收时为满量程。即烟气完全不吸光时，$N=0$，$K=0$；光线完全被烟气吸收时，$N=100$ 时，$K=\infty(m^{-1})$。

② 典型的不透光烟度计。图 6.25 是一种典型的分流式不透光烟度计，它利用光线通过部分烟气时的衰减率来测量排气烟度。测定前，用鼓风机向空气校正管(A)吹入干净空气，旋转转换手柄，使光源和光电池分别置于校正管两侧，做零点校正。然后，再旋转转换手柄，将光源和光电池移至测试烟道(S)两侧，并把需要测定的一部分汽车排气连续不断地导入测试烟道，光源发出的光部分地被排气中的烟气吸收衰减，光电检测单元则可连续测出光线强度的衰减量，并通过光电转换显示测量结果。烟度指示值以 0 表示无烟，以 100 表示全黑。

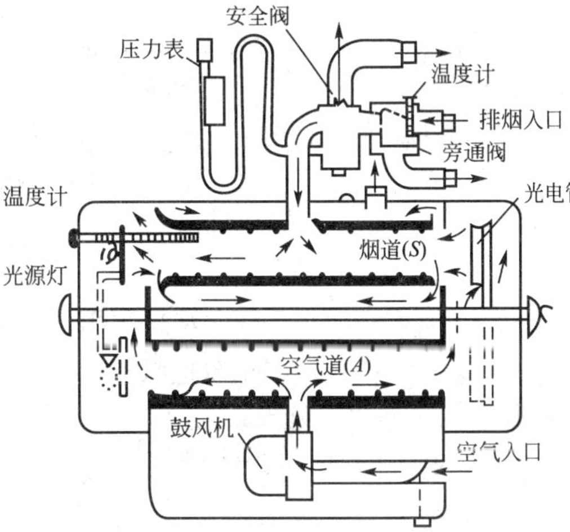

图 6.25 分流式不透光烟度计结构原理

不透光烟度计可以对柴油车排烟进行连续测量，可以按排放法规的要求进行稳态和非稳态工况下的烟度测量，在低烟度时有较高的分辨率，可以用来研究柴油机的瞬态炭烟排放特性。

3）汽车排气颗粒物测量系统

汽车的排气颗粒物需要通过稀释风道测量系统测出。根据柴油机排气通过稀释风道的比例不同，柴油机排气颗粒物测量系统可分为全流式稀释风道测量系统和分流式稀释风道测量系统两种类型。

颗粒物测量时，整车或发动机按规定的工况运转，在抽气泵的作用下，环境空气经空气滤清器以恒定的容积流量进入稀释风道，发动机排出的废气全部或部分引入稀释风道，并与空气混合，形成稀释样气。然后，稀释样气在颗粒取样泵的抽吸下以一定的流速流过颗粒收集滤纸，使颗粒被过滤到滤纸上获得排气颗粒物。再用微克级精密天平称得滤纸在收集前后的质量差，就可得到颗粒物的质量，并根据需要计算出颗粒排放率如 g/m^3、g/km、g/(kW·h)。

2. 汽车排放污染物检测方法

1）双怠速法

双怠速法是测量汽油车在规定怠速、高怠速工况下排气污染的方法，主要检测 CO 和 HC，其常用的检测仪器是不分光红外线气体分析仪。双怠速法的测量步骤如下。

(1) 开启废气检测仪，按仪器使用说明书要求做好检查、预热及调整工作，使检测仪处于正常的待检状态。

(2) 发动机进气系统应装有空气滤清器，排气系统应装有排气消声器，并不得有泄漏。

(3) 必要时在发动机上安装转速计、点火正时仪、冷却液和润滑油测温计等测试仪器。测量时，发动机冷却液和润滑油温度正常，或者达到汽车使用说明书规定的热车状态。

(4) 汽车离合器处于接合状态，变速器置于空挡位置(对于自动变速器汽车应处于 N 位或 P 位)。

(5) 控制加速踏板，使发动机由怠速工况加速到额定转速的 70%，维持 30s 后降至高怠速(即额定转速的 50%或规定的转速)。

(6) 发动机降至高怠速状态后，将取样管插入排气管中间，深度等于 400mm，并固定于排气管上。维持 15s 开始读数，读取 30s 内的最低值及最高值，其平均值即为高怠速排放测量结果。对于使用闭环控制电子燃油喷射系统和三元催化转化器技术的汽车，还应同时读取过量空气系数的数值。

注意： 若车辆排气管长度小于测量深度，则应使用排气加长管。

(7) 发动机从高怠速降至怠速状态，维持 15s 后开始读数，读取 30s 内的最低值及最高值，其平均值即为怠速排放测量结果。

(8) 若为多排气管，则分别取各排气管高怠速和怠速排放测量结果的算术平均值作为测量结果。

提示： 双怠速法具有操作简便、测试时间短、效率高、成本低、测试仪器便于携带等优点，因而它极适用于汽车检测站对在用汽车排放的年检测试、环保部门对在用汽车进行的排放监测。

2）工况法

工况法是将汽车若干常用工况和排放污染较重的工况结合在一起测量排放污染物的方法。工况法在汽车底盘测功机上进行，利用底盘测功机模拟汽车行驶阻力、运动惯性以及各种道路行驶工况，按照规定的工况循环规范对汽车排放污染物进行测量。

(1) 稳态工况法(ASM)。稳态工况法由多种稳态工况组成。GB 18285—2005《点燃式发动机汽车排气污染物排放限值及测量方法(双怠速法及简易工况法)》规定，全国点燃式发动机在用汽车的排放监控，在机动车保有量大、污染严重的地区，可采用稳态工况法(ASM)。

稳态工况法试验运转循环由 ASM5025 和 ASM2540 两个稳态工况组成，其规范如图 6.26 所示。检测时，通过底盘测功机对车辆加载：ASM5025 工况时，测功机以车辆速度为 25.0km/h、加速度为 1.475m/s² 时的输出功率的 50%作为设定功率对车辆加载，ASM2540 工况时，测功机以车辆速度为 40.0km/h 的速度、加速度为 1.475m/s² 时的输出功率的 25%作为设定功率对车辆加载，使车辆在规定的稳定负荷下运转，按规范采样测量排放浓度。

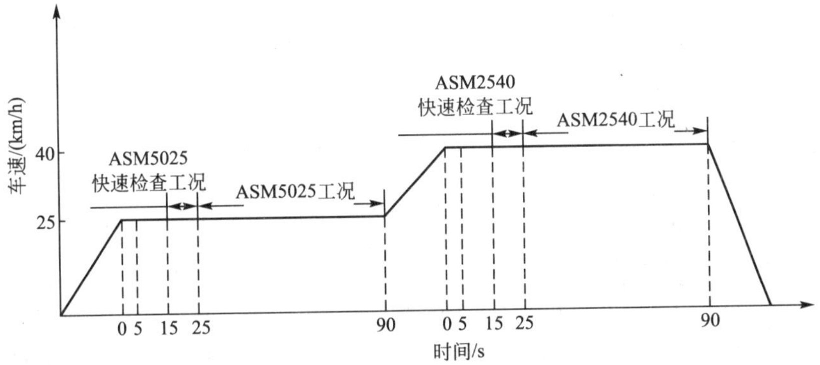

图 6.26 稳态工况法试验运转循环

(2) 瞬态工况法。瞬态工况法由多种瞬态工况组成。GB 18352.3—2005《轻型汽车污染物排放限值及测量方法(中国Ⅲ、Ⅳ阶段)》规定，在车辆型式核准中的Ⅰ型试验，应采用如图 2.10 所示的运转循环。它由 4 个城区十五工况循环(图 2.11)和 1 个城郊十三工况循环(图 2.12)组成。检测时，将汽车放置在带有负荷和惯量模拟的底盘测功机上，并根据车辆参数自动设定测功机载荷，然后按规定的运转循环测量排放浓度。

提示： 工况法检测能较全面地评价车辆的排放水平，但检测过程复杂，并需要配备昂贵的检测设备。因此，工况法多用于新车的型式核准试验和生产一致性检查。

3）烟度法

烟度法是指对柴油车排烟浓度进行监测的方法，它可分为稳态和非稳态测量两种。

(1) 稳态烟度测量。稳态烟度测量是指在柴油车稳定转速工况下利用不透光烟度计检测其排气烟度。由于柴油车冒黑烟在全负荷运转时较为严重，因此柴油车常用全负荷稳态烟度测量法。

全负荷稳态烟度测量法是指柴油机在全负荷稳定转速下测量柴油机排气烟度的一种方

法。由于柴油车冒黑烟在全负荷运转时较为严重，因此全负荷烟度测量法是柴油车烟度检测中最常用的方法。GB 3847—2005《车用压燃式发动机和压燃式发动机汽车排气烟度排放限值及测量方法》标准中，规定压燃式发动机形式核准的烟度检测试验采用全负荷烟度测量法。

我国车用柴油机全负荷烟度测量法要求：在全负荷曲线上不同稳定转速下测定排气烟度(光吸收系数值)，在最高额定转速和最低额定转速之间应选取足够多的转速工况点，其中必须包含最大转矩转速和最大功率转速点，对各种车用柴油机进行全负荷烟度测量，每一转速的烟度测量必须在柴油机运转稳定后进行，任何一次测量结果都不得超过允许限值。

全负荷烟度测量法既可在发动机(台架)上进行，也可在汽车(底盘测功机)上进行。

由于高强化柴油机或增压柴油机在突然加速过程中排烟浓度很高，因此全负荷稳态烟度测量法存在一定缺陷，不能反映出柴油机的全部冒烟特性。

(2) 非稳态烟度测量。非稳态烟度测量是指柴油车在变工况条件下利用不透光烟度计检测其排气烟度。目前，非稳态烟度测量广泛使用自由加速烟度法。

自由加速烟度法是指柴油机从怠速状态突然加速至高速空载转速过程中进行排气烟度测量的一种方法。GB/T 9487—2008《柴油机自由加速排气烟度的测量方法》的检测规范如图 6.27 所示。

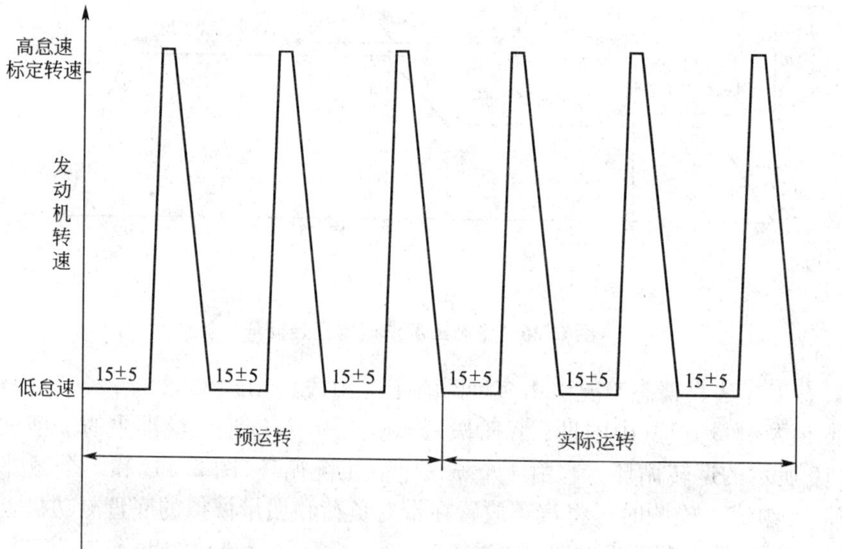

图 6.27　自由加速排气烟度检测规范

检测前，使发动机运行至正常热状态，对烟度计进行预热和零点调整，把取样探头按规定插入并固定于排气管内。

检测时，将汽车置于空挡，在发动机低怠速下稳定运转(15±5)s，迅速踩下加速踏板使油门全开，并保持该位置直到发动机达到调速器控制的高怠速(空载最高转速)为止，然后立即松开加速踏板，使发动机恢复至低怠速运转，如此重复连续 6 次。其中前 3 次自由加速为预运转，用以清除排气管中可能存在的炭烟，后 3 次自由加速为实际的测量运转，用不透光烟度计测量并记录后3次自由加速时的不透光度或光吸收系数的最大读数，若后3次测量的最大读数值与最小读数值之差不超过5%的不透光度或0.25m^{-1}，则其后3次测量的算术平均值即为被测柴油机的自由加速排气烟度值。

自由加速烟度检测具有操作简便易行、检测时间短、检测成本低等特点，它广泛应用于柴油车的年检以及环保部门对柴油车的监测。但自由加速烟度法是在发动机空载下检测的，因此对于车辆有负载时的排气烟度仍然难以反映出来。

4) 随车检测诊断法

随车检测诊断法是指利用车载测量(OBM)系统或车载诊断(OBD)系统随车监测汽车排放是否超标的一种方法。

现代汽车的车载测量系统是指一种随车安装的排放测量系统，它具有实时监测汽车发动机排放水平的能力，能鉴别并记录汽车发动机排放超标的测量数据。在这种车上，人们可根据其测量数据随时了解汽车的排放状况。

车载测量系统具有自诊断功能：当汽车运行时，若电控系统出现故障、排放超标、催化转化器效率下降、氧传感器损坏等，则OBD故障警示灯就会闪烁，随时提醒车主去维修站检修车辆。

6.2 汽车噪声及控制

6.2.1 汽车噪声及其危害

噪声是指人们不需要的令人烦躁、讨厌的声音总称。汽车噪声是由多种声源组成的综合性噪声，它主要是指发动机、传动系统、轮胎及车身扰动空气所发出的响声，其噪声的强度通常与汽车和发动机的结构形式、技术状况和运行条件(车速、载荷、道路等)有关。

汽车噪声分车外噪声和车内噪声两种。车外噪声造成环境公害，车内噪声直接对驾驶人和乘客造成损害。汽车噪声不仅会破坏安静的环境，使人心情不安、烦躁、疲倦和工作效率降低，而且还会损害人体健康，引起某些疾病，如听力下降、噪声性耳聋及神经系统和血液循环系统疾病。噪声的强度越大、频率越高、作用时间越长、个人耐力越小，则危害越严重。据统计，当环境噪声大于45dB时，人会感到明显不适；当噪声达到60～80dB时，会影响睡眠；当噪声超过90dB时，就会对身体产生伤害。而汽车噪声强度一般可达60～90dB，所以汽车噪声是一种环境污染。

汽车是一种移动性噪声源，其噪声影响范围大，干扰时间长，因而受害人员多。另外，车内噪声过大还会影响驾驶人的正常操作而诱发汽车交通事故。因此，对汽车噪声应进行控制。

6.2.2 汽车噪声来源及特性

汽车是一个包括各种不同性质噪声的复杂噪声源。汽车噪声主要来自发动机、传动系统、轮胎和车身等几个方面。

1. 发动机噪声

发动机噪声是指从发动机本体及附件向空间传播的噪声。它包括发动机的燃烧噪声、机械噪声、进排气噪声、冷却风扇噪声及其他部件发出的噪声。

(1) 燃烧噪声。燃烧噪声是发动机的主要噪声源，是可燃混合气在气缸内燃烧时，因压力急剧上升，冲击活塞、连杆、曲轴、缸体及气缸盖等，引起壳体表面振动辐射出的噪声。通常，柴油机比汽油机具有更高的燃烧噪声。

一般来说，在发动机燃烧不正常，如汽油机爆燃，柴油机燃烧压力升高率过高时，其燃烧噪声会更大；发动机在高转速、大负荷和加速运转时，其燃烧噪声更大。

(2) 机械噪声。发动机机械噪声是指发动机运转时，由于相互运动的配合零件间存在间隙，在力的作用下相互撞击摩擦或发生弹性变形，导致壳体表面振动所引起的噪声。如活塞与气缸壁的敲击、气门开闭的冲击、正时齿轮运转、喷油泵泵油等都会产生噪声。

机械噪声在很大程度上取决于发动机的转速、负荷，发动机高转速、大负荷工作时，其机械噪声明显加大。

(3) 进、排气噪声。发动机进、排气噪声是指发动机在进、排气过程中，因气体高速流动和压力波动引起振动而产生的噪声。它包括：进、排气管中气流的压力脉动噪声；气流高速流过气门截面时因产生涡流发出的噪声；在气体压力波动过程中，进、排气系统振动发出的噪声。

进、排气噪声的强弱随发动机负荷和转速的不同而变化，一般大负荷、高转速时噪声较大。排气噪声比进气噪声大得多，这是排气压力高且变化大所致。

(4) 冷却风扇噪声。发动机冷却风扇噪声是指冷却风扇运转时，引起的空气动力性噪声和机械振动噪声。空气动力性噪声包括旋转噪声和涡流噪声。旋转噪声是由风扇旋转的叶片周期性地切割空气，引起压力波动而激发出的噪声；涡流噪声是由于风扇叶片旋转时在周围产生空气涡流而引起的噪声。机械振动噪声是由于气流引起的风扇、导向装置(护风圈)或散热器的振动，以及其他外部振动激发的机械振动而引起的噪声。

风扇的机械振动噪声比空气动力性噪声较小。风扇低速时以涡流噪声为主，高速时旋转噪声较强。风扇工作条件与发动机的负荷、转速直接相关。因此，汽车在重载高速运转时，冷却风扇噪声较大。风扇噪声是汽车的最大噪声源之一。

2. 传动系统噪声

汽车传动系统噪声是指汽车行驶时传动系统因传递动力引起的噪声。它包括变速器噪声、传动轴噪声和驱动桥噪声，其中变速器是主要噪声源。

(1) 变速器噪声。变速器噪声主要是指变速器工作时，其内部的齿轮传动噪声、轴承声响、润滑油搅拌声和发动机振动传播到变速器箱体而辐射出的噪声。齿轮传动噪声是变速器噪声的主要部分，引起齿轮传动噪声的内因是轮齿刚度在交变载荷作用下周期性变化和轮齿间的正常啮合关系遭到破坏，使轮齿啮合时产生撞击声；外因是由于发动机转速、负荷变化而导致齿轮传动冲击。

变速器噪声与变速器形式、挡位等因素有关，并随着汽车行驶状态、速度、负荷的变化而变化。一般情况下，变速器噪声会随汽车速度、负荷的增加而加大。

(2) 传动轴噪声。传动轴噪声是指传动轴高速运转时激发出的噪声。它是由发动机转矩波动、变速器及驱动桥等振动输入、万向节传递动力不等速及传动轴本身不平衡引起的。传动轴噪声的扩散主要有两个途径，一是经传动轴的中间支撑、变速器和后桥传至车身及其部件，引起振动和噪声；二是直接向外辐射噪声。

一般传动轴噪声能量很小，在传动系统噪声中不占主要地位，但当传动轴动不平衡非常严重时，其噪声和振动都会很大，甚至导致车身发抖。

(3) 驱动桥噪声。驱动桥噪声主要由齿轮传动噪声、轴承声响、润滑油搅拌声等组成，以齿轮传动噪声为主。引起驱动桥噪声的根本原因是驱动桥传动部件磨损松旷、调整不当或润滑不良，当驱动桥承受较大动载荷工作时，技术状况变坏的传动部件会发出较大的噪声。

3. 轮胎噪声

轮胎噪声是指车轮运动时轮胎直接发出的噪声。它包括：花纹噪声、道路噪声、振动噪声和空气噪声。

(1) 花纹噪声。轮胎花纹噪声是指汽车行驶时，因轮胎胎面花纹槽内的空气在接地时被挤压，并有规则地排出，从而引起周围空气压力周期性变化而产生的噪声。花纹噪声在轮胎噪声中占主要地位，一般所说的轮胎噪声主要是指花纹噪声。

(2) 道路噪声。道路噪声是指汽车通过凹凸不平路面时，路面凹凸坑内的空气受挤压和排放而产生的噪声。道路噪声产生机理与花纹噪声相同，均是由轮胎和路面相互作用导致变形挤压而产生。

(3) 振动噪声。轮胎振动噪声是指由于轮胎不平衡、胎面花纹变化或路面凹凸不平等原因而激发轮胎振动所产生的噪声。

(4) 空气噪声。轮胎空气噪声是指轮胎旋转时，搅动周围空气而产生的空气振动声。

轮胎噪声主要与车速、负荷、轮胎气压及路面状况等使用因素有关。通常，车速越高、轮胎负荷越大、轮胎气压越低、路面状况越差，则轮胎噪声越大。

4. 车身噪声

车身噪声是指汽车行驶时，车身与空气摩擦、冲击引起的空气动力性噪声，以及车体各板壁结构在发动机和路面凹凸不平的振动激励下产生的振动噪声。高速行驶的汽车，车身噪声较大。车身噪声与车身的表明质量和车身流线型有关。

汽车噪声除以上所述外，还有制动噪声、储气筒放气声、喇叭声及各种专用车辆上的动力装置噪声等。由于这些噪声不是连续的，因此不占主要地位。

6.2.3 汽车噪声的控制

由于噪声强度与汽车的技术状况和运行条件有关，因此，对于在用汽车可通过合理使用来控制和降低汽车噪声。在使用方面控制和降低汽车噪声的主要措施如下。

1. 选择合适的燃油

燃油品质对发动机燃烧噪声影响较大。对于柴油机，选用十六烷值高的燃油，可以减少滞燃期形成的可燃混合气数量，减小气缸内燃烧时的压力增长率，从而减少燃烧噪声，防止柴油机工作粗暴。对于汽油机，选用辛烷值高的燃油，可以防止爆燃，从而减少燃烧噪声及严重的气缸敲击声。

2. 保持发动机具有良好的技术状况

发动机技术状况不佳时，发动机噪声会加大。因此，在汽车使用过程中应经常检查并维护发动机，使其具有良好的技术状况。检查维护时应重点关注如下几点。

(1) 保持进排气系统工作状况正常。使用过程中，要注意维护消声器，它是降低排气噪声的部件，确保消声器状态良好；注意进、排气系统的紧固作业和接头的密封状况，以减小表面辐射噪声和漏气噪声。

(2) 保持运动件配合、传动正常。提高曲柄连杆机构、配气机构的维修装配质量，使运动件具有合适的配合副间隙，则可减少发动机运转时的机械噪声，如活塞与气缸壁的敲击声、气门开闭及正时齿轮运转的冲击声。当运动件磨损严重，间隙过大时，应予以修复或调整。

(3) 保持合适的点火提前角或供油提前角。汽油机点火提前角过大时，气缸内燃烧时的压力增长率过大，发动机易产生爆燃，使噪声增大；柴油机供油提前角过大时，气缸内燃烧时的压力增长率过大，发动机工作粗暴，使噪声增大。因此，应保证发动机具有合适的点火提前角或供油提前角，以减少发动机的燃烧噪声。

(4) 保持冷却系统风扇状况良好。发动机冷却风扇叶片若变形或破损，则发动机运转时空气动力噪声增大；冷却风扇轴承损坏、松旷会产生机械振动噪声。因此，应注意检查冷却风扇叶片及其转动情况，确保冷却系统风扇状况良好。

(5) 保持润滑系统技术状况良好。润滑系统技术状况不良时，运动件摩擦表面的润滑状况就会恶化，导致发动机机械噪声增大。因此，应注意检查润滑系统及发动机油的质量，确保润滑系统具有良好的技术状况。

3. 保持底盘具有良好的技术状况

在汽车行驶时，若底盘的技术状况不良，则汽车的噪声会加大。因此，在汽车使用过程中，应经常检查并维护底盘，使其具有良好的技术状况。检查维护时，应重点关注如下几点。

(1) 保持传动系统技术状况良好。

① 提高装配质量，保证传动系统齿轮的啮合间隙和啮合印痕正常，轴及轴承的间隙合适，以减少齿轮的传动噪声、轴承声响。

② 确保传动轴动平衡，以减少动不平衡引起的传动轴噪声。

③ 选用好的润滑油和润滑脂，确保传动系统变速器、驱动桥和万向传动装置等具有良好的润滑，以降低传动系统噪声。

(2) 保持行驶系统技术状况良好。

① 加强钢板弹簧的维护，确保其有良好的润滑，以减少汽车行驶时钢板弹簧片与片之间的摩擦噪声。

② 检查减振器的性能，确保其有良好的减振能力，以减少车体振动时引起的各振动部件产生的噪声。

③ 加强轮胎的维护，确保其动平衡及气压正常，以减少轮胎噪声。

(3) 保持制动器技术状况良好。制动器摩擦片与制动鼓磨损严重、装配不当时，制动噪声非常严重。因此，加强制动器的维护，确保其技术状况良好，可以减少制动噪声。

4. 保持车体具有良好的密封性

汽车高速行驶时，车身表面出现扰流产生的噪声是不可避免的，但应防止车身噪声对车内的影响。车内整体噪声的控制与车体的密封性能密切相关。保持车体具有良好的密封性，可以有效降低车身噪声引起的车内噪声，尤其对高速行驶过程中的车身噪声有很好的抑制效果。

5. 正确驾驶汽车

平缓起步；采用中速行车；保持稳定行驶，避免急加速、急减速；尽量采用预见性制动，少用紧急制动；少按喇叭等可以减小噪声。

6.2.4 汽车噪声的检测

1. 汽车噪声检测仪器

1）声级计

声级计是一种最基本的噪声测量仪器，它可以按人耳相近的听觉特性检测汽车噪声。根据所用电源不同，声级计可分为交流式和直流式(干电池)两种。其中直流干电池式声级计因体积小、质量轻、操作携带方便，应用比较广泛。图 6.28 为国产 ND_2 型便携式精密声级计。

(1) 声级计的基本结构。声级计一般由传声器、放大器、衰减器、计权网络、检波电路、指示仪表和电源等组成(图 6.29)。

① 传声器。传声器常称为话筒，是声级计的传感器，其作用是把噪声信号转变为电信号。

② 放大器。放大器的作用是将传声器输出的微弱电压信号放大，在声频范围内放大器应具有平直的放大特性、较低的固有噪声和良好的稳定性，以满足检测的需求。

③ 衰减器。衰减器的作用是调整输入信号和输出信号的幅度，以控制指示仪表获得适当的指示值。

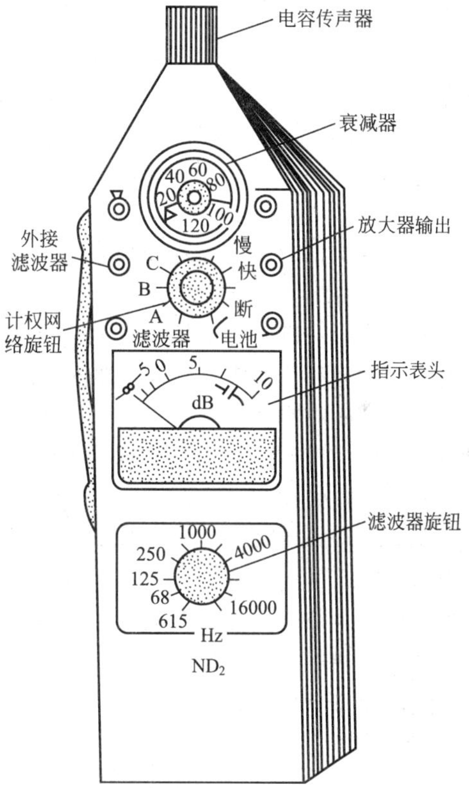

图 6.28 ND_2 型便携式精密声级计

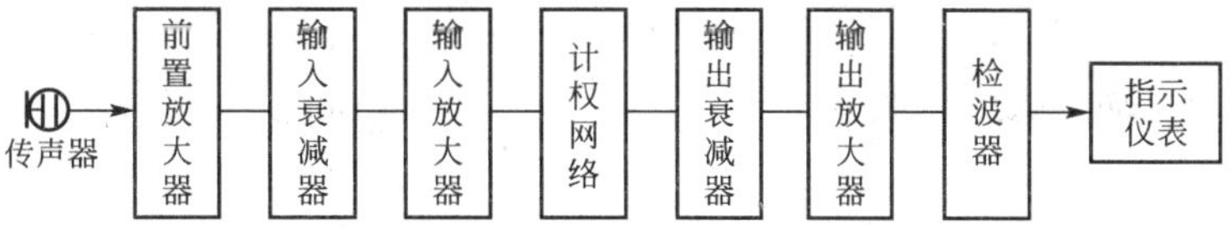

图 6.29 声级计结构原理框图

④ 计权网络。计权网络是把电信号修正为听感近似值的网络。声级计设有 A、B、C 3 种标准的计权网络。A 计权网络由于其特性接近与人耳的听感特性，因此是目前世界上噪声测量中应用最广泛的一种。经过 A 计权网络测出的读数 dB(A)称为 A 计权声级，简称 A 声级。

⑤ 检波器。检波器的作用是将迅速变化的声音频率交流信号转换成变化较慢的直流电压信号，以便于仪表指示。

⑥ 指示仪表。指示仪表的作用是直接显示噪声级的 dB 值，可用数字显示或指针指示。

声级计面板上一般还备有一些插孔，以便外接滤波器、示波器、记录仪等，对噪声做进一步分析。有的声级计内还装有倍频程滤波器，以便在现场对噪声直接做频谱分析。

(2) 声级计工作原理。声级计检测时，噪声通过传声器转换成电压信号，并由前置放大器变换阻抗，使其与输入衰减器匹配，然后信号经输入放大器送入计权网络处理，再经输出衰减器及放大器将信号放大到一定的幅度，最后经有效值检波器进入指示仪表，从表头得到相应的声级读数。

声级计一般都有“快”和“慢”两挡，其中“快”挡平均时间为 0.27s，比较接近人耳听觉的生理平均时间；“慢”挡平均时间为 1.05s。声级计检测时，应根据被测噪声的性质和特点选择声级计的“快”挡或“慢”挡。当对稳态噪声进行测量或需要记录声级变化过程时，应选用“快”挡；当被测噪声的波动比较大时，应选用“慢”挡。

2）频率分析仪

汽车噪声是由大量的不同频率的声音复合而成的，为了分析产生噪声的原因，需对噪声进行频谱分析。

所谓频谱分析就是应用数学原理(傅里叶变换)，将原来由时间域表征的动态参数转换为由频率域表征。实现这一转换的最基本装置是滤波器，利用滤波器将待分析的噪声信号所包含的不同频率的分量分离出来，由记录器记录测量结果。通常，根据测量结果，以频率为横坐标，以声压级为纵坐标做出的噪声曲线称为噪声的频谱图。它在频域上描述了声音强弱的变化规律。

用于测定噪声频谱的仪器称为频率分析仪或频谱仪。频率分析仪主要由滤波器、测量放大器和指示装置组成。检测时，噪声信号经过一组滤波器，使被测信号中所含有的不同频率分量逐一分离出来，并由测量放大器将其幅值放大，然后由指示装置直接显示测量结果或绘制频谱图。

利用频率分析仪，可以了解噪声的频率成分和各频率噪声的强弱，做到有针对性地控制和消除噪声。

2. 汽车噪声检测方法

1）汽车定置噪声的测量

汽车定置噪声是指车辆不行驶，发动机处于空载运行状态时的噪声。其测量包括汽车排气噪声测量和发动机噪声测量。

(1) 测量的基本条件。

① 测量仪器应采用精密声级计。

② 测量场地应为开阔的、由混凝土或沥青等坚硬材料构成的平坦地面，其边缘距车

辆外廓至少 3m。除测量人员和驾驶员外，测量现场不得有影响测量的其他人员。

③ 背景噪声应比所测车辆噪声至少低 10dB(A)。背景噪声是指测量对象噪声不存在时，周围环境的噪声。

④ 测量时，变速器应挂空挡(自动变速器汽车操纵手柄处于 P 位或 N 位)，拉紧驻车制动器，离合器接合；发动机罩、车窗和车门应关上，车辆的空调器和其他辅助装置关闭；发动机冷却液温度、机油温度应符合生产厂的规定。

(2) 排气噪声测量方法。

① 将车辆置于测量场地中央，如图 6.30 所示。

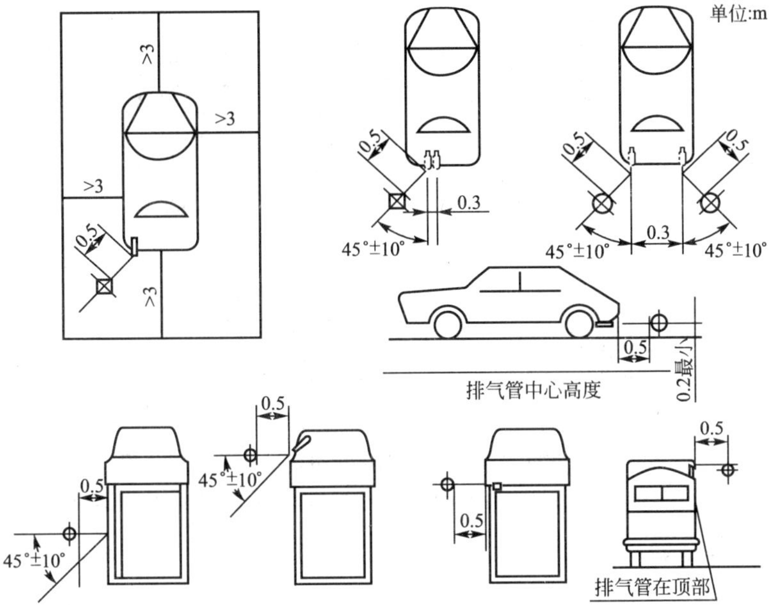

图 6.30　汽车定置排气噪声测量场地及传声器位置

⊕—传声器位置

② 将声级计传声器按如图 6.30 所示的规定测点位置放置。传声器与排气口端等高，在任何情况下距地面不得小于 0.2m；传声器的参考轴应与地面平行，并和通过排气口气流方向且垂直地面的平面成 45°±10°的夹角；传声器朝向排气口，距排气口端 0.5m，放在车辆的外侧。对排气管垂直向上的车辆，传声器放置高度应与排气管口等高，传声器朝上，其参考轴应垂直地面，传声器应放在离排气管较近的车辆一侧，并距排气口端 0.5m。

③ 将发动机稳定在 3/4 的额定转速，测量由稳定转速尽快减速到怠速过程的最高声级。测量时使用声级计的 A 计权、快挡，每个测点重复测量，直到连续出现 3 个读数变化范围在 2dB(A)之内为止，并取其算术平均值作为测量结果。

若汽车装有多个排气管，并且各排气管的间隔又大于 0.3m，则应对每一个排气管都要测量，并记录其最高声级。

(3) 发动机噪声测量方法。

① 将车辆置于测量场地中央，如 6.31 所示。

② 将声级计传声器按如图 6.31 所示的规定测点放置，传声器测点位置应随发动机在

车上的布置不同而变化。

③ 将发动机从怠速尽可能快速地加速到 3/4 的额定转速，并保持必要长的时间，测量该过程的最高声级。测量时使用声级计的 A 计权、快挡，每个测点重复测量，直到连续出现 3 个读数变化范围在 2dB(A)之内为止，并取算术平均值作为测量结果。

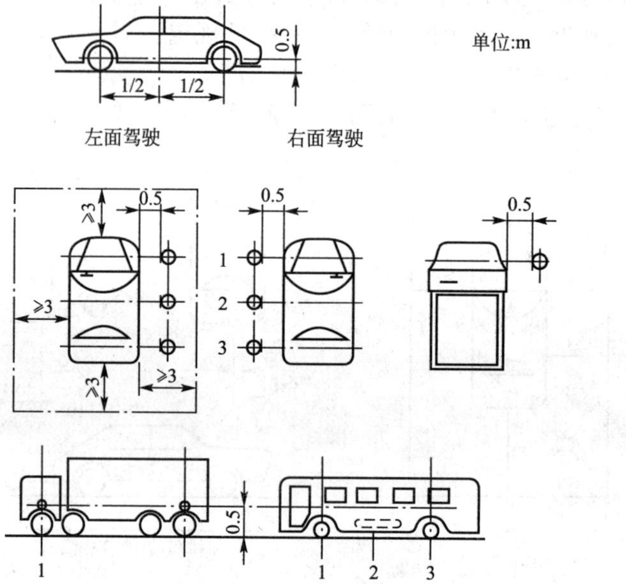

图 6.31　汽车定置发动机噪声测量场地和传声器位置

1—前置发动机；2—中置发动机；3—后置发动机；⊕—传声器位置

2）汽车加速行驶噪声的测量

(1)测量的基本条件。

① 测量仪器应采用精密声级计。

② 测量场面地应平坦而空旷，在测试中心以 50m 为半径的范围内，不应有大的反射物，如建筑物、围墙等。

③ 测试场地应有规定长度的平直、干燥的沥青路面或混凝土路面。路面坡度不超过 0.5%。

④ 背景噪声应比所测车辆噪声至少低 10dB，并保证测量不被偶然的其他声源所干扰。

⑤ 测量应在良好的天气条件进行，风速不超过 5m/s，为避免风噪声干扰，可采用防风罩，但应注意防风罩对声级计灵敏度的影响。

⑥ 声级计附近除测量者外，不应有其他人员，如不可缺少时，则必须在测量者背后。声源与传声器之间不应有任何人员站留。

⑦ 被测车辆应空载，技术状况正常，测量时发动机应处于正常使用温度。

⑧ 测量场地及测点位置如图 6.32 所示，传声器应用三角架固定在离地面高(1.2±0.02)m、距行驶中心线(7.5±0.05)m 的两侧，其参考轴线必须水平并垂直指向行驶中心线。

(2) 加速行驶车外噪声测量方法。

① 确定汽车的行驶挡位。

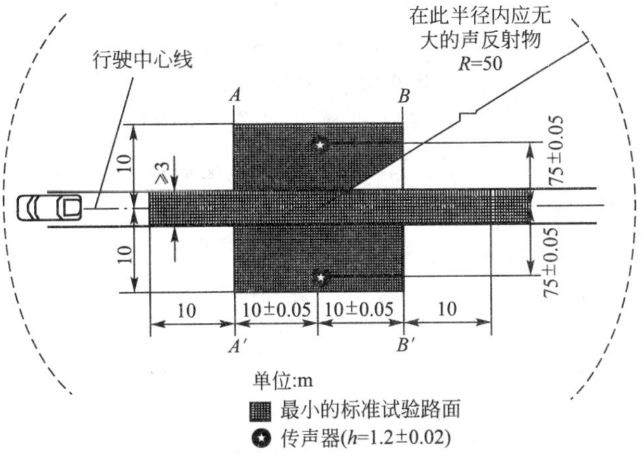

图 6.32　汽车加速行驶噪声测量场地示意图

a. 对于 M_1、N_1 类前进挡位为 4 挡或 4 挡以下的汽车应选用第 2 挡测量。

b. 对于前进挡位为 4 挡以上的 M_1 和 N_1 车辆，应分别选用第 2 挡和第 3 挡测量。若选用第 2 挡测量时，汽车尾端通过 BB'线时发动机转速超过了额定转速 n_r，则应逐次按 $5\%n_r$ 降低接近 AA'线时发动机的稳定转速 n_A，直至通过 BB'线的发动机转速不再超过 n_r，若 n_A 降到了怠速，汽车通过 BB'线的发动机转速仍超过 n_r，则只用第 3 挡测量。对于前进挡多于 4 挡并装用额定功率 140kW 的发动机且比功率大于 75kW/t 的 M_1 汽车，若该车用第 3 挡其尾段通过 BB'线时的速度大于 61km/h，则只用第 3 挡测量。

② 按规定条件稳定地到达始端线。接近 AA'线时的稳定速度取下列速度中的较小者。

a. 50km/h。

b. 对于 M_1 类和发动机功率不大于 225kW 的其他各类汽车，对应于 $0.75n_r$ 的车速。

c. 对于 M_1 类以外的且发动机功率大于 225kW 的各类汽车，对应于 $0.5n_r$ 的车速。

③ 加速通过测量区。从车辆前端到达始端线开始，立即将加速踏板踩到底并保持不变，使车辆直线加速行驶，当车辆后端到达终端线时，立即松开加速踏板。

④ 声级测量。声级计用 A 计权网络、快挡进行测量。

a. 在汽车每一侧至少应测量 4 次。

b. 应测量汽车加速驶过测量区时的最大声级。每一次测得的读数值应减去 1dB(A)作为测量结果。

c. 若在汽车同侧连续 4 次测量结果相差不大于 2dB(A)，则认为测量结果有效。

⑤ 将每一挡位条件下每一侧的 4 次测量结果进行算术平均，然后取两侧平均值中较大者作为中间结果。

⑥ 汽车最大噪声级的确定。对于只用一个挡位测量的汽车，直接取中间结果作为最大噪声级；对于采用两个挡位测量的汽车，取两挡中间结果的算术平均值作为最大噪声级。最大噪声级的值应按有关规定修约到一位小数。

3) 客车车内噪声测量方法

客车车内噪声的测量可按 GB/T 25982—2010《客车车内噪声限值及测量方法》的规定执行。

(1) 测量的基本条件。

① 测量仪器。噪声测量仪器应采用精密声级计；转速、车速测量应选用准确度优于±2%的发动机转速表或车速测量仪器来监测转速或车速，不应使用客车上的同类仪表。

② 测量路段。从客车辐射的噪声只能通过道路表面的反射成为车内噪声的一部分，而不能通过建筑物、墙壁或客车外的类似大型物体的反射成为车内噪声。测量路段的客车与这类大型物体之间的距离应大于20m。

③ 测量路面。应有试验需要的足够长度，应是平直、干燥的沥青路面或混凝土路面，且不应有接缝、凸凹不平或类似的表面结构。测量时应避免通过隧道、桥梁、道岔、车站及会车。

④ 测量环境。测量环境温度在－5～＋35℃，风速不大于5m/s。

⑤ 背景噪声。对于所有A声级测量，由背景噪声和仪器内部电噪声而确定的测量动态范围下限应至少低于所测声级15 dB (A)，否则试验结果无效。

⑥ 车辆条件。汽车空载，车内除驾驶人和测量人员外，不应有其他人员；汽车技术状态正常，发动机处于正常工作温度；轮胎规格、气压应符合制造厂家的规定要求，轮胎任意部位花纹深度应不小于1.6mm；车辆门窗、进风口及出风口，如有可能都应关上；辅助装置，如刮水器、暖风装置、风扇及空调等，在测量试验过程中不能工作，如果某一辅助装置自动工作，则应将工作条件在试验报告中加以说明；可调节的座椅应调节到制造厂规定的设计位置。

(2) 车内噪声测量方法。

① 选择车内噪声测量点。车内噪声测量点的布置因车型有所不同，但测量点的高度通常在人耳附近，其传声器在测量点处指向客车前进方向。具体布置如下。

a. 一个测量点应选在驾驶人耳旁(图6.33)。

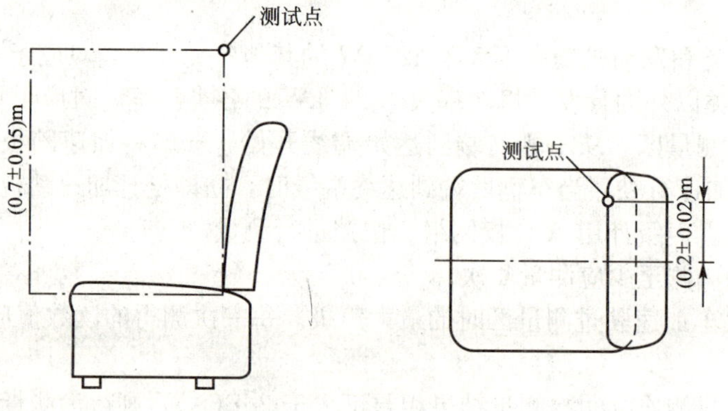

图6.33 座位测量点的布置

b. 其他测量点：对于城市客车，乘客区按照车内尺寸取测量点，每节车厢分别取中心线上的前中后3个点来测量(图6.34)。

对于其他客车，在乘客区的前部、中间和后部也应各布置一个测量点。沿着汽车的纵向轴线附近(不算轴线上的)，前排、中间排(如果是偶数排，排数为n，对中后置发动机客车则取$n/2+1$排；对前置发动机客车则取$n/2-1$排)和最后排左侧的第一个座位位置作为测量点。对于双层客车，应增加上层乘客区的后排中间座位作为测量点。其座位测量点的传声器位置如图6.33所示。

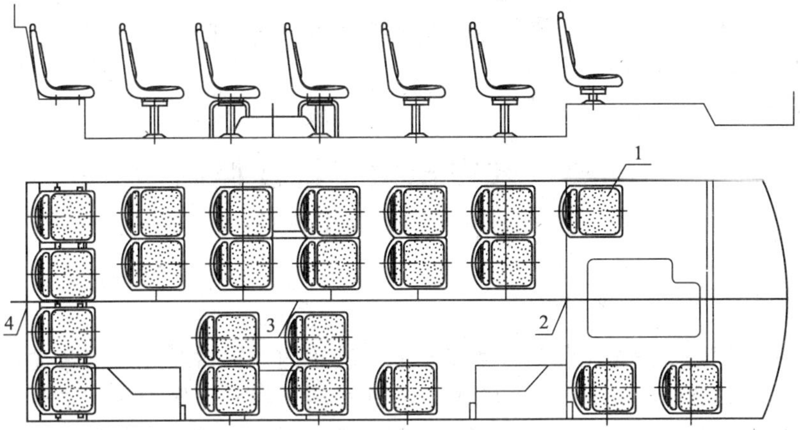

图 6.34 城市客车的测量点位置

1、2、3、4—测量点

对于卧铺客车，中间列卧铺的前部、中部和最后部的下铺作为测量点(对于 2 列卧铺客车，测量纵向轴线左侧的铺位)。卧铺测量点的传声器应放在无人枕头的中部向右距离为(0.20±0.02)m 以上(0.15±0.02)m 处。

② 车内噪声检测。不同客车，检测方法略有差异。

a. 城市客车车辆：汽车分别在第 2 挡 15km/h 和第 3 挡 35km/h(如第 2 挡 15km/h 和第 3 挡 35km/h 车速下对应的发动机转速超过额定转速的 90%，则取前一挡位下 90%额定转速对应的车速)时全油门加速两种运行工况下进行测试，其变速器挡位在噪声测试过程中不应改动。对于自动变速器(含手自动一体的变速器)的客车，测试工况为 10～50km/h 全油门加速过程。

当客车达到稳定的上述测试车速时，将声级计置于 A 计权、快挡进行测量，同时尽可能快地使油门全开，直到发动机转速达到制造厂规定额定转速的 90%，读取声级计的读数。每个测量点进行往返各 1 次测量，并记录在所规定的加速范围内出现的 A 计权声级最大值。分别计算驾驶人耳旁和乘客区各测点在第 2 挡和第 3 挡时的 4 次测量的算术平均值作为中间结果。

b. 其他客车车辆：汽车以 90 km/h 或设计最高车速的 80%(取两者的较小值)的车速匀速行驶，机械式变速器客车的挡位应处于最高挡，自动变速器(含手自动一体的变速器)的客车应使操纵手柄处于制造厂为正常行驶而推荐的位置。

按相应车速匀速行驶试验，用声级计对每个测量点进行往返各 1 次测量，每次测量时间至少 5s，读取稳态噪声测量读数，并记录 A 计权等效声压值。分别计算驾驶人耳旁和乘客区各测点 2 次测量的算术平均值作为中间结果。

③ 车内噪声声级的确定。

a. 不符合一般声级特性的异常读数应予忽略。

b. 测量过程中，如果遇间歇噪声，则应重新开始该次测量。所谓间歇噪声是指稳态噪声以外的间断性噪声。

c. 如果 A 计权声级在任何一种运转工况下，2 次测量最大值与最小值之差超过 2dB (A)，则应继续测试，一直到 2 次连续的测量最大读数差值在 2 dB (A)范围内为止，这 2

次测量的算术平均值便可作为测量结果。

当各次测量均有效时，分别取驾驶人耳旁和乘客区各中间结果的最大值，作为驾驶区和乘客区噪声的最终测量结果。

6.3 汽车电磁干扰及控制

6.3.1 汽车电磁干扰的形成及危害

汽车电磁干扰是指汽车工作时产生的电磁波向车内外辐射，经过耦合途径传输至敏感设备，从而干扰敏感设备正常工作的现象。汽车电磁干扰分传导干扰和辐射干扰两种。沿导线传输的电磁干扰称为传导干扰，通过空间传播的电磁干扰称为辐射干扰。

1. 汽车电磁干扰的形成

汽车电磁干扰源主要有点火系统和电气系统。发动机工作时，点火系统次级电压的高频振荡产生很强的电磁辐射。电气系统中有许多导线、线圈，都具有不同的电容和电感，而任何一个具有电感和电容的闭合回路都会形成振荡回路。在电路接通或断开的瞬间，电路中尤其是电感性和电容性电路中，会出现高频振荡产生电磁辐射。此外，带有触点的电器，如起动机、发电机、闪光器、触点式电磁振动电喇叭、刮水器等在工作时，也向外发射高频电磁波。这些电磁波发射到空中，切割无线电、电视广播等通信设备的天线，就形成了辐射电磁干扰。如果其电磁波通过汽车导线直接输入到车内的无线电设备或电子设备内部，则形成传导干扰。

2. 汽车电磁干扰的危害

汽车在公路上、城市街道运行时，汽车电气系统会辐射电磁波，对汽车上及周围数百米范围内的收音机、电视机和其他敏感电子设备的正常工作，产生不同程度的干扰。强烈的电磁干扰可能使灵敏的电子设备因过载而损坏，造成重大的危害或损失，如导致手术中的医疗电子设备失常、起爆装置的无意爆炸等。

汽车电磁干扰还会影响本车电子电器设备的正常工作。汽车上的电感、电容性负载很多，如：发电机、点火线圈、电磁继电器、电动机、电喇叭等。当电路突然断开时产生的自感电动势会形成过电压加在负载上，产生电磁干扰脉冲，引起电子元件损坏，导致基本计算逻辑判断错误。若电磁干扰使本车安全方面的自动控制系统失效(如 ABS、SRS、ESP 等)，则会存在严重的安全隐患。

6.3.2 汽车电磁干扰的抑制

根据汽车的电磁干扰源、电磁干扰传播途径及抑制电磁干扰的成本来确定汽车电磁干扰的抑制措施。主要抑制措施如下。

1. 串接阻尼电阻

汽车电磁辐射发生在点火系统高压部分的能量较大，影响也大。若在振荡电路中串联阻尼电阻，以削弱高频振荡，可以有效抑制电磁辐射。如在分电器与点火线圈之间的高压点火线上，接入S型外接电阻器(图6.35)，而将各火花塞装上L型或K型外接电阻器。外接电阻器的接入位置越靠近火花塞放电部位，抑制效果就越好，越远则越差。

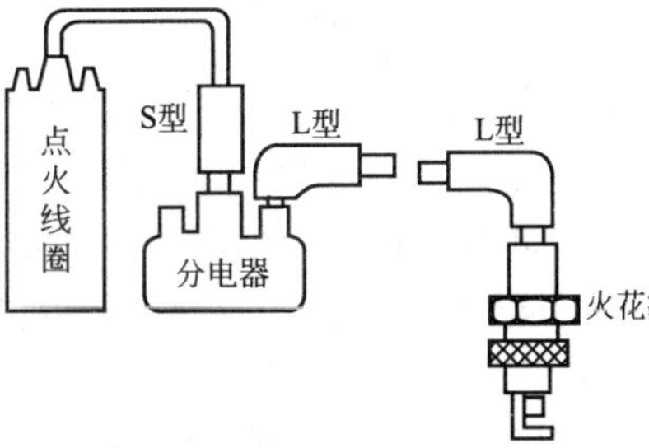

图6.35 电阻器的安装位置

2. 并联抗干扰电容

对于电感性负载引起的干扰，抑制方式可以采用并联一个适当数值的电容器，以消除反向过电压。对于电器工作产生的火花放电干扰，采用并联抗干扰电容，可吸收火花能量，减轻干扰。如在发电机电枢与接地之间、在电压调节器电池接柱与搭铁接柱之间、在刮水器电动机和电喇叭等回路并联适当的电容，均可取得较好的抗干扰效果。

3. 合理布线

合理布置电线及其走向，抑制线缆间耦合引起的干扰。如对电磁干扰敏感的部件采用独立电源，分列用线；对电磁干扰敏感部件的输入端加抗干扰衰减滤波器，合理布置地线，将强弱不同的信号和电流的地线分隔布置，防止干扰信号通过地线进入各级用电设备；将ECU控制线或信号线与电源线分开布置，以减小因耦合而引起的干扰信号侵入。

4. 可靠接地

对来自车内供电系统的干扰，一种简单而有效的方法是利用蓄电池作为一个极低阻抗、大容量的瞬变电压抑制器，吸收各种瞬变电压产生的干扰能量。最好的方式是保证蓄电池电缆接线良好，可靠接地(搭铁)，尽可能保证线路阻抗最小。

对汽车上各个系统和部件进行可靠接地，可确保汽车各个部件处于等电位状态，消除产生电磁噪声的放电与部件间的电位差，对电磁噪声进行有效的抑制。常用的接地方法是用接地编织导线把汽车各个部件与车身连接起来，使分开的两部件的电位相近似或相等。编织导线越短、越宽，则效果越好。

5. 金属屏蔽

金属屏蔽是指用金属罩遮盖易产生电火花的电器部件，如点火线圈、火花塞、发电机、调节器、仪表和传感器等，以及用金属网或金属罩屏蔽高频电流通过的导线，并将其搭铁。金属屏蔽可有效衰减电磁波的辐射和传播。

6. 优化设计

优化汽车电路系统及汽车电子电器部件的设计，消除或减少干扰源，提高汽车本身的电磁抗干扰特性，有效地减少汽车电磁辐射对环境的污染。

6.3.3 汽车电磁干扰的检测

汽车电磁干扰检测的是汽车的电磁辐射量。根据检波方式不同，汽车的电磁辐射量可用平均值、峰值和准峰值表示。在规定的条件下，检测汽车的电磁辐射量可以评价汽车的无线电骚扰特性。GB 14023—2011《车辆、船和内燃机 无线电骚扰特性 用于保护车外接收机的限值和测量方法》规定了汽车电磁干扰的检测方法。

1. 电磁干扰检测条件

(1) 测量系统。采用适当的频谱分析仪或扫描接收机和接收天线，在30～1000MHz范围内，测量电场强度的准确度应为±3dB，频率准确度应优于±1%。

(2) 测量场地。户外测量时，其场地应是一个以车辆与测量天线之间连线的中点为圆心，最小半径为30m的圆形区域内没有电磁波反射物的空旷场地。

(3) 测量环境。要求环境无外界噪声或信号。在测量前和后，车辆没有运转状态下，测量环境噪声，这两次测量到的环境噪声电平应比骚扰的限值至少低6dB。应优先考虑车辆在干燥时或雨停10min之后测量，否则应选不同的限值标准。当测量有异议时，应以干燥条件测量为准。

(4) 测量天线。要求在规定频率范围，应分别进行水平极化和垂直极化的测量，天线中心到最近的车辆边缘的金属部分的水平距离为(10±0.2)m，天线中心离地面的高度为(3±0.05)m(图6.36)。要求天线单元与天线支架或升降系统之间、天线单元与馈线之间不发生电耦合。

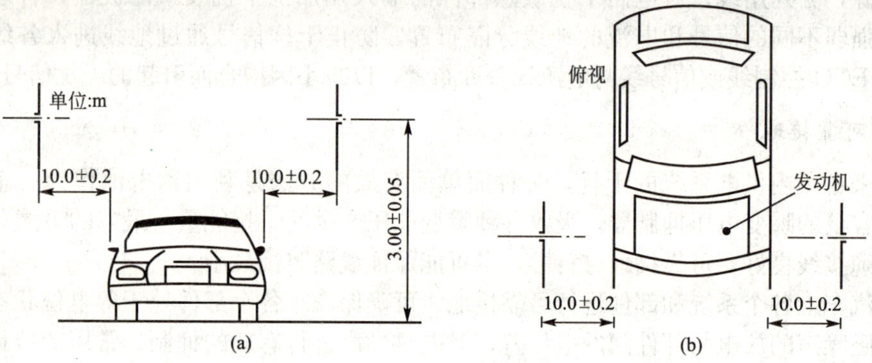

图6.36 测量辐射的天线位置

(a) 垂直极化；(b) 水平极化

2. 电磁干扰检测方法

(1) 测量时发动机应处于正常的工作温度，所有和动力系统一起自动接通的电气设备，都应尽可能处于典型的工作状态。

(2) 在“上电且发动机不运转”模式下测量。接通点火开关，发动机不运转，但电气系统处于正常运行状态时，在车辆左、右两侧用峰值检波器，在整个频率范围内测量电磁辐射的峰值。若峰值低于平均值限值，则该模式检测通过；若高出平均值限值，则用平均值检波器测量高出部分频率点的电磁辐射平均值。

(3) 在“发动机运转”模式下测量。发动机运转，对于单缸发动机运行在(2500±250)r/min，对于多缸发动机运行在(1500±150)r/min，在车辆左、右两侧用峰值检波器，在整个频率范围内测量电磁辐射的峰值。若峰值低于准峰值限值或峰值限值，则该模式检测通过；若高于峰值限值，则用准峰值检波器测量超过部分频率点的电磁辐射平均值。

(4) 平均值、峰值和准峰值的测量结果以dB(μV/m)表示。

本章小结

1. 汽车排放污染物主要有：CO、HC、NO_x、PM等。汽油机的主要排放污染物是CO、HC和NO_x；柴油机的主要排放污染物是微粒和NO_x。它们对环境的污染已经构成公害。

2. 汽车排放污染物主要影响因素有：混合气浓度、发动机工况(负荷、转速)及其变化、发动机热状况、点火提前角或喷油提前角、发动机技术状况等。对汽车实施排放控制的主要途径：一是机内净化，通过改进发动机燃烧过程来实现；二是机外净化，在排气系统中采用化学或物理方法，对已生成的有害排放物进行净化后处理，并对来自曲轴箱和供油系统的有害排放物进行控制净化；三是合理使用汽车，以减少汽车排放污染物。

3. 汽车排气成分检测主要是：用不分光红外线分析仪测量CO和CO_2；用氢火焰离子分析仪测量HC；用化学发光分析仪测量NO_x；用综合分析法测量各种废气。排气烟度常用滤纸式烟度计和不透光烟度计测量。排气颗粒物采用全流式或分流式稀释风道测量系统测量。汽车排放污染物主要检测方法有：怠速法、工况法、烟度法和随车检测法。

4. 汽车噪声是由多种声源组成的综合性噪声。汽车是一种移动性噪声源，其噪声影响范围大，干扰时间长，恶化了人类的生存环境，已成为社会公害。

5. 汽车噪声主要包括发动机噪声、传动系统噪声、轮胎噪声和车身噪声。汽车噪声的强度通常与汽车和发动机的结构形式、技术状况和运行条件(车速、载荷、道路等)有关。在使用方面控制和降低汽车噪声的主要措施是：选择合适的燃油、保持发动机具有良好的技术状况、保持底盘具有良好的技术状况、保持车体具有良好的密封性和正确驾驶汽车。

6. 噪声检测仪器主要有：声级计、频率分析仪。对在用汽车，主要是检测汽车定置噪声、客车车内噪声、驾驶人耳旁噪声和汽车喇叭声级。

7. 汽车电磁干扰是指汽车工作时产生的电磁波向车内外辐射，经过耦合途径传输至敏感设备，从而干扰敏感设备正常工作的现象。汽车电磁干扰源主要有：点火系统和电气系统。强烈的汽车电磁辐射能对汽车上及周围数百米范围内的收音机、电视机和其他敏感电子设备产生不同程度的干扰，能使灵敏的电子设备因过载而损坏，造成重大的危害或损失。

8. 汽车电磁干扰的评价指标是汽车的电磁辐射量。根据检波方式不同，汽车的电磁辐射量可用：平均值、峰值和准峰值表示。在规定的条件下，采用频谱分析仪或扫描接收机和接收天线，检测汽车的电磁辐射量可以评价汽车的电磁干扰特性。

习　题

一、判断题(请判断下列概念或说法是否正确，对者打“√”，错者打“×”)

1. 在柴油机排放中，极易产生炭烟的工况是怠速工况。(　　)

2. 汽油机排气中有害成分浓度最大的物质是HC。(　　)

3. 增加发动机点火提前角或供油提前角，可以减少发动机的燃烧噪声。(　　)

4. 柴油机使用十六烷值高的柴油，可以减小气缸内燃烧时的压力增长率，降低燃烧噪声。(　　)

5. 不分光红外线分析仪不仅能检测汽车排放中的CO和CO_2，还可检测HC和NO_x。(　　)

二、填空题

1. 提高汽油发动机的怠速，可使________和__________污染物的浓度下降。

2. 在汽油机中，当可燃混合气浓度达到理论空燃比时，其排气污染物的__________浓度会最大。

3. 柴油机采用废气再循环系统，可使其排气污染物的________浓度下降。

4. 汽车噪声主要由________、__________、__________、__________等组成。

5. 汽车噪声测量一般采用__________计权网络，其声级数值记做__________。

三、简答题

1. 三元催化转化器、微粒捕集器是如何净化排放的？

2. 在使用方面怎样才能减少汽车排放污染物？试分析说明。

3. 在使用方面怎样才能减少汽车噪声？试分析说明。

4. 何谓电磁干扰？汽车电磁干扰有哪些危害？

5. 汽车自身的电磁干扰源主要有哪些？

第7章 汽车运行材料的合理使用

本章教学要点

知识要点	掌握程度	相关知识
汽车燃油	了解车用汽油、柴油的主要使用性能； 熟悉车用汽油、柴油的牌号及意义； 掌握车用汽油、柴油的选用方法	汽油、柴油的使用性能； 汽油抗爆性、辛烷值、抗暴指数； 柴油凝点、冷滤点、十六烷值
汽车润滑剂	了解汽车发动机油、齿轮油、润滑脂的主要使用性能； 熟悉汽车发动机油、齿轮油、润滑脂的分类； 掌握汽车发动机油、齿轮油、润滑脂的选用方法	发动机油、齿轮油、润滑脂的使用性能； 发动机油、齿轮油的黏度及性能等级； 润滑脂稠度
汽车特种液	了解汽车制动液、冷却液的主要使用性能； 熟悉汽车制动液、冷却液的分类； 掌握汽车制动液、冷却液的选用方法	制动液、冷却液的使用性能； 制动液平衡回流沸点； 冷却液冰点
汽车轮胎	了解汽车轮胎的类型； 熟悉汽车轮胎的基本术语； 掌握汽车轮胎的合理使用方法	有内胎和无内胎轮胎； 斜交轮胎与子午线轮胎； 轮胎的基本术语

导入案例

汽车智能轮胎

智能轮胎是指其内装有计算机芯片，或将计算机芯片与胎体相连接，能够收集、传输有关自身所处环境的所有信息，并对这些信息做出正确判断和处理的轮胎。智能轮胎的主要功能有以下几点。

(1) 轮胎内压监测。如图7.01所示，安装在轮胎内的充气压力监测装置，时刻检测胎内气压，一旦发现轮胎充气内压不足，该装置立刻向驾驶人发出警报，提示驾驶人停车检查轮胎或由车载电脑自动做出应急处置。

图7.01　轮胎内压监测

(2) 轮胎自动充气。装备车载气泵可以及时补充轮胎充气内压。一旦轮胎漏气，轮胎充气内压监测装置将发出警报，车载电脑据此启动车载气泵，车载气泵向轮胎内腔充入气体，使轮胎恢复至合理的充气内压。

(3) 轮胎温度监测。轮胎温度监测系统由两部分组成：植入轮胎胎体内的微型传感器，它负责探测、传输轮胎温度数据；装在汽车驾驶室内的接收器/数据读出器，负责接收、显示数据。汽车行驶时，若轮胎温度过高，则有可能造成胎面破损，监测系统会发出报警，提示驾驶人来预防爆胎。

(4) 历程可追溯性记录。历程可追溯性记录是指轮胎在制造、出厂、使用、报废全过程中的每一阶段均形成资料，而且可以随时提档查阅。如果与远程信息系统连接，只要这条轮胎仍在路上使用，在信息网所覆盖的范围就能找到它。具有这种功能的轮胎一旦出现产品质量问题，汽车厂商和轮胎商可以很快确定召回范围，提高召回效率。

(5) 其他参数监测。比如监测轮胎的受力、变形等动态力学状况，向汽车自动驾驶系统提供数据，使汽车实现稳定的驾驶状态。

汽车智能轮胎能自动监控并调节轮胎的行驶温度、气压等参数，使其在不同情况下都能保持最佳的运行状态，提高汽车的使用性能。

汽车运行材料主要指燃油、润滑剂、制动液、冷却液和轮胎等。合理使用汽车运行材料，可以发挥汽车使用性能，提高汽车使用可靠性，延长汽车使用寿命。

7.1　汽车燃油及其使用

合理使用汽车燃油，可以充分发挥发动机的动力性和经济性，提高汽车的使用经济性。

7.1.1 车用汽油及其使用

车用汽油是汽车汽油机的燃料，它与空气混合形成的可燃混合气在气缸内燃烧可为汽车提供行驶能量。

1. 车用汽油应有的性能

(1) 适当的蒸发性。汽油的蒸发性是指汽油由液态转化为气态的性能。汽油蒸发性越好，汽油就越易汽化，就越易形成均匀的混合气，能使发动机在各种使用条件下易起动、加速及正常运转。但蒸发性太好，会在温度较高条件下使用时，在供油管路中易产生气泡而发生气阻，导致发动机不能正常工作。若蒸发性差，则汽油难以完全汽化，容易造成汽油燃烧不完全，排放污染增加，燃油消耗增多，汽车起动、加速性能变差。因此，要求汽油应具有适当的蒸发性。汽油的蒸发性可用馏程和蒸气压来评定。

① 馏程。馏程是指100mL液体燃料蒸馏时，从初馏点到终馏点的温度范围。对汽油来说，是以10%、50%、90%馏出量的回收温度及终馏点(蒸馏结束时温度)来表示馏程的。通过汽油馏程的回收温度可大致判断汽油中轻质成分和重质成分的比例及汽油的蒸发性。

a. 10%回收温度表示汽油中轻质馏分含量的多少，若其回收温度低，则汽油所含轻质馏分多，蒸发性好，冬季或冷车易起动，油耗少，所以要求其回收温度不高于70℃。

b. 50%回收温度表示汽油中中间馏分含量的多少，它反映了汽油的平均蒸发性。50%回收温度低时，发动机的加速性能好，运转稳定。因此，要求50%回收温度不高于120℃。

c. 90%回收温度和终馏点表示汽油中重质馏分含量的多少。90%馏出温度、终馏点过高，则汽油所含重质馏分多，汽油难以完全蒸发与燃烧，从而使油耗增大、排放污染物增加、发动机磨损严重。因此，要求90%回收温度不高于190℃，终馏点不高于205℃。

② 饱和蒸气压。饱和蒸气压是指油品在密闭容器中，当蒸发和凝结达到平衡时，液面蒸气所产生的最大压力。饱和蒸气压大，说明汽油蒸发性好。若饱和蒸气压过大，则汽油在使用中容易产生气阻，在储存运输过程容易产生蒸发损失。因此，车用汽油(Ⅳ)饱和蒸气压在夏季不大于40～68kPa，冬季不大于42～85kPa。

饱和蒸气压限制了汽油蒸发性的上限，馏程限制了汽油蒸发性的下限，通过对汽油的馏程和饱和蒸气压的限制，可确保汽油具有适当的蒸发性。

(2) 良好的抗爆性。汽油的抗爆性是指汽油在发动机中燃烧时，抵抗产生爆燃的能力。爆燃是汽油机的一种不正常燃烧，它是指混合气点燃后，在火焰传播过程中，位于火焰前锋未燃烧的混合气发生自燃，形成压力冲击波，产生金属敲击声的一种现象。爆燃能使发动机功率下降，油耗增加，噪声增大，部件磨损加快。影响爆燃的因素很多，其中压缩比、汽油抗爆性影响最大。高压缩比发动机的动力性和经济性好，但容易产生爆燃。采用抗爆性好的汽油，可以抑制爆燃，能使发动机采用较高的压缩比。因此，使用中要求汽油应具有良好的抗爆性。汽油的抗爆性可用汽油的辛烷值和抗暴指数来评定。

① 辛烷值。辛烷值是表示点燃式发动机燃料抗爆性的一个约定数值。辛烷值在规定条件下的标准发动机试验中，通过和标准燃料进行比较的方法测定，采用和被测定燃料具有相同抗爆性的标准燃料中异辛烷的体积百分数表示。

测定辛烷值的标准燃料，由两种抗爆性相差悬殊的烷烃混合而成。一种是异辛烷，其抗爆性很好，规定其辛烷值为100；另一种是正庚烷，其抗爆性极差，规定其辛烷值为0。它们按不同的体积比例混合，便得到辛烷值从0～100之间的各种标准燃料。测定时，若被测汽油与某一标准燃料的标准爆燃强度相同，则该标准燃料的异辛烷体积百分数即为被测汽油的辛烷值。

测定辛烷值的方法有马达法(MON)和研究法(RON)两种。马达法辛烷值是模拟重负荷高转速工况测得的辛烷值；研究法辛烷值是模拟小负荷低转速工况测得的辛烷值。同种汽油，测定的方法不同，测得的辛烷值也不同，用研究法测定的辛烷值比马达法高6～10个单位。

汽油的辛烷值越高，其抗爆性越好。为提高汽油的辛烷值，目前常用的方法：一是采用先进的汽油炼制工艺，直接生产出抗爆性好的基础油；二是在汽油中调入能够提高抗爆性、改善辛烷值的组分，如调入烷基化油、异构化油和适量的苯、甲苯等；三是加入抗爆添加剂，如添加抗爆性好的含氧化物。

② 抗爆指数。抗爆指数是指同一种汽油的马达法辛烷值和研究法辛烷值平均数，也称为平均辛烷值，它用来反映一般条件下汽油的平均抗爆性能。

(3) 良好的安定性。汽油的安定性是指汽油在正常的储存与使用过程中，抵抗氧化变质的能力。安定性差的汽油易发生氧化反应，生成胶状与酸性物质，使辛烷值降低，酸值增加。使用这种汽油，油路、喷油嘴易被阻塞，气门易黏结关闭不严，发动机不能正常工作；同时燃烧室易形成积炭，导致散热不良，易引起爆燃和早燃。因此，要求汽油应具有良好的安定性。汽油安定性可用溶剂洗胶质和诱导期来评定。

溶剂洗胶质是指在规定条件下测得的汽油蒸发残渣中的正庚烷不溶部分(mg/100mL)，它可用来判断汽油在汽油机中生成胶质的倾向。诱导期是指在规定的加速氧化条件下，汽油处于稳定状态所经历的时间周期(min)，它可评定汽油在储存期间产生氧化和形成胶质的倾向。

(4) 无腐蚀性。汽油的腐蚀性是指汽油对金属的腐蚀能力。汽油在运输、储存和使用过程中，不可避免要与各种金属接触。如果汽油具有腐蚀作用，则会对汽油的储油箱、输油管道、发动机产生腐蚀。因此，要求汽油无腐蚀性。汽油腐蚀性可用硫含量、博士试验硫醇硫含量、铜片腐蚀试验和水溶性酸或碱来评定。

(5) 良好的清洁性。汽油的清洁性是指汽油中是否含有机械杂质和水分。机械杂质会堵塞汽油滤清器、喷油器喷嘴，并加速气缸、活塞环的磨损。水分溶解在汽油中会增大腐蚀性，降低安定性，低温时还易结冰堵塞油路。因此，要求汽油有良好的清洁性。汽油的清洁性通常用目测法评定，评定时，将试样注入100mL玻璃筒中观察，应当透明，应没有悬浮和沉降的机械杂质和水分。

2. 车用汽油牌号与标准

汽油的牌号用辛烷值表示，牌号越大，辛烷值越高，抗爆性越好。我国车用汽油、车用乙醇汽油(E10)均按研究法辛烷值(RON)划分。车用汽油(Ⅳ)有90号、93号、97号3

个牌号；车用汽油(Ⅴ)有89号、92号、95号和98号4个牌号。

(1) 车用汽油。为保护生态环境，对汽车的排放要求越来越高，考虑到已经实施和将要实施的更加严格的机动车排放法规，车用汽油的性能应相应提高。GB 17930—2013《车用汽油》的其技术要求和试验方法见表7-1。表中的车用汽油(Ⅳ)和车用汽油(Ⅴ)分别能够满足国家第Ⅳ阶段和第Ⅴ阶段机动车污染物的排放要求。目前，我国使用车用汽油(Ⅳ)。

表7-1 车用汽油的技术要求和试验方法

项目	质量指标							试验方法	
	车用汽油(Ⅳ)			车用汽油(Ⅴ)				车用汽油(Ⅳ)	车用汽油(Ⅴ)
	90	93	97	89	92	95	98		
抗爆性：									
研究法辛烷值(RON) 不小于	90	93	97	89	92	95	98	GB/T 5487	
抗爆指数(RON+MON)/2 不小于	85	88	报告	84	87	90	93	GB/T 503、GB/T 5487	
铅含量[1]/(g/L) 不大于	0.005							GB/T 8020	
馏程：								GB/T 6536	
10%回收温度/℃ 不高于	70								
50%回收温度/℃ 不高于	120								
90%回收温度/℃ 不高于	190								
终馏点/℃ 不高于	205								
残留量(体积分数)/(%) 不大于	2								
蒸气压[2]/kPa								GB/T 8017	
11月1日至4月30日 不大于	42～85			42～85					
5月1日至10月31日 不大于	40～68			40～65					
溶剂洗胶质含量/(mg/100mL)不大于	5							GB/T 8019	
诱导期/min 不小于	480							GB/T 8018	
硫含量[3]/(mg/kg) 不大于	50			10				SH/T 0689	
硫醇(需要满足下列要求之一)：									
博士试验	通过							SH/T 0714	
硫醇硫含量(质量分数)/(%) 不大于	0.001							GB/T 1792	
铜片腐蚀(50℃，3h)/级 不大于	1							GB/T 5096	
水溶性酸或碱	无							GB/T 259	
机械杂质及水分	无							目测[4]	
苯含量[5](体积分数)/(%) 不大于	1.0							SH/T 0713	
芳烃含量[6](体积分数)/(%) 不大于	40							GB/T 11132	
烯烃含量[6](体积分数)/(%) 不大于	28			24				GB/T 11132	

（续）

项目	质量指标							试验方法	
	车用汽油(Ⅳ)			车用汽油(Ⅴ)				车用汽油(Ⅳ)	车用汽油(Ⅴ)
	90	93	97	89	92	95	98		
氧含量(质量分数)/(%)　不大于	2.7							SH/T 0663	
甲醇含量①(质量分数)/(%)　不大于	0.3							SH/T 0663	
锰含量⑦/(g/F)　不大于	0.008			0.002				SH/T 0711	
铁含量①/(g/F)　不大于	0.01							SH/T 0712	

注：凡是不注日期的引用标准，其最新版本适用于本标准。

① 车用汽油中，不得人为加入甲醇以及含铅或含铁的添加剂。

② 允许采用 SH/T 0794，有异议时，以 GB/T 8017 测定结果为准。

③ 允许采用 GB/T 11140、SH/T 0253。有异议时，以 SH/T 0689 测定结果为准。

④ 将试样注入 100mL 玻璃量筒中观察，应当透明，没有悬浮和沉降的机械杂质和水分。在有异议时，以 GB/T 511 和 GB/T 260 测定结果为准。

⑤ 允许采用 SH/T 0693，有异议时，以 SH/T 0713 测定结果为准。

⑥ 对于 95 号、97 号、98 号车用汽油，在烯烃、芳烃总含量控制不变的前提下，可允许芳烃的最大值为 42%(体积分数)。允许采用 SH/T 0741，有异议时，以 GB/T 11132 测定结果为准。

⑦ 锰含量是指汽油中以甲基环戊二烯三羰基锰形式存在的总锰含量，不得加入其他类型的含锰添加剂。

(2) 车用乙醇汽油。我国车用乙醇汽油是指在汽油组分油中按体积混合比加入 10%的变性燃料乙醇后，作为汽油车燃料用的汽油。乙醇的辛烷值较高，汽油中加入乙醇可以提高汽油的辛烷值，同时乙醇作为含氧化合物加入汽油中，可改善燃烧特性，减少 CO 和 HC 的排放。

目前使用的车用乙醇汽油，其技术要求符合 GB 18351—2013《车用乙醇汽油(E10)》。车用乙醇汽油(E10)与车用汽油最主要的差别是其乙醇含量(体积分数)为(10.0±2.0)%。

3. 车用汽油的选用

(1) 根据汽车使用说明书要求选用汽油牌号。汽车发动机的结构条件不同，汽车的抗爆性能就不一样，因而汽油的辛烷值即汽油牌号应按说明书要求，以正常运行条件下不发生爆燃为前提选用。

(2) 根据发动机的爆燃倾向选用汽油牌号。发动机爆燃倾向越严重时，汽油的抗爆性应越好，汽油牌号应选得越高。通常，发动机压缩比越高，其爆燃倾向越严重，应选用高牌号汽油；高原地区空气密度小，发动机工作时，压缩终了的气缸压力和温度较低，发动机不易爆燃，汽油牌号可选低些；炎热夏季高温条件行驶的汽车，其发动机爆燃倾向严重，应选用高牌号汽油。

(3) 根据驾驶人的经验选用汽油牌号。驾驶人还可以根据用油时的感觉，发动机的运行状况，凭经验选出最适应自驾汽车的汽油牌号。通常，加速时发动机有严重的敲缸声，若选用高一牌号汽油时声音消失，则说明原汽油牌号选低了，应选高一牌号汽油。但在发动机不爆燃的情况下，应尽可能选用低牌号汽油，以提高使用经济性。

7.1.2 车用柴油及其使用

车用柴油是汽车柴油机的燃料，它与气缸内的空气混合燃烧可为汽车提供行驶能量。

1. 车用柴油应有的性能

(1) 良好的低温流动性。低温流动性是指柴油在低温条件下的流动能力。若低温流动性好，则能保证柴油在低温条件下可靠地喷入气缸；若低温流动性差，则汽车在低温条件下使用时，会因柴油失去流动性而中断供油，导致汽车无法行驶。为使柴油机在低温条件下能可靠工作，其柴油应具有良好的低温流动性。柴油的低温流动性可用柴油的凝点、浊点和冷滤点来评定。

凝点是指在规定条件下，柴油冷却到液面不能移动时的最高温度。柴油的凝点越低，说明其低温流动性越好。

浊点是指在规定条件下，柴油冷却开始析出石蜡晶体而成混浊状时的最高温度。柴油达到浊点后，虽未失去流动性，但易造成油路堵塞。

冷滤点是指在规定条件下，柴油不能以 20mL/min 的流量通过一定规格过滤器的最高温度。通常，柴油的冷滤点相当于柴油实际使用的最低温度，因而冷滤点是选择车用柴油低温流动性的依据。

(2) 良好的燃烧性。柴油的燃烧性又称发火性，它是指柴油自燃的能力。发火性好的柴油，着火滞燃期短，着火燃烧后气缸内压力上升平缓，柴油机工作柔和。发火性差的柴油，着火滞燃期长，着火后气缸内压力和温度骤升，燃烧不正常，工作粗暴，使发动机功率下降、油耗增加、排污严重、磨损加剧。为使柴油机正常工作，柴油应具有良好的燃烧性。柴油的燃烧性可用十六烷值来评定。

十六烷值是表示压燃式发动机燃料发火性的一个约定数值，是指在规定条件下的标准发动机试验中，当试油与标准燃料发火性相同时，标准燃料中所含正十六烷的体积百分数。此处的标准燃料是由两种发火性相差悬殊的烃混合而成，一种是正十六烷，其发火性很好，规定其十六烷值为 100；另一种是 α-甲基萘，其发火性极差，规定其十六烷值为 0，它们按不同的体积比例混合，便得到十六烷值从 0～100 之间的各种标准燃料。

柴油的十六烷值高，其发火性就好，低温条件下易于起动，适宜在高转速柴油机上使用。但十六烷值不宜太高，否则柴油的分子量较大，其低温流动性、雾化和蒸发性能均会受到影响，致使燃烧不完全，发动机功率下降、油耗增加。因此，柴油的十六烷值应适当。

(3) 适当的蒸发性。柴油的蒸发性对柴油机的正常燃烧具有重要影响。柴油的蒸发性好，混合气形成的质量就高，容易燃烧完全，油耗低，排污少；但蒸发性太好，则会使全部柴油迅速燃烧，缸内压力升高剧烈，发动机工作容易粗暴。因此，柴油应具有适当的蒸发性。柴油的蒸发性可用馏程和闪点来评定。

① 馏程。柴油馏程中用 50%、90%、95%馏出量的回收温度来反映柴油中轻质成分和重质成分的比例及柴油的蒸发性。

50%回收温度低，说明柴油的轻质馏分多，易于起动。但其回收温度过低时，柴油蒸发太快，发动机工作粗暴。

90%与 95%回收温度低，说明柴油中重质馏分含量少，柴油容易燃烧充分、完全，可提高柴油机的动力性，降低油耗，减小机械磨损。

② 闪点。闪点是指柴油在一定试验条件下加热时，当油料蒸气与周围空气形成的混合气接近火焰时，开始发出闪火时的最低温度。闪点既是柴油蒸发性评定指标，也是柴油安全性评定指标。闪点低的柴油蒸发性好，但闪点太低时会使柴油机工作粗暴，同时在储运及使用中也不安全。油品的危险等级根据闪点划分，闪点在45℃以下的为易燃品。

闪点限制了柴油蒸发性的上限，馏程限制了柴油蒸发性的下限，通过对柴油的馏程和闪点的限制，可确保柴油具有适当的蒸发性。

(4) 良好的安定性。柴油的安定性是指柴油在储存、运输和使用过程中保持其颜色、组成和使用性能不变的能力。如果柴油的安定性不好，则易生成胶质，产生不溶性沉淀，堵塞油路，堵塞喷嘴。因此，为保证柴油机的正常工作，柴油应具有良好的安定性。柴油的安定性可用色度、氧化安定性和10%蒸余物残炭来评定。

① 色度。色度是评定柴油颜色的指标，以色号表示。我国石油产品的颜色分为16个色号，依次为0.5，1.0，1.5，…，7.5，8.0，颜色逐渐加深，最深的为8.0。测定时，将试样注入试样容器中，用一个标准光源照射，将试样的颜色与标准比色板(16个色号)进行比较，以相等的色号作为该试样的色号。色泽的深浅取决于柴油中胶质含量的多少，胶质除去的越多，色泽就越浅。控制柴油的色号，主要是控制柴油重质馏分，控制其残炭与沉渣，从而使得柴油的热安定性满足要求。

② 氧化安定性。氧化安定性是指一定量的过滤试油，在规定的条件氧化后所测得的不溶物的总量，以mg/100mL表示。这种不溶物越多，则柴油的安定性就越差。

③ 10%蒸余物残炭。10%蒸余物残炭是指将柴油馏程中90%馏出后的蒸余物进行裂解所形成的残留物。这种残留物越多，表示柴油在燃烧室中生成积炭的倾向就越大，喷嘴结胶堵塞的可能性就越大，柴油的安定性就越差。

(5) 适当的黏度。黏度是液体流动时内摩擦力的量度。如果柴油的黏度过大，则其流动阻力过大，流动性差，容易导致供油中断，同时还使雾化变差，蒸发速度缓慢，使混合气形成不好，影响发动机正常工作。如果柴油的黏度过低，则密封性变差，喷油泵柱塞在供油行程中，泄漏量大，有效供油量减少，同时还使润滑性能不良，加剧喷油泵柱塞偶件的磨损。因此，柴油应具有适当的黏度，不同牌号的柴油具有不同的黏度。

(6) 无腐蚀性。柴油的腐蚀性可用硫含量、硫醇硫含量、酸度、铜片腐蚀、水溶性酸或碱等指标评定，其意义与车用汽油的相应指标大致相同，但柴油中的硫含量、酸度对柴油机的使用影响更大。柴油中的硫燃烧后的生成物不仅对发动机具有强烈的腐蚀性，还严重污染环境。酸度是指中和100mL柴油的酸性物质所需要的氢氧化钾毫克数，以mg KOH/100mL表示，若柴油的酸度大，则会使发动机沉积物增加，燃烧室积炭增多，喷油泵柱塞偶件磨损加剧。因此，应严格控制各项防腐性指标，确保柴油无腐蚀性。

(7) 良好的清洁性。柴油的清洁性可用灰分、水分和机械杂质等指标评定。灰分是指在规定条件下，柴油被炭化后的残留物经煅烧所剩余的不燃物，以质量分数表示。柴油中的灰分是造成气缸壁与活塞环及喷油泵柱塞偶件磨损的重要原因之一。柴油中的水分会降低柴油发热量，冬季易结冰堵塞油路，增加硫化物对零件的腐蚀作用。机械杂质会造成供油系统偶件的卡死，滤清器、喷油器喷嘴的堵塞。因此，柴油应具有良好的清洁性。

2. 车用柴油的牌号与标准

车用柴油的牌号按凝点划分，有6个牌号即：5号、0号、−10号、−20号、−35号、

—50号。GB 19147—2013《车用柴油(Ⅴ)》规定的技术要求和试验方法见表7-2，其车用柴油能够满足国家第Ⅴ阶段机动车污染物的排放要求。

表7-2 车用柴油(Ⅴ)技术要求和试验方法

项目	5号	0号	—10号	—20号	—35号	—50号	试验方法
氧化安定性总不溶物/(mg/100mL) 不大于	2.5						SH/T0175
硫含量①/(mg/kg) 不大于	10						SH/T0689
酸度(以KOH计)/(mg/100mL) 不大于	7						GB/T 258
10%蒸余物残炭②(质量分数)/(%) 不大于	0.3						GB/T 268
灰分(质量分数)/(%) 不大于	0.01						GB/T 508
铜片腐蚀(50℃，3h)/级 不大于	1						GB/T 5096
水分③(体积分数)/(%) 不大于	痕迹						GB/T 260
机械杂质④	无						GB/T 511
润滑性校正磨痕直径(60℃)/μm 不大于	460						SH/T0765
多环芳烃含量⑤(质量分数)/(%) 不大于	11						SH/T0606
运动黏度(20℃)/(mm²/s)	3.0～8.0		2.5～8.0		1.8～7.0		GB/T 265
凝点/℃ 不高于	5	0	—10	—20	—35	—50	GB/T 510
冷滤点/℃ 不高于	8	4	—5	—14	—29	—44	SH/T 0248
闪点(闭口)/℃ 不低于	55			50	45		GB/T 261
十六烷值 不小于	51			49	47		GB/T 386
十六烷指数⑥ 不小于	46			46	43		SH/T 0694
馏程： 50%回收温度/℃ 不高于 90%回收温度/℃ 不高于 95%回收温度/℃ 不高于	 300 355 365						GB/T 6536
密度⑦(20℃)/(kg/m³)	810～850			790～840			GB/T 1884 GB/T 1885
脂肪酸甲酯⑧(体积分数)/(%) 不大于	1.0						GB/T23801

① 可采用GB/T 11140和ASTM D7039方法测定，结果有争议时，以SH/T 0689方法为准。

② 可采用GB/T 17144方法测定，结果有争议时，以GB/T 268方法为准。若柴油中含有硝酸酯型十六烷值改进剂，10%蒸余物残炭的测定，必须用不加硝酸酯的基础燃料进行。

③ 可用目测法。即将试样注入100mL玻璃量筒中，在室温(20℃±5℃)下观察，应当透明，没有悬浮和沉降的水分。结果有争议时，按GB/T 260方法测定。

④ 可用目测法。即将试样注入100mL玻璃量筒中，在室温(20℃±5℃)下观察，应当透明，没有悬浮和沉降的杂质。结果有争议时，按GB/T 511方法测定。

⑤ 可采用SH/T 0806方法测定，结果有争议时，以SH/T 0606方法为准。

⑥ 十六烷指数的测定可采用GB/T 11139，结果有争议时，以SH/T 0694方法为准。

⑦ 可采用SH/T 0604方法测定，结果有争议时，以GB/T 1884和GB/T 1885方法为准。

⑧ 脂肪酸甲酯应满足GB/T 20828的要求。

3. 车用柴油的选用

冷滤点通常作为柴油实际使用的最低温度，因此车用柴油牌号选择时，应使最低使用温度等于或略高于车用柴油的冷滤点。由于柴油牌号是根据凝点划分的，且柴油的凝点比冷滤点低 4～6℃，因此所选的柴油牌号(凝点温度)加上 4～6℃后应低于或等于最低使用温度。

一般按当地风险率为 10％的最低气温(表 7－3)来选择柴油牌号，各牌号车用柴油适用的范围如下。

(1) 5 号车用柴油：适用于风险率为 10％的最低气温在 8℃以上的地区。

(2) 0 号车用柴油：适用于风险率为 10％的最低气温在 4℃以上的地区。

(3) －10 号车用柴油：适用于风险率为 10％的最低气温在－5℃以上的地区。

(4) －20 号车用柴油：适用于风险率为 10％的最低气温－14℃以上的地区。

(5) －35 号车用柴油：适用于风险率为 10％的最低气温在－29℃以上的地区。

(6) －50 号车用柴油：适用于风险率为 10％的最低气温在－44℃以上的地区。

表 7－3　各地风险率为 10％的最低气温　　(单位:℃)

部分地区	1月	2月	3月	4月	5月	6月	7月	8月	9月	10月	11月	12月
河北省	－14	－13	－5	1	8	14	19	17	9	1	－6	－12
山西省	－17	－16	－8	－1	5	11	15	13	6	－2	－9	－16
内蒙古自治区	－43	－42	－35	－21	－7	－1	1	1	－8	－19	－32	－41
黑龙江省	－44	－42	－35	－20	－6	1	7	4	－6	－20	－35	－43
吉林省	－29	－27	－17	－6	1	8	14	12	2	－6	－17	－26
辽宁省	－23	－21	－12	－1	6	12	18	15	6	－2	－12	－20
山东省	－12	－12	－5	2	8	14	19	18	11	4	－4	－10
江苏省	－10	9	－3	3	11	15	20	20	12	5	－2	－8
安徽省	－7	－7	－1	5	12	18	20	20	14	7	0	－5
浙江省	－4	－3	1	6	13	17	22	21	15	8	2	－3
江西省	－2	－2	3	9	15	20	23	23	18	12	4	0
福建省	－4	－2	3	8	14	18	21	20	15	8	1	－3
台湾省①	3	0	2	8	10	16	19	19	13	10	1	2
广东省	1	2	7	12	18	21	23	23	20	13	7	2
海南省	9	10	15	19	22	24	24	23	23	19	15	12
广西壮族自治区	3	3	8	12	18	21	23	23	19	15	9	4
湖南省	－2	－2	3	9	14	18	22	21	16	10	4	－1
湖北省	－6	－4	0	6	12	17	21	20	14	8	1	－4
河南省	－10	－9	－2	4	10	15	20	18	11	4	－3	－8

（续）

部分地区	1月	2月	3月	4月	5月	6月	7月	8月	9月	10月	11月	12月
四川省	−21	−17	−11	−7	−2	1	2	1	0	−7	−14	−19
贵州省	−6	−6	−1	3	7	9	12	11	8	4	−4	−4
云南省	−9	−8	−6	−3	1	5	7	7	5	−1	−5	−8
西藏自治区	−29	−25	−21	−15	−9	−3	−1	0	−6	−14	−22	−29
新疆维吾尔自治区	−40	−38	−28	−12	−5	−2	0	−2	−6	−14	−25	−34
青海省	−33	−30	−25	−18	−10	−6	−3	−4	−6	−16	−28	−33
甘肃省	−22	−23	−16	−9	−1	3	5	5	0	−8	−16	−22
陕西省	−17	−15	−6	−1	5	10	15	12	6	−1	−9	−15
宁夏回族自治区	−21	−20	−10	−4	2	6	9	8	3	−4	−12	−19

① 台湾省所列的温度是绝对最低气温，即风险率为0的最低气温。

7.2 汽车润滑剂及其使用

汽车润滑剂是指发动机油、汽车齿轮油和汽车润滑脂。润滑剂的主要作用就是润滑。合理使用汽车润滑剂，可以减少摩擦，降低磨损，提高传动效率，节省燃油消耗，改善汽车动力性，延长汽车使用寿命。

7.2.1 发动机油及其使用

发动机油是指发动机润滑油，它具有润滑、冷却、清净、密封和防蚀的作用。

1. 发动机油应有的性能

(1)适当的黏度。黏度是液体流动时，其分子之间摩擦阻力的量度。若机油的黏度过大，则机件运动时需克服的阻力大，功率损失增加；若机油的黏度过小，则不能在高温摩擦表面上形成牢固的油膜，使机件不能得到正常的润滑而加大磨损。因此，机油应具有适当的黏度。

(2)良好的黏温性。黏温性是指机油黏度随使用温度变化的特性。黏温性好的机油，其黏度受温度变化的影响小，能保证发动机在大温差范围内工作时具有良好的润滑性。黏温性用黏度指数表示。黏度指数是指机油黏度随温度变化的程度，与标准油比较所得的相对值。黏度指数越高，表示机油的黏温性能越好。

(3)良好的润滑性。润滑性是指机油降低摩擦、减少磨损和防止金属烧结的能力。润滑性良好的机油能在摩擦表面上建立起牢固的油膜，它即使在重负荷下也不易破裂，从而确保机件的良好润滑，减少机件之间的摩擦、磨损，延长机件的使用寿命。

(4)良好的低温流动性。机油在低温下使用时必须具有良好的流动性，否则发动机在冷起动时，机油就不能迅速地流到各个润滑点起润滑作用，将造成短暂的干摩擦或半干摩擦，加大发动机的磨损，使发动机的使用寿命缩短。机油的倾点、边界泵送温度和低温动力黏度指标可反映机油的低温流动性。

① 倾点。它是指机油在规定条件下冷却时，能够流动的最低温度。倾点越高，机油的低温流动性就越差。

② 边界泵送温度。它是指能将机油连续、充分地供给发动机油泵入口的最低温度。边界泵送温度越低，机油低温流动性越好。

③ 低温动力黏度。它是指机油在规定条件下，采用毛细管黏度计或旋转黏度计在低温条件下所测得的动力黏度。低温动力黏度越小，机油低温流动性越好。

(5) 良好的清净分散性。清净分散性是指机油在工作中抵抗因机油氧化而生成积炭、漆膜和油泥等沉积物的能力，或清除这些沉积物的能力。机油的这种性能，能将气缸、活塞和活塞环等发动机零件上的氧化物及时地清洗下来，避免其氧化物沉积和黏附在机件上，使之悬浮在机油中，并通过机油滤清器除掉，这样就能很好地保证润滑油路的畅通及发动机部件的正常工作。

(6) 良好的抗氧性。抗氧性是指机油抵抗氧化的能力。机油经常在高温条件下工作，与空气接触，如果机油的抗氧性不好，则机油会和氧发生反应，产生酸性物质、沉积物，并导致机油变质。酸性物质会腐蚀金属；沉积物会黏附在气缸壁、活塞、活塞环槽等部位，影响发动机正常工作；机油变质会失去润滑功能。因此，在机油中应加入抗氧添加剂，使其具有良好的抗氧性。

(7) 良好的抗腐性。抗腐性是指机油抵抗对金属腐蚀的能力。机油在使用过程中不可避免被氧化而生成各种有机酸，这些有机酸将对金属起腐蚀作用。为使机油具有良好的抗腐性，应提高机油的精制程度，减小酸值，同时要加入适量的防腐添加剂，防止或减少机油对金属的腐蚀。

(8) 良好的抗磨性。抗磨性是指机油保持在运动部件间的油膜，防止金属对金属直接相接触的能力。在机油中加入抗磨添加剂，如油性剂、减摩剂、极压添加剂，能增加吸附油膜的强度，减小摩擦系数，提高抗磨性，延长运动部件的使用寿命。

(9) 良好的抗泡性。抗泡性是指机油在使用过程中，抵抗机油生成泡沫的能力。机油在润滑中快速循环时，会产生泡沫。如果生成的泡沫太多，或泡沫不能迅速消除，将会造成摩擦表面因气泡作用供油不足，以致破坏正常的润滑。为使机油具有良好的抗泡性，通常在机油中要加入适量的抗泡沫添加剂。

2. 发动机油的分类

在发动机油分类中，世界各国广泛采用美国石油学会(API)的使用性能分类法和美国汽车工程师学会(SAE)的黏度分类法。

(1) 机油使用性能分类法。机油使用性能分类法，就是根据机油在发动机试验评定中所表现的润滑性、清净分散性、抗氧抗腐性、抗磨性、抗泡沫性等确定其等级。我国GB/T 28772—2012《内燃机油分类》规定，内燃机油划分为汽油机油和柴油机油两个系列。

汽油机油代号中，第一个字母“S”表示汽油机油，“GF”表示以汽油为燃料的、具有燃油经济性要求的乘用车发动机油，“S”与其后面的字母或“GF”与其后面的数字代表汽油机油的质量等级。柴油机油代号中，第一个字母“C”表示柴油机油，“C”与其后面的字母代表柴油机油的质量等级，其后的数字 2 或 4 表示二冲程或四冲程柴油发动机。发动机油的特性及使用场合见表 7－4。

表 7－4　发动机油使用性能分类

机油系列	品种代号	特性和使用场合
汽油机油	SE	用于轿车和某些货车的汽油机及要求使用 API SE、SD 级油的汽油机。此种油品的抗氧化性能及控制汽油机高温沉积物、锈蚀和腐蚀的性能优于 SD 或 SC
	SF	用于轿车和某些货车的汽油机及要求使用 API SF、SE 及 SC 级油的汽油机。此种油品的抗氧化和抗磨损性能优于 SE，还具有控制汽油机沉积、锈蚀和腐蚀的性能，并可代替 SE
	SG	用于轿车、货车和轻型卡车的汽油机及要求使用 API SG 级油的汽油机。SG 质量还包括 CC 或 CD 的使用性能。此种油品改进了 SF 级油，可控制发动机沉积物、磨损和油的氧化性能，具有抗锈蚀和腐蚀的性能，并可代替 SF、SF/CD、SE 或 SE/CC
	SH、GF－1	用于轿车、货车和轻型卡车的汽油机及要求使用 API SH 级油的汽油机。此种油品的在控制发动机沉沉物、油的氧化、磨损、锈蚀和腐蚀方面优于 SG，并可代替 SG。GF－1 与 SH 相比，增加了对燃油经济性的要求
	SJ、GF－2	用于轿车、运动型多用途汽车、货车和轻型卡车的汽油机及要求使用 API SJ 级油的汽油机。此种油品在挥发性、过滤性、高温泡沫性和高温沉积物控制等方面的性能优于 SH，可代替 SH，并可在 SH 以前的“S”系列等级中使用。GF－2 与 SJ 相比，增加了对燃料经济性的要求，GF－2 可代替 GF－1
	SL、GF－3	用于轿车、运动型多用途汽车、货车和轻型卡车的汽油机及要求使用 API SL 级油的汽油机。此种油品在挥发性、过滤性、高温泡沫性和高温沉积物控制等方面的性能优于 SJ。可代替 SJ，并可在 SJ 以前的“S”系列等级中使用。GF－3 与 SL 相比，增加了对燃料经济性的要求，GF－3 可代替 GF－2
	SM、GF－4	用于轿车、运动型多用途汽车、货车和轻型卡车的汽油机及要求使用 API SM 级油的汽油机。此种油品在高温氧化和清净性能、高温磨损性能以及高温沉积物控制等方面的性能优于 SL。可代替 SL，并可在 SL 以前的“S”系列等级中使用 。GF－4 与 SM 相比，增加了对燃料经济性的要求，GF－4 可代替 GF－3
	SN、GF－5	用于轿车、运动型多用途汽车、货车和轻型卡车的汽油机及要求使用 API SN 级油的汽油机。此种油品在高温氧化和清净性能、低温油泥及高温沉积物控制等方面的性能优于 SM 。可代替 SM ，并可在 SM 以前的“S”系列等级中使用，对于资源节约型 SN 油品，除具有上述性能外，强调燃料经济性、对排放系统和涡轮增压器的保护及与含乙醇最高达 85%的燃料的兼容性能。GF－5 与资源节约型 SN 相比，性能基本一致，GF－5 可代替 GF－4
柴油机油	CC	用于中负荷及重负荷下运行的自然吸气、涡轮增压和机械增压式柴油机，以及一些重负荷汽油机。对于柴油机具有控制高温沉积物和轴瓦腐蚀的性能，对于汽油机具有控制锈蚀、腐蚀和高温沉积物的性能

（续）

机油系列	品种代号	特性和使用场合
柴油机油	CD	用于需要高效控制磨损及沉积物或使用包括高硫燃料自然吸气、涡轮增压和机械增压式柴油机，以及要求使用 API CD 级油的柴油机。具有控制轴承腐蚀和高温沉积物的性能，并可代替 CC 级油
	CF	用于非道路间接喷射式柴油发动机和其他柴油发动机，也可用于需有效控制活塞沉积物、磨损和含铜轴瓦腐蚀的自然吸气、涡轮增压和机械增压式柴油机。能够使用硫的质量分数大于 0.5%的高硫柴油燃料，并可代替 CD
	CF-2	用于需高效控制气缸、环表面胶合和沉积物的二冲程柴油机，并可代替 CD-Ⅱ
	CF-4	用于高速四冲程柴油机及要求使用 API CF-4 级油的柴油机，特别适用于高速公路行驶的重负荷卡车。此种油品在机油油耗和活塞沉积物控制等方面的性能优于 CE，并可代替 CE、CD 和 CC
	CG-4	用于可在高速公路和非道路使用的高速、四冲程柴油机。能够使用硫的质量分数小于 0.05%～0.5%的柴油燃料。此种油品可有效控制高温活塞沉积物、磨损、腐蚀、泡沫、氧化和烟炱的累积，并可代替 CF-4、CE、CD 和 CC
	CH-4	用于高速、四冲程柴油机。能够使用硫的质量分数不大于 0.5%的柴油燃料。即使在不利的应用场合，此种油品可凭借其在磨损控制、高温稳定性和烟炱控制方面的特性有效地保持发动机的耐久性；对于非铁金属的腐蚀、氧化和不溶物的增稠、泡沫性及由于剪切所造成的黏度损失可提供最佳的保护。其性能优于 CG-4，可代替 CG-4、CF-4、CE、CD 和 CC
	CI-4	用于高速、四冲程柴油机。能够使用硫的质量分数不大于 0.5%的柴油燃料。此种油品在装有废气再循环装置的系统里使用，可保持发动机的耐久性。对于腐蚀性和与烟炱有关的磨损倾向、活塞沉积物，以及由于烟炱累积所引起的黏温性变差差、氧化增稠、机油消耗、泡沫性、密封材料的适应性降低和由于剪切所造成的黏度损失可提供最佳的保护。其性能优于 CH-4，并可代替 CH-4、CG-4、CF-4、CE、CD 和 CC
	CJ-4	用于高速、四冲程柴油机。能够使用硫的质量分数不大于 0.5%的柴油燃料。对于使用废气后处理系统的发动机，如使用硫的质量分数大于 0.0015%的燃料，可能会影响废气后处理系统的耐久性和/或机油的换油期。此种油品在装有微粒过滤器和其他后处理系统里使用，可特别有效地保持排放控制系统的耐久性。对于催化剂中毒的控制、微粒过滤器的堵塞、发动机磨损、活塞沉积物、高低温稳定性、烟炱处理特性、氧化增稠、泡沫性和由于剪切所造成的黏度损失可提供最佳的保护。其性能优于 CI-4，并可代替 CI-4、CH-4、CG-4、CF-4、CE、CD 和 CC

注：表中所提及的 SD、SC、CD-Ⅱ和 CE 已经废止。

(2) 机油黏度分类法。我国参照 SAE 的黏度分类法将机油分为单级油和多级油。

单级油是冬(低温型)、夏(高温型)专用油，它采用含字母 W(代表冬季)和不含字母两组黏度系列(表 7-5)。低温型黏度等级根据机油的最大低温动力黏度、最高边界泵送温度和 100℃时的最小运动黏度来划分，有 0W、5W、10W、15W、20W、25W 共 6 个低温黏度级号，W 前的数字越小，其低温黏度越小，低温流动性越好，适用的最低气温越低，适用于冬天寒冷地区。高温型黏度等级仅以 100℃时的运动黏度来划分，有 20、30、40、50、60 共 5 个高温运动黏度级号，数字越大，其黏度越大，适用的最高气温越高，适用于温度较高地区。

表 7-5 机油黏度分类

SAE 黏度等级	最大低温黏度		边界泵送温度最大值/℃	100℃运动黏度/(mm^2/s)	
	最大值/mPa·s	温度/℃		最小值	最大值
0W	3250	−30	−35	3.8	
5W	3500	−25	−30	3.8	
10W	3500	−20	−25	4.1	
15W	3500	−15	−20	5.6	
20W	4500	−10	−15	5.6	
25W	6000	−5	−10	9.3	
20				5.6	<9.3
30				9.3	<12.5
40				12.5	<16.3
50				16.3	<21.9
60				21.9	<26.1

多级油是指能够同时满足低温和高温正常润滑要求的、具有多黏度等级的机油。这类机油低温黏度小，100℃运动黏度较高。多级油由低温黏度级号和高温黏度级号组合表示，例如 5W-20，在低温使用时，它具有 5W 的黏度级，在 100℃使用时，它又具有 20 的黏度级，多级油可以四季通用。

3. 发动机油的牌号

发动机油牌号应包括机油的性能等级、黏度等级和机油的类别。汽油机油牌号的标记如：SF10W-30 汽油机油、SE 30 汽油机油。柴油机油牌号的标记如：CD10W-30 柴油机油、CC 30 柴油机油。

通用内燃机油是指能够同时满足汽油机和柴油机使用的机油。通用内燃机油牌号的标记如：SJ/CF-4 5W-30 或 CF-4/SJ 5W-30，前者表示其配方首先满足 SJ 汽油机油的要求，后者表示其配方首先满足CF－4柴油机油的要求，两者均需同时符合SJ汽油机油和CF－4柴油机油的全部质量指标。其牌号标记的5W－30反映的是黏度等级，它是一种多级油。

4．发动机油的选用

1）机油的选用原则

按照汽车使用说明书中的规定选用机油使用性能等级和黏度等级；或根据发动机结构特性和工作条件要求，先确定机油的使用性能等级，然后依据发动机使用的外部环境温度等条件，选择该使用性能等级中合适的黏度等级。表7－6是我国部分轿车发动机油的选用实例。

表7－6　部分轿车发动机油规格

汽车公司	车型	使用性能等级	黏度等级
神龙公司	毕加索、爱丽舍	SJ/CF	10W－40
广州本田	本田雅阁	SL/GF－3	5W－30
上海通用	别克、赛欧	SL/GF－3	5W－30
天津丰田	威驰	SL/GF－3	5W－30
长安福特	嘉年华	SL/GF－3	5W－30
重庆长安	长安铃木	SF	15W－40

2）机油性能等级的选择

（1）汽油机油可根据发动机工况、使用条件和生产年代来选用其使用性能等级。通常，发动机的最大功率、转矩、转速越大，对机油的使用性能等级要求就越高。汽车使用条件恶劣时，对机油的使用性能等级要求较高，如有下列情况，机油就应提高一个等级。

① 经常处于停停开开使用状态的出租车，易产生低温油泥。

② 长期低温、低速行驶的汽车，易产生低温沉积物。

③ 长期高温、高速行驶的汽车，机油容易氧化变质。

④ 长期在灰尘大的场所行驶的汽车，机油容易污染变质。

⑤ 较新型号汽车，或近年生产的汽车，由于对高使用性能的追求和对低排放污染的控制，要求机油的使用性能等级较高。

（2）柴油机油可根据柴油机的强化系数及运行条件来选用其使用性能等级。强化系数K_φ可用来反映柴油机的强化程度，K_φ的表达式为

$$K_\varphi = 5P_{me}C_m \tag{7-1}$$

式中　P_{me}——发动机平均有效压力(MPa)；

　　　C_m——活塞平均线速度(m/s)。

强化系数越大，说明柴油机的机械负荷和热负荷越大，柴油机的强化程度越高，机油的工作条件越苛刻，要求选用的机油使用性能等级就越高。通常，$K_\varphi<50$时，可选用CC

级柴油机油；当 $K_{\varphi} \geqslant 50$ 时，应选用CD级以上的柴油机油。

运行条件可影响机油的工作环境。对运行条件苛刻的柴油车，如林区运材车，高速公路行驶的重负荷卡车，重载矿用汽车等，宜选用更高使用性能等级的柴油机油。

注意：高等级机油可代替低等级机油，但经济上不合算；而低等级机油绝不能代替高等级机油，以免发动机加剧损坏。

3）机油黏度等级的选择

机油的黏度等级主要是根据环境温度来选择，同时还应考虑发动机工况和技术状况对其黏度的要求。温度影响着机油的黏度，为保证发动机高、低温运转时润滑正常，应根据季节、气温来选择机油的黏度等级。为避免冬夏季换油，应尽量选用黏度指数高、黏温特性好的多级油。另外，发动机重载低速时，机油的黏度应选得大些；发动机轻载高速时，机油的黏度应选得小些；发动机磨损严重时，机油的黏度应选得大些；发动机走合期或新发动机，机油黏度应选得小些。表7-7列出了部分机油黏度等级适用的气温范围和季节，可供选择机油黏度等级时参考。

表7-7 不同黏度等级机油适用的气温和季节

黏度等级	适用的气温范围/℃	适用的季节
30	0～30	夏季
40	0～40	夏季
50	5～50	夏季
5W-30	-30～30	冬夏通用
5W-40	-30～40	冬夏通用
10W-30	-25～30	冬夏通用
10W-40	-25～40	冬夏通用
15W-30	-20～30	冬夏通用
15W-40	-20～40	冬夏通用
20W-50	-10～50	冬夏通用

5. 发动机油的合理更换

在用发动机油在使用过程中，受高温的氧化，燃烧产物的作用，外部尘埃、水分等的混入，使发动机油劣化变质。变质后的机油，润滑性能不良，抗磨损性能下降，会加剧零件的磨损。因此，对在用发动机油应适时更换。根据换油准则的不同，发动机油的更换可分为定期换油、按质换油和油质监测下的定期换油3种。

(1)定期换油。发动机油的劣化，受使用时间、使用条件和工况的影响较大，其中使用时间比较容易掌握。定期换油就是按照汽车行驶里程或使用时间对发动机油使用性能的影响规律来更换机油，当机油使用到一定时间或里程，必须进行更换。

一般按汽车制造厂商推荐的换油周期换油，大部分车换油周期是5000～10000km，部分高档类车辆，当达到换油里程时车内会出现换油提示。实际使用中，路况、车况、机油品质，都会影响换油周期。如长期在市区行驶，汽车停车、起步频繁，会加剧发动机磨损、加快机油污染，因此须缩短换油周期。

定期换油不需对在用机油的质量进行鉴定、化验，操作简单、方便，目前国内普遍采用这种换油方法。

(2)按质换油。按质换油就是根据发动机在用机油的质量更换机油，当能够反映在用机油质量的一些代表性项目指标达到了换油指标要求时，应更换机油。

在实际使用中，在用发动机油的变质速度与使用时间或里程的长短不是成比例的，在相同的使用时间或里程内，机油的主要性能指标变化是有差别的，这主要取决于汽车的技术状况和使用条件。如果汽车技术状况较好、使用条件较好，机油变质速度就较为缓慢，到了定期换油周期时油质仍然较好；如果汽车技术状况不好、使用条件差，机油变质速度就比较快，使其未到定期换油周期时油质就已经很差了。因此，采用定期换油的方法就容易造成不该换的换了，浪费了油料；而该换的没有换，润滑条件无法保证，使机件磨损增加。

由于定期换油的不合理性，随着在用机油化验技术的进步，按质换油正在逐步取代定期换油。实行按质换油，必须配备一定数量、具有监测化验能力的技术人员和必要的化验设备，在汽车维护时，按规定对在用机油进行监测、化验。现行的车用发动机油换油指标的国家标准是：GB/T 8028—2010《汽油机油换油指标》和GB/T 7607—2010《柴油机油换油指标》，当在用机油达到这些指标规定的极限时，必须更换机油。

(3) 油质监测下的定期换油。油质监测下的定期换油是指在规定了发动机换油期的同时也监测在用机油的某些理化指标，必要时可提前报废在用机油的一种换油方法。它是定期换油和按质换油的一种综合方法。这样不仅可及时更换不适用的机油，更为重要的是能够发现发动机的隐患，以便提前采取措施加以消除，从而避免造成重大损失。

7.2.2 汽车齿轮油及其使用

汽车齿轮油是指汽车驱动桥、手动变速器、转向器等齿轮传动部件所用的润滑油。它具有润滑、冷却、清净、密封和防蚀的作用。

1. 汽车齿轮油应有的性能

(1) 良好的油性及极压抗磨性。油性是指齿轮油能有效地使润滑油膜吸附于运动件润滑表面的性能；抗磨性是指齿轮油保持运动部件润滑表面油膜完好，抵抗润滑表面磨损的能力。有些齿轮传动经常在苛刻的极压润滑条件下工作，所承受的压力、滑动速度和局部温度都很高，这就要求在齿轮油中加入极压添加剂，以有效防止在高负荷条件下的齿面擦伤及咬合。

(2) 适宜的黏度和良好的黏温特性。高黏度齿轮油可有效防止齿轮及轴承损伤，减小机械运转噪声；低黏度齿轮油在提高机械效率、加强冷却和清洗作用等方面有明显优点；适宜的黏度有利于油膜的形成，保证良好的润滑。各种润滑油的黏度均随温度升高而下降，下降幅度越小，则润滑油的黏温特性越好。汽车齿轮油的工作温度变化范围很大，因此应具有良好的黏温特性。

(3) 良好的低温流动性。齿轮油在低温下应能保持必要的流动性，若齿轮油在低温下有蜡析出，黏度急剧上升，就不能确保有效的润滑。为使齿轮油能适应冬季低温条件下的使用要求，齿轮油中应加入倾点降低剂，以改善其低温流动性。

(4) 良好的热氧化安定性和防锈防腐蚀性。良好的热氧化安定性，可以提高汽车齿轮油高温工作条件下抵抗氧化变质的能力；良好的防锈性可以保护齿轮不受锈蚀，提高齿轮的使用性能和延长齿轮的使用寿命；良好的防锈防腐性可以在金属表面形成保护膜，从而防止腐蚀性物质侵蚀金属材料。

(5) 良好的抗泡性。齿轮油应具有良好的抗泡性，以保证在齿轮剧烈搅拌过程中产生的泡沫少并易于消失。

2. 汽车齿轮油的分类

汽车齿轮油按使用性能和黏度进行分类。

(1) 齿轮油使用性能分类法。汽车齿轮油使用性能的分类，各国广泛采用 API 分类法。API 根据齿轮类型、承载能力、使用场合、使用性能，将齿轮油分为 GL－1、GL－2、GL－3、GL－4、GL－5 和 GL－6 六级，见表 7－8。GL 后的序号越大级别就越高，而级别则越高级越能满足齿轮在更苛刻的条件下工作。

我国参照 API 分类法，根据齿轮的型式和负载情况，把汽车齿轮油分为普通车辆齿轮油、中负荷车辆齿轮油、重负荷车辆齿轮油 3 个级别，见表 7－9。其中，普通车辆齿轮油相当于 API GL－3，中负荷车辆齿轮油相当于 API GL－4，重负荷车辆齿轮油相当于 API GL－5。

表 7－8 汽车齿轮油 API 使用性能分类

分类	使用说明	用途
GL－1	低齿面压力、低滑动速度下运行的汽车螺旋锥齿轮、蜗轮式驱动桥以及各种手动变速器规定用 GL－1 齿轮油。直馏矿油能满足这类情况的要求，可以加入抗氧剂、防锈剂和消泡剂改善其性能，但不加摩擦改进剂和极压剂	汽车手动变速器，包括拖拉机和载货汽车手动变速器
GL－2	汽车蜗轮式驱动桥，其负荷、温度及滑动速度的状况，用 GL－1 级齿轮油不能满足要求时，规定用 GL－2 齿轮油。通常都加有脂肪类物质	蜗轮蜗杆传动装置
GL－3	滑动速度和负荷比较苛刻的汽车手动变速器和螺旋锥齿轮的驱动桥规定用 GL－3 级齿轮油，这种使用条件要求齿轮油的承载能力比 GL－2 级齿轮油高，但比 GL－4 级齿轮油低	苛刻条件下的手动变速器和螺旋锥齿轮的驱动桥
GL－4	在高速低转矩及低速高转矩下运转的各种齿轮，特别是客车和其他各种车用的准双曲面齿轮，规定用 GL－4 级齿轮油	手动变速器、螺旋锥齿轮和使用条件不太苛刻的准双曲面齿轮

（续）

分类	使用说明	用途
GL－5	在高速冲击负荷、高速低转矩、低速高转矩条件下运转的各种齿轮，特别是客车和其他车用的准双曲面齿轮，规定用 GL－5 级齿轮油	适用于运转条件缓和或苛刻的准双曲面齿轮及其他各种齿轮，也可用于手动变速器
CL－6	高速冲击负荷下运转的小客车和其他车辆的各种齿轮，特别是高偏置的准双曲面齿轮，偏置大于 5cm 或接近大齿圈直径的 25%，规定用 GL－6 级齿轮油	轿车齿轮、高偏置准双曲面齿轮

表 7－9　国产汽车齿轮油使用性能分类

分类	组成、特性和使用说明
普通车辆齿轮油(GL－3)	精制矿油加抗氧剂、防锈剂、抗泡剂和少量极压剂等制成。适用于中等速度和负荷比较苛刻的手动变速器、螺旋锥齿轮驱动桥
中负荷车辆齿轮油(GL－4)	精制矿油加抗氧剂、防锈剂、抗泡剂和极压剂等制成。适用于在低速高转矩、高速低转矩下运转的各种齿轮，特别是客车和其他各种车辆用的准双曲面齿轮
重负荷车辆齿轮油(GL－5)	精制矿油加抗氧剂、防锈剂、抗泡剂和极压剂等制成。适用于在高速冲击负荷、高速低转矩和低速高转矩下运转的各种齿轮，特别是客车和其他各种车辆的准双曲面齿轮

(2) 齿轮油黏度分类法。汽车齿轮油黏度的分类，各国广泛采用 SAE 分类法。我国参照 SAE 分类法，将汽车齿轮油按黏度 150Pa·s 时的最高温度和 100℃的运动黏度分为 70W、75W、80W、85W、90、140 和 250 等黏度等级(表 7－10)，其中带 W 的表示冬用齿轮油。齿轮油的黏度按牌号的递增而增大。将两个适当的单级油进行组合，可得到同时符合两个黏度等级的多级油，主要有 80W－90、85W－90、85W－140。

表 7－10　汽车齿轮油 SAE 黏度分类

黏度等级	黏度为 150Pa·s 时的最高温度/℃	100℃时的运动黏度/(mm^2/s)	
		最小	最大
70W	－55	4.1	
75W	－40	4.1	
80W	－26	7.0	
85W	－12	11.0	
90		13.5	<24.0
140		24.0	<41.0
250		41.0	

3. 汽车齿轮油的选用

(1) 齿轮油选用原则。按照汽车使用说明书中的规定选用齿轮油的使用性能等级和黏度等级；或根据齿轮油工作条件的苛刻程度，先确定齿轮油的使用性能等级，然后依据汽车使用环境的温度，选择该使用性能等级中合适的黏度等级。

(2) 使用性能等级选择。可根据齿轮油工作条件的苛刻程度选用其使用性能等级。工作条件的苛刻程度可用齿面压力 p、滑动速度 v 的乘积 pv 值来度量，其 pv 值与发热量成正比，是表征齿面烧结危险的大致标准。由于 pv 值取决于传动装置的类型，所以可按齿轮类型和传动装置的功能来选择齿轮油的使用性能级别。

一般来说，驱动桥主减速器工作条件苛刻，而准双曲面齿轮主减速器更为苛刻，所以对齿轮油的使用性能要求更高，应选用更高级别的齿轮油。准双曲面齿轮驱动桥，可以选用 GL－4 或 GL－5 齿轮油，螺旋锥齿轮和圆柱齿轮驱动桥可以选用普通车辆齿轮油或 GL－4齿轮油。手动变速器可选用 GL－4 齿轮油或普通车辆齿轮油。为减少用油级别，在汽车各传动装置对齿轮油使用性能要求相差不大的情况下，可选用同一使用性能级别的齿轮油。

注意： 高等级齿轮油可代替低等级齿轮油，但经济上不合算；而低等级齿轮油不能替换高等级齿轮油，以免加剧磨损；各使用性能等级齿轮油不能互相混用。

(3) 黏度等级的选择。齿轮油的黏度等级主要根据使用环境的最低气温和最高气温来选择。齿轮油的黏度应既能保证低温条件下的车辆起步，又能满足油温升高后的润滑要求。

由于齿轮油以动力黏度 150Pa·s 作为低温流动性的极限，所以汽车齿轮油黏度分类表中 150Pa·s时的最高温度，就是保证齿轮油低温操作性能的最低温度，也就是汽车使用环境的最低温度。因此，应对照当地冬季最低气温选用适当黏度等级的齿轮油，见表 7－11。

表 7－11 根据当地冬季最低气温选择黏度等级

黏度等级	70W	75W	80W	85W	90	140
冬季最低气温/℃	－55	－40	－26	－12	－10	10

通常，江南地区及冬季气温不低于－10℃的地区，全年可使用 90 号齿轮油；气温特高时或大功率汽车使用 140 号齿轮油；江北地区全年可使用 80W 或 85W 齿轮油；气温低于－26℃的地区冬季应使用 75W 齿轮油。

为避免冬夏季换油，应尽量选用黏度指数高、黏温特性好的多级齿轮油。如年环境温度在－25～49℃的地区，可全年使用 80W－90 齿轮油；环境温度在－15～49℃的地区，可全年使用 85W－90 齿轮油。

4. 汽车齿轮油的合理更换

汽车齿轮油在使用过程中，其性能会逐渐劣化，因此应适时更换汽车齿轮油。汽车齿轮油的更换多采用定期换油，一般国产载货汽车行驶 20000km、乘用车行驶 30000～40000km 更换一次齿轮油。但按质换油仍是在用汽车齿轮油更换的发展方向。

7.2.3 汽车润滑脂及其使用

润滑脂是指将稠化剂分散在液体润滑剂中所组成的一种稳定的固体或半固体润滑材

料。润滑脂由基础油、稠化剂、添加剂和填料组成，稠化剂构成润滑脂的结构骨架，基础油则保持在骨架之中。润滑脂具有润滑、密封和保护的作用，而绝大多数润滑脂用于润滑，称为减摩润滑脂。汽车上不宜施加液体润滑油的部位，如轮毂轴承、各拉杆球节、发电机轴承、水泵轴承、离合器轴承和传动轴花键等，均使用润滑脂。

1. 润滑脂应有的性能

(1) 适当的稠度。稠度是指润滑脂的稀稠程度。适当的稠度可使润滑脂容易加注并保持在摩擦面上，以保持持久的润滑作用。稠度可用锥入度表示。锥入度是指润滑脂在规定的负荷、时间和温度的条件下，锥体刺入试料的深度，其单位以 0.1mm 表示。锥入度值越大，稠度越小，反之，稠度越大。润滑脂的稠度等级用锥入度的大小划分(表 7 - 12)，润滑脂的稠度分为 9 个等级：000、00、0、1、2、3、4、5、6。级别越靠后，表示稠度越大，润滑脂越硬。

表 7 - 12　按锥入度划分的润滑脂稠度等级

稠度号	000	00	0	1	2	3	4	5	6
工作锥入度(25℃)/(0.1mm)	445～475	400～430	355～385	310～340	265～295	220～250	175～205	130～160	85～115
状态	液态	几乎液态	极软	非常软	软	中	硬	非常硬	极硬

(2) 良好的高、低温性能。高温性能是指润滑脂的耐热性能。耐热性好，可使其在较高工作温度下不变软、不失去润滑作用。润滑脂的高温性能可用滴点、蒸发损失和漏失量等指标评定，滴点是指润滑脂在规定的试验条件下加热，从仪器的脂杯中滴下第一滴液体时的温度，滴点越高，其耐热性越好。

低温性能是指润滑脂在低温条件下的工作能力。低温性能好，可使其在较低温度下保持良好的润滑性能。润滑脂的低温性能，取决于它的相似黏度及黏温性。

(3) 良好的抗水性。抗水性是指润滑脂遇水后抵抗结构和稠度改变的性能。抗水性差的润滑脂遇水后稠度会下降，甚至乳化而流失。在雨天或涉水行车时，汽车底盘的润滑脂润滑点，可能与水接触，为保证其润滑正常，要求其润滑脂具有良好的抗水性。

(4) 良好的防锈性、防腐性。防锈性、防腐性是指润滑脂抵抗与其相接触的金属被腐蚀和生锈的能力。防锈性差的润滑脂，被水污染后，容易使与其接触的金属生锈、腐蚀；润滑脂中本身如果含有过量游离酸、游离碱或活性硫化物，或因氧化产生的有机酸都可能腐蚀金属。为提高润滑脂的氧化安定性，防止在空气中氧化，通常在润滑脂中加入抗氧剂。

(5) 适当的胶体安定性。胶体安定性是指润滑脂在储存和使用中避免胶体分解，防止液体润滑油折出的能力。胶体安定性主要取决于润滑脂的组成和加工工艺，并与外界条件有一定关系。通常，基础油的黏度越小，稠化剂含量越少，稠化剂的稠化能力越低，基础油就越容易折出；温度升高，基础油黏度变小，分子运动加快，基础油易从结构骨架中析出；压力增大，润滑脂结构骨架遭到压缩，基础油也易析出。但是，润滑脂如果工作时不能分离出部分油来，就不能起到润滑作用。因此，理想的润滑脂，需要有适当的胶体安定性。

2. 润滑脂的分类

我国润滑脂的分类采用国际标准(ISO)的分类方法。润滑脂属于 L 类(润滑剂和有关产品)的 X 组(润滑脂)。根据润滑脂在使用中的操作条件进行分类，每一种润滑脂用一组 5 个大写字母组成的代号来表示，其字母含义及内容见表 7－13 和表 7－14。

表 7－13 润滑脂标记的字母含义

L	X(字母 1)	字母 2	字母 3	字母 4	字母 5	稠度等级
润滑剂类	润滑脂组别	最低操作温度	最高操作温度	水污染(抗水性、防锈性)	极压性	稠度号

表 7－14 润滑脂分类(X 组)

润滑脂	最低操作温度		最高操作温度		水污染					极压性		稠度等级
字母 1	字母 2	℃	字母 3	℃	字母 4	环境条件		防锈性		字母 5	负荷条件	稠度号
X	A	0	A	60	A	L	干燥环境	L	不防锈	A	非极压型润滑脂	000
	B	－20	B	90	B			M	淡水存在条件下防锈			00
	C	－30	C	120	C			M	盐水存在条件下防锈			0
	D	－40	D	140	D	M	静态潮湿环境	L	不防锈			1
	E	<－40	E	160	E			M	淡水存在条件下防锈	B	极压型润滑脂	2
			F	180	F			H	盐水存在条件下防锈			3
			G	>180	G	H	水洗	L	不防锈			4
					H			M	淡水存在条件下防锈			5
					I			H	盐水存在条件下防锈			6

上述分类中的标记示例：润滑脂 L－XCCHA2。这种润滑脂表示：最低操作温度－30℃；最高操作温度＋120℃；环境条件：水洗，淡水存在条件下能防锈；负荷条件：低负荷(非极压型)；稠度等级：2。

3. 润滑脂品种

汽车常用的润滑脂品种有：钙基润滑脂、石墨钙基润滑脂、复合钙基润滑脂、钠基润滑脂、钙钠基润滑脂、锂基润滑脂等。

(1) 钙基润滑脂。钙基润滑脂是用天然脂肪酸钙皂稠化中等黏度的矿物油制成的，而合成钙基脂是用合成脂肪酸的钙皂稠化中等黏度的矿物油制成的。

钙基润滑脂抗水性好，耐热性差。钙基润滑脂适用于工作温度不太高(－10～60℃)，易接触水的中低速运动部件。如用来润滑底盘拉杆球节、水泵轴承和分电器凸轮等。

(2) 石墨钙基润滑脂。石墨钙基润滑脂是先按照生产钙基润滑脂的方法用 11 号气缸油和植物油钙皂制成钙基脂，成脂后逐步加入 10%左右的片状石墨，分散均匀后冷却并研磨成产品。

石墨钙基润滑脂具有良好的抗水性和极压抗磨性，适用于工作温度不超过60℃的重负荷、低速度、粗糙摩擦面的润滑，如汽车钢板弹簧部位的润滑。因石墨中含较多的杂质，故不宜用于滚动轴承或其他精密机械摩擦面上的润滑。

(3) 复合钙基润滑脂。复合钙基润滑脂是由脂肪酸和醋酸制成的复合钙皂稠化高、中黏度矿物油或硅油制成的，而合成复合钙基润滑脂是由合成脂肪酸和醋酸制成的复合钙皂稠化高、中黏度矿物油而成的。

复合钙基润滑脂具有良好的耐热性和极压性，适用于较高温度(150℃)及潮湿条件下工作，可用于车轮毂轴承和水泵轴承的润滑。

(4) 钠基润滑脂。钠基润滑脂是由天然脂肪酸钠皂稠化中等黏度的矿物油或合成润滑油而成的，而合成钠基润滑脂是由合成脂肪酸钠皂稠化中等黏度矿物油制成的。

钠基润滑脂具有良好的耐热性和抗磨性，但其抗水性差，遇水易乳化变质。钠基润滑脂适用于－10～110℃温度范围内，一般用于中等负荷、不接触水的润滑部位。

(5) 钙钠基润滑脂。钙钠基润滑脂是由脂肪酸钙、钠皂稠化中等矿物油制成的。

钙钠基润滑脂兼有钙基脂的抗水性和钠基脂的耐热性，具有良好的输送性和机械安定性。它常用来润滑汽车底盘的滚动轴承。

(6) 锂基润滑脂。锂基润滑脂是由天然脂肪酸锂皂稠化中等黏度的矿物油或中等黏度的合成油制成的，而合成锂基润滑脂是由合成脂肪酸锂皂稠化中等黏度的矿物润滑油而成的。

锂基润滑脂具有良好的耐热性、抗水性、机械安定性和胶体安定性。锂基润滑脂包括通用锂基润滑脂、汽车通用锂基润滑脂、极压锂基润滑脂。

通用锂基润滑脂适用于－20～120℃温度范围内各种机械设备的滚动轴承、滑动轴承及其他摩擦部位的润滑，可代替钙基、钠基及钙钠基润滑脂。

汽车通用锂基润滑脂适用于－30～120℃温度范围内汽车底盘、轮毂轴承、水泵和发电机等各摩擦部位的润滑，进口汽车和国产新车普遍推荐使用该种润滑脂。

极压锂基润滑脂适用于－20～120℃温度范围内高负荷机械设备的齿轮和轴承的润滑，与通用锂基润滑脂的区别是有较高的极压耐磨性，部分高性能进口汽车推荐使用该种润滑脂。

4. 润滑脂的选用

(1) 润滑脂选用原则。根据汽车使用维修说明书的规定，按照润滑脂使用部位的操作条件选用合适的润滑品种和稠度牌号。通常，根据工作温度、水污染状况、负荷和转速等条件来选用润滑脂。

(2) 选择时应考虑的因素。

① 操作温度。润滑脂使用部位的最低操作温度应高于所选用润滑脂的低温界限，否则在起动和运转时，将会增大阻力并加剧磨损；其最高操作温度应低于所选用润滑脂的高温界限，否则会因润滑脂流失而失去润滑作用，加剧磨损。

② 水污染。应根据润滑脂使用部位的环境条件和防锈要求，综合确定润滑脂水污染的级别。

③ 负荷。它是指摩擦面单位面积所承受的压力。应根据负荷的高低确定所选润滑脂的极压性，高负荷时，选用极压型润滑脂(B)；低负荷时，选用非极压型润滑脂(A)。

④ 稠度牌号。根据环境温度、负荷及转速等因素选择稠度牌号。高速低负荷部位，选用稠度牌号低的润滑脂，而环境温度较高时，稠度牌号可提高一级。汽车一般推荐使用1号或2号稠度等级的润滑脂。

⑤ 品种。符合润滑部位使用条件的润滑脂品种往往有多个，应根据各种润滑脂的特性确定最合适的品种。如汽车轮毂轴承多采用锂基润滑脂；钢板弹簧多采用石墨钙基润滑脂等。

7.3 汽车特种液及其使用

7.3.1 汽车制动液及其使用

汽车制动液是指汽车液压制动系统中传递制动压力使车轮制动的工作介质，俗称刹车油。制动液的优劣，直接影响汽车的制动性能。因此，应把制动液视为安全油料，重视制动液的使用。

1. 制动液应有的性能

(1) 良好的高温抗气阻性。汽车长时间制动时会产生大量摩擦热，使制动系统温度升高。如使用沸点较低的制动液，在高温时制动液会蒸发使制动系统管路充有蒸气，产生气阻，引起制动失灵。为保证行车安全，要求制动液有较高的沸点。但由于多数制动液不是单体化合物，没有固定的沸点，所以用平衡回流沸点作为高温抗气阻性的评定指标。平衡回流沸点是指在大气压力下，在加热冷凝回流系统内，试样在规定的回流速度下沸腾的温度。由于制动液吸湿含水后，其平衡回流沸点(湿沸点)显著下降，因此，汽车高级制动液也把湿平衡回流沸点作为一个重要的控制指标。湿沸点是指制动液含水率为3.5%时的平衡回流沸点，其湿沸点越高越好。

(2) 适当的黏度。制动液应在较宽的温度范围内保持适当的黏度，这样制动液就具有很好的流动性，能保证迅速传递压力，确保制动系统的安全可靠。

(3) 良好的橡胶适应性。制动液与系统的橡胶配件接触时，橡胶配件不应产生软化、溶胀、溶解、硬化和紧缩等不良现象，以免制动失灵。

(4) 良好的抗腐蚀性。制动液长期与铸铁、铜、铝及其他合金制成的制动装置接触，要求制动液对金属不产生腐蚀，在规格中用酸值和腐蚀试验进行控制。

(5) 良好的稳定性。制动液在长期保存及使用中，当工作环境温度发生变化时，制动液的性质不应发生明显的物理化学变化，不允许生成胶质和油泥沉积物。

(6) 良好的溶水性。要求制动液吸水后能与水互溶，不产生分离和沉淀，以免在高温时形成水蒸气产生气阻，在低温时形成冰栓，堵塞制动管路。

2. 制动液分类

(1) 按制动液标准分类。SAE制动液分类法，是一种按最低平衡回流沸点及相应使用条件的分类方法，其分类见表7-15。

美国联邦政府运输部(DOT)以SAE为基础，制定了要求更加苛刻的DOT制动液分类法，其特点是进一步提高平衡回流沸点，并控制最低湿沸点，其制动液分类见表7-15。

我国参照制动液SAE和DOT的分类方法，制定了强制标准GB 12981—2012《机动车辆制动液》。该标准按机动车辆使用工况温度和黏度要求的不同，将制动液分为HZY3、HZY4、HZY5、HZY6四种级别，见表7-15。该标准规定了以合成液体为基础液并加有多种添加剂制成的合成制动液的技术要求和试验方法。该标准系列的代号由汉语拼音字母和阿拉伯数字两部分组成，其中H、Z和Y分别为合成、制动和液体的汉语拼音的第一个字母，阿拉伯数字作为区别本系列各品种级别的标记。HZY3、HZY4、HZY5级别分别对应国际通用产品DOT3、DOT4、DOT5或DOT5.1。

表7-15　制动液按标准分类

分类方法	制动液级别	最低平衡回流沸点		适应气候条件
		干沸点/℃	湿沸点/℃	
SAE	SAE J1703	150		严寒
	SAE J1704	190		正常
	SAE J1705	232		高温
DOT	DOT3	205	140	正常
	DOT4	230	155	高温
	DOT5	260	180	极高温
GB 12981—2012	HZY3	205	140	正常
	HZY4	230	155	高温
	HZY5	260	180	极高温
	HZY6	250	165	极高温

(2) 按制动液原料分类。就制动液原料来源而言，汽车制动液可分为醇型制动液、矿油型制动液、合成型制动液三类。

① 醇型制动液。醇型制动液是以精制蓖麻油与醇类按一定比例混合制成的。醇型制动液润滑性好，原料易得，工艺简单，但低温黏度大，平衡回流沸点低，与水互溶性差，使用过程中易氧化变质。醇型制动液因其使用性能差，已被淘汰。

② 矿油型制动液。矿油型制动液是以深度脱蜡的精制柴油馏分作为基础油，加入增黏剂、抗氧化剂、防锈剂等调合而成。矿油型制动液润滑性能好，对金属无腐蚀作用，适应的温度范围宽，可在−50～150℃使用。但矿油型制动液对天然橡胶有溶胀作用，制动系统必须使用耐油的橡胶皮碗、软管、密封件。另外，这类制动液与水互溶性差，进入少量水后高温易产生气阻，影响制动效果。

③ 合成型制动液。合成型制动液是以高分子醇醚和酯类化合物为主要组分，配合各种添加剂制成的。合成型制动液具有性能稳定、沸点高、吸湿性小、无金属腐蚀性、与橡胶配伍性好等优点，而且具有优异的高低温性能，适合在各种汽车上使用，适合汽车在高原、平原、高温、低温等气候条件不同的地区使用，能确保汽车在高温、低温、严寒、潮湿气候条件下的行驶安全。

3. 制动液的选用

1) 制动液选用原则

(1) 按照汽车使用说明书的要求选用汽车制动液。

(2) 尽量选择合成型制动液。因为合成型制动液具有优良的性能，能满足不同地区、不同季节、不同气候条件、不同工作温度、不同制动负荷、不同汽车制动的要求。

(3) 按照 GB 12981—2012《机动车辆制动液》或 DOT 标准选择制动液的质量等级。各级制动液的主要特性和推荐使用范围见表 7－16。

表 7－16　汽车制动液的主要特性和推荐使用范围

级别	制动液的主要特性	推荐使用范围
HZY3	具有良好的高温抗气阻性能和优良的低温性能	相当于 DOT3 的水平，我国广大地区均可使用
HZY4	具有优良的高温抗气阻性能和良好的低温性能	相当于 DOT4 的水平，我国广大地区均可使用
HZY5	具有优异的高温抗气阻性能和良好的低温性能	相当于 DOT5、DOT5.1 的水平，供特殊要求或极高温地区的车辆使用

2) 制动液使用注意事项

(1) 不同规格的制动液不能混用，否则会因分层而降低制动效能。

(2) 制动液中不能有水分和矿物油混入，以免制动液的性能变差。

(3) 制动液装入系统前应进行检查，如发现杂质或白色沉淀等，应过滤后再用。

(4) 更换制动液时，应将制动系统清洗干净。

7.3.2 发动机冷却液及其使用

冷却液是指汽车发动机冷却系统中用于循环带走高温零件热量的冷却介质。为保证发动机正常工作和延长发动机的使用寿命，应正确使用发动机冷却液。

1. 冷却液应有的性能

(1) 冰点低。冰点是指冷却液开始结冰的温度。如果发动机冷却液冰点高于环境温度，则汽车长时间停放时，发动机会被冻裂。因此，要求冷却液冰点较低，具有防冻功能，现在冷却液的冰点一般在－15～－68℃。

(2) 沸点高。沸点是指在大气压力下，冷却液开始沸腾的温度。冷却液沸点高可保证汽车在满载、高负荷、高速、高温条件下能正常行车，散热器(俗称水箱)不会产生“开锅”现象。冷却液的沸点一般要大于 105℃。

(3) 防腐蚀。冷却液每时每刻都与发动机冷却系统中的金属相接触，因此必须要有防腐蚀功能。优质的冷却液，与水相比具有防腐功能，能更好地保护散热器，延长发动机的使用寿命。

(4) 防水垢。自来水中有许多矿物质，用自来水做冷却液容易产生水垢。水垢附着在散热器、水套的金属表面，使散热效果变差，对发动机运转不利。因此，冷却液使用时应能够防止水垢产生。优质的冷却液采用蒸馏水制造，并加有防垢添加剂，不但不生水垢，而且还具有除垢功能。

2. 冷却液分类

汽车发动机冷却液是由乙二醇、丙二醇、乙醇等化学物质分别与水按一定比例混合而成的，并加入防腐剂、清洁剂、防垢剂和着色剂等添加剂的混合液。冷却液的冰点与乙二醇、丙二醇、乙醇所占的比例有关，改变冷却液的成分和所占比例，可得到不同冰点的冷却液，见表 7-17。冷却液按组成不同可分为如下 3 类。

表 7-17　冷却液冰点与其成分的比例关系

冰点/℃	乙二醇-水型 乙二醇的质量分数/(%)	丙二醇-水型 丙二醇的质量分数/(%)	乙醇-水型 乙醇的质量分数/(%)	冰点/℃	乙二醇-水型 乙二醇的质量分数/(%)	丙二醇-水型 丙二醇的质量分数/(%)	乙醇-水型 乙醇的质量分数/(%)
−5	—	21	11.3	−30	47.8	61	41.1
−10	28.4	32	19.7	−35	50.9	69	48.1
−15	32.8	43	25.5	−40	54.7	73	54.8
−20	38.5	51	31.0	−45	57.0	76	62.2
−25	45.3	58	35.5	−50	59.9	—	70.0

(1) 乙二醇-水型。乙二醇-水型冷却液具有沸点高、挥发损失小、冰点低(最低能达−68℃)、热容量大、冷却效率高、流动性好等特点。它可冬季防冻，夏天防沸，全年通用，长期使用，故被称为长效冷却液。目前，国内外汽车发动机用得最多的冷却液是乙二醇-水型。该冷却液按冰点可分为−25 号、−30 号、−35 号、−40 号、−45 号和−50 号 6 个牌号。

(2) 丙二醇-水型。丙二醇-水型冷却液具有沸点高、不易蒸发和着火、对金属腐蚀小等特点。其不足是丙二醇降低冰点的效率低，配制同一冰点的防冻液时，丙二醇的用量比乙二醇、乙醇(酒精)的多，成本较高。因此，这种防冻液用得较少。

(3) 乙醇-水型。乙醇-水型冷却液具有流动性好、散热快、乙醇来源广、配制简单等特点。其不足是易燃，使用不安全；易挥发，因而导致冰点升高。

3. 冷却液的选用

1) 冷却液的选用原则

(1) 按照汽车使用说明书的要求选用发动机冷却液。

(2) 根据当地冬季最低气温选用适当牌号的冷却液，冰点应低于最低气温 10℃左右。

2) 冷却液使用注意事项

(1) 不同厂家、不同类型、不同牌号的发动机冷却液不能混用，以免起化学反应、沉淀或生成气泡，降低使用效果。

(2) 冷却液可以制成一定冰点的产品直接加注使用，也可以制成浓缩液，由用户加水稀释后使用。稀释时，应使用蒸馏水，切勿使用硬水配制，以免产生沉淀。

(3) 加注冷却液前，应检查冷却系的密封性，确保无泄漏。冷却液加注不要过满，一般只能加到冷却系统总容量的 95%，以免升温后膨胀溢出。

(4) 在更换冷却液时，应先将冷却系统用净水冲洗干净，然后再加入新的冷却液。

(5) 乙二醇-水型冷却液，只要使用维护得当，可连续使用 3～5 年，但每年应检测一次冷却液密度，需要时，可视情况加入适量的水。

(6) 乙二醇是有机溶剂，使用中要注意不得将其洒溅到橡胶制品或油漆表面，更应注意不要接触皮肤，若不慎洒溅上，应立即用清水冲洗以免造成机件腐蚀或皮肤损伤。

(7) 乙醇-水型冷却液容易挥发，使用中应注意防火，在发动机温度过高时，不要打开水箱盖，也不要让发动机立即熄火，以免因冷却液急剧升温而突然喷出，造成人员损伤或失火。因乙醇和水挥发使液面降低时，应及时添加适量的乙醇和少量的水。

7.4 汽车轮胎及其使用

轮胎是汽车的重要部件，对汽车的主要使用性能有着直接影响。轮胎也是汽车的易损件，其费用占汽车运输成本的10%～15%。因此，合理使用轮胎，已受到了汽车使用者的高度重视。

7.4.1 汽车轮胎的类型

1. 有内胎和无内胎轮胎

汽车广泛使用充气轮胎。充气轮胎按组成结构不同，可分为有内胎轮胎和无内胎轮胎。

(1) 有内胎轮胎。有内胎轮胎在外胎的内部有一个充有压缩空气的内胎。其轮胎特点是：轮胎强度大，充气压力较高，承载能力较强，便于修理；散热慢，行驶温度高，不适应高速行驶；内胎穿刺后，胎压迅速降低，行驶安全性差。一般车速低，承载能力大的载货汽车和大型客车广泛采用有内胎轮胎。

(2) 无内胎轮胎。无内胎轮胎内壁涂有一层用特殊配方的厚橡胶制成的气密层，轮胎安装在轮辋上就形成了充气的封闭内腔。其轮胎特点是：散热快，热量可直接从轮辋散出，轮胎温度低，适应高速行车；行驶安全性好，当轮胎被尖锐物刺穿后，气密层能自动紧裹刺穿物而保持较长时间不漏气，即使将刺穿物拔出，由于气密层的作用，也能暂时保持气压，不致立即停驶；胎体柔软，缓冲性能好，使用寿命长。一般轻载、高速、要求舒适性好的轿车广泛采用无内胎轮胎。

2. 斜交轮胎与子午线轮胎

按胎体帘线排列方向的不同，轮胎可分为斜交轮胎和子午线轮胎。

(1) 斜交轮胎。普通斜交轮胎是指胎体帘布层和缓冲层各相邻层帘线交叉且与胎面中心线呈小于90°角排列的充气轮胎，如图7.1(a)所示。帘布层通常由成双数的多层挂胶帘布用橡胶贴合而成；缓冲层位于胎面和帘布层之间，用胶片和数层挂胶稀帘布制成，质软富有弹性。

斜交轮胎的特点是：胎体坚固，胎侧不易损坏，低速行驶舒适性好，轮胎噪声小，滚动阻力大，使用寿命短。由于斜交轮胎价格较低，故有的低速车辆如农用汽车还在继续使用。

(2) 子午线轮胎。子午线轮胎是指胎体帘布层帘线与胎面中心线成90°角排列，与帘布层轮胎的子午断面一致的充气轮胎，如图7.1(b)所示。子午线轮胎帘布层层数一般比普通斜交轮胎减少40%～50%，且无偶数限制，胎体较柔软，而带束层层数较多，极大提高了胎面的刚度和强度。子午线轮胎的特点是：帘布层数少，滚动阻力小，行车节油；帘线强度利用充分，承载能力大；胎体柔软，缓冲能力好，乘坐舒适；胎面耐磨性好，使用寿命长；接地面积大，附着性能好；能量损失小，行驶温度低，适应高速行车。因此，子午线轮胎已成为轮胎生产和消费的发展主流，在轿车、客车、货车上都得到了广泛的应用。

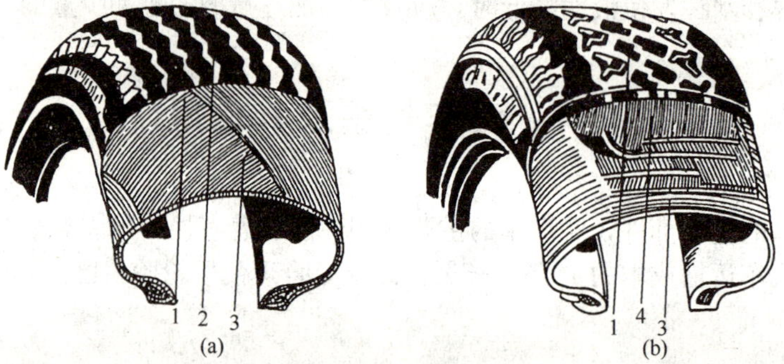

图 7.1　轮胎的帘线排列

(a) 斜交轮胎；(b) 子午线轮胎

1—胎面；2—缓冲层；3—帘布层；4—带束层

7.4.2　汽车轮胎的结构和规格

1. 轮胎的结构

图 7.2 为轮胎的结构示意图，它主要由胎面、胎体、缓冲层和胎圈等部分组成。胎面是轮胎的最外一层，由胎冠、胎肩、胎侧组成。胎冠用耐磨橡胶制成，胎冠上制有各种形式花纹，以防止纵横滑移，提供良好的附着性能；胎肩是胎冠与胎侧的过渡部分，也制有花纹，便于轮胎散热；胎侧用以保护帘布层侧壁免遭机械损伤。胎体是轮胎的骨架，具有保持轮胎外形并支承负荷的作用。胎体由多层帘布层构成，各层之间用橡胶压黏在一起，它是承受气体压力和机械压力的主要部分，要求有较高的强度。缓冲层位于胎面与帘布层之间，质软而富有弹性，起加强胎面与帘布层之间结合的作用，能防止汽车在紧急制动时胎面与帘布层脱离。胎圈是帘布层的根基，由钢丝圈、帘布层卷边和胎圈布组成，它能使轮胎牢固地安装在轮辋上。

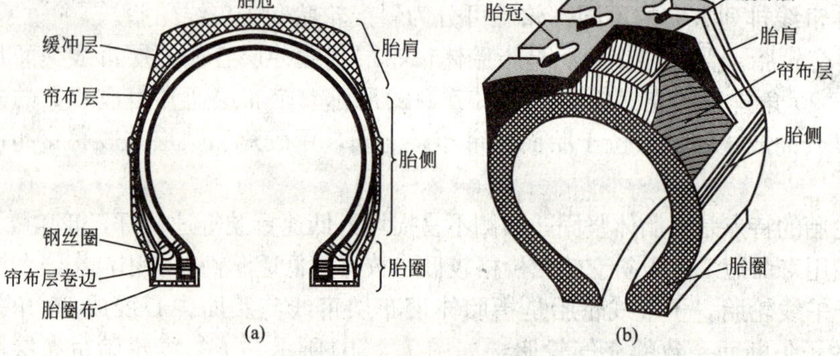

图 7.2　轮胎结构示意图

(a) 轮胎剖视图；(b) 轮胎名称图

2. 轮胎的基本术语

(1) 轮胎的主要尺寸。轮胎主要尺寸是指轮胎按规定的压力充气后，在无负荷状态下的外直径 D、断面宽 B、断面高 H、轮辋名义直径 d(与相对应的轮胎内直径一致)，如图 7.3 所示。

(2) 轮胎的高宽比。轮胎高宽比是指轮胎断面高 H 与断面宽 B 的比值，也称轮胎扁平率。轮胎系列是用轮胎高宽比乘以 100 来表示的，如 80 系列、75 系列轮胎，其高宽比分别为 0.80 和 0.75。

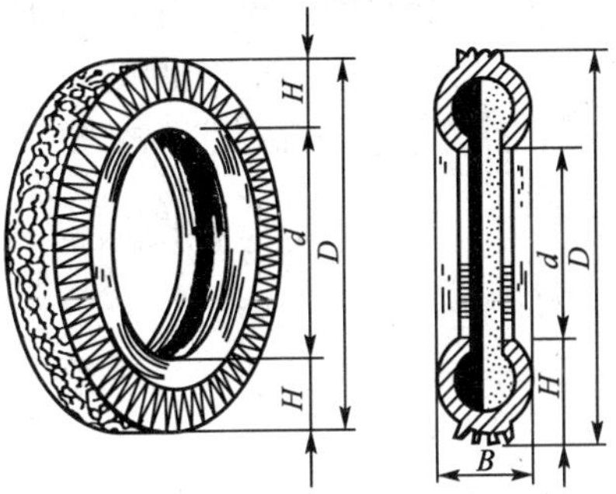

图 7.3 轮胎的主要尺寸

(3) 轮胎的速度。轮胎的最高速度是指在规定条件下、承载规定负荷、行驶规定时间所允许使用的最高速度。将最高速度分为若干级，用速度符号表示。选用轮胎时，轮胎的速度应与汽车的最高车速相匹配。GB/T 2978—2008《轿车轮胎规格、尺寸、气压与负荷》规定了速度符号及其对应的最高行驶速度，见表 7-18。

表 7-18 速度符号与最高速度对应表(节选)

速度符号	最高速度/(km/h)	速度符号	最高速度/(km/h)
G	90	R	170
J	100	S	180
K	110	T	190
L	120	U	200
M	130	H	210
N	140	V	240
P	150	W	270
Q	160	Y	300

(4) 轮胎的负荷能力。轮胎的负荷能力是指在一定行驶速度和相应充气压力时的最大载质量。它可以由轮胎的层级、负荷指数表示。

① 层级。轮胎的层级(PR)是表示轮胎承载能力的相对层数，主要区别尺寸相同但结构和承载能力不同的轮胎。轮胎的层级并不代表轮胎的实际帘线层数，其层级反映的承载能力，近似于棉帘线层数的载质量。例如，9.00-20-14 层级尼龙斜交轮胎，实际胎体帘线只有 8 层，近似于同规格 14 层棉帘线轮胎的载质量。

② 负荷指数。轮胎的负荷指数是指轮胎在规定的充气压力、规定的车速条件下，轮胎负荷能力的数字符号，每个数字符号代表了相应的负荷值(kg)。根据轮胎的负荷指数，即可查出轮胎在规定条件下的最大载质量。

3. 轮胎规格表示方法

轮胎规格的表示方法多种多样，下面以实例的形式说明汽车轮胎规格的主要表示方法。

(1) 斜交轮胎。我国斜交轮胎的规格用“B－d”表示，轿车和重载汽车斜交轮胎的尺寸 B、d 均为英寸(in，1in=0.0254m)。

① 轿车斜交轮胎。

例： 6.70 - 13 - 6PR

- 6PR——轮胎层级(6 层级)
- 13——轮辋名义直径(13in)
- 6.70——轮胎名义断面宽度(6.7in)

② 载货汽车斜交轮胎。

例： 9.0 - 20

- 20——轮辋名义直径(20in)
- 9.0——轮胎名义断面宽度(9in)

(2) 子午线轮胎。我国子午线轮胎的规格用“B R d”表示，其中 R 代表子午线轮胎。国产轿车子午线轮胎尺寸 B 为公制单位(mm)；载货汽车轮胎 B 有英制单位(in)和公制单位(mm)两种；而轮辋尺寸 d 为英制单位(in)。美国轿车子午线轮胎在规格前加“P”。

① 轿车子午线轮胎。

例： 250/60 R 15 89 H

- H——速度符号(最高行驶速度 210km/h)
- 89——负荷指数(最大负荷 580kg)
- 15——轮辋名义直径(15in)
- R——子午线轮胎代号
- 60——轮胎系列(60 系列)
- 250——轮胎名义断面宽度(250mm)

例： P 195/75 R 14 92 S

- S——速度符号(最高行驶速度 180km/h)
- 92——负荷指数(最大负荷 630kg)
- 14——轮辋名义直径(14in)
- R——子午线轮胎代号
- 75——轮胎系列(75 系列)
- 195——轮胎名义断面宽度(195mm)
- P——轿车轮胎代号

② 载货汽车子午线轮胎。

例： 9.00 R 20

- 20——轮辋名义直径(20in)
- R——子午线轮胎代号
- 9.00——轮胎名义断面尺寸(9in)

7.4.3 汽车轮胎的合理使用

1. 正确选配轮胎

轮胎选配时，其尺寸规格应符合原车的要求；轮胎的速度标志须与车辆最高行驶速度相适应；轮胎的负荷能力要与载质量相适应；轮胎的花纹要与道路条件相适应。轮胎的尺寸规格、速度标志及负荷能力均标记在胎侧，选用时必须认真核对，使轮胎的规格、性能完全符合该车型及运用条件的要求，这是用好轮胎的前提条件。选配轮胎时应注意以下几点。

(1) 同一辆车所装的轮胎，其厂牌、花纹应一致，不允许混装不同规格的轮胎。否则，会使轮胎磨损加剧、油耗增加、破坏汽车的操纵稳定性。

(2) 换用新轮胎时，最好全车成套更换。如不能这样，应尽量避免只换一个轮胎，最少应把一根轴上的轮胎同时更换，不允许在同一轴上装用新旧差异较大的轮胎。由于轿车多是前轮驱动型车，它的前轮既是驱动轮，又是转向轮，其前轮胎磨损速度较快。因此，花纹最深的轮胎或新胎应装在前轮上，这样还可使前轮的摆振和侧滑减少，保证行车安全。

2. 保持合适的轮胎气压

轮胎气压标准是根据轮胎的构造、材料强度、实际负荷及汽车的操纵稳定性、行驶平顺性、汽车的动力性和经济性的要求确定的，因此使用时轮胎的气压应符合规定值。

轮胎气压过高或过低，对汽车的使用性能均不利。如轮胎气压过低，会使轮胎的滚动阻力加大，汽车动力性变差，汽车油耗上升，同时汽车操纵性也受到影响；如轮胎气压过高，则轮胎与路面的附着性能下降，汽车制动距离延长，易发生侧滑。轮胎气压过高或过低还会加剧轮胎的磨损，缩短轮胎的使用寿命，如图7.4所示。胎压过高时，造成胎体应力过大，胎冠中间部分磨损增加，严重时胎冠爆裂；胎压过低时，轮胎的刚度随之下降，造成汽车行驶时胎侧发生强烈弯曲，使胎体产生很大的应力，帘布层受到损害，同时，胎侧弯曲变形时，胎温升高，轮胎胎肩磨损加快，如图7.5所示。因此，应定期检查和调整轮胎气压，使之符合规定值。

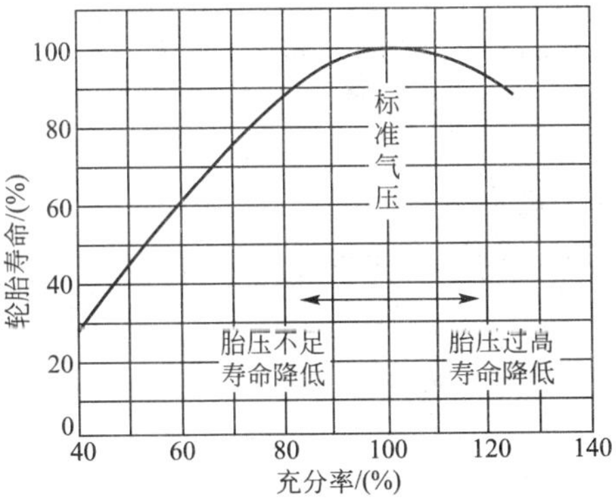

图7.4 胎压与轮胎寿命关系

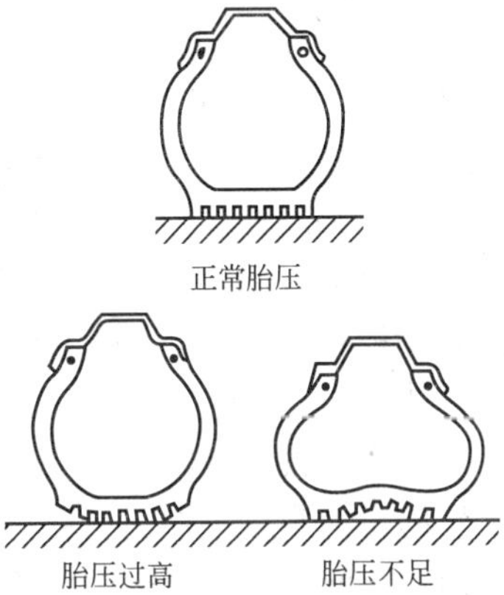

图7.5 轮压状况与轮胎磨损

检查轮胎气压应在轮胎处于冷态状态下，取下轮胎气阀帽，用胎压表检查。如气压过高，可通过气门芯放掉胎内一些空气。如气压过低，则用压缩空气充压至规定值。

3. 防止轮胎超载

汽车在使用过程中不得超载，轮胎的负荷不应超过轮胎的额定负荷。超载行驶时，轮胎帘线所受压力增大，易造成帘线折断、松散和帘线脱层，当受到冲击载荷时，会引起爆胎，同时因接地面积增大，会加剧胎肩的磨损。汽车载运时，还要注意货物装载平衡，不得偏载，防止个别轮胎超载，导致轮胎早期损坏。

4. 轮胎应定期换位

由于汽车在行驶过程中，前后轮的载荷、受力及功能不同，因而汽车轮胎的磨损不同，为保持同一台车的轮胎磨损均匀，延长轮胎的使用寿命，并使寿命趋于一致，应定期对轮胎换位。汽车每行驶 15000～20000km，应按一定的顺序进行一次轮胎换位。

(1) 轮胎换位方法。二轴四轮汽车的轮胎换位，普通斜交轮胎常采用交叉换位法［图 7.6(a)］；子午线轮胎宜采用单边换位法［图 7.6(b)］。子午线轮胎的旋转方向应始终不变，若换位后反向旋转，则会因钢丝帘线反向变形产生振动，导致汽车平顺性变差，所以一些轿车使用手册均推荐子午线轮胎采用单边换位法。

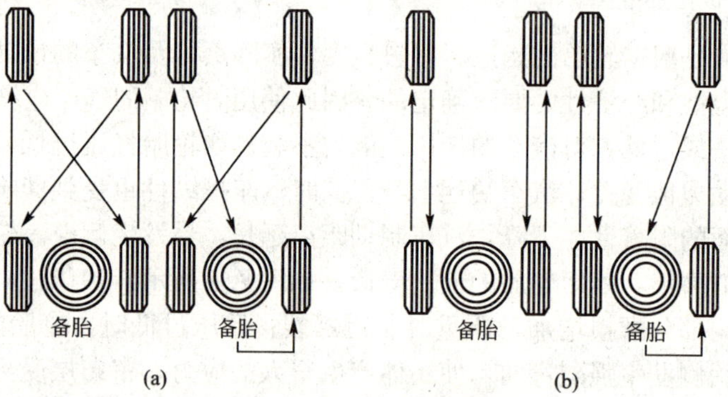

图 7.6　二轴四轮轮胎换位法

(a) 交叉换位法；(b) 单边换位法

二轴六轮汽车的轮胎换位，有交叉换位法和循环换位法。交叉换位法是指一次更换轮胎的位置，便可实现所有轮胎从汽车的一侧完全换到另一侧的换位方法［图 7.7(a)］；而循环换位法是指更换轮胎位置时，所有轮胎按一定的顺序进行循环换位的方法［图 7.7(b)］。用户可根据具体情况选择一种换位方法。

(2) 轮胎换位注意事项。为达到良好的效果，轮胎换位时应注意下列事项。

① 轮胎换位方法选定后，应按顺序定期换位，只能一用到底，不可改变，否则对轮胎磨损不利。

② 对有方向性花纹的轮胎，换位后不能改变旋转方向。

③ 轮胎有异常磨耗时，可在故障排除后提前换位。

④ 前后车轮的轮胎帘线层数不同、承载负荷不同时不能随便换位。

⑤ 轮胎换位后，应按所换的胎位要求，重新调整胎压至规定值。

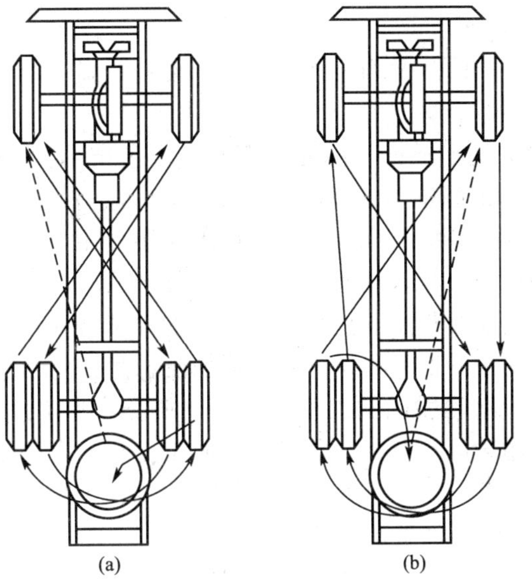

图 7.7 二轴六轮轮胎换位法

(a) 交叉换位法；(b) 循环换位法

5. 提高驾驶技术

提高驾驶技术，规范驾驶操作，可防止轮胎早期损坏。为提高轮胎行驶寿命，驾驶人应做到如下几点。

(1) 平稳起步。采用合适挡位，缓慢平稳起步，防止起步时车辆窜动，减少轮胎磨损。

(2) 提倡中速行车。高速行驶时，轮胎承受的冲击负荷、离心力大，单位时间内接地次数多，因而轮胎的拉伸、压缩量较大，变形频率较高，易使轮胎损坏。高速行驶时，轮胎温度相对较高，容易导致爆胎。因此，应选择中速行车，这样相对来说可以延长轮胎的使用寿命。

(3) 灵活应对路面条件。路面的好坏对轮胎寿命影响很大，应尽量选择良好路面行驶；若遇有铁路道口和不平路面，则应减速行驶；若遇有石块、锋利物，则应绕行或下车处理后再行。

(4) 合理使用制动。制动会产生冲击载荷，会加剧轮胎的变形和磨损。因此，最好采用预见性制动，尽量少用紧急制动。行车时应多注意观察车流、人流等各种情况，遇事提前减速，这样可大大减少紧急制动，从而减少轮胎的磨损和变形，延长轮胎使用寿命。

(5) 防止轮胎温度过高。轮胎的最高允许工作温度为 80～90℃，若超过这一温度必须停车散热。绝对不能用放气降压的办法来企图降温，这样会适得其反，因为放气降压后轮胎变形增加，轮胎迟滞损失加大，轮胎行车的温度会更高，易导致高温爆胎。更不能泼水降温，这样会使橡胶层骤冷，从而破坏橡胶层和帘线层的结合强度，导致轮胎早期损坏。

(6) 严防胎侧擦撞。行车及靠边停车时一定要注意不要让胎侧擦撞很硬的水泥路埂或障碍物，因为子午线轮胎、无内胎轮胎的胎侧较薄，是最薄弱的承力部位，擦撞时易引起胎侧破裂，导致轮胎早期损坏。

6. 加强轮胎维护

(1) 加强轮胎的例行维护。做到：勤查气压、勤查胎温、经常检查轮胎有无损坏，并随时除去嵌入轮胎花纹中的杂物。

(2) 提高底盘维护质量，延长轮胎使用寿命。底盘技术状况会直接影响轮胎使用寿命，如车轮定位不正确；轮毂轴承松动、轮辋变形、车轮不平衡；转向系统、制动系统、行驶系统调整不当均会导致轮胎工作不正常，降低轮胎使用寿命。因此，汽车维护时，要特别重视底盘的检查与调整，保持底盘具有良好的技术状况，保证车轮正常工作，使车轮行驶尽可能纯滚动，从而减少轮胎与路面滑移造成的异常磨损。

(3) 拆装轮胎要规范。不正确的拆、装轮胎往往会使轮胎的胎圈部位变形或损伤，轻则影响轮胎的气密性或导致轮胎胎侧出现鼓包，重则使轮胎胎体帘线断裂而报废。因此，轿车轮胎的拆装必须使用轮胎拆装机，严禁直接手工拆装。大车轮胎的拆装要严格按照操作规范进行。

(4) 轮胎修补或更换后要动平衡。使用动不平衡的车轮，会使汽车行驶的振动和噪声加大，并且使轮胎出现不规则磨损而缩短轮胎使用寿命。因此，对修补或更换的汽车轮胎，装车前应进行动平衡。

本章小结

1. 合理使用汽车燃油、润滑剂、制动液、冷却液和轮胎等运行材料，可以发挥汽车使用性能，提高汽车使用可靠性，延长汽车使用寿命。

2. 车用汽油应具有良好的抗爆性、安定性、清洁性及适当的蒸发性和无腐蚀性。车用汽油牌号按辛烷值划分，车用汽油(Ⅳ)有90号、93号、97号3个牌号；车用汽油(Ⅴ)有89号、92号、95号、98号4个牌号。车用汽油牌号的选用原则是：根据汽车使用说明书要求选用；根据发动机的爆燃倾向选用；根据驾驶人的经验选用。

3. 车用柴油应具有良好的低温流动性、燃烧性、安定性、清洁性及适当的黏度、蒸发性和无腐蚀性。车用柴油牌号按凝点划分，有5号、0号、－10号、－20号、－35号、－50号6个牌号。车用柴油牌号的选择是根据当地月风险率为10%的最低气温进行的，其最低气温应比柴油凝点高4～6℃。

4. 发动机油应具有良好的黏温性、润滑性、低温流动性、清净分散性、抗氧性、抗腐性、抗磨性、抗泡性及适当的黏度。发动机油的分类，广泛采用API性能分类法和SAE黏度分类法。机油牌号应包括机油的质量等级、黏度等级和机油的类别。发动机油的选用原则是：按照汽车使用说明书中的规定选用机油使用性能等级和黏度等级；或根据发动机结构特性和工作条件要求，先确定机油的使用性能等级，然后依据发动机使用的外部环境温度等条件，选择该使用性能等级中合适的黏度等级。

5. 汽车齿轮油应具有良好的油性、极压抗磨性、黏温特性、低温流动性、热氧化安定性、防锈防腐蚀性、抗泡性及适当的黏度。汽车齿轮油按使用性能和黏度进行分类。汽车齿轮油的选用原则是：按照汽车使用说明书的规定选用齿轮油的使用性能等级和黏度等级；或根据齿轮油工作条件的苛刻程度，先确定齿轮油的使用性能等级，然后依据汽车使用环境的温度，选择该使用性能等级中合适的黏度等级。

6. 汽车润滑脂应具有良好的高低温性能、抗水性、防锈性、防腐性及适当的稠度和胶体安定性。汽车常用润滑脂的品种有：钙基润滑脂、石墨钙基润滑脂、复合钙基润滑脂、钠基润滑脂、钙钠基润滑脂、锂基润滑脂等。汽车润滑脂的选用原则是：根据汽车使用维修说明书的规定，按照润滑脂使用部位的操作条件选用合适的润滑品种和稠度牌号。通常，根据工作温度、水污染状况、负荷和转速等条件来选用润滑脂。

7. 汽车制动液应具有良好的高温抗气阻性、橡胶适应性、抗腐蚀性、稳定性、溶水性及适当的黏度。汽车制动液的选用原则是：按照汽车使用说明书的要求选用；尽量选择合成型制动液；按照GB 12981—2012《机动车辆制动液》或DOT标准选择制动液的质量等级。

8. 发动机冷却液应具有冰点低、沸点高、防腐蚀、防水垢的性能。冷却液按组成不同可分为乙二醇-水型、丙二醇-水型和乙醇-水型三类，汽车多用乙二醇-水型冷却液。发动机冷却液的选用原则是：按照汽车使用说明书的要求选用；根据当地冬季最低气温选用，冰点应低于最低气温10℃左右。

9. 汽车轮胎有多种分类方法，若按胎体帘线排列方向可分为斜交轮胎、子午线轮胎。子午线轮胎具有帘布层数少，滚动阻力小，行车节油；帘线强度利用充分，承载能力大；胎体柔软，缓冲能力好，乘坐舒适；胎面耐磨性好，使用寿命长；接地面积大，附着性能好；能量损失小，行驶温度低等特点，在轿车、客车、货车上都得到了广泛应用。轮胎的重要参数有：主要尺寸、高宽比、速度、负荷能力。延长轮胎使用寿命的措施主要是：正确选配轮胎、保持合适的轮胎气压、防止轮胎超载、轮胎应定期换位、提高驾驶技术、加强轮胎维护。

习　　题

一、判断题(请判断下列概念或说法是否正确，对者打“√”，错者打“×”)

1. 轮胎的层级代表轮胎的实际帘线层数。(　　)

2. 冷滤点是选择车用柴油低温流动性的依据。(　　)

3. 通用内燃机油是指能够同时满足低温和高温条件正常润滑的机油。(　　)

4. 乙二醇-水型冷却液的冰点与乙二醇所占的比例有关，乙二醇比例增加，则冰点下降。(　　)

5. 有内胎轮胎的行车安全性比无内胎轮胎的好。(　　)

二、填空题

1. 若汽油辛烷值越________、发动机点火提前角越________，则发动机爆燃倾向越严重。

2. 若柴油的十六烷值越________，则着火滞燃期________________，发动机工作越粗暴。

3. 汽油牌号根据________划分，柴油牌号根据________划分。

4. 机油的黏度等级主要根据________来选择；为避免冬夏换油，应选用________________。

5. 轮胎主要由________、________、________和________等部分组成。

三、简答题

1. 如何选用车用汽油、柴油？
2. 如何选用发动机油？
3. 如何选用制动液？使用中应注意哪些问题？
4. 什么是子午线轮胎？在性能上有哪些特点？
5. 为什么对汽车轮胎要进行定期换位？
6. 如何延长汽车轮胎的使用寿命？

第8章 汽车在特殊条件下的使用

本章教学要点

知识要点	掌握程度	相关知识
汽车走合期	了解汽车走合期及其使用特点； 掌握汽车走合期的使用规定或措施	走合期； 走合期维护
低、高温条件使用汽车	了解低、高温条件对汽车使用性能的影响； 掌握低、高温条件汽车使用的措施	低、高温条件汽车使用性能； 低、高温条件用车方法
高原和山区条件使用汽车	了解高原和山区条件对汽车使用性能的影响； 掌握高原和山区条件汽车使用的措施	高原和山区条件汽车使用性能； 高原和山区条件用车方法
坏路和无路条件使用汽车	了解在坏路和无路条件下汽车的使用特点； 掌握坏路和无路条件汽车使用的措施	坏路和无路条件汽车使用特点； 坏路和无路条件用车方法

导入案例

结冰路滑导致大货车翻车 5 车相撞

据杭州日报2012年12月31日报道：昨天凌晨三点多，杭千高速发生严重事故，多辆大货车相撞(图8.01)。高速交警介绍：前天下午杭千高速下了雪，虽然路面没有积雪，但雪水不少，到了夜里，山区温度急剧下降。为了安全，高速交警先后对危化品车辆、微型面包车辆等进行了限流，并在夜里在各个服务区、高速进口进行了预警，提示通行车辆注意车速，小心打滑。但是到了凌晨三点多，由于路面结冰严重，一辆运橘子的大货车由于打滑撞了护栏翻车，导致后面的大货车来不及制动，且路面打滑无法制动停车，直接撞了上去。事故一共涉及5辆大货车，而且有人员伤亡。

图 8.01　事故现场

高速交警介绍：杭千、杭徽以及新开通的杭长高速，都地处山区，桥梁、隧道及弯道和坡道都很多，因雪天路滑，事故量也增加，前天刚刚下雪时，从当天16时到20时，仅仅4个小时就发生24起事故，超过了平时一天的事故量。而很多高速上的桥梁到后半夜都结了冰，导致从昨天凌晨起，整个杭州高速交警的辖区就事故不断，事故量达到了80多起，是平时事故量的4倍多。

8.1　汽车在走合期的使用

8.1.1　汽车走合期及其作用

汽车走合期是指新车或大修竣工汽车投入使用的初期，需要对汽车相互配合零件的摩擦表面进行磨合的阶段。它是所有汽车从开始投入使用到能正常使用的一个过渡阶段。

新车或大修车，尽管经过了生产性工艺磨合，但零件的表面总存在着微观和宏观的几何形状偏差，汽车总成及部件装配也有一定的允许误差。因此，新配合件表面的实际接触面积比计算面积小得多，此时汽车若以全负荷运行，零件摩擦表面的单位压力会很大，将导致润滑油膜破坏和局部温度升高，使零件迅速磨损和损坏。若新车或大修车经过走合期的走合，将零件摩擦表面不平的部分磨去，逐渐形成比较光滑的、耐磨而可靠的工作表面，则可承受正常的工作负荷，同时，通过走合，可暴露出生产或修理中的缺陷并加以消除，使汽车进入正常使用期。

汽车走合期在整个汽车使用期中虽然短暂，但它对汽车正常使用的影响却很大。正确合理地使用走合期，可以改善零件摩擦表面几何形状和表面物理机械性能，延长汽车的大修间隔里程和汽车使用寿命，提高汽车的使用可靠性和燃油经济性。

汽车走合期通常用里程表示，一般为1000～1500km，有的车型为2000～3000km甚至更长。其长短取决于汽车零件表面加工精度、装配质量、润滑油的品质、运行条件和驾驶技术等。不同的车型其走合里程会略有差异。

8.1.2 汽车走合期的使用特点

1. 零件磨损速度快

新车或大修车在出厂前虽按规定进行了磨合处理，但新配合零件表面仍较粗糙且表面间单位压力较大，因此开始走合时会产生较大的摩擦力，使零件表面的磨损速度加快；加之新配合零件之间间隙小，表面凸凹部分嵌合紧密，相对运动时，在摩擦力的作用下有较多的金属屑被磨落进入相配合零件之间又构成磨料磨损，使磨损加剧；另外，由于间隙小，磨损过程中表面热量增大，进而使润滑油黏度降低，润滑条件变坏，使零件的磨损量增长较快。

2. 行驶故障多

由于机件在加工、装配时存在一定偏差，同时，还隐藏着一些不易暴露和发现的故障，或者使用不当，未能正确执行走合规范，均会使走合期的行驶故障增加。在走合期内，若零件之间间隙过小，运行时温度过高，润滑条件较差，则容易出现发动机拉缸、烧瓦等故障；另外走合期内还容易出现气液渗漏、紧固件松动等故障。

3. 润滑油易变质

走合期内，由于零件表面比较粗糙，配合间隙较小，油膜质量较差，汽车走合时零件表面和润滑油的温度都很高，同时有较多的金属屑被磨落进入配合零件间隙中，因此润滑油容易受高温氧化、被磨屑污染而变质。

4. 燃油消耗量高

走合期内，汽车节气门开度小，经常处于小负荷运行，发动机的负荷率较小，混合气偏浓，因而汽车的燃油经济性较差，耗油量较高。同时，走合期内，汽车机件有较大的摩擦阻力，也使得油耗增加。

8.1.3 汽车在走合期的使用措施

1. 适当减载

汽车装载质量大小直接影响汽车的磨合质量。若汽车装载质量过大，则发动机和底盘各部受力较大，易使润滑条件变坏，导致汽车磨合条件恶化，严重时还会引发故障。因此，在走合期内，必须适当减载。通常，走合期的开始2～3h，汽车一般应空载，其他时间载货汽车应按额定的装载质量减载20%～25%，而且不允许拖挂或牵引其他车辆。

2. 严格限速

轻载高速与重载低速，都是大负荷的表现，对汽车的走合不利。当载质量一定时，若车速较高，则发动机和传动机件的负荷就较大，容易导致运动机件的磨损加剧，因此在走合期内应严格限速，各挡都需要限速。

通常，汽车各挡的最高车速应比正常使用期下降25%～30%。载货汽车走合期的最高行驶速度，一般不超过60km/h。不同类型的汽车，可根据其使用说明书的要求，确定其最高的走合速度。

3. 合理用油

合理使用燃油和润滑油，对汽车走合期具有重要的作用。为了防止发动机产生爆燃或工作粗暴，而加速机件的磨损，汽车在走合期中应采用优质燃油。为了使运动机件的工作表面得到良好润滑，应选用黏度适当的优质润滑油或加有添加剂的专用润滑油，润滑油的加注数量应略多于规定量，并应按走合期维护的规定及时更换润滑油。

4. 正确驾驶

正确驾驶汽车，可以保证汽车的磨合质量。因此，在走合期内，驾驶人必须严格执行驾驶操作规程。起动发动机时不要猛踩加速踏板，严格控制加速踏板行程，避免发动机高速运转；发动机起动后，低速运转预热升温，待冷却液温度升至50～60℃时，平稳起步，以减少对传动机件的冲击；行驶中，加速应缓慢，换挡要及时，冷却液温度应控制在80～95℃，机油压力应正常。要注意选择行驶路线，不在凹凸不平的路面上行驶，以减少振动和冲击；不要冲坡行驶，不用加速滑行法行驶，尽量减少汽车突然加速所引起的超负荷现象；尽量避免紧急制动、长时间制动或使用发动机制动。

5. 加强维护

为提高汽车的走合质量，应加强走合期的维护。走合期维护一般分为走合前、走合中和走合后的维护。

走合前的维护主要是对汽车进行一次总体的检查，以防止汽车在走合期出现事故和损伤，保证顺利地完成走合。其主要内容有：检查汽车外部各种螺栓、螺母和锁销的紧固情况；检查润滑油、制动液、冷却液的加注及泄漏情况；检查轮胎气压是否符合标难；检查制动效能是否符合要求；检查各操纵机构、电气设备、灯光、仪表工作是否正常。

走合中的维护主要是对汽车各部技术状况开始发生变化的部分进行及时维护，以恢复其良好的技术状况，保证下阶段走合顺利进行。其主要内容有：检查有关机件的紧固程度和汽车传动系统、行驶系统的工作情况，并消除油、液、气的泄漏现象；视需要，清洗发动机润滑系统和底盘传动系统壳体，更换润滑油；对技术状况已经变化的部分进行维护。

走合后的维护是指走合期满后进行的维护，它通常结合二级维护进行。其主要内容有：对汽车进行全面的检查、紧固、调整和润滑作业，其作业的项目和深度参照制造厂的要求进行。通过走合后的维护，使汽车达到良好的技术状况，保证汽车能够正常地投入运行。

6. 不拉高速

所谓拉高速，就是新车在走合期后进入正常使用阶段初期，在满载情况下，每个挡位在较高发动机转速下保持一定的时间行车，用以检验发动机、底盘等各个部位的性能。

对于新车，在走合期满后，用拉高车速检验汽车的极限工作状况，暴露高速行驶的缺陷，有问题早发现，能免费维修，是无可非议的。但过分夸大拉高速的作用是不可取的，也是不可信的。实际上，新车走合期完成并经维护后，汽车已经具备了高速行驶的条件，拉高速是没问题的。但拉高速时，满载大负荷超高速行驶会加快汽车各部件的磨损，降低汽车的使用寿命。因此，刻意地去拉高速就等于有意去伤害汽车，会加速汽车的损坏。

8.2 汽车在低温条件下的使用

8.2.1 低温条件对汽车使用性能的影响

在寒冬季节，我国大部分地区最低气温在0℃以下，北方地区的最低气温一般在−15℃以下，部分地区的最低气温甚至在−40℃以下。低温条件使汽车使用性能显著变差，其主要表现如下。

1. 发动机起动困难

当气温低于−15℃时，发动机冷起动比较困难；而当气温低于−30℃时，没有冷起动装置的汽车，不经预热则无法起动。发动机低温起动困难的主要原因如下。

(1) 曲轴转动阻力矩增大。起动时曲轴转动的阻力矩包括运动部件的惯性阻力矩、缸内被压缩气体的反作用力矩和各运动副的摩擦力矩。气温变化时，前两种阻力矩变化不大，但摩擦力矩却在低温时因发动机机油的黏度增大，机油流动性变差，润滑条件恶化而大大增加。

曲轴转动阻力矩增大，会导致发动机起动转速下降，使汽油机燃油汽化不良，使柴油机压缩终了的压力和温度较低，从而造成发动机起动困难。

(2) 燃油雾化性变差。对于汽油机，气温降低时，汽油的黏度和密度增大(图8.1)，使得汽油的流动性变差，表面张力变大，蒸发、雾化不良。同时，低温时由于机件吸热作用大，因而汽油难以吸热蒸发，大部分汽油以液态进入气缸，据试验知，汽油机在气温为0～12℃时起动，只有4%～12%的汽油蒸发而形成可燃混合气。这些表明：汽油机低温起动时，因燃油雾化性变差，其实际混合气过稀，故导致发动机难以起动。

对于柴油机，柴油的黏度会随气温的降低而增加(图8.2)。在低温条件下，柴油黏度过大，会造成柴油雾化不良，使其燃烧过程变坏。当温度进一步降低时，柴油中的石蜡沉淀析出，使柴油的流动性逐渐丧失。同时，低温还使缸内压缩终了的温度降低。这些都可导致发动机难以起动。

(3) 蓄电池工作能力下降。设蓄电池电动势为E(V)，蓄电池内阻为R(Ω)，蓄电池输出电流为I(A)，则蓄电池电压U(V)为

$$U=E-IR$$

在低温条件下，蓄电池的电解液黏度较大，向极板的渗透能力下降，内阻R增加；同时，低温起动时曲轴转动阻力矩较大，起动电流很大。但低温时蓄电池电动势E变化不大，这就使得蓄电池的端电压U明显减小，导致蓄电池的输出功率下降。低温起动时，本需要起动功率大，然而蓄电池的输出功率反而下降(图8.3)。当气温降到一定程度时，蓄电池满足不了起动时必需的功率要求，使起动机无力拖动发动机达到最低的起动转速，图8.3中两曲线的交点对应的温度就是蓄电池起动的低温极限。另外，低温起动时需要更

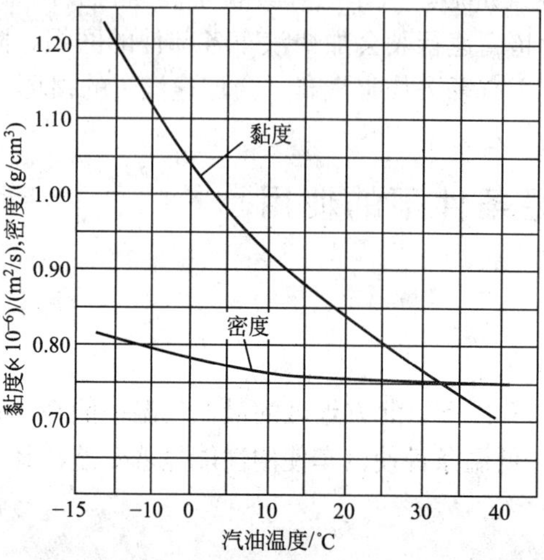

图 8.1 汽油的黏度、相对密度与温度的关系

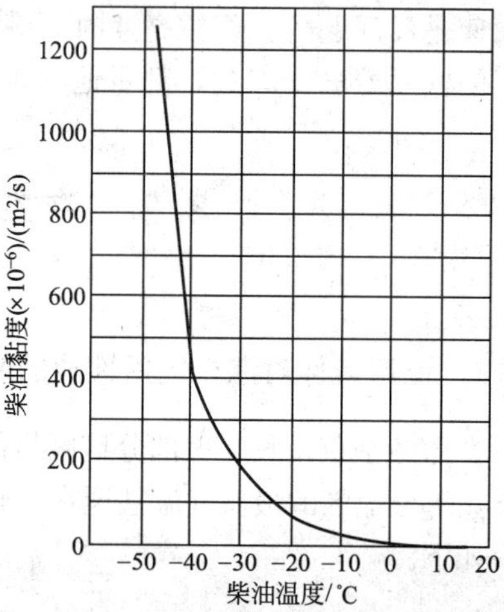

图 8.2 柴油的黏度与温度的关系

强的点火能量，然而蓄电池端电压的降低也会使火花塞的跳火能量减小，不能满足起动要求，导致发动机低温起动困难。

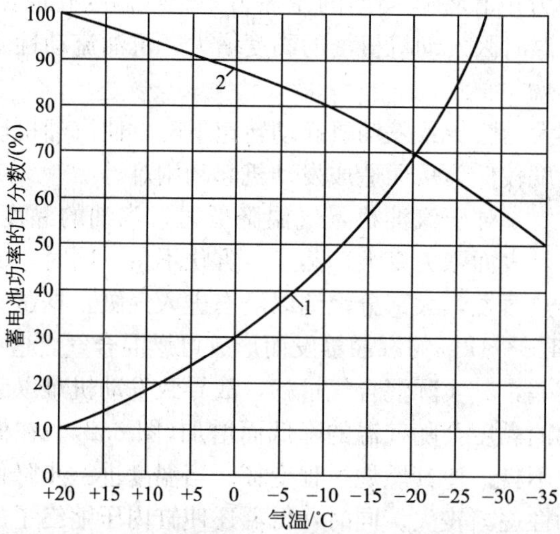

图 8.3 蓄电池起动能力与气温的关系

1—必需的起动功率(%)；2—蓄电池供给的最大功率(%)

2. 总成磨损严重

汽车在低温条件下使用时，各主要总成的磨损均较大，尤其是发动机和汽车传动系统的磨损更为明显。

(1) 发动机磨损。汽车在低温条件下使用时，发动机的气缸磨损较为严重。试验表明，在发动机使用周期中，50%的气缸磨损发生在起动过程，而冬季起动磨损占总起动磨损的 60%～70%，在气温 −18℃时起动发动机一次的气缸磨损量相当于汽车正常行驶

210km 的磨损量。图 8.4 反映了每 1000km 发动机气缸磨损量与气缸壁温度的变化关系，其温度越低，气缸磨损越严重。低温条件下发动机磨损严重的主要原因如下。

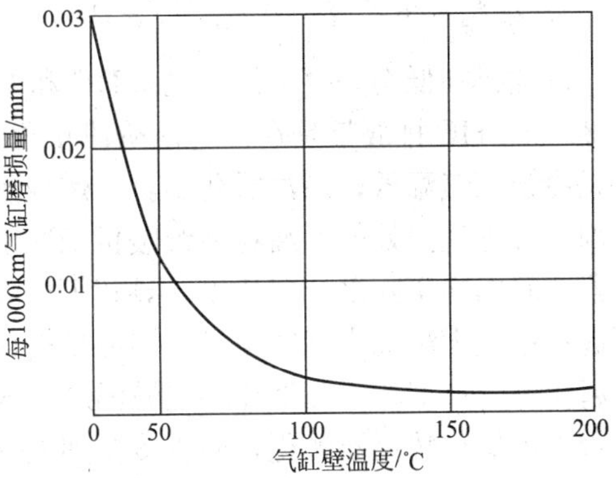

图 8.4 发动机气缸磨损强度与气缸壁温度的关系

① 润滑条件差。一是低温起动时，机油黏度大，流动性差，不能及时到达各运动件摩擦表面，使气缸壁、主轴承及连杆轴承等润滑条件恶化。二是低温起动时燃油蒸发性差，大部分燃油以液态进入气缸，冲刷了气缸壁的油膜，破坏了气缸壁摩擦表面的润滑特性，同时沿缸壁流入曲轴箱的燃油稀释了机油，使其油性劣化，降低了润滑性能。其润滑条件变差，会导致摩擦力加大、磨损增加。

② 湿腐蚀严重。发动机气缸内燃烧产物中的碳、硫和氮的氧化物，溶于水形成酸类对缸壁的腐蚀，称为湿腐蚀。气缸壁温度越低，湿腐蚀越严重。因为低温时，燃烧过程产生的水蒸气越易凝结在气缸壁上，与燃烧过程中产生的氧化物如氧化硫反应生成酸性物质。低温时的湿腐蚀会加快气缸壁的磨损。

③ 轴承配合间隙变小。曲轴颈和连杆轴颈与所用轴瓦的合金成分不同，因而膨胀系数不同。在低温条件下，配合间隙变小且不均匀，加速了轴颈与轴瓦的磨损。

(2) 传动系统总成磨损。传动系统总成主要包括变速器、主减速器、差速器等。低温条件下，传动系统总成磨损加剧，如汽车主减速器齿轮和轴承，在润滑油温－5℃时的磨损强度比油温 35℃时的磨损强度增大 10～12 倍。低温条件下总成磨损加剧的主要原因如下。

① 低温润滑条件差。传动系统总成的工作温度由零件摩擦和搅油产生的热量维持，油温升速很慢。例如，CA1090 型汽车传动系统总成的油温从－10℃升至 10～15℃，需要行驶 6km。因此，汽车低温起步后，传动系统总成长时间在低温条件下工作，润滑条件差，齿轮和轴承得不到充分润滑，零件磨损较大。

② 低温运动阻力大。在低温条件下，传动系统润滑油黏度较大，使传动系统总成在起步后较长一段时间内运动阻力相应增大，负荷加大，导致传动系统零件磨损加剧。

3. 燃油消耗量增大

汽车在低温条件下行驶，燃油消耗量会增大。试验表明：气温在 5℃以下时，将对汽车运行燃油的消耗产生较大的影响，气温每降低 10℃，燃油耗量将增大 3%～5%。

汽车在低温条件下使用时，燃油消耗量增大的主要原因是：发动机暖车时间长，耗油量大；发动机工作温度低，散热快，能量损失大；发动机工作温度低，燃油汽化不良，燃烧不完全，热效率低；润滑油黏度大，摩擦损失大，发动机和传动系统的机械效率低，功率损失大。

4. 零件材料性能变差

低温条件下，零件材料的物理机械性能会变差，耐冲击载荷强度下降，易导致零部件在载荷作用下发生损坏。在－30℃以下时，碳钢类材料的冲击韧性急剧降低；硅钢、锰钢等合金钢零件和铸铁件易变脆折断；橡胶轮胎易变硬而丧失弹性，受冲击载荷作用时易破裂；塑料制品变脆易出现裂纹。

5. 排气污染严重

汽油机在低温条件下冷起动，HC和CO的排放污染比较严重，试验表明，汽油机有近80%的HC排放量是在冷起动阶段排出。HC和CO在低温冷起动排放多的主要原因：一是冷起动气温低，燃油雾化不良，燃烧不完全，另外起动时大量没有雾化的停留在气道壁面上、进气门处的燃油在后续暖机工况以至正常工况随着温度的升高而挥发，从而改变这段时间内的实际混合气浓度，导致HC和CO排放增加；二是冷起动气温低，氧传感器不起作用，无法提供反馈信号对燃油量进行有效的控制；三是冷起动气温低，催化转化器不起作用，典型的三元催化剂起燃温度一般在250～300℃，因此在冷起动期间，排出的废气难以被催化转化器转化，而直接排到大气中。

柴油机在低温条件下冷起动和怠速工况时通常冒白烟，而白烟则是直径为1μm以上的微粒。柴油机低温冒白烟的主要原因是：气缸中温度较低，发火不良，燃油不能完全燃烧而以液滴颗粒状随废气排出。

6. 行驶条件变坏

气温很低的冬季，多为冰雪路面，轮胎与路面间的附着系数显著下降，行驶条件变坏。汽车制动时，制动距离较长，且极易发生侧滑；汽车加速或上坡时，驱动轮易滑转；汽车转向时，易失去转向能力，方向难以控制。这些都会严重影响行车安全。

8.2.2 汽车在低温条件下的使用措施

1. 加强技术维护

入冬前，为使汽车适应低温运行条件，提高汽车在低温、寒冷条件下的工作能力，避免发生意外事故，应结合汽车定期维护进行一次季节性技术维护。

技术维护的主要内容有：安装或维护发动机保温及起动预热装置；检查调整冷却散热装置(节温器、风扇传动带等)；更换冬季润滑油(脂)及冷却液；检查或调整供油系统、点火系统；采取防滑保护措施等。

2. 进行适当预热

在严寒条件下，在发动机起动前进行预热，是减少起动阻力、改善混合气形成条件或着火条件，提高汽车冷起动性能的一项重要措施。起动前的预热主要是对发动机缸体、进气系统和机油进行预热。其预热方法很多，可根据汽车发动机结构及当地汽车的使用条件选择。

(1) 进气预热。进气预热是指通过进气预热装置对发动机的进气气流进行预热。汽油机低温起动时，可在起动前预热进气管；而柴油机可在进气管加装电热装置或用火焰加热器加热空气滤清器、进气管道和进气气流。

低温条件下，对发动机采用进气预热，能提高进气温度，加快混合气的形成，降低发动机的起动温度，提高发动机的低温起动性能，实现发动机的顺利起动。

(2) 发动机预热。发动机预热方法较多，主要有如下几种。

① 热水预热。热水预热是将90～95℃的热水注入冷却系统，注满后，将发动机放水阀打开，使之边注边流，待流出的水温达到30～40℃时，将放水阀关闭。

热水预热是应用最广泛的预热方式，简便易行。但这种预热方法只能使发动机气缸得到预热，而曲轴、连杆轴承与曲轴箱机油不能得到预热。

② 蒸汽预热。蒸汽预热是利用蒸汽遇冷后释放的潜热预热。预热时，将压力为35～78.5kPa的热蒸汽通过蒸汽管导入散热器的下水管而进入发动机冷却系统，或通过加装在缸体或缸盖上的蒸汽阀直接引入发动机的冷却水套。预热开始时，因发动机温度低，蒸汽进入冷却系统后会被冷凝，需打开放水阀排出积水；当缸体温度升高到一定程度时，放水阀处便排出蒸汽，直至预热温度升高到50～60℃时，就可向冷却系统加入热水。若在曲轴箱内加装蒸汽管或散热容器，可预热机油，降低机油黏度，增加机油流动性，减少摩擦阻力，使发动机易于起动。

由于蒸汽的热容量大，因此在气温较低时采用蒸汽预热效果较好，但蒸汽预热的成本较高。

③ 电能预热。电能预热是利用安装在发动机冷却系统或油底壳中的电加热器加热冷却液或机油的预热方法。这种方法应用方便，适应的低温下限较低，在－40℃以下的气温条件下使用，也能获得较好的效果。通常，电加热器的功率：加热冷却液时为0.6～2kW，加热发动机机油时为0.1～1kW。

④ 燃油加热器预热。燃油加热器预热是以车用燃油为能源，利用随车装备的燃油加热器加热发动机冷却液的预热方法。其发动机预热速度主要取决于气温、发动机质量、冷却液量。

燃油加热器预热能随车进行，使用方便，预热快。这种预热方法随着其燃油加热器技术的日臻完善，具有良好的发展前景。

3. 适时进行保温

汽车在严寒地区使用时，应采取保温措施。保温的目的是使发动机在一定的热状态下正常工作，能随时顺利出车，以减少机件的磨损和节约燃油。保温的主要部位是发动机和蓄电池。

(1) 发动机的保温。可采用关闭百叶窗的方法对发动机保温，也可以降低风扇转速或使风扇不工作(装风扇离合器或采用电控风扇)来对发动机保温，后一种方法不但减少了热量耗散，而且还减少了发动机的功率损失。

给发动机罩和散热器罩加装棉制或革制保温套，可使汽车在－30℃左右的气温下工作时，发动机罩内的温度仍保持在20～35℃。同时，停车后发动机主要部件的冷却速度也可大大地减缓，是无保温套汽车的1/6。

发动机采用双层油底壳，或在油底壳下加封一层玻璃纤维，保温效果较好。发动机油底壳保温可使发动机机油温度趋于正常、稳定，能改善发动机的润滑条件。

(2) 蓄电池的保温。低温条件下，对蓄电池保温可提高其蓄电容量和工作能力，通常电解液温度每提高1℃，蓄电池容量约能提高1%。另外，蓄电池的保温效果越好，则电解液冻结以致冻坏蓄电池的危险性就越小，蓄电池的使用寿命就越长。

对蓄电池保温，一般是将蓄电池装入双层保温箱。保温箱夹层中装有毛毡或聚苯乙烯等导热系数很低的保温材料。在特别严寒地区，可在保温箱夹层内设置电加热器的加热保温装置，为对加热温度进行控制，加热保温箱还应具有自动恒温控制与自动断流控制两项功能。

4. 合理选用燃油和润滑油

低温条件下使用的燃油应具有良好的挥发性、流动性和低含硫量，以便于发动机起动和减少磨损。严寒地区使用的汽车，应选择与之相适应的汽、柴油。

发动机机油和车辆齿轮油应选用冬用黏度级或多黏度级润滑油；润滑脂应选用耐低温的润滑脂。这样，可改善汽车低温行驶的润滑条件，减少摩擦阻力，减轻零件的磨损，降低汽车的油耗。

5. 使用起动液起动

起动液是一种专用的起动燃料，其主要成分是乙醚($C_2H_5OC_2H_5$)，即着火剂。它沸点低(34.5℃)，饱和蒸气压大（40℃时的饱和蒸气压为122.8kPa)，具有很好的挥发性。同时，乙醚的闪点低，极易点燃或压燃。为全面保证起动液性能，除着火剂外，起动液还加有抗爆剂、润滑剂和促溶剂等。起动液具有良好的蒸发性，并容易被点燃或压燃。

为保证发动机在低温条件下不经预热直接起动，可使用起动液。起动液的加注方法应根据发动机进气系统的结构，尽可能将其呈雾状均匀地分配到各气缸中。一般不采用将起动液渗入基本燃料通过供油系统进入气缸的方法，而是另设一套起动装置来喷射起动液。

图8.5为某起动液起动装置原理图，它由打气筒、空气管、混合器、乳化管和喷嘴几部分组成。其工作原理是：起动前，将装有起动液的小罐放在混合器中，并盖好盖子；起动时，压下通针，穿破小罐，使起动液流入混合器的空腔内，由打气筒产生的压缩空气经空气管进入混合器的空腔里，然后空气和起动液分别通过空气量孔与起动液量孔以一定比例混合成乳化液，乳化液通过乳化管和喷嘴成为雾状进入发动机进气管。与此同时，起动发动机，雾化了的起动液和从空气滤清器进来的空气(柴油机)或可燃混合气(汽油机)混合后进入各个气缸。

对没有起动装置的汽车，可使用起动液压力喷射罐(图8.6)，直接把起动液喷入进气管，但应注意控制喷入量。喷入量过大时，会引起发动机起动粗暴。

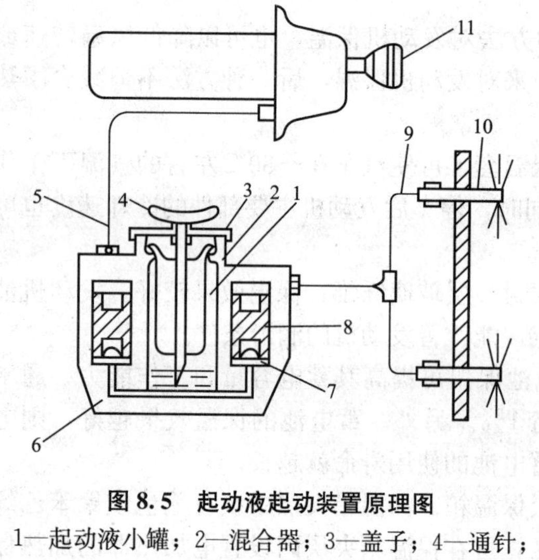

图8.5　起动液起动装置原理图

1—起动液小罐；2—混合器；3—盖子；4—通针；
5—空气管；6—起动液；7—起动液量孔；
8—空气量孔；9—乳化管；10—喷嘴；11—打气筒

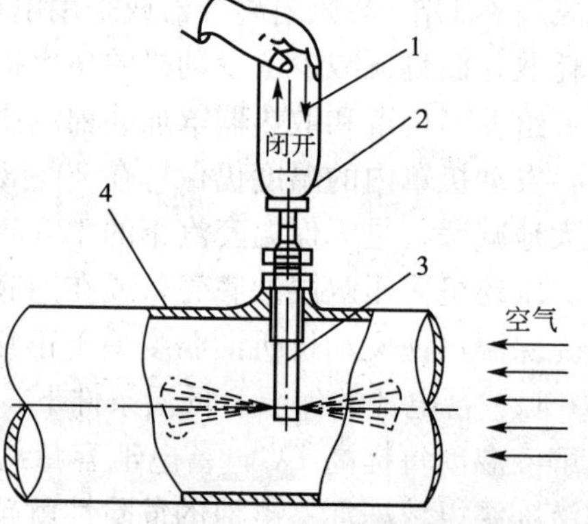

图8.6　起动液喷射装置示意图

1—起动液压力喷射罐；2—单向阀；
3—喷嘴；4—发动机进气管

6. 正确使用防冻液

防冻液就是防冻冷却液。在低温条件下，发动机冷却系统使用防冻液，不但可以防止缸体冻裂，还可以减轻驾驶人的劳动强度。

常用的防冻液有乙二醇-水型、乙醇-水型和丙二醇-水型 3 种。目前，大多数汽车选用乙二醇-水型冷却液，这种冷却液在使用中，如无渗漏，若水蒸发，则只需补充适量的水即可，其使用寿命长。不同类型的防冻液不能混用，所选防冻液的冰点应比当地的最低温度低 10℃左右。

7. 提高驾驶技术

(1) 起步柔和缓慢。在低温条件下，驾驶手动挡车辆时，起步一定要柔和缓慢，做到慢抬离合器踏板轻踩加速踏板，可减少低温动力传动时的运转阻力，减小发动机低温运转的负荷，使汽车低温运转的磨损减轻。对于驾驶自动挡车辆，轻踩加速踏板起步，还有利于防止驱动轮滑转。

(2) 低速预热车辆。在低温条件下，润滑油会因黏度增加而不易流动，冷车起步后应慢慢驾驶预热各系统，使各总成润滑油温度正常，减少摩擦损失功率，其间不可猛踩加速踏板，更不要让发动机转速过高，待汽车逐渐走热后方可进入正常行车速度。这样既安全，又省油，还能延长车辆使用寿命。

(3) 选择合适的挡位。低温驾车要勤换挡，挡位过低、过高都易使车辆失控，在冰雪路面上行驶尤为如此。在湿滑路面上起步及在中低速行驶时，最好选择高一挡的挡位以避免驱动力过大造成打滑。

(4) 保持适当的冷却液温度。在低温条件的行车过程中，要控制好发动机冷却液温度，保证发动机在正常的热状态下工作，提高汽车行驶的经济性和动力性。

(5) 掌握必要的驾驶技巧。

① 轻柔加速，缓慢减速。在有冰雪或湿滑的路面行车，要尽量保持匀速行驶，切忌猛加速、急制动，以免汽车行驶侧滑而失去方向稳定性。

② 选择合适的行驶路线。在冰雪路面上行车尽可能保持直线行走，不要频繁换道。在乡间道路行车时，最好选择沿着车辙行驶，尽量选择在路中间行车。行车转弯要特别注意避开弯道内的积雪和结冰，无法避开时一定要提早减挡减速缓慢通过，车速降下来后，尽量转大弯，不要急转方向，更不要在急弯中制动或挂空挡。

③ 滑路需防滑。冰雪道路上行车时，应采取有效的防滑措施，如安装防滑链，但通过难行路段后应迅速拆除。滑路处严禁使用紧急制动，以免汽车制动侧滑。

④ 发动机少熄火。在低温条件下临时停车，不要将发动机熄火，以避免低温频繁起动，减少发动机的起动磨损。

8.3 汽车在高温条件下的使用

8.3.1 高温条件对汽车使用性能的影响

在炎热的夏季，我国南方高温持续时间较长，最高气温可达 40℃以上。汽车在高温条件下行驶，其散热温差小，散热能力差，使汽车使用性能显著变差，其主要表现如下。

1. 发动机功率下降

汽车在高温条件下行驶时，冷却系统散热效率降低，发动机罩内温度升高，空气密度减小，每循环实际进入气缸内的新鲜充气量减少，发动机的充气系数减小，使发动机功率下降，导致汽车动力性变差。试验表明：当气温从15℃升高到40℃时，发动机功率下降为6%～8%。环境温度越高，发动机功率下降越多。

2. 燃烧不正常

汽车在高温条件下行驶时，进入发动机的混合气温度较高，发动机整个工作循环的温度上升；同时，由于冷却系统散热能力下降，使发动机过热，从而导致发动机气缸壁、燃烧室壁温度升高，此时燃烧室中的积炭等高温沉积物或灼热点，往往形成高温源，易使发动机产生早燃或爆燃。这些不正常的燃烧不仅使发动机的动力性、经济性下降，而且还使发动机零件的热负荷和机械负荷上升，导致零件的热变形甚至裂纹，并加剧磨损。

3. 润滑油易变质

汽车在高温条件下工作时，发动机温度越高，机油越易变质。在高温条件下，发动机过热使机油流动及存储区域的温度升高，如活塞、活塞环及油底壳等的温度过高，机油长期在高温下工作及存储，使机油的抗氧化安定性变坏，加剧了机油的热分解、氧化和聚合过程，引起机油变质。另外，高温不正常燃烧的产物及进气中夹带的灰尘窜入曲轴箱，会污染机油并使其油温升高，加快了机油的氧化变质过程。

在高温条件下，汽车高负荷连续行驶时，变速器、主减速器齿轮油的温度会超过120℃，易引起齿轮油变质。另外，汽车润滑脂在高温下易流失、变质。

4. 机件磨损严重

(1) 发动机磨损严重。汽车在高温条件下工作时，发动机温度越高，发动机磨损越严重。发动机磨损严重的根本原因如下。

① 发动机高温时润滑条件恶化。温度越高，机油黏度越低，油性越差；温度越高，机油越易变质。这些都使发动机运动部件的润滑性能变差，导致摩擦力增加，磨损严重。

② 发动机不正常燃烧时负荷过大。在高温条件下，发动机早燃或爆燃产生的高温高压，使发动机零件的热负荷和机械负荷过大，导致零件磨损严重。试验表明：爆燃可使气缸磨损比正常燃烧时增加两倍多，严重时可使气门、活塞等零件损坏。

③ 发动机燃烧产物的腐蚀。高温时，发动机气缸内燃烧产物中的硫和氮的氧化物、有机酸等腐蚀性物质直接与缸壁起化学作用对缸壁进行腐蚀，这种腐蚀称为化学腐蚀或干腐蚀。其温度越高，干腐蚀越严重。这种腐蚀的长期作用会导致发动机气缸、活塞、活塞环磨损严重。

(2) 传动系统磨损严重。汽车传动系统在高温条件下工作，变速器、主减速器齿轮油的温度过高，黏度减小，其油膜的承载能力下降，导致磨损严重。另外，气温导致轴承工作温度升高，若高于润滑脂的高温界限，则润滑脂会流失而失去润滑作用，加剧磨损，甚至烧坏轴承或零件。

5. 液体管路易产生气阻

气阻是指由于管路中的液体受热后部分蒸发，在管路中形成气泡，阻碍液体流动甚至产生液流中断的现象。汽车上的供油系统和液压制动系统在高温时容易产生气阻。

(1) 供油系统气阻。汽车高温条件下行驶时，发动机罩内温度很高，汽油在油管中受热后，部分汽油蒸发成气体而在管路中形成气泡，阻碍汽油流动；同时由于气体的可压缩性，使存在于汽油泵出油管中的油蒸气随着汽油泵的脉动压力不断地压缩和膨胀，而存在于汽油泵进油管中的气体破坏了汽油泵吸油行程中所形成的真空度，使发动机供油不足甚至中断。

气温越高，发动机罩内温度也就越高，越易产生气阻。特别是高温下汽车满载爬坡或大负荷行驶时，供油系统更容易发生气阻。

(2) 液压制动系统气阻。在液压传动制动系统中，如果使用的制动液高温抗气阻性差，则在气温高时系统内易产生气阻。若液压制动系统存在气阻，则踩制动踏板时，其管路中的制动液蒸气可被压缩，因而制动力会减小，而制动系统工作可靠性会下降。

6. 轮胎易爆

汽车在高温条件下使用时，轮胎散热慢，胎内温度升高而使气压增大；同时，高温使得橡胶老化速度加快，强度降低，因而容易引起轮胎爆破。

8.3.2 汽车在高温条件下的使用措施

1. 加强技术维护

入夏前，为使汽车适应高温的运行条件，应结合汽车定期维护进行一次季节性技术维护，其主要内容如下。

(1) 换用夏季润滑剂和其他工作液。高温将使润滑油早期变质、黏度降低，为保证汽车各总成在高温使用条件下能得到可靠润滑，减少摩擦阻力，减轻零件的磨损，降低汽车的油耗，发动机油、车辆齿轮油应选用夏用黏度级或多黏度级的优质润滑油；润滑脂应选用耐高温的润滑脂，轮毂轴承应换用滴点较高的润滑脂。

高温可使制动液容易汽化，产生气阻，为保证汽车高温行驶时具有良好的制动性能，液压传动制动系统应换用高温抗气阻性好的制动液。通常选用耐高温、沸点高、性能稳定的合成型制动液，如 HZY4 或 HZY5 制动液。

(2) 加强冷却系统的维护。应加强对发动机冷却系统的检查、维护，确保冷却系统具有良好的冷却效果。检查散热器有无破损，检查散热器盖上的通风口和通气孔是否畅通，检查并清除散热器片间嵌入的杂物；检查节温器、水泵工作是否正常；检查电动风扇高低挡转速、开启温度，控制电路是否正常；检查风扇转动是否正常，注意调整风扇传动带的张紧度；检查冷却系统是否密封，冷却液量是否充足；检查冷却液传感器、温度表或报警灯是否正常。若发现问题，应进行维护调整或修理，确保发动机冷却系统工作正常。

水垢对冷却系统散热能力的影响很大，试验表明：水垢的导热率比铸铁小十几倍，比铝合金小 10～30 倍。因此，必要时应清除散热器和缸体、缸盖水套内的水垢，以提高冷却效果。清除水垢时，应根据铝合金气缸盖水套与铸铁气缸盖水套，选配不同的除垢剂。

(3) 加强供给系统和润滑系统的维护。采用电子控制汽油喷射的发动机，可适当调整发动机的匹配参数，用以提高发动机的充气效率，保证混合气的质量和正常燃烧。在高温条件下，空气密度低，可适当减少供油量。

对于在灰尘大的地区使用的车辆，应加强空气滤清器、燃油滤清器和机油滤清器的维护，以确保油路、气路的畅通，使发动机有良好的润滑条件、有合适的混合气浓度，保证发动机在高温条件下正常工作。

(4) 加强电源及点火系统的维护。夏季高温时，蓄电池电解液蒸发快，对于可维护的蓄电池，应检查调整蓄电池电解液密度，其密度应比冬季使用时小，及时加注蒸馏水，保持电解液正常的液面高度和通气孔畅通。高温时，蓄电池易出现过充电，应适当调整发电机调节器，减小发电机充电电流，以防极板损坏，提高蓄电池的使用寿命。

高温时，混合气燃烧速率大，应适当减小点火提前角。

2. 防止爆燃

汽车在高温条件下工作时，发动机易发生爆燃，而爆燃会使发动机磨损加剧或使有关机件损坏，因此应防止爆燃。对于电喷发动机来说，使用中防止爆燃的可供选择的主要措施如下。

(1) 选用高牌号汽油，高牌号汽油抗爆性好。

(2) 保持发动机处于正常工作温度。加强冷却系统的维护，提高冷却能力，保证发动机在冷却液温度为80～95℃处工作，温度过高容易爆燃。

(3) 避免汽车长时间超载、大负荷工作。

(4) 加强空气滤清器、汽油滤清器的维护，确保可燃混合气浓度正常。

(5) 必要时清除发动机燃烧室、活塞顶部、气门等部位的积炭，提高散热性，消除炽热点。

(6) 正确维护爆燃传感器，使爆燃传感器正常工作，从而保证ECU能及时地控制和调整点火提前角，防止爆燃。

(7) 改进进气方式，降低进气温度，可有效地防止爆燃。常用方法是将内吸式空气滤清器改成前吸式空气滤清器，使进气不受发动机热辐射的影响，其进气温度大为降低。

3. 防止气阻

防止气阻的方法是在原车基础上改善或减少供油系统受热，其主要可供选择的措施如下。

(1) 加强发动机的散热和通风，保持发动机处于正常工作温度，同时应及时清洗汽油滤清器，保证油路畅通，避免供油系统产生气阻。

(2) 采用结构和性能良好的汽油泵，以提高抗气阻的能力。

(3) 改变汽油泵的安装位置，或在气缸体与汽油泵之间加装石棉板垫片，以减少发动机传给汽油泵的热量，防止气阻。

(4) 装用电动汽油泵。因它不需要发动机驱动，所以可安装在不易受热的位置上，能降低汽油泵温度，可有效防止气阻。现代电喷汽车采用电动汽油泵，多安装在燃油箱内。

当汽车在高温条件下工作产生气阻时，可将汽车开到阴凉处或用湿布冷敷汽油泵，来降温消除气阻。

4. 防止爆胎

防止爆胎的方法主要是降低轮胎温度并保持适当的轮胎气压。使用中防止爆胎的措施如下。

(1) 保持规定的轮胎气压。轮胎气压过高或过低均会降低轮胎的使用寿命。轮胎气压越高，越易爆胎。

(2) 限制车速。车速过高时，轮胎的弹性迟滞损失加大，轮胎温度增加，易引起爆胎。因此，长距离行车时，车速不宜过高，更不能超过轮胎的规定车速。

(3) 严禁超载。高温条件下，轮胎胎体强度下降，如果超载行驶，容易产生胎面脱胶和胎体爆破。因此，高温条件使用时应严禁汽车超载。

(4) 勤查胎温。在行车中应经常检查轮胎温度，如发现轮胎温度过高(胎面部分烫手)，既不能放气，也不能泼冷水，而应降低行车速度或在阴凉地点停歇使胎温降下来。

(5) 轮胎定期换位。车上各轮胎的负荷、工作状况、散热条件时有差异，若各轮胎长期这样工作，则各轮胎会磨损不均，会造成个别轮胎早爆。因此，应加强轮胎的定期换位工作，防止轮胎早爆，保证各轮胎的使用寿命接近。

8.4 汽车在高原和山区条件下的使用

8.4.1 高原和山区条件对汽车使用性能的影响

汽车在高原山区条件下行驶，由于高原地区海拔高、气压低、空气稀薄，而山区路况复杂，坡路较多，使汽车使用性能显著变差，主要表现如下。

1. 发动机动力性下降

随着海拔高度的升高，发动机动力性会下降。图8.7为某汽油车发动机功率、转矩与海拔高度的关系。试验表明：海拔高度每升高1000m，发动机功率和转矩分别下降12%和11%左右。高原地区发动机动力性下降的主要原因如下。

(1) 充气量下降。随着海拔升高，气压降低，空气密度减小。海拔高度每增加1000m，大气压力下降约11.5%，空气密度约减少9%(表8-1)。这样，发动机在高原地区工作时，因气压降低，外界与气缸内的压差减小，又因空气密度减小，致使发动机的充气量下降，因此平均指示压力减小。对于四冲程发动机而言，平均指示压力与发动机功率成正比。这说明，对于一定型号的发动机而言，在转速不变的情况下，发动机功率或转矩会随着海拔高度升高而减小，发动机动力性下降。

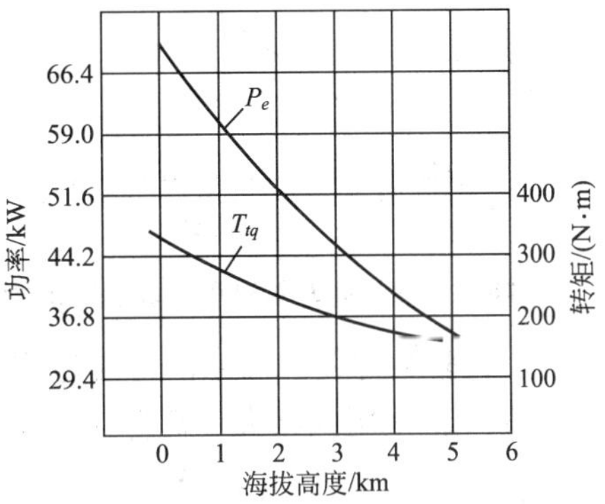

图8.7 发动机功率、转矩与海拔高度的关系

表 8-1 海拔高度与大气压力、密度、温度及发动机功率的关系

海拔高度/m	大气压力/kPa	气压比例	空气温度/℃	空气密度/(kg/m³)	相对密度
0	101.3	1	15	1.2255	1
1000	89.9	0.887	8.5	1.1120	0.9074
2000	79.5	0.7845	2	1.006	0.8215
3000	70.1	0.6918	−4.5	0.9094	0.7421
4000	61.3	0.6045	−11	0.8193	0.6685
5000	54.0	0.533	−17.5	0.7363	0.6008

(2) 进气压力、温度低。海拔高度升高时，由于进气压力、进气温度降低(表 8-1)，使得压缩终了的压力和温度降低，导致混合气燃烧速度减慢，发动机指示效率下降，致使平均指示压力减小。因此，发动机功率或转矩也会随着海拔高度的升高而减小，发动机动力性下降。

2. 燃油经济性变差

发动机正常工作状况的喷油量和混合气浓度的设定一般是按海拔 1000m 以下的条件设计的，高原山区行驶的汽车，若未经修正，则汽车燃油经济性就会变差。且海拔高度越高，汽车行驶的油耗增加率越多，如图 8.8 所示。高原山区汽车燃油经济性变差的主要原因如下。

(1) 混合气过浓。高原地区空气稀薄，空气密度变小，发动机循环充气量明显下降。随着海拔高度增加，空燃比变小，混合气变浓(图 8.9)，如不进行修正，就会使发动机油耗增加。电子控制燃油喷射发动机的 ECU 可对空气状况进行修正，改善燃油经济性。

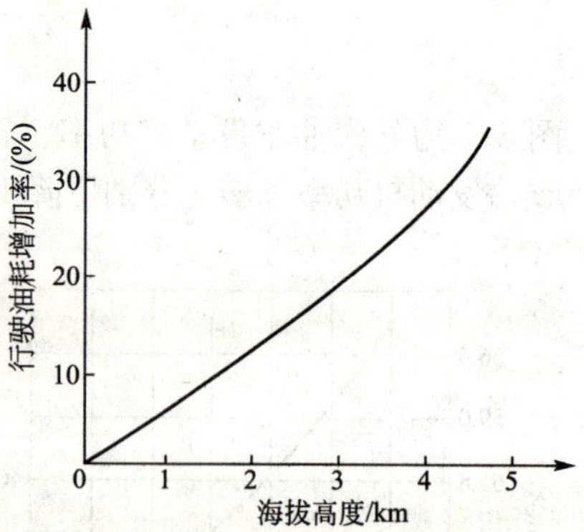

图 8.8 海拔高度对汽车行驶油耗的影响

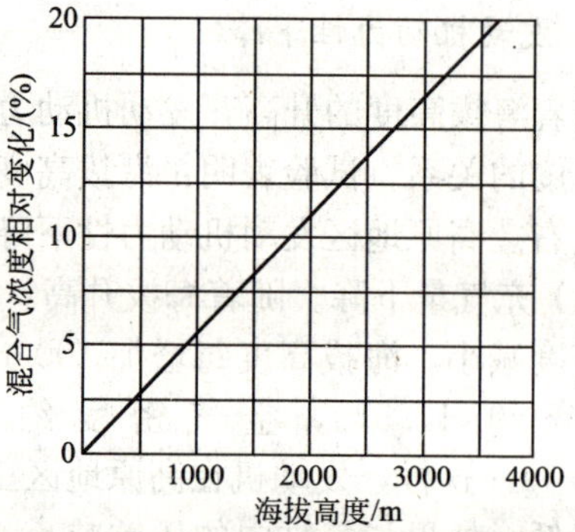

图 8.9 海拔高度对混合气浓度的影响

(2) 行驶条件差。高原山区坡道多，道路复杂，行驶阻力大，而发动机动力性又差，因而汽车经常采用低挡大负荷低速行驶，使得汽车油耗增大。

3. CO、HC 排放量增加

高原山区行驶的汽车，若未经修正，汽车主要排气污染物 CO、HC 的排放量会增加，

且海拔高度越高，则 CO、HC 的排放量就越大，而 NO_x 的排放量就越小(图 8.10)。这主要是因为海拔高度增加时，发动机充气量下降，可燃混合气变浓，空燃比变小，不完全燃烧现象较为严重所致。

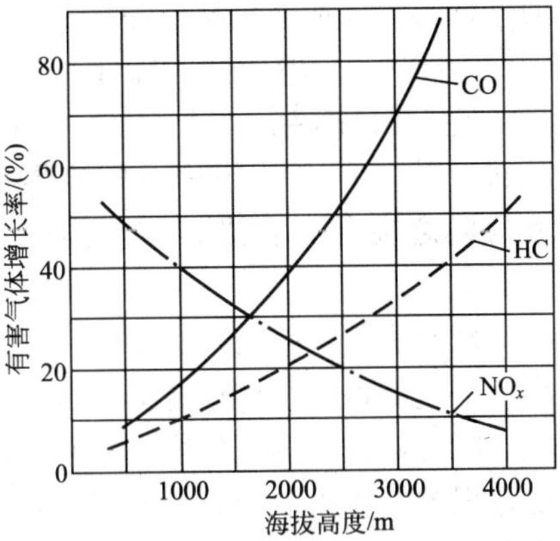

图 8.10 海拔高度对排放污染物浓度的影响

4. 机油易变质

在高原山区条件行车时，由于发动机功率下降，道路状况复杂，行驶阻力大，因此发动机满负荷工作的时间比例增大，使发动机过热，导致其机油温度过高，促使机油氧化变质；此外，过浓的混合气不能完全燃烧，窜入曲轴箱后，会稀释发动机机油而加快发动机油变质，使发动机润滑不良，磨损加剧。

5. 机件易损坏

汽车在高原山区行驶，弯多、坡陡，道路条件差，振动冲击大，制动强度大，且汽车经常在大负荷条件下工作，变工况行驶，润滑条件恶化，易加剧汽车机件的损坏。

6. 制动性变差

汽车在高原、山区行驶时，制动器使用频繁。下长坡时，常需进行长时间连续制动，使制动器工作温度明显上升，常达到 300℃以上，有时甚至高达 600～700℃。由于高温时制动器的摩擦系数显著下降，因此汽车制动力明显减少，制动效能变差。另外，山区道路弯多，汽车在转弯行驶制动时，容易出现后轴侧滑、前轮失去转向能力的现象。

液压制动系统的汽车在高原、山区使用时，制动系统的工作温度升高还会使制动液在制动管路中蒸发而产生气阻，导致制动性能下降或制动失效。

气压制动系统的汽车在高原、山区使用时，因制动频繁，需要更多的压缩空气。然而，由于高原、山区空气稀薄，空气压缩机的效率降低，泵气量减少，也使得制动效能受到很大影响。

8.4.2 汽车在高原和山区条件下的使用措施

在高原和山区条件下使用的汽车，最大的问题是发动机性能变差和汽车行驶安全性不良。因此，应采取一系列技术措施来改善发动机性能，改善安全行车性能。

1. 改善发动机性能的措施

(1) 提高压缩比。由于高原地区空气稀薄，发动机实际充气量减小，压缩行程终了时气缸内的压力和温度均下降，汽油机爆燃倾向小，因此在高原和山区使用的汽车可适当提高发动机压缩比。

适当提高发动机压缩比不仅可以提高压缩终了时的温度与压力，增大膨胀比，加快燃烧速率，改善燃烧过程，减少热损失，而且还可采用较稀的混合气，提高发动机的动力性和经济性。因此，可针对高原地区设计高压缩比的发动机。

维修时，可采用高压缩比的气缸盖提高压缩比。高压缩比气缸盖可以是专门设计的，也可以在原气缸盖上进行加工，用缩小燃烧室容积的方法使压缩比有所提高。还可以采用较薄气缸垫，来适当提高压缩比。

(2) 合理选择配气相位。配气相位合适可以提高发动机的充气系数，改善发动机的动力性和经济性。配气相位的确定，应与发动机的实际转速范围相适应。转速不同，进、排气门开、闭角对气流惯性的影响也不同，因而进、排气门开闭的最有利的角度应随之变化。在进、排气门开、闭的4个时期中，进气迟闭角和排气提前角的影响最大。

合理的进气迟闭角可利用气流惯性提高充气量，在一定的气流惯性下，对应一个最佳迟闭角。进气迟闭角减小能提高低转速下的充气系数，改善发动机低速范围的动力性和经济性。反之，进气迟闭角增大，对经常处于高速运转的发动机有利。排气提前角主要影响做功行程中的膨胀功损失和排气行程中的排气功损失，最佳的排气提前角应使这两种损失功之和为最小。最佳排气提前角随着发动机转速的下降而减小。

高原和山区使用的车辆，车速较低，发动机转速范围相应较低。因此，应缩短气门的开启期，使配气相位变窄，使进气迟闭角和排气提前角都减小，从而提高汽车低速时的动力性。

高原和山区使用的车辆最好选用可变配气相位的发动机。这种发动机的配气相位角能根据发动机的运行状况而改变，能充分利用气流的惯性，提高充气效率，改善发动机在所有转速范围内的动力性、经济性，并降低排放污染。随着可变配气相位技术的快速发展，许多轿车发动机已经采用了可变配气系统。

(3) 改进燃油供给系统。海拔高度增大后，充气量减小，应据此对燃油供给系统进行改进。采用电喷燃油控制系统，按海拔高度、转速、负荷等参数自动调整燃油和空气供给量，保证混合气浓度满足行驶条件的要求，提高发动机动力性和经济性。

对于在高海拔地区使用的柴油发动机，应重新调整油泵的供油特性。随海拔高度调整最大供油量，海拔高度越高，最大供油量越小。另外，由于高海拔地区柴油喷入气缸后的着火滞后期延长，燃烧速率减慢。因此，柴油机的喷油提前角应比平原地区略为提前：海拔高度在2000～3000m时，提前1°～2°；海拔高度在3000m以上时，提前2°～4°。

(4) 改进点火系统。海拔高度增大后，发动机压缩终了的压力、温度降低，火焰的传播速度减慢，发动机热效率下降，致使动力性和经济性变差。为了改善发动机性能，应将点火提前角比平原地区提前2°～3°。高原地区进气压力、温度低，爆燃倾向小，为点火提前角的增加提供了可能。

现代汽车普遍采用微机控制的点火系统，它能根据发动机的运行工况(转速、负荷)及其爆燃倾向自动调整最佳点火提前角，来满足发动机动力性和经济性的需求。因此，高原地区的汽车最好采用微机控制点火系统。

适当调大火花塞电极间隙，以增强火花强度，提高点火系统的点火能量，可加快混合气的燃烧速度，促进充分燃烧，减少积炭生成。通常，车况好的火花塞电极间隙可比规定值增加0.25mm左右，车况较差的只增加0.15mm左右。

(5) 采用进气增压装置。在进气系统中安装增压器，能增加发动机充气量，提高压缩行程终了的压力和温度，改善发动机的动力性和经济性。常采用的进气增压装置为废气涡轮增压器，增压器涡轮由发动机排出废气的能量驱动，涡轮带动与之同轴的叶轮旋转，压缩来自空气滤清器的空气使压力提高后进入气缸。发动机加快运转时，废气流速与涡轮转速同步加快，驱动叶轮使压缩后进入气缸的空气量增多，空气压力和密度因此增大。

采用进气增压装置是高原山区车辆改善发动机性能的最有效方法，目前在柴油机上得到了广泛应用。

(6) 采用含氧燃料。含氧燃料是指掺有酒精、丙酮及其他含氧化合物的燃料。由于掺入的燃料分子中都含有氧，因此在燃烧过程中，理论上必要的空气量减小，相对的氧气量增加，能补偿高原和山区因气压低而产生的充气量不足问题。

(7) 改善润滑条件。在高原地区行驶的车辆，发动机应选用优质机油。机油应有良好的黏温特性，以保证发动机在低温时具有良好的起动性能，在高温时具有良好的润滑能力。应保持良好的曲轴箱通风，以减少燃烧室的高温废气对机油的污染。应采用机油散热器散热，以降低机油的温度，防止机油高温氧化变质。

2. 改善安全行车性能的措施

在高原山区使用的汽车，由于地形复杂，常会遇到上坡、下坡、窄路和弯多等问题，因此采取相应技术措施改善其行车安全性能非常重要。除在高原汽车上使用 ABS、ASR、ESP 等来改善制动、驱动、行驶的安全性外，还可采取如下措施。

(1) 采用耐高温制动摩擦片。在高原山区使用的汽车，制动频繁，容易产生热衰退现象，使制动效能显著下降。高原山区的汽车，采用耐高温的制动摩擦片，可以提高制动器的抗热衰退性，改善行车安全性。

耐高温摩擦片采用环氧树脂、三聚氰胺树脂等改进的酚醛树脂作为黏合剂或采用无机黏合剂，把石棉摩擦材料黏结、固化成形而制成。石棉摩擦材料中常加有金属添加剂，摩擦片温度高达 400℃以上时，尚可产生足够的制动力矩，可适应高原山区条件下行车制动的需要。

(2) 利用发动机制动。汽车下长坡时，需要持续不断地制动以控制汽车的行驶车速。此时，利用发动机制动可减轻车轮制动器的工作强度，降低制动器的温度升高幅度。在利用发动机制动时，变速器挡位越低，同样车速下发动机转速越高，产生的制动力矩越大。一般下长坡采用发动机制动时，把变速器挂入上该坡时所用的挡位较合适。但在紧急制动时，不要采用发动机制动，以免制动效果变差。

(3) 采用辅助制动器制动。采用辅助制动器制动可以减轻主制动器的负担，降低主制动器的温度，保证主制动器的制动效能，能适应高原和山区下长坡制动的场合。辅助制动器有电涡流、液体涡流和发动机排气制动等几种。前两种辅助制动器由于体积较大、结构复杂，多用于山区或矿山用的重型汽车。而发动机排气制动器是一种简便而有效的辅助制动装置，该装置实际上是在发动机制动的基础上，再在发动机排气管上装一个片状阀门构成，在使用发动机制动的同时，将阀门关闭，以增大发动机的排气阻力。排气制动器是对驱动轴车轮制动，其制动效能好，制动功率可达发动机有效功率的 80%～90%，同时它可保证驱动轴两侧车轮制动均匀，制动方向稳定性好。对于高原山区使用的汽车，采用排气制动器制动效果较好。

(4) 制动鼓淋水降温。在高原山区使用的汽车，应安装制动鼓淋水降温装置。它主要由储水器、储水器开关、淋水头等组成。为防止制动器过热，在汽车下长坡前，可开始对制动鼓外表面淋水冷却降温；也可以在制动过程中，不断地对制动鼓淋水降温，以防止制动器温度过高而使摩擦片烧蚀。采用制动鼓淋水降温的方法虽然很好，但缺水地区或水用完后则无法使用。

(5) 防止制动系统气阻。液压制动系统汽车，在高原山区使行车时，由于环境气压低，制动频繁，制动管路易发生气阻现象，导致制动失灵，给行车安全带来极大威胁。因此，应防止制动系统气阻。

防止制动系统气阻的最有效方法是采用不易挥发的合成型制动液。合成型制动液具有制动压力传递快、制动效果好、性能稳定、沸点较高、不易挥发变稠和吸湿性小等优点，在高原和山区的汽车上使用能会发挥其重要作用。

(6) 防止轮胎爆裂。高原山区的道路等级低，制动、转向、换挡次数明显增加，轮胎磨损较快；海拔高度升高时，轮胎气压也会升高；轮胎传递驱动力较大或速度过高时，轮胎表面温度较高，橡胶强度变差。这些，为行车时轮胎爆裂而引发事故留下了隐患。因此，应防止轮胎爆裂，要注意保持轮胎压力不超过规定值，同时注意轮胎的工作温度不能过高，必要时应更换轮胎。

(7) 加强安全维护。汽车在高原和山区条件下使用时，道路复杂，制动系统、转向系统等工作频繁，应加强对制动系统和转向系统等的安全维护。对制动系统应注意：检查、调整车轮制动器摩擦片与制动鼓(或制动盘)的间隙；检测汽车制动力、左右车轮制动力差值等。对转向系统应注意：检查、调整纵横拉杆的连接情况、松紧程度；检查转向盘的自由转动量，若超过规定值，则应找到造成间隙过大部位，进行调整。通过检查、维护和调整，要确保制动系统和转向系统等重要的安全机构万无一失。另外，还应检查照明系统，确保其具有良好的技术状况，以使夜间行车安全。

(8) 提高驾驶技术。出车前，汽车技术状况应良好，驾驶人应有充沛的精力，要了解和掌握高原山区地形复杂、路窄、弯多，需经常上坡、下坡、转弯的特点，能根据实际情况采取相应的驾驶技术操纵汽车，确保行车安全。

① 上坡应选择合适挡位。上坡前，根据坡道的长短、坡度的大小，选择合适的挡位，提前换挡，使汽车具有足够的爬坡能力。上坡中，若车速下降，发动机声音变得沉闷，说明发动机乏力，应迅速换入低一级挡位，以免发动机负荷过大而出现过热现象。

② 下坡应正确使用制动。下坡时禁止发动机熄火空挡滑行。汽车下长坡时，需要持续不断地制动以控制汽车的行驶车速。如果长期使用主制动器，则制动器温度会过高而影响汽车的制动效能。可视情况采用发动机制动，或采用辅助制动器制动。若制动器温度仍然过高，则应对制动鼓淋水降温或停车降温。

③ 行车应选择适当车速。在高原和山区使用的汽车，应适当降低车速，采用中速行车，这样有利于制动，可减少使用制动的次数，从而减少制动器的发热和失效，保证行车安全。转弯更应降低车速，以防止汽车在离心力作用下产生危险的侧滑。

④ 滑溜路面应谨慎驾驶。在高原和山区的雨、雪、冰等滑溜路面行车时，严禁紧急制动，以防制动时车轮突然抱死导致前轮失去转向能力、后轮出现严重侧滑。在滑溜路面驱动行驶时，不应急踩加速踏板，以防驱动轮滑转导致严重侧滑。

8.5 汽车在坏路和无路条件下的使用

坏路是指泥泞土路、冰雪道路和覆盖砂土的道路等；无路是指松软土路、耕地、草地和沼泽地等。

8.5.1 汽车在坏路和无路条件下的使用特点

1. 车轮滚动阻力大

汽车在松软土路上行驶时，支承路面出现残余变形，形成车辙，车轮滚动阻力大。汽车在砂土路面行驶时，路面表面松散，受压后变形大，车轮滚动阻力大。

汽车在松软土路、砂路的滚动阻力系数与土壤强度、轮胎花纹和气压、汽车驱动轴上的负荷及行驶速度有关。通常其车轮的滚动阻力系数可达0.15～0.30或更大。

2. 路面附着系数小

在坏路和无路条件下行驶的驱动轮附着程度，主要取决于轮胎与路面变形后在接触处的抓地能力。与好路相比，汽车在坏路和无路条件下行驶，其路面附着系数小。

汽车在干燥平坦土路上行驶，其附着系数为0.5～0.6；在不平整的低级道路上，由于轮胎与路面的接触面积减少，附着系数下降；在潮湿或泥泞土路行驶时，其花纹表面坑洼被泥浆填满，阻碍了轮胎与路面间的接触，使附着系数降低到0.3～0.4或更低；汽车在干砂路和流沙地行驶容易使汽车打滑，附着系数较小；汽车在积雪路面行驶，其附着系数取决于雪层的密度，附着系数为0.1～0.3，雪层越密实，附着系数越大；汽车在结冰路面行驶，附着系数最小，约为0.1。

3. 汽车通过性差

汽车在坏路和无路条件下行驶，汽车的驱动与附着条件往往难以满足，汽车的通过性差。汽车在坏路和无路条件下行驶时，一方面路面附着系数小，汽车驱动轮的附着力小，因而汽车能获得的最大驱动力小；但另一方面车轮的滚动阻力大，道路阻力大，又要求驱动轮提供很大的驱动力，这就是矛盾。有时汽车在坏路和无路条件下抛锚就是这个原因。另外，在坏路和无路条件下有突出障碍物也会影响汽车的通过性。

4. 燃油消耗量大

汽车在无路或坏路条件下行驶时，道路阻力大，驱动轮经常滑转，消耗的功率大，因而燃油经济性差。另外，汽车通过性差，汽车只能经常在低挡位低速行车，也使得发动机的耗油量加大。通常，汽车在无路或坏路条件下行驶的燃油消耗比正常使用条件下约高35%。

8.5.2 汽车在坏路和无路条件下的使用措施

汽车在坏路和无路条件下使用时，主要是改善驱动轮与路面之间的附着系数，并减小滚动阻力，以提高汽车的通过性与行驶安全性。

1. 合理使用轮胎

轮胎的花纹、结构种类和气压对汽车的行驶阻力、附着力具有重要的影响。为了提高汽车在坏路和无路条件下的通过性，必须正确合理地选择和使用轮胎。

(1) 轮胎花纹。轮胎花纹可分为普通花纹、越野花纹和混合花纹。普通花纹轮胎适合在硬路面上行驶；混合花纹轮胎适合各种路面，具有良好的自行清洁泥土的能力，不仅适合硬路面，而且在泥土路上也具有较大的附着力；越野花纹轮胎适合在坏路和无路条件下使用，它具有花纹沟槽深、凸出面积小、地面抓着力大、抗扎和耐磨性好。在坏路和无路条件下，采用越野花纹轮胎，其花纹不易被泥土和石块填塞，轮胎与路面间的附着系数大，可以提高车辆的通过性。

(2) 轮胎结构。采用外径与普通轮胎大致相同而断面宽的特种轮胎，如拱形轮胎和宽断面轮胎。由于轮胎宽度显著增大、气压较低，因此接触面积大，压强小，形成的车辙浅，在松软路面上有很高的抓地能力，同时滚动阻力小，可以大大提高汽车在松软路面行驶的通过性。

(3) 轮胎气压。轮胎气压降低，轮胎与路面的接触面积大，单位压力减小，可增大轮胎附着能力。同时，单位压力下降后，在松软土路上行驶的滚动阻力也减小。但轮胎气压降低后，轮胎变形加大，使用寿命降低。

在坏路和无路条件下行驶时，应采用低压或超低压轮胎。它既可改善附着条件，又可减少滚动阻力。为了兼顾好坏路面行驶，并延长轮胎使用寿命，汽车最好装用调压轮胎。这样驾驶人可根据路面状况调节轮胎气压，使之在松软路面上行驶时低气压，附着能力大，滚动阻力小；同时，在好路上行驶时高气压，滚动阻力不致过大。

在使用中，要注意轮胎的磨损情况，轮胎花纹的剩余深度不应低于轮胎胎侧的磨损限度标志。磨损大的轮胎附着力小而且容易爆胎，不适合在坏路上使用。

2. 正确使用防滑链

在汽车驱动轮上装防滑链，是提高车轮与路面附着系数的有效措施。防滑链的形式主要取决于路面状况和汽车行驶系统的结构，防滑链有普通防滑链和履带式防滑链。

普通防滑链是带齿的(圆形、V形或刀形)链条，用专门的锁环装在轮胎上，在冰雪路面和松软层较薄的土路上有良好通过性，而在松软层厚的土路上效果明显下降。

履带链适用于松软层很厚的土路，它能保证汽车在坏路上，甚至驱动轮陷入土壤或雪内仍可以通过，菱形履带链还具有防侧滑的能力。

防滑链的缺点是链条较重，拆装不方便，更重要的是装上防滑链后，汽车的动力性和经济性均下降，在硬路面上行驶冲击大，使轮胎和驱动桥磨损严重。因此，仅在克服困难路段时才装用。

3. 提高驾驶技术

(1) 选好线路。在恶劣的道路上行驶时，驾驶人要选择好线路，尽可能避开泥泞和坡度较大的路面。

(2) 平稳起步。汽车在砂地、泥泞土路和雪地等松软路面起步时，轻踏加速踏板，空车用中速挡起步，重车挂低速挡起步，保持驱动力逐渐增大并小于附着力，避免驱动轮打滑，实现平稳起步。

(3) 低速行车。汽车通过砂地、泥泞土路和雪地等松软路面时，应降低车速(低速挡)，减少车轮对土壤的剪切和车轮的陷入程度，提高附着力，以保证有较大的驱动力；尽量避免换挡和加速，以免破坏附着条件和增加行驶阻力；尽量保持直线行驶，因为转弯会使前后轮辙不重合而增加滚动阻力；行车间隔要大，防止路滑追尾。

(4) 防止侧滑。松软道路附着系数很低，汽车容易侧滑，因此驾驶时，制动、加速、转弯都要特别小心。在泥泞土路和雪地行驶，尽量少用紧急制动，加速要缓慢，转向也不能过急，以免发生侧滑。尤其是坡道或急弯行驶更要注意。若一旦出现侧滑甩尾，首先要抬起加速踏板，降低车速，并立即向车轮侧滑方向转向，以减轻或消除侧滑。

4. 陷车救援

在恶劣的道路上发生陷车时，可根据具体情况采用自救或他救的方法。他救就是用其他车辆、拖拉机等拖出已陷入的汽车。无法他救时，可采用自救措施。

常用的自救方法是去掉松软泥土或雪层，在预驶出的路面上垫碎石、石块或木板等，然后将汽车驶出陷坑。如果驱动轮滑转，也可以将绳索绑在树干(或木桩)和驱动轮的绞鼓上，利用绞鼓转动绳索使汽车驶出陷坑(图 8.11)。

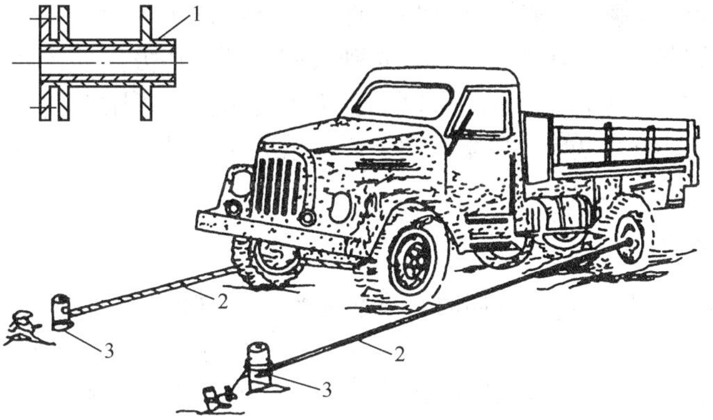

图 8.11 汽车的自救

1—绞鼓；2—绳；3—木桩

8.6 汽车在应急情况下的使用

汽车在行驶过程中，难免会遇到一些特殊的紧急情况。万一遇到紧急危险，应根据现场的实际情况，采用正确的应急处理方法，避免汽车恶性事故发生，保证行车安全。

1. 汽车制动失效

(1) 应急现象。汽车在行驶中，当一次或连续几次踩制动踏板时，制动踏板均被踏到底，但没有制动迹象，或气压制动时一脚踩下去无制动效果，汽车不能迅速减速和停车。

(2) 应急处理。汽车在高速公路上行驶，如果制动失效，则应马上向紧急停车道变道，车辆进入紧急停车道后，可以将变速器逐一挂入低挡行驶，然后将发动机熄火，这样可利用发动机的制动作用使车速快速下降，当车速低于 30km/h 后再用驻车制动将汽车停住。如果是手自一体变速器的汽车，则应稳住转向盘，再慢慢收油，并将自动变速器操纵杆置于手动位，使其换至最低挡，让汽车慢慢地自行降速，最后用驻车制动将汽车停住。

汽车在普通的平坦道路上行驶，如果制动失效，则驾驶人应把稳转向盘，保持对车辆行走方向的控制，以便躲避碰撞，并迅速将变速器挡位换入一挡，依靠发动机的阻力作用降低车速，然后再拉紧驻车制动，且不断地用喇叭、灯光警示，使汽车急速停靠公路旁。

汽车在下坡过程中，如果制动失效，首先抢挂低挡利用发动机制动和驻车制动控制车速，若仍无法控制车速，汽车面临下滑、翻车或碰撞危险时，驾驶人应果断地利用道路上的路坎、行道树、栏栅、挡护板、草堆、土堆等天然障碍物，给汽车造成阻力，以消耗汽车的惯性力，迫使汽车减速停车。在山区情况紧急时，可将汽车靠向山边一侧，利用车厢侧面与山崖的擦碰，强制汽车减速停车，避免恶性事故发生。但要注意：不减速直接向周围障碍物冲去是极其危险的，因为高速剧烈的乱撞会直接损坏车辆并容易引起强烈反弹使乘员受到严重伤害；不要将建筑物、其他车辆作为碰停的目标，以免造成更大的事故；选择应急擦滞停车时，应避开油箱或加油口一侧，以免引起火灾。

在进入弯道或转弯之前制动失效时，驾驶人应先控制住方向并快速地抢入低挡，利用发动机制动，可视情况决定是否利用手制动。进入弯道前，可配合使用手制动将车速降下来；进入弯道后，如果是急转弯行车，则不要拉紧驻车制动，否则会造成车辆甩尾，从而导致更大的车祸。

2. 汽车转向失灵

(1) 应急现象。驾驶车辆打方向时，突然感到转动转向盘的感觉变空、变轻，无法控制转向轮的行驶方向。

(2) 应急处理。汽车在行驶中转向突然失灵，应立即踏下制动踏板，控制车速，尽可能安全平稳地将车辆停靠路边。注意：高速制动太急时，容易导致汽车侧滑甚至翻车。如果情况尚可，应采取缓踩制动踏板的方法使车辆慢慢停住。当车辆转向失灵，行驶方向偏离，事故已经无可避免时，应紧急制动，尽快减速，极力缩短停车距离，减轻撞车力度。

如果车辆在险恶的弯道行驶时发生转向失灵，车辆往往会冲出路面导致撞车或翻车。此时，驾驶人应一边紧急制动，一边紧紧抓住转向盘，同时让身体后仰，紧贴着背垫，随着车体翻滚，一定要避免身体在车舱里滚动，以免撞伤。如果车辆从高空下坠，则应在下坠过程中，看清下坠方向的地理情况，以便落地后采取适当的脱离措施。当看到汽车即将坠到地面时，应缩头弓背，双手抓紧车上固定物体，做好受冲击准备。若来得及调整身体姿势，可让腿部朝着坠地方向，保护头部，避免受致命创伤。

汽车转向失灵是很危险的，但在一定程度上它是可预防的。在转向失灵前一般会有前兆，如方向摇摆、跑偏、异常响声、转向盘的自由行程突然增大、转动方向沉重等。遇到这些情况应停车检修。另外，驾驶人在出车前要检查转向操纵机构是否正常，在驾驶中应尽量避免打死方向。

3. 汽车行驶爆胎

(1) 应急现象。汽车在行驶中，轮胎突然爆破，车辆向发生爆胎的一侧跑偏、转向。

(2) 应急处理。汽车在行驶中爆胎，驾驶人要松开加速踏板，紧握转向盘，控制车辆直线行驶，并轻踩制动踏板或利用车辆的自然阻力使车辆靠边停下。注意：不要采取紧急制动，否则会导致车辆加剧跑偏、自行转向，尤其是在弯道上爆胎更是如此。

如果是前轮爆胎，则危险较大，因为这样会大大地影响驾驶人对转向盘的控制。此时，驾驶人应尽可能地轻踩制动踏板，避免爆破胎轮产生更大的制动力而脱离轮辋，使车头部分承受太大的应力，同时驾驶人应双手紧握转向盘，在汽车大幅度偏左或偏右时，立即进行矫正。

如果是后轮爆胎，汽车的尾部就会摇摆不定，颠簸不已。此时，驾驶人应双手紧握转向盘，保持汽车直线行驶。同时，轻踩制动踏板，不仅可降低车速，而且还可使汽车的重心前移，使完好的前轮胎受力，减轻爆破的后轮胎所承受的负荷。

汽车行驶爆胎容易引发恶性事故，驾驶人应预防爆胎。通常，轮胎爆胎的原因很多，如气压不足易使轮胎侧壁弯曲折断而发生爆胎；气压过高或者汽车超载，轮胎有缺陷或老化容易导致爆胎；在天气炎热的夏天或长时间高速行驶产生驻波现象，使轮胎温度过高而导致爆胎；锐利的石头和其他物品刺破轮胎可引发爆胎。因此，驾驶人应定期检查轮胎，常测胎压，保持轮胎气压在标准范围内；及时清理轮胎沟槽的异物；更换有裂纹或有损伤的轮胎；严禁超载；杜绝超速行驶。

4. 汽车行驶侧滑

(1) 应急现象。汽车在行驶中，车轮突然出现侧向滑移，方向难以控制。

(2) 应急处理。高速行驶的汽车以出现甩尾或后轴侧滑居多。汽车侧滑后，应根据产生侧滑的原因采取相应的措施。如果是制动造成的侧滑，应立即停止制动，同时把转向盘转向后轮侧滑的一侧，打方向时不能过急，否则汽车可能向相反的方向滑动；如果是加速造成的侧滑，应立即减速，使驱动力变小以消除驱动轮滑转引起的侧滑，同时用转向盘控制方向消除侧滑对方向的影响；如果是转弯时离心力过大造成的侧滑，则应迅速减速，并打转向配合；如果是路滑造成的侧滑，则应降低车速，同时用转向盘修正方向。

侧滑往往是严重车祸的前奏。为了防止侧滑，车速必须放慢，根据路面的条件不能超过规定的行车速度。在溜滑路面行驶时每次起动、停车、转弯都必须缓慢，以避免侧滑。在溜滑路面或转弯行车时，或侧滑发生后，应尽量避免紧急制动，必要时可采用点制动或发动机制动。

5. 汽车行驶突然熄火

(1) 应急现象。汽车在运行中，因驾驶人操作失误或车辆技术故障等原因，导致发动机突然熄火而又无法发动，使汽车不能继续行驶。

(2) 应急处理。

① 汽车在铁路道口铁轨上突然熄火。此时应立即设法使汽车迅速离开轨道，以免火车与汽车相撞。可采取以下几种紧急措施。

a. 起动机驱车离轨。将变速器迅速挂入一挡，并松开离合器踏板，起动发动机，利用起动机驱动车辆离开铁路轨道。

b. 人力推车离轨。如起动机驱车不动，可将变速器迅速挂入空挡，驾驶人可下车推车离轨。如推不动，赶紧呼唤求救，请人协助将车推离铁路道口。

c. 他车拖车离轨。将变速器挂入空挡，请求车前或车后汽车，把车拖出铁路道口。

用上述方法仍不能使汽车迅速脱离险区时，应设法以最明显的标志或电信手段通知火车，以便火车提前制动停车，避免险情发生。

② 汽车在高速公路上突然熄火。此时应利用汽车的行驶惯性驶离主车道，将车停到紧急停车带或路边，并在车后设立警告标志，夜间应同时开启示宽灯。

在多车道高速公路的内侧车道上突然熄火时，如果外侧车道后面没有来车，可打开右转向灯，利用汽车的惯性驶离内侧车道，经外侧车道将车停在路肩上。若外侧车道后面有其他车辆，在打开右转向灯的同时，应反复轻踏制动踏板，使制动灯产生信号尽早通知本车道内的后车，使其减速，防止后车追尾。

③ 汽车在一般道路上突然熄火。此时若周围环境允许，应利用惯性将汽车停到路边；若周围环境不允许或汽车突然不动而停在道路中间，应设法将车推至路边，以免堵塞交通。如果无法移动车辆，应在车后设立警告标志，夜间应同时开启示宽灯。

6. 汽车涉水行驶

(1) 应急现象。汽车行驶时，遇到路面积水严重，需通过深水区行驶。在暴雨天气，汽车有时可能会碰到涉水行驶。

(2) 应急处理。

① 涉水前的准备。

a. 汽车涉水前，应认真估计水的深度。对于轿车而言，如果水深能淹没排气消声器出口时，则一般不宜通过，只能绕道行驶。

b. 看看有无类似的车辆已经通过，如有，则涉水是可行的。

c. 选择好涉水路线。前面汽车涉水通过后，其行车路线应没问题，可作为本车的通过路线。

d. 决定涉水后，应关好车门防止进水。

② 涉水驾驶。

a. 涉水时，应挂低速挡，使汽车平稳地驶入水中，避免猛轰油门或高速行车，以防水花溅入发动机而熄火。

b. 行驶中要稳住油门，保持汽车有足够而稳定的动力，一气通过，尽量避免中途停车、换挡，防止发动机熄火。

c. 行进中要看远顾近，尽量注视远处的固定目标，双手握住转向盘控制行驶路线。不能注视水流或浪花，以免晃乱视线产生错觉，使车辆偏离正常的涉水路线而发生意外。

d. 多车涉水时，应做到有序通过。最后待前车通过后，后车再下水，这样可防前车因故障停车而迫使后车也停在水中，导致进退两难。

③ 涉水后的处理。起动发动机，让发动机空转数分钟后，达到正常温度，烘干发动机上面的水和潮气。确认汽车技术状况良好后，先用低速行驶一段路程，并进行多次点制动，让制动片与制动鼓或盘摩擦产生热能，以烘干和蒸发掉制动器中残留的水分，确保制动性能良好。

本章小结

1. 汽车走合期是指新车或大修竣工汽车投入使用的初期。汽车走合期的使用特点是：零件磨损速度快；行驶故障多；润滑油易变质；燃油消耗量高。汽车走合期应采取的使用措施是：适当减载；严格限速；合理用油；正确驾驶；加强维护；不拉高速。

2. 汽车在低温条件下使用，其使用性能显著变差，主要表现为：发动机起动困难；总成磨损严重；燃油消耗量增大；零件材料性能变差；排气污染严重；行驶条件变坏。汽车在低温条件下应采取的使用措施是：加强技术维护；起动前预热；适时进行保温；合理使用燃油和润滑油；使用起动液起动；正确使用防冻液；提高驾驶技术。

3. 汽车在高温条件下使用，其使用性能显著变差，主要表现为：发动机功率下降；燃烧不正常；润滑油易变质；机件磨损严重；液体管路易产生气阻；轮胎易爆。汽车在高温条件下应采取的使用措施是：加强技术维护；防止爆燃；防止气阻；防止爆胎。

4. 汽车在高原山区条件下使用，其使用性能显著变差，主要表现为：发动机动力性下降；燃油经济性变差；CO、HC 排放量增加；机油易变质；机件易损坏；制动性变差。汽车在高原山区条件下改善发动机性能的措施是：提高压缩比；合理选择配气相位；改进燃油供给系统；改进点火系统；采用进气增压装置；采用含氧燃料；改善润滑条件。汽车在高原山区条件下改善安全行车性能的措施是：采用耐高温制动摩擦片；利用发动机制动；采用辅助制动器制动；制动鼓淋水降温；防止制动系统气阻；防止轮胎爆裂；加强安全维护；提高驾驶技术。

5. 汽车在坏路和无路条件下的使用特点是：车轮滚动阻力大；路面附着系数小；汽车通过性差；燃油消耗量大。汽车在坏路和无路条件下的使用措施是：合理使用轮胎；正确使用防滑链；提高驾驶技术；陷车救援。

6. 汽车在制动失效、转向失灵、行驶爆胎、行驶侧滑、突然熄火和涉水行驶的应急情况下使用，应根据现场的实际情况，及时采用正确的应急处理方法，避免汽车恶性事故发生，保证行车安全。

习　　题

一、判断题(请判断下列概念或说法是否正确，对者打“√”，错者打“×”)

1. 汽车在高温条件下使用，发动机充气系数下降。(　　)
2. 在松软路面行驶的汽车，采用低压或超低压轮胎通过性较好。(　　)
3. 汽车低温起动时，混合气通常是浓混合气。(　　)
4. 在高原地区和高温条件下使用的汽油车不易爆燃。(　　)
5. 在高原和山区使用的汽车最好选用可变配气相位的发动机。(　　)

二、填空

1. 汽车在低温条件行驶的最突出问题是__________和__________。
2. 在高温条件下行车，汽车上的__________和__________容易产生气阻。
3. 为提高汽车动力性和经济性，高原地区汽车的点火提高角应比平原地区略________；发动机压缩比应比平原地区略________。
4. 防冻液的冰点应比当地的最低温度________，以防________。
5. 汽车在高原山区行驶，最大的问题是________和________。

三、简答题

1. 新车及大修竣工的汽车为什么要走合？
2. 低温条件下为何发动机起动困难？
3. 在高原和山区条件下，汽车制动性能为什么变差？
4. 在高温条件下，汽车动力性为什么会变差？
5. 在坏路和无路条件下陷车时如何救援？

第9章 汽车更新与选配

本章教学要点

知识要点	掌握程度	相关知识
汽车技术状况	了解汽车技术状况及其变化原因； 熟悉汽车技术状况的变化规律及影响因素； 掌握汽车技术状况的分级与评定方法	汽车技术状况变化症状； 汽车技术状况渐发性、偶发性变化规律； 汽车技术状况分级
汽车更新与报废	了解汽车使用寿命的概念； 熟悉汽车更新理论； 掌握合理更新汽车的方法； 熟悉汽车报废的意义和条件	汽车自然寿命、技术使用寿命、经济使用寿命、折旧寿命和合理使用寿命； 汽车有形磨损、无形磨损； 汽车最佳更新年限、汽车报废条件
汽车选配	了解汽车的价值； 熟悉汽车的选配原则； 掌握汽车的选配方法	汽车价值； 汽车合理配置； 汽车选配原则； 汽车选配流程

导入案例

改变世界的汽车——福特T型车

福特T型车(Ford Model T，如图9.01所示)是美国福特汽车公司在1908—1927年推出的一款汽车产品。该车采用四缸四冲程汽油机，排量2.89L，功率20马力，最高车速72km/h。

T型车于1908年10月1日推出，最初售价850美元，随着设计和生产的不断改进，最终降到260多美元。第一年，T型车的产量达到10660辆，创下了汽车行业的纪录。1913年，福特公司在底特律建成了世界上第一条汽车生产流水线。自此T型车的年产量大幅增加，1914年产量达30万辆，1917年产量达73万辆，1923年产量达180万辆。T型车从开始到1927年5月的20年时间，总计生产1500万辆，创造了世界汽车生产史上的奇迹。1913年底，美国售出的汽车近一半是福特生产的；到1921年，T型车的产量已占世界汽车总产量的56.6%，全世界一半以上的注册汽车是福特牌。虽然福特T型车一度曾经占据了世界汽车产量的半壁江山，但由于竞争对手生产出价格更低、外观更加新颖、品种更加齐全、乘坐更加舒适的汽车，因而T型车不断丢失市场份额，最终其销量在1927年被雪佛兰公司超越，福特汽车公司不得不在1927年5月26日将T型车停产，全面投向A型车的生产。

图9.01 福特T型车

福特T型车的面世具有划时代的意义，它让汽车脱下了高贵的外衣，令千百万美国人着迷，使其成为普通百姓的宠儿，使得普通百姓都可以拥有属于自己的汽车。福特T型车不仅推动了美国汽车工业的高速发展，奠定了美国汽车生产大国的地位，使美国成为“车轮上的国度”，而且改变了世界，带动了全球汽车业的发展，形成了一个巨大的永久性汽车市场，使得汽车在世界范围内进入了千家万户，成为人们生活、工作、休闲的工具和伙伴。

随着汽车行驶里程的增加，汽车技术状况总会逐渐由好变坏，最后失去其全部功能而报废。因此，当汽车使用一定年限后，应进行更新与报废，并合理地选配汽车。

9.1 汽车技术状况变化与分级

9.1.1 汽车技术状况的变化

汽车在使用过程中，其技术状况会逐渐变坏。研究和掌握汽车技术状况变化的原因及变化规律，是有效进行汽车技术保障，改善汽车技术状况的重要保证。

1. 汽车技术状况变化症状

汽车技术状况是指定量测得的表征某一时刻汽车外观和性能参数值的总和，它随汽车行驶里程或使用时间的变化而变化。

汽车是一个多元件构成的复杂系统，系统内各元件、部件是相互关联的，系统内元件性能的变化或产生故障，必然会引起汽车技术状况的变化。

汽车在使用过程中，汽车内部零件之间、零件与工作介质之间、汽车与外界环境之间均存在着相互作用，其结果是引起零件磨损、发热、腐蚀等一系列物理的和化学的变化，使零件尺寸、零件相互装配位置、配合间隙、表面质量等发生改变，如发动机气缸活塞组件尺寸、曲轴与轴承的配合尺寸及间隙、制动鼓(或盘)与摩擦片的尺寸及间隙等，在汽车使用过程中都会发生变化。这些变化使汽车总成或零件失去原有性能，引起工作质量下降，从而影响汽车技术状况发生变化。

随着行驶里程的增加，汽车技术状况会逐渐变坏，反映汽车技术状况的特征参数、性能或外观形象变差，其主要症状如下。

(1) 汽车动力性下降。表现为汽车最高车速下降，汽车加速时间增长、爬坡能力减小等。

(2) 汽车使用经济性下降。表现为燃料消耗、润滑油消耗、轮胎消耗等增加。

(3) 汽车制动性下降。表现为制动迟缓或失灵、制动力小、制动距离长等。

(4) 汽车操纵稳定性下降。表现为转向沉重、转向失控、行驶跑偏、振抖摇摆等。

(5) 汽车环保性能下降。表现为汽车排放超标，汽车异响、噪声增大，电磁干扰严重。

(6) 汽车使用可靠性下降。表现为汽车起动困难、行驶熄火、技术故障多、安全性差。

(7) 汽车外观形象变差。表现为车身表面失去光泽、表面氧化锈蚀、表面变形或破损等。

2. 汽车技术状况变化原因

汽车技术状况变化是由汽车系统零件的原有尺寸、几何形状及表面质量发生改变，破坏了零件原来的配合特性和正确位置关系引起的。导致零件发生这种改变是汽车诸多原因综合作用的结果，其主要原因如下。

(1) 零件磨损损坏。零件表面间相互摩擦产生磨损，汽车长时间使用会导致零件表面磨损损坏。绝大多数汽车零件不能继续使用并不是由于汽车零件的整体被破坏，而是由于零件工作表面的磨损逾限而促使零件加速失效。据统计有75%的汽车零件是由于磨损而报废的。因此，磨损失效是汽车零件的主要损坏形式。

磨损现象只发生在零件表面，其磨损速度的快慢既与零件的材料、加工方法有关，又受汽车运用中装载、润滑、车速等条件的影响。引起汽车技术状况变化的主要磨损形式有：磨料磨损、粘着磨损和腐蚀磨损。

磨料磨损是指零件表面与硬质微粒或硬质凸出物相互摩擦引起表面材料损失的现象。磨料的来源主要有：空气中的尘埃、润滑油里的夹杂物、零件在摩擦过程中剥落的磨屑。气缸表面、曲轴轴颈常发生磨料磨损。

粘着磨损是指摩擦副相对运动时，由于固相焊合，零件接触表面的材料由一个表面转移到另一个表面的现象。干摩擦和在润滑不良条件下工作的滑动摩擦副容易产生粘着磨损，严重时会使摩擦副咬死。发动机气缸“拉缸”和曲轴“烧瓦”是典型的粘着磨损。

腐蚀磨损是指在摩擦过程中，摩擦表面在酸、碱等腐蚀物质作用下产生材料损失的现象。腐蚀磨损是腐蚀和摩擦共同作用的结果：腐蚀物质对零件表面的腐蚀可使表面形成薄而脆的氧化层，而在摩擦力作用下，氧化层脱落，腐蚀作用进一步向零件深部发展，再形成氧化层。如此，氧化层不断生成，不断脱落，从而造成了零件表面的磨损。

(2) 零件疲劳损坏。零件疲劳损坏是指零件在交变应力作用下，零件承受的循环应力超过了材料的疲劳极限而造成的损坏。汽车零件在长期承受较大交变载荷作用时，易产生疲劳损坏。在交变载荷作用下，零件表面易产生疲劳裂纹，当裂纹不断积累、加深、扩展至一定程度，则零件在循环应力作用下产生疲劳损坏。汽车钢板弹簧断裂是一种典型的疲劳损坏。

(3) 零件腐蚀损坏。零件腐蚀损坏是指零件表面与腐蚀性物质接触受到腐蚀而产生的损坏。汽车易于产生腐蚀损坏的主要部件有：燃料供给系统和冷却系统管道、车身、车架等。汽车使用环境中的潮湿空气、尘埃，对车身及裸露的金属零件具有一定的腐蚀作用。车身表面的鸟粪、昆虫尸体等污物有很强的酸性，对漆膜和车身具有很强的腐蚀性，能使漆膜失去光泽。另外，酸雨对漆膜具有侵蚀作用，酸雨是指含有较高酸性的雨水。当汽车受到酸雨袭击后，漆膜就遭到酸性腐蚀，严重时漆膜出现点蚀状况，并伤及车身基体金属。

(4) 零件变形损坏。零件变形损坏是指零件在载荷作用下，因零件的内应力超过零件材料的弹性极限而产生的变形失效。零件在制造和加工过程中产生的残余内应力和零件受热不匀而产生的热应力足够大时，也会导致零件变形或加剧变形过程，使零件产生变形损坏。

(5) 零件老化损坏。零件老化损坏是指零件材料在物理、化学和温度变化的影响下，逐渐变质或性能下降的故障形式。汽车上的橡胶零部件(如轮胎、油封、膜片等)和电器元件(如晶体管、电容器等)，长期受环境和温度变化的影响，会逐渐老化而失去原有性能。

(6) 偶然事故损坏。偶然事故损坏是指汽车在发生意外交通事故后造成的整车及零部件性能下降的损坏。

9.1.2 汽车技术状况变化规律

汽车技术状况变化规律是指汽车技术状况与汽车行驶里程或行驶时间的变化关系。按变化过程的不同，汽车技术状况的变化规律有渐发性和偶发性两种。

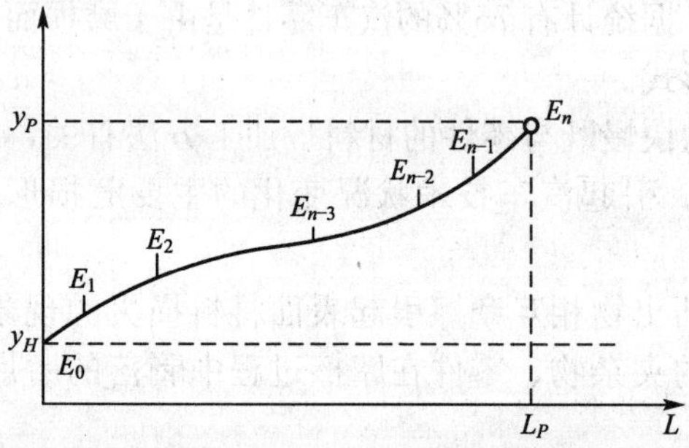

图 9.1 汽车技术状况的渐发性变化

1. 汽车技术状况渐发性变化规律

渐发性变化规律是指汽车技术状况的变化随汽车行驶里程或使用时间呈单调变化，可用函数式表示的变化规律。如果汽车使用合理，则汽车大部分总成、机构的技术状况是随行驶里程或工作时间而逐渐平缓地发生变化(图 9.1)，如从初始状况 E_0 (y_H)随行程依次变化至 E_1，E_2，…，E_{n-1}，极限状况 E_n (y_P)。

其变化规律可用 n 次多项式或幂函数加以描述。

（1）n 次多项式如下：

$$y = a_0 + a_1 L + a_2 L^2 + \cdots + a_n L^n \tag{9-1}$$

式中 y——汽车技术状况参数值；

L——汽车工作状况参数，即汽车行程或汽车工作时间；

a_0——汽车技术状况的初始参数值；

a_1，a_2，…，a_n——用来表征 y 与 L 关系的待定系数。

在实际应用时，一般取第一至第四项，其计算精度已足够；而对制动蹄与制动鼓间的间隙、离合器踏板自由行程等参数变化规律的描述，只需用前两项，即用线性函数描述其精度就足够。

（2）幂函数如下：

$$y = a_0 + a_1 L^b \tag{9-2}$$

式中 a_1，b——确定汽车技术状况变化程度的系数。

对于主要因零件磨损所引起的汽车技术状况参数变化的规律，可用幂函数加以描述。

若已知 $y=\varphi(L)$ 的函数关系和汽车技术状况的极限参数值，则可确定汽车的使用寿命；若已知 $y=\varphi(L)$ 关系和汽车的使用寿命，则可确定汽车技术状况的极限参数值。

属于渐发性变化规律的技术状况参数有许多，如汽车零件因磨损而导致的配合间隙变化量，冷却系统和润滑系统中沉淀物的积累值，润滑油消耗率及润滑油中机械杂质含量等。

当汽车技术状况呈渐发性变化规律时，可根据其单调性，通过对上述参数变化量的测量，来确定汽车技术状况。利用其渐发性变化规律，可以预测汽车故障的发生，能准确地制订汽车维护、修理周期，及时采取维修措施，防止汽车故障发生。

2. 汽车技术状况偶发性变化规律

偶发性变化规律也称随机性变化规律，它表示汽车、总成出现故障或达到极限状态的时间是随机的、偶发的，没有严格的对应关系，没有必然的变化规律，对其变化过程独立地进行观察所得的结果呈现不确定性，但在大量重复观察中又具有一定的统计规律。

在随机性变化过程中，汽车技术状况恶化所对应的汽车行程是随机变量，其汽车行程的长短与汽车技术状况恶化前的状况无直接关系。但它仍然不同程度地受汽车使用中的偶然因素、驾驶人操作水平、零部件材料的不均匀性和隐蔽缺陷等因素的影响。

汽车技术状况参数的随机性变化是各影响因素具有随机性的反映。当给定汽车技术状况参数的极限值时，该随机性变化表现为汽车技术状况参数达到极限值所对应的行程是多种多样的，如图 9.2(a)中的 L_{P1}，L_{P2}，…，L_{Pn} 所示；而在同一行驶里程 L_0 时，汽车技术状况也存在明显差异，对应着不同的技术状况参数值，如图 9.2(b)所示。

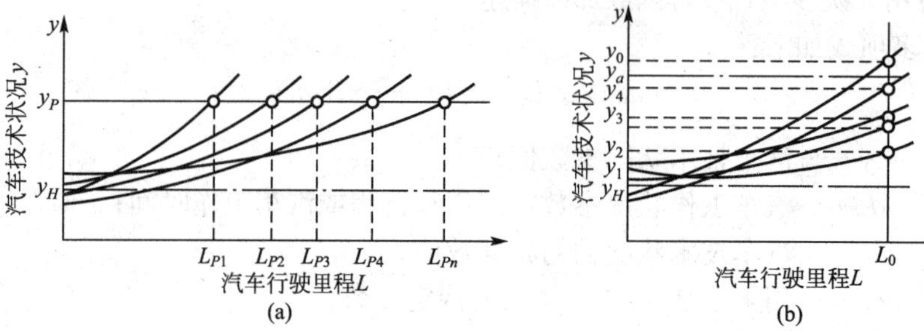

图 9.2　汽车技术状况的随机变化

y_P—技术状况参数的极限值；y_a—技术状况参数的许用值；y_H—技术状况参数的原始值

对于汽车技术状况的随机性变化，不可避免地会引起汽车定期检测、维护作业的超前或者滞后，导致错失汽车维修时机。显然，只有掌握汽车的随机性变化规律，才能正确地确定汽车的技术状况，从而更精确地把握汽车检测和维修作业的良机。

在汽车使用时，实际上汽车的技术状况是渐发性变化过程和偶发性变化过程的总反映。因此，只有彻底掌握汽车技术状况的两种变化规律，才能合理地制定诊断标准和诊断周期，才能有针对性地对汽车实行定期维修，并预测汽车的运行潜力和故障。

9.1.3　汽车技术状况变化的影响因素

汽车技术状况变化的快慢不仅取决于汽车结构设计和制造工艺水平，还受各种使用因素的影响，主要影响因素如下。

1. 汽车结构与工艺

汽车结构与工艺因素主要是指结构、材料、热处理、制造工艺和装配精度等。这些因素对汽车使用过程中技术状况变化的影响十分显著，如汽车存在结构设计不合理、制造工艺不良、零件材料选择不当等先天不足，则汽车在使用过程中会加速零件的磨损、变形、腐蚀、老化而引发故障。为了延缓汽车技术状况的变化，提高汽车使用寿命，汽车制造企业应努力改进汽车的结构与工艺，提供技术状况良好的汽车。

2. 汽车运行条件

汽车运行条件主要包括：道路条件、气候条件和交通状况。

(1) 道路条件。汽车行驶的道路条件主要是指道路等级、道路地形和交通密度等。道路条件对汽车行驶速度、发动机工况、汽车承受的载荷、操纵装置(换挡、转向、制动)的工作频度等具有决定性影响，因而在其他条件一定时，道路条件实际上决定着汽车总成、零件的磨损进程。

汽车在良好道路上行驶时，行驶阻力小，承受的冲击和动载荷小，零件磨损速率小，汽车使用寿命长。而经常在坏路面行驶的汽车，由于行驶阻力大，低挡使用比例大，发动机转速和负荷大，气缸内平均压力高，因而气缸、活塞组件磨损严重，发动机使用寿命会明显下降。汽车在崎岖不平的道路上行驶时，汽车底盘各总成如车轮、悬架、车桥等受到的冲击载荷加大，磨损、疲劳、变形损坏会加剧，有时甚至遭到直接破坏和损伤。汽车在不良道路上使用时，由于操纵装置的工作频度增加，使用时间增长，因而离合器、变速器、制动器等部件的磨损会增大。

(2) 气候条件。气候条件包括环境温度、湿度、空气中的介质和阳光辐射强度等。它们对汽车技术状况的影响程度不同，以环境温度的影响最为显著。

环境温度通过影响汽车总成的热状况，改变其技术性能和工作可靠性。图 9.3 为环境温度与汽车及总成故障率的关系曲线，在适宜的环境温度下，汽车及总成故障率最低，可靠性最高。汽车各总成在工作过程中都有一个最佳热工况区，若环境温度促使总成工作在最佳热工况，则汽车总成技术状况较好，磨损较小，如发动机磨损最小时的冷却液温度为 70～90℃(图 9.4)。汽车在低温条件下使用时，发动机起动困难，零件磨损严重，气缸易腐蚀，橡胶和塑料制品性能下降，总成热状况不良，燃油消耗增大。汽车在高温条件下使用时，发动机散热性能差易过热，机油温度高易变质，机油黏度下降，油性变差，润滑条件恶化，导致机件磨损严重；同时高温发动机易产生爆燃和早燃，加速发动机磨损。

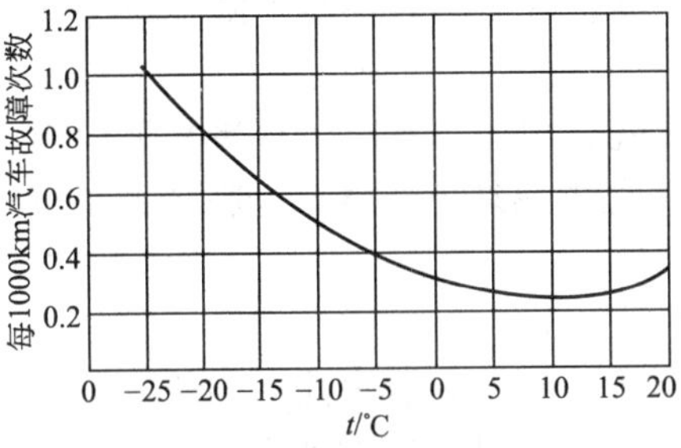

图 9.3 汽车故障率与环境温度的关系

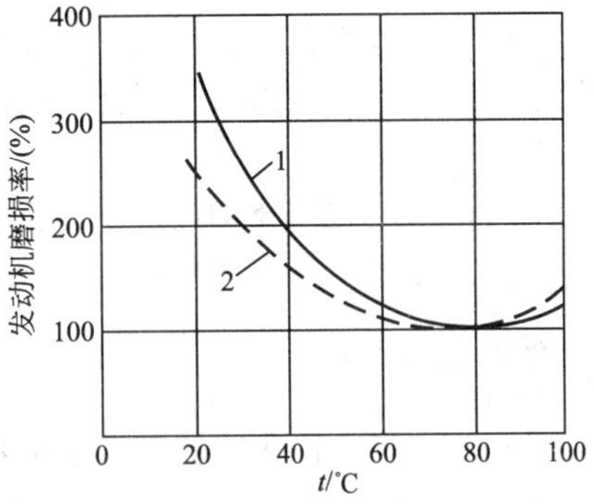

图 9.4 发动机气缸磨损与冷却液温度的关系

1—汽油机；2—柴油机

汽车在空气灰尘多的环境条件下使用，灰尘易通过进气系统或曲轴箱通风口等进入发动机，污染润滑系统和燃油供给系统，加速发动机零件磨损和机油变质。汽车在空气湿度大的地区使用，空气中水蒸气浓度大，水蒸气进入发动机后会加大气缸的腐蚀磨损，污染机油并加速机油变质，导致机件磨损严重。

(3) 交通状况。交通状况主要是指道路的交通环境、交通流量。它是通过影响汽车运行工况来改变其技术性能的。在我国，交通状况对汽车技术状况的影响较显著，尤其是在混合交通的城市。

在路面质量和交通状况良好的道路上行驶时，汽车能够经常采用高挡在经济工况下运行，操纵次数减少，汽车运行平稳，汽车承受的冲击载荷较轻，因而汽车机件磨损较少；而在不良交通状况如城市混合交通状况下行驶时，常因车多路窄、交通流量大、交叉路口多，汽车难以在最佳工况运行。据统计，在同样路面条件下，货车在市内的行驶速度较郊区降低 50%左右，换挡次数增加 2～2.5 倍，制动消耗的能量增加 7～7.5 倍。可见，汽车在交通状况不良的道路上行驶时，汽车技术状况的恶化进程加剧。

3. 燃油和润滑剂品质

汽车燃油和润滑剂品质直接影响汽车技术状况的变化。许多汽车故障的产生和技术状况的迅速恶化往往与燃油和润滑剂选用不当有关。

1）汽油品质

（1）辛烷值。若汽油辛烷值低，即选择低牌号汽油，则抗爆性差，易产生爆燃，使发动机承受的机械负荷和热负荷增大，同时爆燃产生的高压冲击波和高温气体易破坏缸壁上的润滑油膜，使得气缸磨损加剧，严重时还会引起活塞损坏、连杆变形、气门烧蚀等故障。

（2）馏分温度。90％回收温度和终馏点温度过高，说明汽油中不易挥发、雾化和燃烧的重质馏分过多。重质馏分易以液滴状态进入气缸，冲刷缸壁润滑油膜，窜入曲轴箱稀释机油，加速机油变质，使发动机磨损加剧。

（3）其他指标。

① 汽油中含硫量、水溶性酸或碱等超标时，就会对零件产生腐蚀作用，加快发动机的磨损。

② 汽油不能含有机械杂质和水分。机械杂质会使汽油喷射系统喷油器的喷嘴堵塞，加剧发动机沉积物的生成和零件磨损；水分的存在易引起零件的腐蚀，另外，水遇冷结冰后，还易引起供油系统管路堵塞，影响发动机性能。

③ 汽油中铅含量超标时，会使三元催化转化器、氧传感器性能下降，使排放污染物增加。

④ 汽油的氧化安定性不好，生成的实际胶质就会增加，易产生积炭和沉积物。使用这样的汽油，发动机易产生爆燃；发动机供油系统管路易堵塞，气门易粘结关闭不严，发动机不能正常工作。

2）柴油品质

（1）十六烷值。若柴油的十六烷值过低，则其发火性差，着火滞后期长，压力升高率大，工作粗暴，会加大发动机机械负荷和热负荷，导致发动机磨损严重，甚至造成有关零件损坏。但十六烷值过高时，其柴油低温流动性、雾化和蒸发性变差，使发动机冷起动困难，相对磨损也大。一般车用柴油的十六烷值在47～60为宜。

（2）馏分温度。若车用柴油的90％和95％回收温度过高，则说明柴油中重质馏分过多，会使燃烧不完全而形成炭粒，排放烟度增大，气缸磨损增加，还易堵塞喷油器喷孔，影响发动机性能。

（3）其他指标。

① 柴油的黏度应适宜。若柴油黏度过大，则柴油的低温流动性和雾化性差，燃烧不完全，积炭和黑烟排放多；若柴油黏度过小，则柴油对其供油系统精密偶件的润滑作用下降，使其精密偶件磨损加剧。

② 柴油中含硫量越大，发动机零件的磨损越严重。硫还会使发动机沉积物增加，加速发动机机油的劣化变质。

③ 柴油中不能含有机械杂质和水分。若柴油中含有坚硬机械杂质，则会促进柴油机供油系统精密偶件及气缸活塞组件的磨料磨损；水分的存在会加剧硫化物对金属零件的腐蚀作用。

④ 柴油的安定性不好时，易生成胶质，产生不溶性沉淀，堵塞油路，堵塞喷嘴；在燃烧室内易形成积炭。这些均可导致柴油机工作不正常。

3）润滑剂品质

品质良好的发动机机油、车辆齿轮油和车用润滑脂可保证汽车运动部件的可靠润滑，减少运动部件的摩擦阻力，延缓运动部件的磨损。

(1) 发动机机油。

① 若机油的黏度不当，黏温性差，则会使发动机低温起动困难，影响发动机在冷态和热态的可靠润滑。

② 若机油的油性和极压性差，则不易形成润滑油膜和化学反应膜，易使发动机主要零件产生异常磨损或擦伤。

③ 若机油的清净分散性差，则易生成积炭、漆膜和油泥。积炭易使汽油机产生早燃或爆燃；漆膜易造成粘环或拉缸；油泥易促进机油变质，堵塞润滑系统等。这些均会导致发动机磨损加剧或性能下降。

④ 若机油的抗氧性和抗腐性差，则机油易变质，氧化后的酸性产物对零件具有腐蚀作用，会导致发动机磨损加剧。

若发动机机油选择不当，品质不良，则会缩短发动机使用寿命。因此，应根据汽车使用的环境温度和工作条件合理选用发动机机油的黏度等级和使用性能等级。

(2) 车辆齿轮油。若车辆齿轮油选择不当，品质不良，如齿轮油黏度不适宜，黏温性不良，油性和极压抗磨性不好，以及低温流动性、抗泡沫性、抗蚀性差，则汽车底盘齿轮传动部件的磨损会加剧，使用寿命会降低。因此，应根据齿轮工作条件和汽车使用环境温度合理选用齿轮油的使用性能等级和黏度等级。

(3) 润滑脂。若润滑脂选择不当，品质不良，如润滑脂稠度不适宜、高温和低温性能不良、抗水性不好、胶体安定性不适当，以及防锈性、防腐性差，则其润滑件的磨损会加剧，使用寿命会降低。正确选用润滑脂，对减少轮毂轴承、传动轴花键及轴承、各拉杆球节、发电机轴承、水泵轴承的磨损，延缓其使用寿命具有重要作用。因此，应根据润滑脂使用部位的操作条件选用合适的润滑脂品种和稠度牌号。

4. 汽车的合理运用

(1) 驾驶技术。驾驶技术对汽车的使用寿命有直接影响。优秀驾驶人在驾驶过程中，可以根据道路条件、交通状况、车载质量等情况，采用一系列正确合理的操作方法，尽可能保证车辆经常处于最佳工作状态，从而延缓汽车技术状况的变化，延长汽车的使用寿命。优秀驾驶人在驾驶汽车时，经常采用的操作方法如下。

① 预热升温，缓慢起步。

② 脚轻手快，轻踩加速踏板、快速换挡。

③ 合理选择挡位，提倡中速行车。

④ 控制行车温度，保持最佳热状态。

⑤ 避免急加速，保持平稳行驶。

⑥ 少用紧急制动，多用预见性制动。

(2) 装载质量。汽车装载质量通过影响零件强度、发动机负荷和转速等，使汽车技术状况发生变化。在汽车设计时，各承载部件或总成，都是按其额定承载能力考虑的。汽车超载时，汽车各总成承受的负荷增加，发动机在大负荷工作，发动机转速不稳定，冷却系统和润滑系统的工作温度升高，从而导致发动机和其他总成的磨损增大。汽车严重超载时，汽车技术状况会迅速变坏，发动机会出现拉缸、烧瓦现象，底盘会出现车架、车桥、悬架、弹簧、轮胎等损坏现象。因此，在汽车使用过程中，应避免汽车超载。

(3) 行驶速度。汽车行驶速度对发动机、底盘技术状况的影响十分明显。

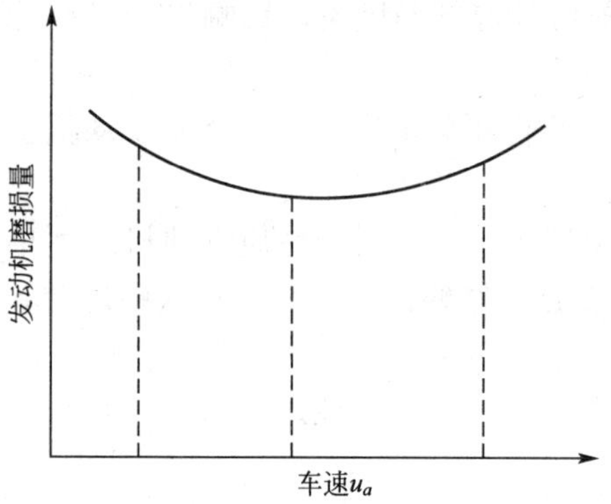

图 9.5　发动机磨损量与车速的关系

图 9.5 是汽车载质量一定时，发动机磨损量与车速的关系曲线。当车速过高时，发动机会经常处于高转速下运转，活塞在气缸内平均移动速度增高，气缸磨损相应增大；当车速过低时，低挡使用时间的比例增多，汽车行驶相同里程时，发动机平均运转次数增多，同时由于车速过低时导致润滑条件变差，因此气缸磨损同样会加剧。

高速行驶时，汽车底盘特别是行驶机构受到的冲击载荷增大，易使前、后桥发生永久变形；同时，高速行驶时，制动使用更为频繁，汽车制动器磨损加剧。

为了减少汽车机件的磨损，延缓汽车技术状况的变化，提倡中速行车。

5. 汽车维修质量

汽车维护是为了维持汽车技术状况完好而进行的作业；而汽车修理是为了恢复完好的汽车技术状况而进行的作业。所以，汽车维修具有维持和恢复汽车技术状况的作用。

若汽车维护和修理不当，维修质量差，如配件质量欠佳、维修工艺不当、装配质量不好等，则会在汽车中留下故障隐患，导致汽车在使用过程中技术状况容易恶化。因此，汽车维修质量是影响汽车技术状况变化的重要因素。

高水平汽车维修的标志是，汽车完好率达 90%～93%，总成大修间隔里程较定额高 20%～25%，配件消耗费用减少 20%～25%，燃料、润滑材料的消耗减少 20%～30%。目前，国家对汽车维修业加大了管理和投入力度，旨在提高汽车维修质量。但汽车维修业还存在一些问题，主要是：从业人员素质低、检测维修设备不齐全、维修制度执行不认真。为确保汽车具有良好的技术状况，应提高汽车维修质量，做好如下几点。

(1) 认真执行预防为主、定期检测、强制维护、视情况修理的汽车维修原则。

(2) 加大培训力度，提高汽车维修人员的素质，掌握汽车检测、维修新技术。

(3) 增加汽车检测、维修设备的投入，改善汽车维修方法。

(4) 加强配件市场管理，提高配件质量。

9.1.4　汽车技术状况分级与评定

汽车技术状况的变化程度随行驶里程或使用时间不同及运行条件、使用强度、维修质量不同而各有差异。为掌握汽车的技术状况，合理地组织和安排汽车运输，便于汽车科学管理和正确编制汽车维修计划，应根据有关标准对汽车技术状况进行分级与评定。

1. 汽车技术状况分级

根据中华人民共和国交通部颁布的《汽车运输业车辆技术管理规定》，将汽车按技术状况分为 4 级，即一级车、二级车、三级车和四级车。

(1) 一级车(完好车)。满足下列条件的汽车为一级车或完好车。

新车行驶到第一次定额大修间隔里程的 2/3 和第二次定额大修间隔里程的 2/3 以前，

汽车各主要总成的基础件和主要零部件坚固可靠，技术性能良好；发动机运转稳定，无异响，动力性能良好，燃料润滑油消耗不超过定额指标，废气排放和噪声符合国家标准；汽车各项装备齐全、完好，在运行中无任何保留条件，可随时出车参加运输。

(2) 二级车(基本完好车)。二级车或基本完好车是指主要技术性能和状况或行驶里程低于一级车的要求，但符合国家GB 7258—2012《机动车运行安全技术条件》的规定，能随时参加运输的汽车。

(3) 三级车(需修车)。三级车或需修车是指送大修前最后一次二级维护后的车辆和正在大修或待更新尚在行驶的汽车。

(4) 四级车(停驶车)。四级车或停驶车是指预计在短期内不能修复或无修复价值的汽车。

2. 汽车平均技术等级

汽车平均技术等级是指企业(或单位)所有运输汽车技术状况的平均等级。它是汽车运输企业的主要技术、经济定额指标之一。汽车平均技术等级综合体现了汽车运输企业的技术管理水平、技术装备素质和企业发展潜力。

在汽车技术等级评定后，企业所有汽车的平均技术等级可按式(9-3)求出

$$\overline{S}=\frac{(1\times S_1)+(2\times S_2)+(3\times S_3)+(4\times S_4)}{S_1+S_2+S_3+S_4} \tag{9-3}$$

式中 $\overline{S}$——汽车平均技术等级；

S_1、S_2、S_3、S_4——分别为一、二、三、四级车的数量。

汽车平均技术等级$\overline{S}$数值越小，说明企业汽车的整体技术状况越好。当企业所有的汽车均为一级车时，则汽车平均技术等级$\overline{S}$为1。

3. 汽车技术状况等级的评定

营运车辆技术等级评定的依据是JT/T 198—2004《营运车辆技术等级划分和评定要求》。该标准规定了营运车辆技术状况等级的评定内容、评定规则、等级划分、评定项目和技术要求，适用于营运车辆。

营运车辆技术等级的评定内容是：整车装备及外观检查、动力性、燃料经济性、制动性、转向操纵性、前照灯发光强度和光束照射位置、排放污染物限值、车速表示值误差等。

营运车辆技术等级的评定原则是：营运车辆应达到GB 18565—2001《营运车辆综合性能要求和检验方法》规定的要求；营运车辆技术等级评定项目和技术要求按JT/T 198的规定执行；营运车辆技术等级评定的检测方法按GB 18565的规定执行。

营运车辆技术等级划分为一级车、二级车和三级车。停驶车为四级车，不参与评定。

9.2 汽车更新与报废

汽车更新、报废与汽车使用寿命密切相关。了解汽车的使用寿命，对掌握汽车更新理论，合理更新汽车，适时报废汽车具有重要作用。

9.2.1 汽车使用寿命

汽车使用寿命是指汽车从开始使用到不能使用的整个时期。根据汽车终止使用的原则不同，汽车使用寿命可分为：自然寿命、技术使用寿命、经济使用寿命、折旧寿命和合理使用寿命。

1. 汽车自然寿命

汽车自然寿命又称物理寿命，是指汽车从全新状态投入使用开始，直到不能保持正常生产状态，在技术上不能按原有用途继续使用为止所经历的时间。自然寿命的长短与汽车的制造质量、运行材料品质、使用条件、驾驶操作技术及维修质量有关。有时可通过恢复性修理延长汽车的自然寿命。

汽车一旦达到自然寿命，则意味着汽车寿命的终结，此时汽车性能低劣，物料超耗严重，排放污染物超标，维修费用过高，汽车应进行报废处理，其零部件也不能再做备件使用。

2. 汽车技术使用寿命

汽车技术使用寿命是指汽车从全新状态投入使用开始，到由于新技术的出现，使原有汽车丧失其使用价值而被淘汰所经历的时间。技术使用寿命的长短与技术进步的速度有关，汽车技术进步越快，技术使用寿命越短。技术使用寿命一般短于自然寿命，当更先进的汽车出现或生产过程提出更高要求时，汽车在其自然寿命尚未终结前即被淘汰。当原有汽车因技术落后丧失使用价值时，汽车不能通过修理的方法来提高其主要使用性能，但通过现代化技术改装，可以适当延长汽车的技术使用寿命。

3. 汽车经济使用寿命

汽车经济使用寿命是指汽车从全新状态投入使用开始，到汽车年均总费用最低的使用期限。它是综合考虑汽车使用中的各种消耗，从汽车使用总成本出发，分析车辆制造成本、使用与维修费用、管理开支、车辆当前的折旧及市场价格变化等因素，经过分析做出综合经济评定确定的使用寿命。

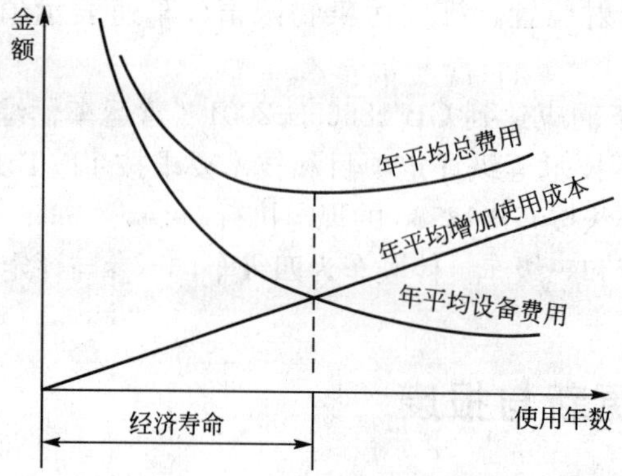

图 9.6 汽车年均总费用曲线

汽车年均总费用是指汽车年平均折旧费用与该汽车发生的经营费用之和。汽车使用时间越长，每年分摊的折旧费越少；但随着使用年限的增加和行驶里程的延长，汽车技术性能逐渐下降，汽车的运行材料（主要是燃料和润滑料）费、维修等经营费用不断增加。因此，年均总费用是随使用时间而变化的函数，如图 9.6 所示。当汽车使用至一定年限后会出现年均总费用的最低值，此值所对应的横坐标上的年限，就是汽车的经济使用寿命，简称经济寿命。

汽车经济使用寿命是汽车经济效益的最佳时期。当汽车使用期限超过经济寿命时，在技术上仍可继续使用，但年均总费用上升，汽车使用的经济性将会变差，不宜继续使用，应将汽车予以更新。

汽车经济使用寿命是确定汽车最佳更新时机的依据，研究汽车经济使用寿命的意义在于：人们能够合理地更新汽车，保持在用车辆具有良好的使用性能，减少公害，节约能源，提高运力，充分提高运输车辆的社会效益和经济效益。

国内外对汽车经济使用寿命进行了大量的研究工作。资料统计表明，在汽车整个使用时期内，汽车制造费用平均约占总费用的15%，而汽车的经营费用约占总费用的85%。因此，现代汽车的经济使用寿命，可以在汽车设计制造时，通过充分预测车辆投入使用以后可能需要的经营费用来估算。如果汽车在长期运用中，能保持较低的使用维修费用，那么其经济使用寿命将较长；反之，则缩短。某汽车工业协会对汽车主要消费国家的经济使用寿命年限进行了调查统计，汽车的平均经济使用寿命见表9-1。我国曾对主要国产车型进行过经济使用寿命的调查，客车的经济使用寿命约为10年，货车经济使用寿命约为9年。

表9-1 汽车平均经济使用寿命

国别	美国	日本	法国	意大利	韩国
平均经济使用寿命/年	7.1	9.5	8	8	6

4. 汽车折旧寿命

汽车折旧寿命是指按国家规定或企业自行规定的折旧率，把汽车总值扣除残值后的余额，折旧到接近于零所经历的时间或里程。汽车折旧寿命是提取汽车折旧费的依据，不是汽车终止使用或报废的标准。汽车折旧寿命取决于国家或企业所采取的技术政策，一般介于汽车技术寿命或经济寿命与自然寿命之间。

5. 汽车合理使用寿命

汽车合理使用寿命是指以汽车经济使用寿命为基础，考虑整个国民经济发展和能源节约的实际情况后，所制定出的符合我国实际情况的使用期限。也就是说，汽车已经达到经济寿命，但是否更新应视国情而定，如更新汽车的来源是否畅通、更新资金是否充足等。为此，国家根据上述情况，制定出汽车更新的技术政策，规定车辆的更新期限。

汽车合理使用寿命，一般介于自然寿命和经济使用寿命之间。但随着国家汽车工业的发展和国民经济实力的增强，汽车合理使用寿命将会趋近或等于经济使用寿命。

9.2.2 汽车更新

汽车更新是指以新车或高效率、低消耗、性能先进的汽车更换在用车辆。汽车更新是国民经济技术改造的重要内容之一，它对促进我国汽车工业和交通运输业的发展，减少交通事故隐患，减轻环境污染，节约能源，促进废钢铁资源回收利用，提高社会、经济效益都具有重要意义。

1. 汽车更新理论

汽车更新主要是针对在用汽车的劣化问题，所谓劣化是指汽车使用性能及经济指标随着汽车行驶里程的增加而逐渐下降的现象。汽车更新理论主要是研究汽车使用过程中的损耗、性能劣化过程及规律，并据此确定汽车更新的最佳时机。汽车劣化理论是汽车更新的理论基础，通过对在用汽车的大量调查，可发现汽车经济使用寿命的劣化过程，主要受到汽车有形磨损和无形磨损的影响。

(1) 汽车有形磨损。汽车有形磨损是指汽车在使用或闲置过程中，由于载荷或周围介质的作用，使汽车发生的实体磨损。根据实体磨损产生原因的不同，有形磨损可分为第一种有形磨损和第二种有形磨损。

① 第一种有形磨损。发生在汽车使用过程中的实体磨损，称为第一种有形磨损。第一种有形磨损产生的原因主要是机件配合副的机械磨损、基础零件的变形、零件的疲劳破坏等。汽车发生有形磨损后，零部件原有尺寸或几何形状改变，配合精度下降，甚至发生零件损坏，从而使汽车性能变坏，生产率降低，生产成本增加，故障增多，甚至失去工作能力。第一种有形磨损的程度与使用时间和使用强度成正比。

② 第二种有形磨损。发生在汽车闲置过程中的实体磨损，称为第二种有形磨损。第二种有形磨损产生的原因主要是汽车在闲置过程中，汽车零部件与外部介质发生化学、电化学作用，使金属零部件腐蚀生锈，非金属制品老化变质等。第二种有形磨损程度与汽车闲置过程中的环境密切相关，如高温、日晒、雨淋、潮湿环境等均会加快其磨损，并与闲置时间成正比。严重时，这种有形磨损可使汽车丧失工作能力。

汽车的有形磨损是逐渐进行的，当汽车有形磨损发展到一定程度，就会呈现故障，使维修费用、运行材料费用增高，运输效率降低，若继续使用下去，经济上将是不合算的，此时应考虑更新车辆。当有形磨损致使车辆技术状况恶化而不能作为运输工具使用时，车辆已达到完全磨损的程度，此时必须更新车辆。

汽车的有形磨损将使汽车的动力性、经济性、安全性、可靠性下降，导致汽车使用价值降低。当采用维修方法消除汽车有形磨损时，需要支出一定的费用。通常，这种维修费用不应超过一定的限度，否则应考虑更新车辆。

(2) 汽车无形磨损。汽车无形磨损是指汽车在使用或闲置过程中，由于技术的进步，生产的发展，不断出现性能更好、效率更高的车辆，使在用车辆的原有价值降低，或者使该种车型的价值降低。车辆的价值并不取决于最初的生产耗费，而是取决于再生产所用的生产耗费。在技术进步的同时，这种耗费不断下降，因而其无形磨损总在不断发生。根据无形磨损产生原因的不同，无形磨损可分为第一种无形磨损和第二种无形磨损。

① 第一种无形磨损。因相同结构车辆再生产价值的降低，而使现有车辆价值的贬值，称为第一种无形磨损。这种无形磨损是由于技术进步的影响，在汽车制造过程中，生产工艺不断改进，成本不断降低，劳动生产率不断提高，使生产该车辆的社会必要劳动耗费相应降低，从而导致车辆贬值。但这种无形磨损不会改变车辆本身的技术特性和运输效能，也就是说不影响它的使用价值。因此，当车辆遭到第一种无形磨损时，不会产生提前更换现用车辆的需要，对车辆的使用寿命没有实质性影响。不过，从修理的角度出发，第一种无形磨损有可能使车辆使用寿命缩短，这是因为技术进步对汽车工业的影响一般大于对维修行业的影响，使车辆本身价值降低的速度比维修成本降低速度快，因此，可能出现维修费用超过合理限度的情况，导致车辆提前更新。

② 第二种无形磨损。因生产出性能更完好、效率更高的新型车，而使现有车辆的贬值，称为第二种无形磨损。这种无形磨损的出现，使得原有车型显得技术性能落后，如继续使用原车型的车辆就会降低运输生产的经济效益。第二种无形磨损的主要特征是它引起原车型的局部或全部使用价值的损失，其结果使原车型在有形磨损未发展到完全磨损之前，就可能出现车辆的更新。其车辆更新的经济合理性，取决于现有车辆的贬值程度，以及继续使用旧型车辆时经济效果下降的程度。

(3) 汽车更新与磨损期关系。任何汽车在使用过程中都会发生有形磨损和无形磨损，当汽车的这些磨损达到一定程度时，汽车就需要进行更新。研究汽车更新时，要分析有形磨损期和无形磨损期的相互关系。表面看，推迟有形磨损期，即提高汽车耐久性，可以推迟汽车更新时间，具有重要的经济效果。但实际上，增加汽车耐久性会受到汽车无形磨损期的制约。根据有形、无形磨损期的相互关系，汽车更新有下列3种情形。

① 有形磨损期与无形磨损期接近。有形磨损期与无形磨损期接近，意味着当汽车达到应该大修时刻，市场就出现了新型车或有跌价的同型车，汽车也就到了该更新的时刻。这是一种“无维修设计”的理想方案，随着汽车工业的发展，这种理想方案将会实现，但目前没有。

② 有形磨损期短于无形磨损期。有形磨损期短于无形磨损期，意味着当汽车已遭到完全有形磨损时，而它的无形磨损期还未到来，此时既可对原车进行大修处理，也可更换新车(同型车)。采用何种处理方法比较合理，需要对该车的技术状况、维修费用以及继续使用时的经营费用和购买新车的价格等因素进行综合研究。

③ 有形磨损期长于无形磨损期。有形磨损期长于无形磨损期，意味着当汽车没有完全有形磨损时，市场就出现了更先进的新型车或同型车出现了大幅跌价，此时是继续使用原有汽车，还是更新车辆来使用更先进的新型车或同型新车，需要将经济性和可能性相结合进行分析，才能做出正确决定。

2. 汽车更新时刻的确定

当汽车达到自然寿命时，更换相同性能的车辆是一种简单更新，它不需要技术经济分析做依据，无所谓“最佳更新时机”。但在技术进步追求高效运输的的条件下，为获取最大的使用经济效率，就必须研究车辆的最佳更新时刻，并以此制定更新方案。

(1) 汽车经济寿命年限的确定。汽车最佳更新年限确定的核心问题是计算汽车的经济使用寿命，主要计算方法有低劣化数值法、面值法、应用现值及资本回收系数估算法、判定大修与更新界限法等。下面介绍应用非常广泛的低劣化数值法和面值法。

① 低劣化数值法。低劣化数值法的目标是使车辆的一次性投资和各年度经营费用的总和为最小。在研究汽车更新年限时，应考虑汽车的年费用。汽车年费用主要由3部分组成：折旧费、劣化费和固定费用。

年折旧费由投资购买汽车的费用和使用年限等确定，通常采用平均折旧法。设汽车的原值即汽车从购置到投入运行前所发生的全部费用为 K_n(元)，汽车使用 T 年，汽车残值为 C_z(元)。若令 $K_0=K_n-C_z$，则汽车的年均折旧费为 K_0/T(元/年)，随着汽车使用年限的增长，年均折旧费就不断减少。

劣化费是因汽车使用性能下降而引起的费用。汽车在整个使用过程，其性能不断下降，消耗不断上升，有形磨损和无形磨损逐渐加剧，完全是一个低劣化过程。汽车年经营费用随着汽车使用年限的增长而逐渐增加，主要因维修费和燃料费变得多而增加。劣化费包括经营费的增加、停歇时间增加和工作质量下降引起的损失。其年劣化费增加的幅度取决于低劣化的增加强度。设 b 为汽车年平均劣化费增加值(元/年^2)，则在使用 T 年内的年平均劣化费为 $bT/2$(元/年)。

年固定费用 C_0(元/年)是指汽车运输成本中与使用年限无关的费用。

汽车年均总费用 Y(元/年)为

$$Y = K_0/T + bT/2 + C_0 \tag{9-4}$$

图 9.7 为汽车年均总费用与使用年限的关系曲线。因年均总费用最小时为汽车的经济使用寿命，故将式(9-4)对使用年限 T 求导数，并令 $dY/dT=0$，即可求得汽车经济寿命的使用年限 T_G 为

$$T_G = \sqrt{2K_0/b}\ (\text{年}) \tag{9-5}$$

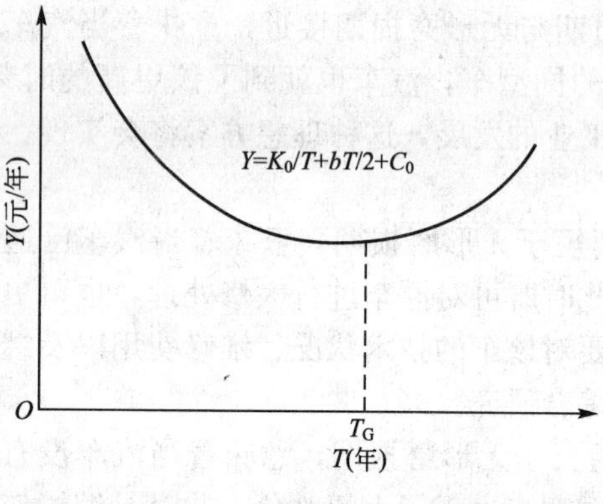

图 9.7　汽车年费用与使用年限关系曲线

平均劣化费增加值 b，应根据历史统计数据进行回归分析确定。当已有汽车各年经营费用(燃料费＋维修费＋大修均摊费)等统计资料时，采用一元回归分析，求年平均劣化费增加值。

汽车经营费用与使用年限间关系的一元回归方程为

$$y = bx + a \tag{9-6}$$

式中　y——因变量，年经营费用(元/年)；

x——自变量，使用年度；

a——待定常数；

b——待定常数，年平均劣化费增加值(元/年^2)。

通过一元回归计算后求得 b 的表达式如下：

$$b = \frac{n\sum_{i=1}^{n} x_i y_i - \sum_{i=1}^{n} x_i \cdot \sum_{i=1}^{n} y_i}{n\sum_{i=1}^{n} x_i^2 - \left(\sum_{i=1}^{n} x_i\right)^2} \tag{9-7}$$

式中　n——数据统计年限。

若 n 为奇数，把坐标纵轴移至中间，使 $\sum_{i=1}^{n} x_i = 0$，则 b 可简化为：

$$b = \frac{\sum_{i=1}^{n} x_i y_i}{\sum_{i=1}^{n} x_i^2} \tag{9-8}$$

根据统计数据，利用式(9-7)或式(9-8)就可解出 b 的大小，然后通过式(9-5)即可求出汽车经济寿命的使用年限，并据此确定汽车的最佳更新年限。

例：某汽车原值为 125000 元，残值为 5500 元，使用前 7 年的经营费用统计数据见表 9-2，试确定汽车的经济寿命年限。

表 9-2 年经营费用统计数据

使用年限	1	2	3	4	5	6	7
年经营费用/(元/年)	41000	42000	44000	46000	50000	56000	64500

解：先根据统计数据由式(9-8)通过列表法(表 9-3)计算求得年平均劣化费增加值 b=3732.14元/年^2，再由已知条件求出 K_0，K_0=125000−5500=119500 元，然后根据经济寿命使用年限计算式(9-5)，即可求出汽车的经济寿命年限 T_G：

$$T_G=\sqrt{2K_0/b}=\sqrt{2\times 119500/3732.14}=8\text{（年）}$$

表 9-3 统计数据计算表

n	y_i	x_i	y_ix_i	x_i^2
1	41000	−3	−123000	9
2	42000	−2	−84000	4
3	44000	−1	−44000	1
4	46000	0	0	0
5	50000	1	50000	1
6	56000	2	112000	4
7	64500	3	193500	9
合计	$\sum_{i=1}^{n} y_i=343500$	$\sum_{i=1}^{n} x_i=0$	$\sum_{i=1}^{n} x_iy_i=104500$	$\sum_{i=1}^{n} x_i^2=28$
b	$b=\sum_{i=1}^{n} x_iy_i/\sum_{i=1}^{n} x_i^2=3732.14$(元/年^2)			

② 面值法。面值法是一种仅以账面数值作为分析基础的经济分析法，通常采用列表计算。下面举例说明这种方法。

设汽车的原值 K_n 为 150000 元，预计可使用 10 年，其价值将随着使用年限的增加而降低，而运行成本则随使用年限的增加而加大。其相关数据列于表 9-4，计算其总使用成本和年平均使用成本，则可以得到年平均使用成本最低的使用年限。由表 9-4 可见，第 6 年末的年均使用成本最低。因此，该车的经济寿命年限是 6 年。

与低劣化数值法相比，面值法可避免数据统计困难，适于在实际生产中分析和预估本单位车辆的经济使用寿命。

(2) 汽车更新年限的确定。汽车经济寿命是确定汽车更新年限的重要依据。而汽车经济寿命除取决于使用时间或里程外，还受使用强度和使用条件等因素的影响。我国地域辽阔，各地运行条件差异很大，因而汽车的经济寿命也必然不同。因此，应根据具体情况对计算得到的经济寿命年限进行必要的修正，最后确定汽车的最佳更新年限。

表 9-4 汽车年总使用成本（元）

使用年限 ①	汽车残值 ②	累计折旧费 ③$=K_n-$②	运行成本 ④	累计运行成本 ⑤=∑④	总费用 ⑥=③+⑤	年均总费用 ⑦=⑥/①
1	120000	30000	52000	52000	82000	82000
2	96000	54000	54000	106000	160000	80000
3	76000	74000	56000	162000	236000	78667
4	60000	90000	59000	221000	311000	77750
5	48000	102000	62000	283000	385000	77000
6	39000	111000	66000	349000	46000	76667
7	30000	120000	71000	420000	54000	77143
8	22000	128000	77000	497000	625000	78125
9	14000	136000	87000	584000	720000	80000
10	6000	144000	100000	684000	828000	82800

通常，当汽车维护较好、使用合理、管理妥当时，汽车最佳更新年限相对长些；当汽车使用条件较好，如气候条件、道路条件、运输条件与汽车相适应时，则汽车最佳更新年限相对长些；当汽车在特殊条件下使用，如长期在低温、高温、超载大负荷、越野行驶、城市运输、起动频繁等条件下工作，则汽车最佳更新年限应相对缩短。

3. 合理更新汽车

汽车最佳更新年限确定之后，就应当对现有的汽车进行更新工作，以同型新车或高效率、低消耗、性能先进的车辆更换在用车辆。汽车更新不仅包括同类型新车辆或性能优越车辆去更换尚未达到报废条件的性能较差的车辆，也包括已达到报废条件车辆的更新。对运输企业来说，车辆更新不仅仅是以新换旧和原有车型的重复，还应是对运输单位车辆配置的调整。通过更新，达到优化车辆配置、提高运输效率、降低运输成本的目的。更新车辆是选原车型还是新车型，应根据购买者的经济实力、运输市场情况以及客、货源的变化来决定。

汽车更新的原则是提高经济效益和社会效益。理论上应按经济寿命进行更新，但实际上还应视国情而定，考虑到更新车的来源、更新资金、汽车保有量及折旧率和成本等因素。

对必须更新的车辆应坚决进行更新。如已达到报废条件的车辆必须更新；如汽车性能低劣，生产效率低或因汽车主要零部件磨损变形超过一定的极限状态，经修理仍不能恢复其使用性能，或在技术上虽能修复，但经济上修复非常不合算的车辆，也必须更新。对汽车使用年限已达到经济使用年限的车辆，建议更新。

9.2.3 汽车报废

报废汽车是指达到国家报废标准，或者虽未达到国家报废标准，但发动机或者底盘严重损坏，经检验不符合国家机动车运行安全技术条件或者国家机动车污染物排放标准的机动车。汽车经长期使用后，车型老旧，性能低劣，物料超耗严重，维修费用过高，如果继续使用，则不经济、不安全，对环境的污染大，因此应根据汽车的报废条件对这些汽车进行报废处理。

1. 汽车报废的条件

汽车报废应严格根据汽车报废的技术条件进行，提前报废会造成运力损失、浪费资源，过迟报废会增大运输成本、影响运力更新。

根据机动车使用和安全技术、排放检验状况，国家对达到报废条件的机动车实施强制报废，对达到一定行驶里程的机动车鼓励报废。凡在我国境内注册登记的机动车，属下列情况之一的应强制报废。

(1) 达到使用年限或行驶里程的。各类车型的使用年限及行驶里程见表9－5。

表9－5 机动车使用年限及行驶里程

车辆类型与用途					使用年限/年	行驶里程(×10⁴)/km
汽车	载客	营运	出租车	小、微型	8	60
				中型	10	50
				大型	12	60
			租赁车	小、微型	10	50
				大、中型	15	60
			教练车	小、微型	10	50
				中型	12	50
				大型	15	60
			公共汽车		13	40
			旅游、公路客运车	大型	15	60
			其他	小、微型	8	60
				中型	15	50
				大型	15	60
		非营运	小、微型		—	60
			大、中型		20	50
	载货		微型		12	50
			重、中、轻型		15	60
	其他		半挂牵引车		15	60
			三轮汽车、装用单缸发动机的低速货车		9	
			装用单缸以上发动机的低速货车		12	30
			专项作业车		—	50
	无轨电车				13	40

（续）

车辆类型与用途		使用年限/年	行驶里程(×10⁴)/km
挂车	半挂车、中置轴挂车	15	—
	全挂车	10	—
摩托车	正三轮摩托车	10～12	10
	其他摩托车	11～13	12

(2) 经修理和调整仍不符合机动车国家安全技术标准要求。

(3) 经修理和调整或者采用排放控制技术后，排气污染物及噪声不符合在用机动车排放国家标准。

(4) 因故损坏，车辆发动机、车架(或承载式车身)需要更换的。

(5) 因故损坏，车辆发动机、车架(或承载式车身)之一需要更换，且变速器总成、驱动桥总成、非驱动桥总成、转向系统、前悬架、后悬架中 3 个或 3 个以上总成需要更换的。

(6) 在一个机动车安全技术检验周期内连续 3 次检验不合格的。

(7) 在检验合格有效期届满后连续两个机动车安全技术检验周期内未参加检验或者未取得机动车检验合格标志的。

条件中的机动车是指上道路行驶的汽车、挂车和摩托车；营运车辆是指从事社会运输并收取运费的车辆；非营运载客汽车是指个人或单位不以获取利润为目的而使用的载客汽车；检验周期是指《中华人民共和国道路交通安全法实施条例》规定的机动车安全技术检验周期。

2. 报废汽车的管理

(1) 报废汽车的拥有者应当及时向公安机关办理机动车报废手续。公安机关应当于受理当日，向报废汽车的拥有者出具《机动车报废证明》，并告知其将报废汽车交售给报废汽车回收企业。

(2) 报废汽车的拥有者应当及时将报废汽车交售给报废汽车回收企业。

(3) 报废汽车回收企业凭《机动车报废证明》收购报废汽车，并向报废汽车的拥有者出具《报废汽车回收证明》。

(4) 报废汽车的拥有者凭《报废汽车回收证明》，向汽车注册登记地的公安机关办理注销登记。

(5) 报废汽车回收企业对回收的报废汽车应当逐车登记；发现回收的报废汽车有盗窃、抢劫或者其他犯罪嫌疑的，应当及时向公安机关报告。报废汽车回收企业不得拆解、改装、拼装、倒卖有犯罪嫌疑的汽车及其“五大总成”和其他零配件。“五大总成”是指从报废汽车上拆解下的发动机、前后桥、变速器、转向器、车架。

(6) 任何单位或者个人不得将报废汽车出售、赠予或者以其他方式转让给非报废汽车回收企业的单位或者个人；不得自行拆解报废汽车。

(7) 禁止任何单位或者个人利用报废汽车“五大总成”及其他零配件拼装汽车。禁止报废汽车整车、五大总成和拼装车进入市场交易或者以其他任何方式交易。禁止拼装车和报废汽车上路行驶。

9.3 汽车选配

汽车选配需考虑的因素较多，应充分认识汽车的价值，确定汽车的选配原则，合理配置汽车。

9.3.1 汽车的价值分析

1. 汽车的价值

从汽车使用管理的角度来说，汽车价值是作为一种反映其功能、效益程度的尺度提出的，与政治经济学中有关的概念不尽相同。若设车辆的功能为 F，车辆整个寿命周期费用(包括购置费用和使用费用)为 C，则汽车的价值 V 可用式（9－9）表示：

$$V=F/C \tag{9-9}$$

汽车的价值高，则意味着汽车在完成其功能时的费用低。由式(9－9)可以看出，提高汽车价值的途径大体上分为两类：一类是以降低寿命周期费用为主要途径；一类是以提高汽车的功能为主要途径。这里所说的功能，是指汽车的使用性能和质量指标。

提高汽车价值，并不是单纯地强调降低寿命周期费用，也不是片面提高使用性能，而是要求提高使用性能与寿命周期费用的比值。

2. 汽车价值分析

汽车价值分析的核心就是汽车功能分析，要努力找到其中哪些对用户来讲是必要的功能。如果欠缺某项必要的功能或该功能水平不高，就应予以补充和提高；一切多余或过高的功能都应消除或适当降低，使汽车功能最大限度地满足用户需要，同时没有多余的功能增加用户的负担。例如，经常行驶在城市道路和干线公路上的汽车，全轮驱动是没有必要的，高越野性为多余的功能，所以越野车当一般乘用车使用是很不合算的。又如普通斜交轮胎，由于功能水平不高、寿命短、油耗大，这就是汽车速度提高后所欠缺的功能，选用具有相应速度等级的子午线胎，可使必要的功能得到完善和提高。

在汽车功能一定时，寿命周期费用越低，说明汽车的价值越高。通过对汽车的价值分析，可以把汽车的使用性能、寿命周期费用与汽车的价值有机地联系起来，可在选购汽车时发挥重要作用，可使选择的汽车在使用过程中，获得最佳的经济效益。

选配新车时，如满足运输任务的汽车有多个品牌，则应对它们进行最低寿命周期费用分析，如图 9.8 所示。由图中可以看出，车辆购置费由高到低的顺序依次是Ⅲ、Ⅱ、Ⅰ、Ⅳ型汽车。虽然Ⅳ型车的购置费最低，但使用费用偏高，使汽车的寿命周期费用较高。而Ⅱ型车尽管购置费偏高，但因使用费用低，所以当使用年限在 4 年以上时，选用寿命周期费用低的Ⅱ型车是最佳方案。

当考虑货币的时间价值时，把各年的使用费用按一定的年利率折算成现值，则这 4 种品牌汽车的寿命周期费用如图 9.9 所示。由图可以看出，当考虑货币的时间价值时，Ⅱ型车使用年限在 4 年以上，其寿命周期费用最低，这与图 9.8 的结论是一致的；在第 6 年末，Ⅳ型车的寿命周期费用比Ⅲ型车低，这一结论与图 9.8 的结论相反。因此，当使用年限较长时，一般应考虑货币的时间价值。

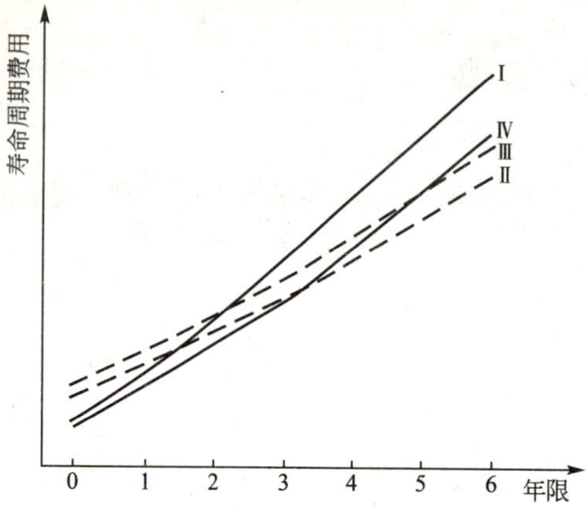

图 9.8　不同车型的寿命周期费用

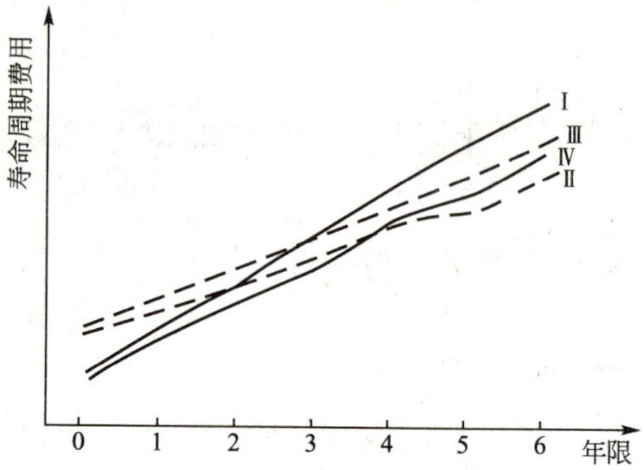

图 9.9　考虑货币时间价值时不同车型的寿命周期费用

综上所述，在购置新车时，不应只考虑汽车购置费的高低，还应考虑汽车的使用年限、使用费用和货币的时间价值等因素。

9.3.2　汽车的选配原则

1. 汽车选配的基本原则

汽车选配的基本原则是：所选汽车应具有良好的实用性、适应性、安全性、经济性和高效性。

(1) 实用性。实用性是指符合汽车的用途。汽车作为一种运输工具，首先是实用。其实用主要是针对使用对象及要求：代步或经商，自用或其他，货运或客运，大批量运输或零散运输。一般来说，家庭代步自用车，普通级轿车或中级轿车较为实用。对于客运，短途时为求方便快捷，用中小型车辆；长途时则用高速、舒适性好的大型车辆。批量大、运距长的货物，用大吨位车辆；批量小、运距短、批次多以及零担运输，宜用轻型车辆。

根据实用性的要求，按国家有关标准确定汽车的类型和级别。实用性好的汽车，其功能既不欠缺，又不多余，恰到好处。

(2) 适应性。适应性是指汽车适应一定运用条件的能力。适应性好的汽车能充分发挥其使用性能，提高汽车运输生产率和经济效益。

由于汽车的运用条件复杂，运输任务各异，所以任何汽车不可能在任何场合下都能适应运用条件。因此，必须要选用不同形式和性能的汽车来满足其使用要求，必须注意汽车的主要用途和经常运行的使用条件。只有当汽车的结构、性能符合具体的运用条件和需求时，才能获得良好的汽车运用效果。例如，在城市道路，轿车的适应性就比吉普车的适应性好；在松软路面，越野车就比载货汽车的适应性好；在农村道路，农用汽车就比高速汽车适应性好；零担运输时，轻型载货汽车比就中、大型载货汽车的适应性好。

通常，所选购的汽车应能适应运输市场、运输对象以及使用条件的要求，特别是要适应道路的通行能力、承载质量、坡度大小、路面质量和转弯半径等条件。所选购的汽车应能适应营运地区气候变化的规律和特点，如经常行驶在寒冷地区的车辆应选择具备冷起动能力强，蓄电池容量大，发动机、发电机功率较大的车型，并应配备防寒、保温、防滑等附属装置；高原山区汽车要考虑车辆发动机的进气量，并应配备制动辅助装置等。

对于一些专门性的运输或完成特殊任务的车辆，更要考虑适应性，需要购置装有特殊装置的专用车辆，如救护车、工程车、起重车、消防车、洒水车、冷藏车、扫雪车和油罐车等。

(3) 安全性。安全性是保证汽车高效运输的前提，没有安全性，汽车的动力性就不能充分发挥，高效就无从谈起。因此，汽车选购时，要对汽车的主动安全性和被动安全性有足够的了解，其指标应符合国家规定的安全法规要求，要重点关注对行车安全性有明显影响的制动性、操纵稳定性、使用可靠性、汽车各部位防撞性以及内部安全防护设施等。

(4) 经济性。经济性是指汽车为完成单位运输量所支付最少费用的性能。汽车使用中的使用费用主要是燃料费、维修费、轮胎费、资金占用利息以及工资福利费等，其中燃料费所占比率最大，达 20%～30%。选择省油的汽车是提高汽车使用经济性的一个主要措施。

(5) 高效性。汽车的高效性主要是指汽车的运输生产率要高。对于货车，结构方面的因素如装载质量、平均技术速度、装卸条件等对汽车运输生产率的影响较大，选购汽车时应予以充分考虑。对于轿车，其高效性主要体现在最高车速上，选购时应关注这个指标。目前，中级轿车的最高车速在 170～230km/h。

2. 汽车选配的重点考虑原则

车辆是运输生产的物质基础，是组织运输生产过程的基本条件，运输单位或个人选配车辆时应根据运输任务和运行条件进行选型论证，按重点考虑、兼顾其他的原则来确定车型。

(1) 以安全性为重点。行车的安全性十分重要。以安全性为重点考察汽车，体现了以人为本，生命第一的原则。可从以下几个方面考察汽车。

① 看碰撞标准。汽车安全性可通过碰撞标准来反映。目前我国汽车安全性的强制性碰撞标准，其新车都能满足。但随着汽车市场的不断发展，人们对碰撞的评价要求越来越高。NCAP 是最早在美国开展并已经在欧洲、日本等发达国家运行多年的新车碰撞评价规程，一般由政府或具有权威性的组织机构，按照比国家法规更严格的方法对在市场上销售的车型进行碰撞安全性能测试、评分和划分星级，向社会公开评价结果。现阶段，中国新车评价规程即 C-NCAP 正在发展和完善。C-NCAP 是将在市场上购买的新车型按照比我国现有强制性标准更严格和更全面的要求进行碰撞安全性能测试，评价结果按星级划分并公开发布，碰撞星级共划分 6 个等级：5+级、5 级、4 级、3 级、2 级、1 级。碰撞星级越高，汽车安全性越好，5+级最高。

② 看安全性配置。首先看普通制动系统，因为它对安全性的影响最大。若汽车前后轮均采用超大尺寸通风盘式制动器，则汽车制动效能的稳定性较好，有利于高速行车时的制动安全性。其次看安全性的附加配置，因为它们可以提高车辆安全性能。若汽车配有 ABS，则 ABS 在紧急制动时可以缩短制动距离，并能够尽量保持制动时汽车的方

向稳定性，绝大部分轿车已将ABS作为标准配置；若汽车配有EBD，则EBD能够根据由于汽车制动时产生轴荷转移的不同，而自动调节前、后轴的制动力分配比例，提高制动效能，通常EBD用来配合ABS以提高制动稳定性；若汽车配有ASR，则ASR可抑制车辆在湿滑路面起步与加速时驱动轮的滑转，提高驱动力和行驶稳定性；若汽车配有ESP，则ESP在任何行驶状态下，不管是在紧急制动还是正常制动，以及车辆在自由行驶、加速、节气门或载荷发生变化时，ESP都能让车辆保持稳定，并确保驾驶人对车辆操纵自如；若汽车配有倒车雷达(又称泊车辅助系统，或倒车电脑警示系统)，则倒车时驾驶人可通过倒车雷达得到及时的警示，使倒车变得轻松、安全；若汽车配有自动防碰撞系统，则汽车就不可能发生纵向碰撞事故；若汽车配有SRS，即安全气囊，则汽车发生碰撞事故时，安全气囊的引爆可减轻驾乘人员的伤害程度，等等。若汽车的安全性配置越全，则汽车行驶时的安全性就越高。

③ 看车身结构。对于轿车来说，乘员的安全性主要取决于车身结构。安全性高的车身，应做到刚柔结合：该柔软的地方应柔软，如在车体的前部设置较空旷的碰撞变形区及中强度的保险横杠，在碰撞时能吸收大部分能量；该刚硬的地方应刚硬，如坚固的驾驶舱钢架结构在碰撞时能尽量减少变形以避免乘员受到挤压。车身结构好的轿车其碰撞星级较高。

另外，车身的大小对安全性也具有重要影响。统计表明：轿车越大、车身越长，交通事故时乘员的死亡率越低，乘员越安全。

(2) 以燃油经济性为重点。燃油消耗在汽车的使用成本中占有很大的比例，因此大多数用户特别关注汽车的燃油经济性。省油的汽车，其燃油经济性好。

采用大压缩比发动机的汽车比较省油；发动机排量小的汽车比较省油；比功率小的汽车比较省油；柴油车比汽油车省油；手动变速器汽车比自动变速器汽车省油；空气阻力系数越小汽车越省油，目前普通轿车空阻系数可达0.3，而1L油耗概念车的空阻系数可达0.2以下。

(3) 以动力性为重点。随着道路条件的改善，人们对汽车动力性的要求越来越高，比较关注汽车的加速时间和汽车的最高车速。

通常，汽车的比功率越大，加速时间越短，最高车速越高，动力性就越好；豪华轿车，排量大的轿车，其动力性较好；发动机同排量而配备有多气门进排气系统或者涡轮增压机的汽车，其动力性较好；装用可变配气系统发动机的汽车，其充气系数大，汽车动力性较好；在汽车的比功率相同时，流线型理想、空气阻力系数小的汽车，其动力性较好。

(4) 以舒适性为重点。随着生活质量的提高，人们拥有汽车，享用汽车，更加追求汽车的舒适性。

通常，大车要比小车稳重舒服；自动变速要比手动变速省事省力；具备冷暖气空调要比仅有冷气者舒适；采用动力转向、制动助力、电动侧视镜、电动侧窗等装置都比较省力；采用独立悬架、变刚度悬架会明显改善汽车的舒适性；采用宽系列低压轮胎，可减少轮胎的径向刚度，提高轮胎的展平能力，从而提高汽车行驶的舒适性。

(5) 以可靠性为重点。汽车可靠性高，汽车不易出故障，汽车运输生产率高，经济效益好。因此，人们在选配汽车时比较关注汽车的质量、汽车的可靠性。

通常，机件少而构造简单者比多而复杂者可靠；功能少而精者比功能多而全者可靠；

汽车手动变速器比自动变速器可靠等。

(6) 以维修方便性为重点。汽车使用中出现故障是难以避免的，但出了故障能否得到及时修复，是用户更为关心的问题。一辆好的汽车，不仅要具有较高的可靠性，还应具有较好的维修方便性。因此，选购汽车时，必须要对所选车型的售后服务、维修网点、配件供应、生产前景进行考查，应注意该车配件供应的难易、配件价格的高低及配件质量的好坏，当不能完全统一时，应充分考虑配件供应、配件价格及配件质量问题，以免超过使用保证期后，因故障多、配件供应困难、配件价格高，而严重影响汽车的正常运行，导致使用成本过高。

通常，国产车比进口车维修方便性好。同时，国产车由于其零件供应充分且售价低廉，其维修费用也较便宜。

(7) 以售价为重点。对于同样性能的汽车，其售价越低，购车者关注的程度就越高。

通常，售价与配置有关，同型号汽车，配置较全者售价较高；汽车越舒适、越安全、越豪华、技术越先进、性能越好，则汽车的售价越高。

9.3.3 汽车的合理配置与要求

1. 汽车的合理配置

汽车的合理配置是指运输单位或用户根据其所承担运输任务的性质、运量、运距和汽车的运行条件等合理配置车辆。如大、中、小型车辆的比例；汽、柴油车的比例；通用、专用车比例等。通过合理规划，优化车辆构成，提高车辆吨(座)位利用率和实载率，满足运输市场的需要。

2. 车辆配置的要求

合理配置车辆的要求如下。

(1) 车型先进、安全可靠、货物装卸(或旅客上下)方便。

(2) 车辆规格齐全，能与本地的客、货源适应，且配比合理(吨位大小、座位多少、高中低档比例等)，吨位利用率和客量利用率高。

(3) 车辆油耗、维修费用低，运输成本低而利润高。

(4) 应变能力强，既能完成正常的生产任务，又能突出重点完成一些临时的特殊任务。

9.3.4 汽车的购置方法

对于国家机关、政府各部门以及事业单位的汽车购置，常采用公开招标方式，即按规定发招标广告、接收投标、组织开标、评标、定标、签订购车合同，并按合同书要求购置汽车。购置汽车时，应通过市场调研、选择合适的经销商、新车检查等步骤，选择出合适的汽车。

1. 市场调研

市场调研是一个选购调查的过程，它是购置汽车的准备过程。在选购汽车的时候，根据购车的用途，按照购买者的经济承受能力列出备选车型名单，向经销商索取介绍资料，从报刊、专业网站查看有关这些车型的广告和评价资料，研究分析各种车型使用说明书中提供的主要性能指标参数，以确定该车是否适用，同时估计出该车在使用中的安全性、经济性和运输生产能力方面能达到的水平。多看一些有关的资料，再进行对比。

(1) 了解备选车型，确保选中车型的优势。收集备选车型使用过程中的一些资料，了解备选车型的质量状况，如实际耗油、故障、使用方便性等情况；了解售后服务情况，如零配件的供应是否有保障等。

(2) 对备选车型进行合理评价。市场调研时要对备选车型进行评价，评价的方法通常有两种，即主观评价和客观评价。主观评价的方法也称为“感觉评价”，其方法就是根据购买者乘坐这些备选车的感觉和这些车型的用户或单位及乘客的反映进行综合评价；客观评价就是按要求用试验装置和仪器测出各评价指标的结果进行评价，最好用同类车的对比试验结果进行评价，但这很不容易，通常只用备选车型资料提供的数据进行评价。

(3) 调研价格。询问价格是市场调研的一个重要内容。一般来说，都希望购买性能优越、质量可靠而又价格低廉的汽车。但性能和质量好的汽车，价格自然高些。不过在汽车销售竞争非常激烈的今天，多跑几家汽车经销商，还是能选到合适价格的。

通过市场调研，对备选车型进行综合评估，选定性能价格比较好的车型作为购置的对象。

2. 选经销商

选择经销商十分重要，因为目前经销商普遍实行“四位一体(4S)”的模式，即整车销售、零配件供应、售后服务、信息反馈为一体的服务方式，这关系到将来的售后服务。同一城市通常有多家经销同一车型的经销商，选择信誉较好的经销商可以获得较好的售后服务，这为日后使用汽车省去了很多麻烦。建议到有一定规模的经销商或专卖店那里去选车，因为上牌及售后服务都有一定的保障。经销商的服务质量和保修水平是购车者应该重点考虑的因素，不要只接受最低报价，如果能提供较好的售后服务，价格略贵也是值得的。购车者可通过朋友推荐的方式或从经销商接待方式及承诺买了车后将可获得什么服务的情况去选择合适的经销商。

3. 新车检查

确定了汽车的型号和牌名后，应对新车进行全面的检查，这是购车的关键环节。检查的内容主要如下。

(1) 汽车外表检查。环绕汽车一周仔细检查，确定选定的汽车与样车是否一样。查看车身颜色是否是预先选定的颜色，是金属漆还是普通漆，查看外部油漆颜色是否均匀一致，不要让脏物或灰尘遮住残损处，有无划痕、掉漆、开裂、起泡、锈蚀及修补的痕迹等；检查轮胎、备胎规格是否符合规定，4个轮胎是否相同，轮胎气压是否合适，轮胎胎面是否新净；各灯光信号设施是否齐全、有无损伤，前、后风窗玻璃有无损伤；车门门缝缝隙是否均匀一致，车门、车窗是否完整和开关自如。

(2) 车内设施检查。主要查看车内装饰件及有关设施是否完整有效，操纵是否正常。坐进车内查看汽车：车内座位是否完整，坐垫及椅套是否美观大方，座椅能否前后调整，乘坐是否舒适，有无安全系统，安全带伸缩是否自如。坐在驾驶座位上用手晃动转向盘，上下不能有窜动现象，转向盘的自由转动量要符合使用说明书的要求；仪表及副仪表台装配应工整，没有歪斜现象。接通电源开关，检查刮水器、风窗玻璃洗涤装置工作是否正常；检查前照灯、制动灯、转向灯、防雾灯、牌照灯、车厢灯、倒车灯等是否正常；喇叭是否响亮，声响是否正常；里程表有无读数记录，对于新车其数值不应超过10km；车门与侧窗开关是否灵活、安全、可靠，手动或电动车窗操纵是否正常；门窗及前后风窗玻璃密封是否良好，玻璃有否存在裂纹；各后视镜中景物图像是否清晰；车内各装饰件安装是否牢固可靠，特别是车门拉手是否松动，内顶篷是否有松脱现象等。

(3) 起动发动机检查。检查汽车发动机机油、冷却液等添加量是否符合标准，不足时或质量不符合标准时进行添加或更换。将变速器置空挡，拉紧驻车制动，接通点火开关，起动发动机。检查发动机运转是否轻快、连续平稳、无杂音和异响；轻踩加速踏板，发动机转速应是连续平稳的提升；急踩加速踏板，检查发动机的加速性能，观察发动机转速变化的响应情况；松开加速踏板，检查发动机怠速是否稳定；观察各种仪表及报警装置工作是否正常；最后下车观察发动机排气管的烟色是否正常等。

起动发动机检查的重点是发动机的运转声音，最好有几辆车比较一下，因为发动机是一个装配很精密的机器，装配或调整稍有微小出入就会在声音等方面反映出来。

(4) 汽车路试检查。汽车路试检查的目的就是查看汽车的加速性、操纵稳定性、行驶平顺性、乘坐舒适性、制动性是否良好，汽车上各种装备的工作是否正常等。另外，路试时加速踏板反应要灵敏，离合器踏板、制动踏板的自由行程要符合使用说明书的要求，这3个踏板回位均应迅速而无卡滞的现象；路试时要注意观察和倾听有无异响、异常。停车后观察有无滴油、渗油(包括燃油、润滑油、制动液等)、漏水(冷却液、电解液等)、漏气等现象。

4. 购车成交

最后办理购车手续，向经销商索取汽车使用说明书、合格证、保修单等技术文件，以及随车工具和备胎等。办理购车手续时，应注意所填写的如车型、颜色、排量、车辆识别代号等是否与实际车辆相符。

本章小结

1. 汽车技术状况是指定量测得的表征某一时刻汽车外观和性能参数值的总和。它随汽车行驶里程或使用时间的变化而变化，其变化规律有渐发性和偶发性两种。掌握汽车技术状况变化规律，有利于合理使用汽车。

2. 汽车技术状况变化是汽车诸多原因综合作用的结果，其主要原因是：零件磨损损坏；零件疲劳损坏；零件腐蚀损坏；零件变形损坏；零件老化损坏；偶然事故损坏。影响汽车技术状况变化快慢的主要因素是：汽车结构与工艺；汽车运行条件；燃油和润滑剂品质；汽车的合理运用；汽车维修质量。掌握汽车技术状况变化的原因和影响因素，有利于改善汽车技术状况。

3. 汽车按技术状况分为4级：一级，完好车；二级，基本完好车；三级，需修车；四级，停驶车。汽车技术状况等级根据规定的评定内容、评定规则、评定项目和技术要求进行评定。

4. 汽车使用寿命是指汽车从开始使用到不能使用之间的整个时期。汽车使用寿命可分为：自然寿命、技术使用寿命、经济使用寿命、折旧寿命和合理使用寿命，其中经济使用寿命是确定汽车最佳更新时机的依据。

5. 汽车更新是指以新车或高效率、低消耗、性能先进的汽车更换在用车辆。汽车更新理论主要是研究汽车使用过程中的损耗、性能劣化过程及规律，并确定汽车最佳更新时机。汽车劣化理论中的有形磨损是指汽车在使用和闲置过程中的实体磨损，无形磨损是指汽车在使用和闲置过程中的贬值。汽车更新时应分析有形磨损期和无形磨损期之间的相互关系。

6. 汽车最佳更新年限确定的核心问题是计算汽车的经济使用寿命，主要计算方法有低劣化数值法、面值法等。低劣化数值法计算的汽车经济寿命为：$T_G=\sqrt{2K_0/b}$(年)。

7. 汽车报废应严格根据汽车报废的技术条件进行，提前报废会造成运力损失、浪费资源，过迟报废会增大运输成本、影响运力更新。根据机动车使用和安全技术、排放检验状况，国家对达到报废条件的机动车实施强制报废，对达到一定行驶里程的机动车鼓励报废。

8. 汽车的价值与其功能成正比，与完成其功能所耗的费用成反比。当汽车功能一定时，寿命周期费用越低，说明汽车的价值越高。汽车的价值分析，可为选购汽车发挥重要作用。

9. 汽车选配的基本原则是：所选汽车应具有良好的实用性、适应性、安全性、经济性和高效性。汽车选配的重点考虑原则是：安全性、燃油经济性、动力性、舒适性、可靠性、维修方便性、售价。国家机关、政府各部门及事业单位购置汽车，采用公开招标方式按合同书要求进行。个人购置汽车，应通过市场调研、选择合适经销商、新车检查等步骤进行。

习　　题

一、判断题(请判断下列概念或说法是否正确，对者打“√”，错者打“×”)

1. 同型新车的大幅跌价，导致现有车辆价值的贬值，属于汽车的无形磨损。(　　)

2. 汽车碰撞星级越高，则汽车乘员的安全性越好。(　　)

3. 符合 GB 7258—2012《机动车运行安全技术条件》的规定，能随时参加运输的车辆，属于完好车。(　　)

4. 有形磨损期长于无形磨损期，意味着汽车市场繁荣。(　　)

5. 汽车合理使用寿命一般短于经济使用寿命。(　　)

二、填空题

1. 汽车的有形磨损是指汽车的________________。

2. 一般说来，确定汽车更新时刻的主要依据是________________。

3. 汽车技术状况变化规律有两种，即：______________和______________变化规律。

4. 汽车平均技术等级综合体现了汽车运输企业的______________、______________和企业发展潜力。

5. 提高汽车价值，可通过降低________________和提高____________________来达到。

三、简答题

1. 什么是汽车的技术状况？如何评价？
2. 什么是汽车更新？汽车更新的意义是什么？
3. 如何确定汽车的最佳更新年限？
4. 汽车为什么要强制报废？汽车报废的条件是什么？
5. 如何选购新车？

参考文献

[1] 姜玉波．汽车运用基础［M］．北京：机械工业出版社，2008.
[2] 郎全栋，曹晓光．汽车使用技术［M］．北京：高等教育出版社，2009.
[3] 曹晓光，崔淑华．汽车运用基础［M］．北京：高等教育出版社，2005.
[4] 王海林，迟瑞娟．汽车运用技术［M］．北京：北京理工大学出版社，2007.
[5] 陈焕江．汽车运用基础［M］．北京：机械工业出版社，2011.
[6] 余志生．汽车理论［M］．北京：机械工业出版社，2009.
[7] 杨万福．汽车理论［M］．广州：华南理工大学出版社，2010.
[8] 许洪国．汽车运用工程［M］．北京：人民交通出版社，2009.
[9] 史文库．汽车新技术［M］．北京：人民交通出版社，2010.
[10] 杨柏青，王凤军．汽车使用与技术管理［M］．北京：北京大学出版社，2005.
[11] 郭彬．汽车使用性能与检测技术［M］．西安：西安电子科技大学出版社，2007.
[12] 龚金科．汽车排放及控制技术［M］．北京：人民交通出版社，2012.
[13] 李岳林．汽车排放与噪声控制［M］．北京：人民交通出版社，2007.
[14] 嵇伟，孙庆华．汽车运行材料［M］．北京：人民交通出版社，2007.
[15] 赵英勋．汽车运用技术［M］．北京：机械工业出版社，2009.

北京大学出版社汽车类教材书目

序号	书　　名	标准书号	著作者	定价	出版日期
1	汽车构造(第2版)	978-7-301-19907-7	肖生发，赵树朋	56	2014.1
2	汽车构造学习指导与习题详解	978-7-301-22066-5	肖生发	26	2014.1
3	汽车发动机原理(第2版)	978-7-301-21012-3	韩同群	42	2013.5
4	汽车设计	978-7-301-12369-0	刘涛	45	2008.1
5	汽车运用基础	978-7-301-13118-3	凌永成，李雪飞	26	2008.1
6	现代汽车系统控制技术	978-7-301-12363-8	崔胜民	36	2008.1
7	汽车电气设备实验与实习	978-7-301-12356-0	谢在玉	29	2008.2
8	汽车试验测试技术	978-7-301-12362-1	王丰元	26	2013.6
9	汽车运用工程基础(第2版)	978-7-301-21925-6	姜立标	34	2013.1
10	汽车制造工艺（第2版）	978-7-301-22348-2	赵桂范，杨　娜	40	2013.4
11	车辆制造工艺	978-7-301-24272-8	孙建民	45	2014.6
12	汽车工程概论	978-7-301-12364-5	张京明，江浩斌	36	2008.6
13	汽车运行材料（第2版）	978-7-301-22525-7	凌永成	45	2013.7
14	汽车运动工程基础	978-7-301-25017-4	赵英勋，宋新德	38	2014.10
15	汽车试验学	978-7-301-12358-4	赵立军，白　欣	28	2013.5
16	内燃机构造	978-7-301-12366-9	林　波，李兴虎	26	2011.12
17	汽车故障诊断与检测技术	978-7-301-13634-8	刘占峰，林丽华	34	2013.8
18	汽车维修技术与设备	978-7-301-13914-1	凌永成，赵海波	30	2013.5
19	热工基础	978-7-301-12399-7	于秋红	34	2009.2
20	汽车检测与诊断技术	978-7-301-12361-4	罗念宁，张京明	30	2009.1
21	汽车评估	978-7-301-14452-7	鲁植雄	25	2012.5
22	汽车车身设计基础	978-7-301-15619-3	王宏雁，陈君毅	28	2009.9
23	汽车车身轻量化结构与轻质材料	978-7-301-15620-9	王宏雁，陈君毅	25	2009.9
24	车辆自动变速器构造原理与设计方法	978-7-301-15609-4	田晋跃	30	2009.9
25	新能源汽车技术（第2版）	978-7-301-23700-7	崔胜民	39	2014.2
26	工程流体力学	978-7-301-12365-2	杨建国，张兆营等	35	2011.12
27	高等工程热力学	978-7-301-16077-0	曹建明，李跟宝	30	2010.1
28	汽车电气设备（第2版）	978-7-301-16916-2	凌永成，李淑英	38	2014.1
29	汽车电气设备	978-7-301-24947-5	吴焕芹，卢彦群	42	2014.10
30	现代汽车发动机原理	978-7-301-17203-2	赵丹平，吴双群	35	2013.8
31	现代汽车新技术概论（第2版）	978-7-301-24114-1	田晋跃	42	2014.5
32	现代汽车排放控制技术	978-7-301-17231-5	周庆辉	32	2012.6
33	汽车服务工程（第2版）	978-7-301-24120-2	鲁植雄	42	2014.6
34	汽车使用与管理	978-7-301-18761-6	郭宏亮，张铁军	39	2013.6
35	汽车数字开发技术	978-7-301-17598-9	姜立标	40	2010.8
36	汽车人机工程学	978-7-301-17562-0	任金东	35	2013.5
37	专用汽车结构与设计	978-7-301-17744-0	乔维高	45	2010.9
38	汽车空调	978-7-301-18066-2	刘占峰，宋　力等	28	2013.8
39	汽车空调技术	978-7-301-23996-4	麻友良	36	2014.4
40	汽车 CAD 技术及 Pro/E 应用	978-7-301-18113-3	石沛林，李玉善	32	2014.1
41	汽车振动分析与测试	978-7-301-18524-7	周长城，周金宝等	40	2011.3
42	新能源汽车概论	978-7-301-18804-0	崔胜民，韩家军	30	2013.6
43	汽车空气动力学数值模拟技术	978-7-301-16742-7	张英朝	45	2011.6
44	汽车电子控制技术(第2版)	978-7-301-19225-2	凌永成，于京诺	40	2014.1
45	车辆液压传动与控制技术	978-7-301-19293-1	田晋跃	28	2011.8
46	车辆悬架设计及理论	978-7-301-19298-6	周长城	48	2011.8
47	汽车电器及电子控制技术	978-7-301-17538-5	司景萍，高志鹰	58	2012.1
48	汽车车身计算机辅助设计	978-7-301-19889-6	徐家川，王翠萍	35	2012.1
49	现代汽车新技术	978-7-301-20100-8	姜立标	49	2013.7
50	电动汽车测试与评价	978-7-301-20603-4	赵立军	35	2012.7
51	电动汽车结构与原理	978-7-301-20820-5	赵立军，佟钦智	35	2012.7
52	二手车鉴定与评估	978-7-301-21291-2	卢　伟，韩　平	36	2012.8
53	汽车微控制器结构原理与应用	978-7-301-22347-5	蓝志坤	45	2013.4
54	汽车振动学基础及其应用	978-7-301-22583-7	潘公宇	29	2013.6
55	车辆优化设计理论与实践	978-7-301-22675-9	潘公宇，商高高	32	2013.7
56	汽车专业英语	978-7-301-23187-6	姚　嘉，马丽丽	36	2013.8
57	车辆底盘建模与分析	978-7-301-23332-0	顾　林，朱　跃	30	2014.1
58	汽车安全辅助驾驶技术	978-7-301-23545-4	郭　烈，葛平淑等	43	2014.1
59	汽车安全	978-7-301-23794-6	郑安文	45	2014.3
60	汽车系统动力学与仿真	978-7-301-25037-2	崔胜民	42	2014.11

相关教学资源如电子课件、电子教材、习题答案等可以登录 www.pup6.cn 下载或在线阅读。

如您需要免费纸质样书用于教学，欢迎登陆第六事业部门户网(www.pup6.com.cn)填表申请，并欢迎在线登记选题以到北京大学出版社来出版您的大作，也可下载相关表格填写后发到我们的邮箱，我们将及时与您取得联系并做好全方位的服务。

联系方式：010-62750667，童编辑，13426433315@163.com，pup_6@163.com，欢迎来电来信咨询。